# 泛函分析

高等学校数学类专业系列教材

(第3版)

江泽坚　孙善利

Functional Analysis

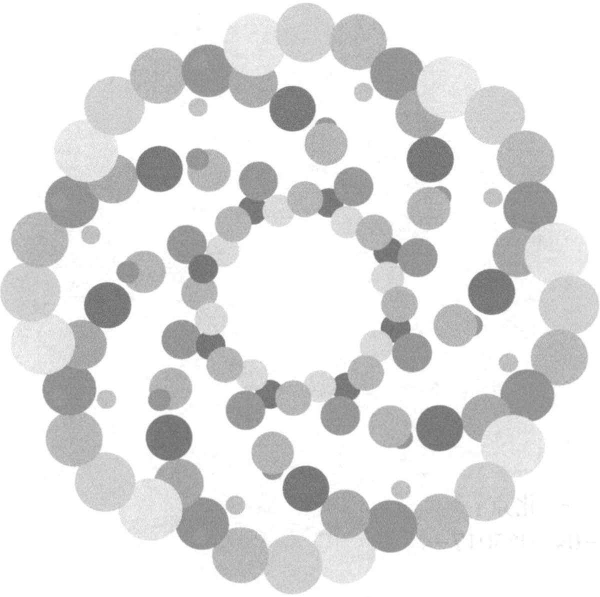

中国教育出版传媒集团
高等教育出版社·北京

**内容提要**

新版教材保持了第 2 版内容适中、深浅适宜、简明扼要、论述清晰的特色。

全书共分五章，从赋范线性空间与内积空间的基本理论入手，循序渐进地阐释了其上有界线性算子与有界线性泛函的基本定理，系统地展示了有界线性算子的谱理论体系，并适当融入了对核心定理的应用分析。 习题编排兼顾基础性与启发性，难度设置较合理。

本书适合作为高等学校数学类专业本科生“泛函分析”课程的教材或教学参考用书。

**图书在版编目（CIP）数据**

泛函分析 / 江泽坚,孙善利编. --3 版. --北京：高等教育出版社,2025.9. -- ISBN 978-7-04-065017-4

Ⅰ. O177

中国国家版本馆 CIP 数据核字第 2025RE5384 号

Fanhan Fenxi

| | | | | | | | |
|---|---|---|---|---|---|---|---|
| 策划编辑 | 李　蕊 | 责任编辑 | 李　蕊 | 封面设计 | 张申申 | 版式设计 | 杜微言 |
| 责任绘图 | 马天驰 | 责任校对 | 王　雨 | 责任印制 | 刁　毅 | | |

| | | | |
|---|---|---|---|
| 出版发行 | 高等教育出版社 | 网　　址 | http://www.hep.edu.cn |
| 社　　址 | 北京市西城区德外大街 4 号 | | http://www.hep.com.cn |
| 邮政编码 | 100120 | 网上订购 | http://www.hepmall.com.cn |
| 印　　刷 | 涿州市京南印刷厂 | | http://www.hepmall.com |
| 开　　本 | 787mm×1092mm　1/16 | | http://www.hepmall.cn |
| 印　　张 | 13 | 版　　次 | 1994 年 5 月第 1 版<br>2025 年 9 月第 3 版 |
| 字　　数 | 320 千字 | | |
| 购书热线 | 010-58581118 | 印　　次 | 2025 年 9 月第 1 次印刷 |
| 咨询电话 | 400-810-0598 | 定　　价 | 29.80 元 |



物 料 号　65017-00

# 第 3 版前言

本书自出版以来，历经三十余年教学实践的检验，发现了若干不足和疏漏之处。为了进一步提升本书的质量，以更好地满足读者的需求，决定再版。

这次再版基本保持了第 2 版的结构与特色；校正了发现的排印错误；对个别表述不清晰的地方作了修改；更新了数学名词，以确保内容的严谨性。全书共五章 29 节，每章配有习题，附录中简要介绍了拓扑空间，书后附有参考文献、索引以及记号表，便于阅读和进一步学习的需要。本书引进基本概念和重要定理时注意由代数、分析、逼近论和积分方程等已学过的知识讲起，交代来龙去脉，以利于初学者接受；适时穿插一点数学史叙述，以吸引读者的学习兴趣。

本书主要特色是强调对偶理论的重要性；内容选材上有创新，不证明自伴算子谱分解定理，只介绍谱射影族、谱分解定理的结论以及与之有关的自伴算子函数演算；编排体系上有调整，改变以往教材先讲 Banach 空间理论、后讲 Hilbert 空间理论的做法，把 Hilbert 空间理论放在 Banach 空间理论之前讲授。

通过这次再版，我们希望本书能够更好地服务于读者。尽管做了努力，恐难免仍有疏漏和不妥之处，敬请广大读者批评指正。

编者

2024 年 3 月

# 第 2 版前言

本书第 1 版于 1994 年出版以后一直在吉林大学使用,也在四川大学、辽宁大学、东北师范大学、北京航空航天大学等高校使用过,受到这些高校师生的欢迎。使用本书的同人向我们提出过一些宝贵意见。对此我们表示衷心的感谢,也感谢出版社给我们修订本书和表达谢意的机会。

这次新版保持原书的基本内容和特色,同时吸收好的意见,对个别地方作了修改。为适应泛函分析课时压缩的新情况,也对第 1 版部分内容进行了适当修订。

1. 将 $F$-空间、序列弱收敛、序列弱$^*$收敛、弱拓扑、广义函数等内容加上 * 号,供有能力者选学。原来涉及这部分内容的定理及其证明作了相应改写,以保证删去加 * 号内容后,教材体系不受影响。

2. 鉴于商空间及对偶理论的重要性,在第三章 §6 增加了关于商空间及其对偶的内容。

3. 借再版机会补充上第 1 版曾遗漏的参考文献。

尽管做了努力,仍恐有许多不足,还望海内同人指正。

编者

2004 年 12 月

# 第 1 版序

本书是为数学系本科学生写的教材,其内容大体如高等学校数学、力学教材编审委员会函数论泛函分析编审组于 1990 年 11 月在南京大学召开的会议上制订的《泛函分析教材编写大纲》。

我们认为所讲的主要内容应该是本科数学类各专业所共同必需的,不应该因为个别专业或少数方向的需要而使大多数学生增加负担。我们删去了自伴算子谱分解定理的证明,只介绍谱射影算子族、谱分解定理的结论,以及与之有关的自伴算子函数演算。而对于一般紧算子的 Riesz-Schauder 理论以及紧自伴算子的谱分解定理则予以详细的证明。

鉴于在学习本课程时,学生在偏微分方程、概率论以及计算方法等方面的知识都还完全不知道或者不很熟悉,所以我们常常偏向以线性代数、数学分析,也偶尔以初等 Fourier 分析、逼近论、积分方程(虽然学生也很少知道,但它们比较好懂)等为背景来引出泛函分析的一些基本概念和定理。例如,关于共轭算子理论、算子的值域与零空间的关系、紧算子理论的讲解。正因为学生们知道 $L^1$ 与 $L^2$ 之 Fourier 变换的初等理论,也可能听说过它在一般 $L^p$ 空间上推广的困难,所以我们介绍广义函数论时就偏重于急减函数空间 $\mathscr{S}(\mathbf{R}^n)$ 上的广义函数,希望用广义 Fourier 变换来说明广义函数的意义和重要性,但是回避了过于艰深的卷积理论。我们尽量以学生最熟悉的知识为背景来讲抽象的概念和结果。我们同意前人的提法,认为线性泛函与在无穷维空间上引进坐标的思想有关,而对偶理论则有如无穷维线性空间上的解析几何学。这符合历史发展,当年 H. Hahn 正是对扩张定理作了这方面的应用以后才提出当今所谓对偶空间的概念。此外,这样讲也或者可能使初学者更直观地理解对偶理论的意义和应用。有鉴于弱拓扑的特殊重要性,我们稍稍走出初等范围,先举例说明序列弱收敛不足以描述一般的弱拓扑,然后一般地介绍局部凸的线性拓扑空间。

以上所说种种思虑目下还多属于主观愿望,是否真有助于初学者,仍有待于实践的证明,还望海内同人不吝赐教。

最后,我们感谢参加评审的南京大学、复旦大学、华东师范大学、云南大学、湘潭大学的同志,他们对本书提出许多宝贵意见,特别是郑维行教授仔细阅读手稿,指出了一些错误与不当之处。我们谨在此表示衷心的感谢。

编者

1992 年 12 月于长春

# 目录

# 第一章　距离线性空间

## §1　选择公理，良序定理，Zorn 引理

我们熟知数学归纳法，它是关于可数多个命题，或者说关于与正整数 $n$ 有关的定理 $P(n)$ 的证明方法. 但如果我们要讨论的是不可数个命题，那怎么办呢？设想我们要证明一个定理 $P(\alpha)$ 对一切 $\alpha\in\mathscr{A}$ 皆成立，这里 $\mathscr{A}$ 未必是可数集，我们就需要一个比数学归纳法更一般的方法.

假定集合 $\mathscr{A}$ 中任意两个元素 $a,b$ 之间总有先后次序，并且

(1) 若 $a$ 在 $b$ 之先，则 $b$ 便不在 $a$ 之先；

(2) 若 $a$ 在 $b$ 之先，$b$ 又在 $c$ 之先，则 $a$ 在 $c$ 之先，

这样的集合 $\mathscr{A}$ 叫做**有序集**. 以下把 $a$ 在 $b$ 之先记作 $a<b$.

更重要的是我们还时常要求 $\mathscr{A}$ 是**良序的**，即

$\mathscr{A}$ 的任何非空子集 $\mathscr{S}$ 都必有一个属于 $\mathscr{S}$ 的最先的元素.

取 $\mathscr{S}=\mathscr{A}$，则良序集 $\mathscr{A}$ 便总有最先的元素，这个元素记作 $\alpha_0$.

**定理 1.1**　对良序集 $\mathscr{A}$，如果

(1) $P(\alpha_0)$ 为真，这里 $\alpha_0$ 是 $\mathscr{A}$ 中最先的元素；

(2) 若 $P(\alpha)$ 对一切 $\alpha(\alpha_0<\alpha<\beta)$ 为真，则 $P(\beta)$ 亦真，

那么 $P(\alpha)$ 对一切 $\alpha\in\mathscr{A}$ 皆真.

**证**　若定理不真，则集合 $\mathscr{S}=\{\alpha\in\mathscr{A}:P(\alpha)\text{不真}\}$ 非空. 从 $\mathscr{A}$ 是良序的知 $\mathscr{S}$ 有最先的元素 $\alpha_*$.

由(1)有 $\alpha_0<\alpha_*$. 显然当 $\alpha_0<\alpha<\alpha_*$ 时，$P(\alpha)$ 为真. 由(2)便知 $P(\alpha_*)$ 亦真，这与 $\alpha_*\in\mathscr{S}$ 矛盾. 证毕.

我们把这个定理叫做**超穷归纳法**.

但是，是否每个集合都能赋予一个先后次序并且使之成为良序集呢？答案是肯定的，这叫做**良序定理**. 它可以用所谓 Zermelo 的**选择公理**来证明(参见文献[13]，第 14 章，§7，定理 2).

**选择公理**　设 $\mathscr{N}=\{N\}$ 是一个非空集合构成的族，则必存在定义在 $\mathscr{N}$ 上的函数 $f$，使得对一切 $N\in\mathscr{N}$ 都有 $f(N)\in N$.

B. Russell 说得很有意思，对于无穷多双鞋子，选择公理显然是对的. 例如，我们可以说

都选取右脚的鞋子. 但是对于无穷多双袜子呢? 那就很不显然了.

选择公理远不如 Euclid 几何学上的公理那样直观. 它多年来在数学界引起极大的争论,迫使每个搞数学的人必须对它表态. 由于选择公理与世所公认的公理系统 $ZF$ 既是相容的,又是独立的;更由于没有选择公理,现今泛函分析的基石,如 Hahn-Banach 定理、Banach-Alaoglu 定理等的证明就将失去依据(参见文献[21]),所以我们承认选择公理和与之等价的良序定理以及下文的 Zorn 引理. 今后在需要的时候,将按照我们的方便而随意引用其中一个.

**定义 1.1**　对一族元素 $\mathscr{X}$,如果在某些对元素$(a,b)$上有二元关系,记作$a<b$,它具有下列性质:

(1) $a<a$;

(2) 若 $a<b$ 且 $b<a$,则 $a=b$;

(3) 若 $a<b$ 且 $b<c$,则 $a<c$,

那么称 $\mathscr{X}$ 按照关系 $<$ 为**部分有序的**.

**例 1**　设 $\mathscr{X}$ 是某个非空集合 $E$ 之一切子集的集合. 对 $A,B\in\mathscr{X}$ 且 $A\subset B$,定义 $A<B$,那么 $\mathscr{X}$ 按 $<$ 为部分有序集.

应该指出,这是最直观但也是最典型、最常见的部分有序集.

**定义 1.2**　设 $\mathscr{X}$ 按 $<$ 为部分有序集.

(1) 对 $\mathscr{S}\subset\mathscr{X}$,若有 $p\in\mathscr{X}$,使 $x<p$ 对一切 $x\in\mathscr{S}$ 都成立,则称 $p$ 为 $\mathscr{S}$ 的**上界**;

(2) 设 $\mathscr{S}\subset\mathscr{X}$,若对 $\mathscr{S}$ 中任意两个元素 $x,y$,必有 $x<y$ 或 $y<x$,则称 $\mathscr{S}$ 是**完全有序的**;

(3) $m\in\mathscr{X}$ 称为 $\mathscr{X}$ 的**极大元**,是指对任何 $x\in\mathscr{X}$,当 $m<x$ 时,必有 $x=m$.

**例 2**　对复数 $z=x+iy$, $w=u+iv$,当 $x\leqslant u$ 且 $y\leqslant v$ 时,定义 $z<w$. 可见复平面是部分有序的,而实轴、虚轴及某些直线则是完全有序的.

**定理 1.2(Zorn 引理,1935)**　设 $\mathscr{X}$ 为非空的部分有序集. 如果 $\mathscr{X}$ 的任何完全有序的子集都有一个上界在 $\mathscr{X}$ 中,则 $\mathscr{X}$ 必含有极大元.

可以证明 Zorn 引理和选择公理是等价的(参见文献[44],第 6 页).

## §2　线性空间,Hamel 基

**定义 2.1**　设 $X$ 是非空集合,$K$ 是数域(实数域或复数域). 如果在 $X$ 上定义了**加法**运算,即对 $X$ 中每对元素 $x,y$ 都对应 $X$ 中一个元素 $z$,用 $z=x+y$ 表示;又定义了**数乘**运算,即对每个数 $\alpha\in K$ 和每个元素 $x\in X$ 都对应 $X$ 中一个元素 $u$,用 $u=\alpha x$ 表示;而且满足下列公设:

(1) $x+y=y+x$;

(2) $x+(y+z)=(x+y)+z$;

(3) $X$ 中存在唯一的元素,用 $\theta$ 表示,使对每个 $x\in X$, $x+\theta=x$, $\theta$ 称为 $X$ 中的**零元**;

(4) 对 $X$ 中每个元素 $x$,都存在唯一的元素,用 $-x$ 表示,使 $x+(-x)=\theta$;

(5) $\alpha(x+y)=\alpha x+\alpha y$;

(6) $(\alpha+\beta)x=\alpha x+\beta x$;

(7) $\alpha(\beta x)=(\alpha\beta)x$;

(8) $1x=x$,

这里 $x,y,z\in X$, $\alpha,\beta\in K$,则称 $X$ 按上述加法和数乘成为复($K$ 为复数域)或实($K$ 为实数域)

**线性空间**.通常又称为**向量空间**.空间中的元素又称为**向量**或**点**.

今后如不特别指明,"线性空间"既可以是复的,亦可以是实的,其中的"数"$\alpha,\beta$则按所论空间是复或实的而定.任何复线性空间必然也是实线性空间.

容易证明,在线性空间$X$中对所有向量$x$和数$\alpha$都有

$$0x=\theta,$$

$$(-1)x=-x,$$

$$\alpha\theta=\theta.$$

为了方便起见,今后我们记$x-y$代替$x+(-y)$.不难证明下述消去律在线性空间$X$中成立:

$$x+y=x+z\Rightarrow y=z,$$

$$\alpha x=\alpha y \text{ 且 } \alpha\neq 0\Rightarrow x=y,$$

$$\alpha x=\beta x \text{ 且 } x\neq\theta\Rightarrow\alpha=\beta.$$

**定义 2.2** 线性空间$X$中的一个非空子集$M$称为$X$中的**线性流形**,是指对任意的$x,y\in M$与数$\alpha$,都有$x+y,\alpha x\in M$.

如果$M$是$X$的一个线性流形,不难看出线性空间定义中的八条公设在$M$中亦成立,因此$M$本身也成为线性空间.$X$的线性流形称为**真**的,是指它不是全空间$X$.只由一个零元组成的集合也是线性流形,我们用$\{\theta\}$表示它.

设$x_1,x_2,\cdots,x_n$是线性空间$X$中的$n$个元素,$\alpha_1,\alpha_2,\cdots,\alpha_n$是$n$个数,形如$\alpha_1x_1+\alpha_2x_2+\cdots+\alpha_nx_n$的元素称为元素$x_1,x_2,\cdots,x_n$的**线性组合**.

设$S$是线性空间$X$的任意非空子集,考虑$S$中元素的所有线性组合形成的集合$M$.易见它是$X$的一个线性流形,称为由$S$张成的线性流形,记为$M=\mathrm{S_P}\{S\}$.容易验证下列论断成立:

(1) $M$是$X$中包含$S$的所有的线性流形的交;

(2) $M$是$X$中包含$S$的最小线性流形,即如果$N$是$X$中包含$S$的线性流形,则$N$亦包含$M$.

线性空间中最重要的概念是线性相关与线性无关.

**定义 2.3** 线性空间$X$中有限的向量集合$\{x_1,x_2,\cdots,x_n\}$称为**线性相关**的,是指存在不全为零的数$\alpha_1,\alpha_2,\cdots,\alpha_n$,使$\alpha_1x_1+\alpha_2x_2+\cdots+\alpha_nx_n=\theta$.否则,就称其为**线性无关**的,这时关系$\alpha_1x_1+\alpha_2x_2+\cdots+\alpha_nx_n=\theta$蕴涵$\alpha_1=\alpha_2=\cdots=\alpha_n=0$.一个无穷的向量集合$S$称为线性无关的,是指$S$的每个有限子集都是线性无关的.否则,$S$称为线性相关的.

容易看出,包含一个线性相关子集的集合一定线性相关,线性无关集一定不包含零元.

**定义 2.4** 设$X$是线性空间,如果存在正整数$n$,使$X$包含由$n$个向量组成的线性无关集,而且$X$中每$n+1$个向量的集合都是线性相关的,则$X$称为**有限维**的.如此的$n$称为$X$的**维数**,有时记作$\dim X=n$.

只有零元的线性空间也称为有限维的,即零维的.如果$X$不是有限维的,就称为**无穷维**的.这时记作$\dim X=\infty$.

正如我们将要看到的,在泛函分析中最感兴趣的空间是无穷维的,但是考虑有限维空间却经常是有益的.

**定义 2.5** 线性空间$X$中的有限子集$S$称为$X$的**基**,是指$S$是线性无关的,而且$S$张成

的线性流形就是整个 $X$.

在线性代数中我们已经知道:线性空间 $X$ 是 $n$ 维的,当且仅当 $X$ 有一个由 $n$ 个元素组成的基. $n$ 维线性空间的每个基都含有 $n$ 个元素.

有限维线性空间 $X$ 的任意一个线性流形 $M$ 亦是有限维的,而且 $\dim M \leqslant \dim X$.

参见文献[2]第六章.

**定义 2.6**　设 $X$ 是线性空间. 给定 $X$ 的两个线性流形 $M,N$,我们用 $M+N$ 表示所有形如 $m+n, m\in M, n\in N$ 之元素的集合,称之为 $M$ 与 $N$ 的**和**. 如果还有 $M\cap N=\{\theta\}$,即 $M$ 与 $N$ 有唯一公共元 $\theta$,则以 $M\oplus N$ 代替 $M+N$,称之为 $M$ 与 $N$ 的**直接和**.

如果 $X=M\oplus N$,则称 $M$ 与 $N$ 是**代数互补**的线性流形,$N$ 是 $M$ 在 $X$ 中的一个**代数补**.

**定理 2.1**　设 $M,N$ 是线性空间 $X$ 的线性流形,则 $X=M\oplus N$ 当且仅当对每个 $x\in X$ 有唯一表达式

$$x=m+n,\quad m\in M, n\in N. \tag{2.1}$$

**证**　假设 $X=M\oplus N$,则每个 $x\in X$ 可以表示为

$$x=m+n,\quad m\in M, n\in N.$$

如果又有 $m_1\in M, n_1\in N$,使

$$x=m_1+n_1,$$

则

$$m+n=m_1+n_1,$$

从而

$$m-m_1=n_1-n\in M\cap N.$$

由假设,$M\cap N=\{\theta\}$,故

$$m-m_1=n_1-n=\theta,$$

即 $m_1=m, n_1=n$.

反之,如果每个 $x\in X$ 有形如(2.1)式的唯一表达式,则 $X=M+N$. 假如 $x\in M\cap N$,则 $x$ 形如(2.1)的表达式为

$$x=x+\theta \text{ 及 } x=\theta+x.$$

根据假设,表达式是唯一的,故 $x=\theta$. 从而 $M\cap N=\{\theta\}$. 证毕.

**定理 2.2**　如果 $X=M\oplus N$,则

$$\dim X=\dim M+\dim N.$$

**证**　如果 $M$ 和 $N$ 有一个是无穷维的,则 $X$ 亦是无穷维的,结论自然成立. 故不妨设 $M$ 和 $N$ 都是有限维的.

设 $\{m_1,m_2,\cdots,m_j\}$ 是 $M$ 的基,$\{n_1,n_2,\cdots,n_k\}$ 是 $N$ 的基. 因为 $X=M+N$,所以 $\{m_1,m_2,\cdots,m_j,n_1,n_2,\cdots,n_k\}$ 张成 $X$. 又因 $M\cap N=\{\theta\}$,可知 $\{m_1,m_2,\cdots,m_j,n_1,n_2,\cdots,n_k\}$ 线性无关,于是 $\{m_1,m_2,\cdots,m_j,n_1,n_2,\cdots,n_k\}$ 是 $X$ 的一个基. 从而

$$\dim X=j+k=\dim M+\dim N.$$

证毕.

给定线性空间 $X$ 的一个线性流形 $M$,是否一定存在 $M$ 在 $X$ 中的代数补? 为了回答这个问题,我们需要引进 Hamel 基的概念.

**定义 2.7**　设 $X$ 是具有非零元的线性空间. $X$ 的子集 $H$ 称为 $X$ 的 Hamel 基,是指

(1) $H$ 是线性无关的;

(2) $H$ 张成的线性流形是整个空间 $X$.

与有限维线性空间的基不同,Hamel 基的存在性不是明显的.

**定理 2.3** 设 $X$ 是线性空间,$S$ 是 $X$ 中任意的线性无关子集,则存在 $X$ 的一个 Hamel 基 $H$,使 $S \subset H$.

**证** 设 $\mathscr{S}$ 是 $X$ 中所有包含 $S$ 之线性无关子集的族,则 $\mathscr{S}$ 按集合的包含关系是部分有序集,即如果 $M,N \in \mathscr{S}$,且 $M \subset N$,则 $M < N$. 显然 $\mathscr{S}$ 是非空的(因 $S \in \mathscr{S}$). 如果 $\mathscr{S}_0$ 是 $\mathscr{S}$ 的完全有序子集,则 $\mathscr{S}_0$ 中所有集合的并仍是 $X$ 中包含 $S$ 的线性无关子集,即这个并仍在 $\mathscr{S}$ 中,它是 $\mathscr{S}_0$ 的上界. 因此 $\mathscr{S}$ 满足 Zorn 引理条件,故 $\mathscr{S}$ 中必有极大元,记为 $H$. 则 $H \supset S$,且 $H$ 是线性无关的. 如果 $H$ 张成的线性流形不是 $X$,则存在 $X$ 中元素 $x$,它不在 $H$ 张成的线性流形中. 这样 $H$ 与 $x$ 的并仍是 $X$ 中包含 $S$ 的线性无关子集,$H$ 又是它的真子集. 这和 $H$ 是 $\mathscr{S}$ 的极大元矛盾. 所以 $H$ 张成的线性流形是整个空间 $X$. 总之,$H$ 就是 $X$ 的 Hamel 基. 证毕.

由这个定理可见:任何非零线性空间必有一个 Hamel 基.

事实上,假设 $X$ 是线性空间,包含非零元 $x_0$. 记 $S=\{x_0\}$,则 $S$ 是 $X$ 中线性无关子集. 由定理 2.3,存在 $X$ 的一个 Hamel 基.

**定理 2.4** 设 $M$ 是线性空间 $X$ 的线性流形,则必存在 $X$ 的线性流形 $N$,使 $X=M\oplus N$,即 $N$ 是 $M$ 的一个代数补.

**证** 不失一般性,设 $M$ 是 $X$ 之非零的真线性流形,因为 $M$ 本身也是线性空间,它具有 Hamel 基 $H_1$. $H_1$ 也是 $X$ 的线性无关子集. 由定理 2.3,存在 $X$ 的一个 Hamel 基 $H$,使 $H \supset H_1$. 设 $N$ 是由 $H \backslash H_1$ 张成的线性流形,则 $N$ 就是 $M$ 的一个代数补. 事实上,任给 $x \in X$,它是 $H$ 中元素的线性组合,从而可以表示成 $H_1$ 中元素的线性组合与 $H \backslash H_1$ 中元素的线性组合之和,即 $M$ 中元素与 $N$ 中元素之和. 所以 $X=M+N$. 假若 $x \in M \cap N$,则存在 $u_1,u_2,\cdots,u_j \in H_1$,$v_1,v_2,\cdots,v_k \in H \backslash H_1$ 以及数 $\alpha_1,\alpha_2,\cdots,\alpha_j,\beta_1,\beta_2,\cdots,\beta_k$,使

$$x=\alpha_1 u_1+\alpha_2 u_2+\cdots+\alpha_j u_j=\beta_1 v_1+\beta_2 v_2+\cdots+\beta_k v_k.$$

从而

$$\alpha_1 u_1+\alpha_2 u_2+\cdots+\alpha_j u_j+(-\beta_1)v_1+(-\beta_2)v_2+\cdots+(-\beta_k)v_k=\theta.$$

因 $u_1,u_2,\cdots,u_j,v_1,v_2,\cdots,v_k$ 是线性无关的,故

$$\alpha_1=\alpha_2=\cdots=\alpha_j=\beta_1=\beta_2=\cdots=\beta_k=0.$$

即 $x=\theta$. 因此 $M\cap N=\{\theta\}$. 证毕.

**注** 以后为简便,线性空间的零元常记为 0.

## §3 距离空间,距离线性空间

**定义 3.1** 若非空集合 $X$ 中任意两个元素 $x,y$ 都对应于一个实数 $d(x,y)$,使

(1) $d(x,y)\geqslant 0$,$d(x,y)=0$ 当且仅当 $x=y$;

(2) $d(x,y)=d(y,x)$;

(3) $d(x,z)\leqslant d(x,y)+d(y,z)$,

对任意的 $x,y,z\in X$ 成立,则称 $X$ 为**距离空间**,记作 $\langle X,d\rangle$,而称 $d(x,y)$ 为 $x$ 与 $y$ 之间的**距离**. 通常称(3)为**三角不等式**. 条件(1)—(3)称为**距离公设**.

**定义 3.2** 设距离空间 $\langle X,d\rangle$ 中的点列 $\{x_n\}_{n=1}^{\infty}$，使

$$\lim_{n\to\infty} d(x_n,x)=0 \quad (\text{或者 } d(x_n,x)\to 0),$$

则称 $\{x_n\}_{n=1}^{\infty}$ 按距离 $d(\cdot,\cdot)$ 收敛到 $x$，并记作 $x_n \xrightarrow{d} x$. 假如不致引起误会，通常也简记为 $x_n \to x$.

上面我们只涉及 $X$ 上的拓扑. 一般在泛函分析中，$X$ 还是个线性空间，有必要把其上的代数结构与拓扑结构结合起来. 这就很自然地导致下面的概念.

**定义 3.3** 设线性空间 $X$ 上还赋有距离 $d(\cdot,\cdot)$，加法和数乘都按 $d(\cdot,\cdot)$ 所确定的极限是连续的，即

(1) $d(x_n,x)\to 0, d(y_n,y)\to 0 \Rightarrow d(x_n+y_n,x+y)\to 0$;

(2) $d(x_n,x)\to 0, \alpha_n\to\alpha \Rightarrow d(\alpha_n x_n,\alpha x)\to 0$,

那么线性空间 $X$ 称为**距离线性空间**.

下面我们看一些具体的距离线性空间的例子，它们在今后会经常遇到.

**例 1** 有界序列空间 $(m)$.

设 $X$ 代表所有的有界数列

$$x=\{\xi_1,\xi_2,\cdots,\xi_j,\cdots\} \quad (\text{常简记为 } x=\{\xi_j\})$$

的集合. 即对每个 $x=\{\xi_j\}$，存在常数 $K_x>0$，使得对所有的 $j$，$|\xi_j|\leqslant K_x$. $\xi_j$ 称为元素 $x=\{\xi_j\}$ 的第 $j$ 个坐标.

设 $x=\{\xi_j\}, y=\{\eta_j\}\in X$，$\alpha$ 是数，定义

$$x+y=\{\xi_j+\eta_j\},$$

$$\alpha x=\{\alpha\xi_j\},$$

$$d(x,y)=\sup_{j\geqslant 1}|\xi_j-\eta_j|.$$

不难验证 $d(\cdot,\cdot)$ 满足距离公设，$X$ 是赋有距离 $d(\cdot,\cdot)$ 的距离线性空间. 这样得到的空间称为**有界序列空间**，记作 $(m)$，有时也记作 $\ell^{\infty}$.

设 $x_n=\{\xi_j^{(n)}\}, n=1,2,\cdots, x=\{\xi_j\}$ 都是 $(m)$ 中的元素，而且 $d(x_n,x)\to 0$，即任给 $\varepsilon>0$，存在 $n_0=n_0(\varepsilon)$，使当 $n\geqslant n_0$ 时，

$$d(x_n,x)=\sup_{j\geqslant 1}|\xi_j^{(n)}-\xi_j|<\varepsilon.$$

则当 $n\geqslant n_0$ 时，对一切 $j$，

$$|\xi_j^{(n)}-\xi_j|<\varepsilon.$$

反之，如果对任给 $\varepsilon>0$，存在 $n_0=n_0(\varepsilon)$，使当 $n\geqslant n_0$ 时，对一切 $j$，

$$|\xi_j^{(n)}-\xi_j|<\varepsilon.$$

则

$$d(x_n,x)=\sup_{j\geqslant 1}|\xi_j^{(n)}-\xi_j|\leqslant\varepsilon,$$

即 $d(x_n,x)\to 0$.

由此可见空间 $(m)$ 中的收敛就是按坐标的一致收敛.

**例 2** 设 $X$ 代表所有收敛数列

$$x=\{\xi_1,\xi_2,\cdots,\xi_j,\cdots\}$$

的集合，即对每个 $x=\{\xi_j\}\in X$，$\lim\limits_{j\to\infty}\xi_j=\xi$ 存在且有限.

像空间$(m)$一样定义加法、数乘和距离$d(\cdot,\cdot)$,容易验证$X$是赋有距离$d(\cdot,\cdot)$的距离线性空间,称为**收敛序列空间**,记作$(c)$.

易见$(c)$是$(m)$的线性流形,而且距离的定义也是一样的,因此$(c)$中的收敛亦是按坐标的一致收敛.

**例 3** 本质有界可测函数空间$L^{\infty}[a,b]$,这里$a,b$是任意两个实数,而且$-\infty<a<b<\infty$.

在引进这个空间之前,先引进本质上确界的概念.

设$f(t)$是区间$[a,b]$上 Lebesgue 可测函数.如果存在$[a,b]$的一个零测度子集$E$,使$f(t)$在$[a,b]\backslash E$上是有界函数,则称$f$是$[a,b]$上**本质有界可测函数**.称

$$\operatorname*{esssup}_{t\in[a,b]}|f(t)|\overset{\mathrm{d}}{=}\inf_{m(E)=0}\{\sup_{t\in[a,b]\backslash E}|f(t)|\}$$

为$f(t)$在$[a,b]$上的**本质上确界**,这里$m(E)$表示集合$E$的 Lebesgue 测度.

设$X$代表区间$[a,b]$上所有本质有界可测函数的集合.$X$中两个元素$x=x(t)$,$y=y(t)$看作是相等的,是指$x(t)$与$y(t)$几乎处处相等,即$x(t)=y(t)$ a. e. 于$[a,b]$.对$X$中的两个元素$x=x(t)$,$y=y(t)$和数$\alpha$,定义

$$(x+y)(t)=x(t)+y(t),(\alpha x)(t)=\alpha x(t),t\in[a,b],$$

即逐点定义函数的加法和数乘运算.易见$X$是个线性空间.又定义

$$d(x,y)=\operatorname*{esssup}_{t\in[a,b]}|x(t)-y(t)|,$$

我们来验证它满足距离公设.

(1) 显然$d(x,y)\geqslant 0$.如果$x(t)=y(t)$ a. e. 于$[a,b]$,则由定义有$d(x,y)=0$.另一方面,如果

$$d(x,y)=\inf_{m(E)=0}\{\sup_{t\in[a,b]\backslash E}|x(t)-y(t)|\}=0,$$

则对每个正整数$n$,存在$E_n\subset[a,b]$,$m(E_n)=0$,且

$$\sup_{t\in[a,b]\backslash E_n}|x(t)-y(t)|\leqslant\frac{1}{n}.$$

令$E=\bigcup_{n=1}^{\infty}E_n$,则$m(E)=0$,而且

$$\sup_{t\in[a,b]\backslash E}|x(t)-y(t)|\leqslant\sup_{t\in[a,b]\backslash E_n}|x(t)-y(t)|\leqslant\frac{1}{n}.$$

令$n\to\infty$,可见

$$\sup_{t\in[a,b]\backslash E}|x(t)-y(t)|=0.$$

于是$x(t)=y(t)$ a. e. 于$[a,b]$,即$x=y$.

(2) 是显然的.

(3) 设$x(t)$,$y(t)$,$z(t)$都是$X$中元素,则对任意$\varepsilon>0$,存在$[a,b]$的零测度集$E_\varepsilon^1,E_\varepsilon^2$,使

$$\sup_{t\in[a,b]\backslash E_\varepsilon^1}|x(t)-y(t)|\leqslant d(x,y)+\frac{\varepsilon}{2},$$

$$\sup_{t\in[a,b]\backslash E_\varepsilon^2}|y(t)-z(t)|\leqslant d(y,z)+\frac{\varepsilon}{2}.$$

令$E_\varepsilon=E_\varepsilon^1\cup E_\varepsilon^2$,则$E_\varepsilon$仍是$[a,b]$的零测度集,且

$$\sup_{t\in[a,b]\backslash E_\varepsilon}|x(t)-z(t)|\leqslant\sup_{t\in[a,b]\backslash E_\varepsilon}|x(t)-y(t)|+\sup_{t\in[a,b]\backslash E_\varepsilon}|y(t)-z(t)|$$

$$\leqslant \sup_{t\in[a,b]\setminus E_\varepsilon^1} |x(t)-y(t)| + \sup_{t\in[a,b]\setminus E_\varepsilon^2} |y(t)-z(t)|$$
$$\leqslant d(x,y)+d(y,z)+\varepsilon.$$

从而

$$\begin{aligned} d(x,z) &= \inf_{m(E)=0}\{\sup_{t\in[a,b]\setminus E}|x(t)-z(t)|\} \\ &\leqslant \sup_{t\in[a,b]\setminus E_\varepsilon}|x(t)-z(t)| \\ &\leqslant d(x,y)+d(y,z)+\varepsilon. \end{aligned}$$

因 $\varepsilon>0$ 是任意的,故

$$d(x,z)\leqslant d(x,y)+d(y,z).$$

总之,$d(\cdot,\cdot)$是一个距离. 又容易验证 $X$ 中加法和数乘按这个距离 $d(\cdot,\cdot)$是连续的. 一般称这样得到的距离线性空间为**本质有界可测函数空间**,记作$L^\infty[a,b]$.

可以证明 $L^\infty[a,b]$中收敛是几乎处处一致收敛,即设 $x_n(t),x(t)\in L^\infty[a,b]$,则 $d(x_n,x)\to 0$ 等价于任给 $\varepsilon>0$,存在正整数 $n_0$ 及零测度集 $E_\varepsilon$,使 $|x_n(t)-x(t)|<\varepsilon$,对 $n\geqslant n_0$ 和所有 $t\in[a,b]\setminus E_\varepsilon$(参见文献[11],第 17—18 页).

**例 4** 所有序列空间$(s)$.

设 $X$ 是所有数列的集合. 对 $x=\{\xi_j\},y=\{\eta_j\}\in X,\alpha$ 是数,定义

$$x+y=\{\xi_j+\eta_j\},\quad \alpha x=\{\alpha\xi_j\}.$$

易见 $X$ 是线性空间. 又定义

$$d(x,y)=\sum_{j=1}^{\infty}\frac{1}{2^j}\frac{|\xi_j-\eta_j|}{1+|\xi_j-\eta_j|},$$

显然 $d(\cdot,\cdot)$满足距离公设(1),(2). 为证明它满足(3),我们需要一个不等式:

对任意复数 $a,b$,

$$\frac{|a+b|}{1+|a+b|}\leqslant\frac{|a|}{1+|a|}+\frac{|b|}{1+|b|}. \tag{3.1}$$

考虑$(0,\infty)$上函数

$$f(t)=\frac{t}{1+t}.$$

我们有

$$f'(t)=\frac{1}{(1+t)^2}>0.$$

于是$f(t)$是$(0,\infty)$上单调递增函数. 因为

$$|a+b|\leqslant|a|+|b|,$$

故

$$\frac{|a+b|}{1+|a+b|}\leqslant\frac{|a|+|b|}{1+|a|+|b|}=\frac{|a|}{1+|a|+|b|}+\frac{|b|}{1+|a|+|b|}\leqslant\frac{|a|}{1+|a|}+\frac{|b|}{1+|b|}.$$

即不等式(3.1)成立.

假设 $x=\{\xi_j\},y=\{\eta_j\},z=\{\zeta_j\}\in X$,因为 $\xi_j-\zeta_j=(\xi_j-\eta_j)+(\eta_j-\zeta_j),j=1,2,\cdots$,则由不等式(3.1),

$$
\begin{aligned}
d(x,z) &= \sum_{j=1}^{\infty}\frac{1}{2^j}\frac{|\xi_j-\zeta_j|}{1+|\xi_j-\zeta_j|}\\
&\leqslant \sum_{j=1}^{\infty}\frac{1}{2^j}\left(\frac{|\xi_j-\eta_j|}{1+|\xi_j-\eta_j|}+\frac{|\eta_j-\zeta_j|}{1+|\eta_j-\zeta_j|}\right)\\
&= \sum_{j=1}^{\infty}\frac{1}{2^j}\frac{|\xi_j-\eta_j|}{1+|\xi_j-\eta_j|}+\sum_{j=1}^{\infty}\frac{1}{2^j}\frac{|\eta_j-\zeta_j|}{1+|\eta_j-\zeta_j|}\\
&= d(x,y)+d(y,z).
\end{aligned}
$$

所以 $d(\cdot,\cdot)$ 是 $X$ 上的距离. 容易验证 $X$ 中加法和数乘按上述定义的距离 $d(\cdot,\cdot)$ 是连续的. 这样得到的距离线性空间称为**所有序列空间**,记作 $(s)$.

设 $x_n=\{\xi_j^{(n)}\}\in(s)$, $n=1,2,\cdots$, $x_0=\{\xi_j^0\}\in(s)$. 如果 $x_n\to x_0$,则 $\lim\limits_{n\to\infty}\xi_j^{(n)}=\xi_j^{\,0}$, $j=1,2,\cdots$. 否则,存在某个正整数 $j$,及 $\varepsilon_0>0$ 和正整数列的子序列 $\{n_k\}_{k=1}^{\infty}$,使

$$
|\xi_j^{(n_k)}-\xi_j^0|\geqslant\varepsilon_0,\quad k=1,2,\cdots.
$$

由不等式(3.1)的证明知道,$f(t)=\dfrac{t}{1+t}$ 是单调递增的,故

$$
d(x_{n_k},x_0)\geqslant\frac{1}{2^j}\frac{|\xi_j^{(n_k)}-\xi_j^0|}{1+|\xi_j^{(n_k)}-\xi_j^0|}\geqslant\frac{1}{2^j}\frac{\varepsilon_0}{1+\varepsilon_0},\quad k=1,2,\cdots.
$$

这与 $d(x_{n_k},x_0)\to0$ 矛盾.

反之,若 $\{x_n\}_{n=1}^{\infty}$ 按坐标收敛于 $x_0$,则易证 $\{x_n\}_{n=1}^{\infty}$ 在 $(s)$ 中收敛于 $x_0$. 请读者把这当作习题来做.

这说明 $(s)$ 中收敛等价于按坐标收敛.

**例 5** 空间 $\ell^p(1\leqslant p<\infty)$.

设 $X$ 代表满足条件 $\sum\limits_{j=1}^{\infty}|\xi_j|^p<\infty$ 的所有数列 $x=\{\xi_j\}$ 的集合. 对 $x=\{\xi_j\}$, $y=\{\eta_j\}\in X$, $\alpha$ 是数,定义

$$
x+y=\{\xi_j+\eta_j\},\quad \alpha x=\{\alpha\xi_j\}.
$$

对任意复数 $a,b$,显然

$$
|a+b|^p\leqslant(|a|+|b|)^p\leqslant(2\max\{|a|,|b|\})^p\leqslant2^p(|a|^p+|b|^p). \tag{3.2}
$$

据此容易证明 $X$ 按上述定义的加法和数乘是一个线性空间. 又定义

$$
d(x,y)=\left(\sum_{j=1}^{\infty}|\xi_j-\eta_j|^p\right)^{1/p},
$$

易见它满足距离公设(1),(2). 利用 Minkowski 不等式(参见文献[6],第六章,§1,定理4),

$$
\left(\sum_{j=1}^{\infty}|\xi_j+\eta_j|^p\right)^{1/p}\leqslant\left(\sum_{j=1}^{\infty}|\xi_j|^p\right)^{1/p}+\left(\sum_{j=1}^{\infty}|\eta_j|^p\right)^{1/p},
$$

可见它也满足距离公设(3),所以 $d(\cdot,\cdot)$ 是 $X$ 上的距离. 进一步易证 $X$ 是赋有距离 $d(\cdot,\cdot)$ 的距离线性空间,称为空间 $\ell^p$.

可以证明,空间 $\ell^p$ 的序列 $x_n=\{\xi_j^{(n)}\}(n=1,2,\cdots)$ 收敛于 $x=\{\xi_j\}$,如果

(1) $\xi_j^{(n)}\to\xi_j(n\to\infty)$ 对所有 $j$;

(2) 任给 $\varepsilon>0$,存在 $N_0=N_0(\varepsilon)$,使 $\sum\limits_{j=N}^{\infty}|\xi_j^{(n)}|^p<\varepsilon$,对所有 $N\geqslant N_0$ 和所有 $n$.

参见文献[11]第 22 页.

**例 6** 空间 $L^p[a,b]$($1\leqslant p<\infty$),与例 3 一样,这里 $a,b$ 是任意两个实数,而且 $-\infty<a<b<\infty$.

设 $X$ 代表所有满足条件 $\int_a^b|x(t)|^p\mathrm{d}t<\infty$ 的区间$[a,b]$上可测函数 $x(t)$ 的集合. 这样的 $x(t)$ 称为$[a,b]$上 $p$ **幂可积函数**. $X$ 中两个元素 $x=x(t)$,$y=y(t)$ 看作是相等的,是指 $x(t)$ 与 $y(t)$ 是几乎处处相等的,即 $x(t)=y(t)$ a. e. 于$[a,b]$. 对 $x=x(t)$,$y=y(t)\in X$,$\alpha$ 是数,定义

$$(x+y)(t)=x(t)+y(t),\quad (\alpha x)(t)=\alpha x(t),\quad t\in[a,b].$$

利用不等式(3.2)可以证明 $X$ 是线性空间. 又定义

$$d(x,y)=\left(\int_a^b|x(t)-y(t)|^p\mathrm{d}t\right)^{1/p},$$

显然它满足距离公设(1),(2). 由 Minkowski 不等式(参见文献[6],第六章,§1,定理 4),如果 $p\geqslant 1$,$x,y\in L^p[a,b]$,则

$$\left(\int_a^b|x(t)+y(t)|^p\mathrm{d}t\right)^{1/p}\leqslant\left(\int_a^b|x(t)|^p\mathrm{d}t\right)^{1/p}+\left(\int_a^b|y(t)|^p\mathrm{d}t\right)^{1/p}.$$

可见距离公设(3)成立,所以 $d(\cdot,\cdot)$ 是 $X$ 上的距离. 容易验证 $X$ 是赋有距离 $d(\cdot,\cdot)$ 的距离线性空间,称为空间 $L^p[a,b]$.

设 $x_n=x_n(t)$,$x=x(t)\in L^p[a,b]$,$n=1,2,\cdots$,而且

$$\int_a^b|x_n(t)-x(t)|^p\mathrm{d}t\to 0,\quad n\to\infty,$$

则称函数列 $\{x_n(t)\}_{n=1}^{\infty}$ $p$ **阶平均收敛**于函数 $x(t)$.

显然 $L^p[a,b]$ 中收敛就是 $p$ 阶平均收敛.

**注** 例 3 函数空间 $L^\infty[a,b]$ 和例 6 函数空间 $L^p[a,b]$ 中的元素不是一个函数,而是一个几乎处处相等的函数的等价类.

## §4 距离空间中的拓扑,可分空间

**定义 4.1** 对距离空间 $\langle X,d\rangle$,

(1) 设 $x_0\in X$,$r>0$,$B(x_0,r)\overset{\mathrm{d}}{=}\{x\in X:d(x,x_0)<r\}$ 称为以 $x_0$ 为球心,$r$ 为半径的**球**;

(2) $X$ 中的点集 $O$ 称为**开的**,是指对任何 $y\in O$,都有 $r>0$,使 $B(y,r)\subset O$;

(3) 设 $y\in X$,$X$ 的子集 $U$ 称为 $y$ 的**邻域**,是指有 $r>0$,使 $B(y,r)\subset U$;

(4) 设 $E\subset X$,点 $x_0\in X$ 称为 $E$ 的**极限点**,是指对任何 $r>0$,球 $B(x_0,r)$ 包含了 $E$ 中异于 $x_0$ 的点;

(5) $X$ 中的点集 $F$ 称为**闭的**,是指 $F$ 的极限点都在 $F$ 中;

(6) 设 $G\subset X$,$x_0\in X$,若 $G$ 是 $x_0$ 的邻域,则称 $x_0$ 为 $G$ 的**内点**,点集 $G$ 的内点全体称为 $G$ 的**内部**.

**定义 4.2** 设 $y=f(x)$ 是从距离空间 $\langle X,d\rangle$ 到距离空间 $\langle Y,\rho\rangle$ 的函数. $x_0\in X$,$y_0\in Y$,$f(x_0)=y_0$. 如果对 $y_0$ 的任何邻域 $V_{y_0}$ 都有 $x_0$ 的邻域 $U_{x_0}$,使当 $x\in U_{x_0}$ 时,$f(x)\in V_{y_0}$,则称 $f(x)$

在 $x_0$ 处**连续**. 如果 $f(x)$ 在 $X$ 中每点都连续,就称 $f(x)$ 是**连续函数**.

**定理 4.1** 从距离空间 $\langle X,d\rangle$ 到距离空间 $\langle Y,\rho\rangle$ 的函数 $f(x)$ 是连续的必须且只需对 $Y$ 中任何开集 $O$, $f^{-1}(O)$ 都是 $X$ 中开集.

这里 $f^{-1}(O)$ 表示 $O$ 的原像 $\{x\in X: f(x)\in O\}$.

**证** 设 $f(x)$ 连续, $O$ 是 $Y$ 中开集. 对任意的 $x_0\in f^{-1}(O)$, 必有 $y_0=f(x_0)\in O$. 取 $y_0$ 的邻域 $V_0$ 使 $V_0\subset O$, 由 $f(x)$ 在 $x_0$ 处连续, 必有 $x_0$ 的邻域 $U_0$, 使当 $x\in U_0$ 时, $f(x)\in V_0$. 故 $U_0\subset f^{-1}(V_0)\subset f^{-1}(O)$, 即 $f^{-1}(O)$ 是 $X$ 中开集.

反之,任给 $x_0\in X$, 设 $f(x_0)=y_0$. 取 $y_0$ 的任一邻域 $V_0$, 不失一般性, 可以假定 $V_0$ 是开的. 由假设 $f^{-1}(V_0)$ 也是开的. 因 $x_0\in f^{-1}(V_0)$, 故有 $x_0$ 的邻域 $U_0$, 使 $U_0\subset f^{-1}(V_0)$. 于是当 $x\in U_0$ 时, $f(x)\in V_0$, 即 $f(x)$ 在 $x_0$ 处连续. 证毕.

全体有理数是可数的,而且在实数轴上稠密,这给我们研究实数带来许多方便. 同样,实数轴的这个性质在一般距离空间中的推广:可分空间概念,也使我们能够在空间可分的假设下比较容易地证出一些深刻的结果.

**定义 4.3** 设 $\langle X,d\rangle$ 是距离空间,子集 $S\subset X$ 称为 $X$ 的**稠密集**,是指任给 $\varepsilon>0$, 对任何的 $x\in X$, 存在元素 $x_0\in S$, 使 $d(x,x_0)<\varepsilon$.

空间 $X$ 称为**可分的**,是指 $X$ 内存在一个可数的稠密集.

我们在上节列举的许多空间都是可分的.

**例 1** 空间 $\ell^p(1\leqslant p<\infty)$ 可分.

设 $S_0$ 是 $\ell^p$ 中所有形如

$$\{r_1,r_2,\cdots,r_n,0,0,\cdots\}$$

的元素的集合,其中 $n$ 是任意正整数, $r_j(j=1,2,\cdots,n)$ 是任意的有理数. 则 $S_0$ 是可数的. 易证 $S_0$ 在实空间 $\ell^p$ 中稠密.

事实上,任给 $\varepsilon>0$, 对任何 $x=\{\xi_j\}\in\ell^p$, $\xi_j(j=1,2,\cdots)$ 是实数,都存在正整数 $n$, 使

$$\sum_{j=n+1}^{\infty}|\xi_j|^p<\frac{\varepsilon^p}{2}.$$

显然可选有理数 $r_j, j=1,2,\cdots,n$, 使

$$\sum_{j=1}^{n}|\xi_j-r_j|^p<\frac{\varepsilon^p}{2}.$$

令 $x_0=\{r_1,r_2,\cdots,r_n,0,0,\cdots\}$, 则 $x_0\in S_0$, 且

$$[d(x,x_0)]^p=\sum_{j=1}^{n}|\xi_j-r_j|^p+\sum_{j=n+1}^{\infty}|\xi_j|^p<\varepsilon^p.$$

从而

$$d(x,x_0)<\varepsilon.$$

因此实空间 $\ell^p$ 是可分的.

进而还可以证明复空间 $\ell^p$ 也是可分的.

**例 2** 空间 $(s)$ 可分.

像例 1 一样,令 $S_0$ 表示所有形如

$$\{r_1,r_2,\cdots,r_n,0,0,\cdots\}$$

的元素的集合,其中 $n$ 是任意正整数, $r_j(j=1,2,\cdots,n)$ 是任意的有理数. 则 $S_0$ 可数. 为证明 $S_0$

在实空间$(s)$内稠密,只需证明任给$x\in(s)$,存在$S_0$中元素列$\{x_k\}_{k=1}^{\infty}$,使$x_k\to x$. 由前节例4知道,这等价于对所有的正整数$j$,$x_k$的第$j$个坐标收敛于$x$的第$j$个坐标. 设$x=\{\xi_1,\xi_2,\cdots,\xi_j,\cdots\}\in(s)$,对每个$\xi_j$,我们可以构造一个有理数列$\{r_j^{(k)}\}_{k=1}^{\infty}$,使$r_j^{(k)}\to\xi_j(k\to\infty)$. 令

$$x_k=\{r_1^{(k)},r_2^{(k)},\cdots,r_k^{(k)},0,0,\cdots\},\quad k=1,2,\cdots,$$

则$x_k\in S_0$,而且$x_k\to x$. 因此实空间$(s)$是可分的.

进一步可以证明复空间$(s)$也是可分的.

**例 3** 空间$(m)$不可分.

令

$$E_0=\{x=\{\xi_j\}\in(m):\xi_j=0\text{ 或 }1,j=1,2,\cdots\}.$$

注意$E_0$中每个元素$x=\{\xi_j\}$对应着$[0,1]$上一个二进位小数,据此可建立$E_0$和区间$[0,1]$之间1-1对应关系,因此$E_0$的基数为$c$,即$E_0$是不可数的. 任取$E_0$内两个不同元素$x=\{\xi_j\}$,$y=\{\eta_j\}$,显然$d(x,y)=1$. 由此可断定$(m)$是不可分的.

事实上,如果$(m)$内存在可数的稠密集$S$,以$S$中每个元素为球心,$\varepsilon=1/3$为半径作球,$(m)$的所有元素都将落在这些球内. 但这些球是可数的,于是不可数集$E_0$中至少有两个不同元素$x,y$落在同一球内. 设该球球心为$x_0$,则

$$1=d(x,y)\leqslant d(x,x_0)+d(x_0,y)\leqslant\frac{1}{3}+\frac{1}{3}=\frac{2}{3}.$$

矛盾.

尽管空间$(m)$不可分,但可以证明,作为空间$(m)$的线性流形$(c)$是可分的.

利用测度论上的 Luzin 定理与 Weierstrass 逼近定理,我们还可以证明空间$L^p[a,b](1\leqslant p<\infty)$是可分的(参见文献[11],第47页).

## §5 完备的距离空间

**定义 5.1** 设$\{x_n\}_{n=1}^{\infty}$是距离空间$\langle X,d\rangle$中的序列,如果对任给的$\varepsilon>0$,都有正整数$N$,使当$n,m\geqslant N$时,

$$d(x_n,x_m)<\varepsilon,$$

则称$\{x_n\}_{n=1}^{\infty}$为 **Cauchy 序列**.

显然凡收敛序列都是 Cauchy 序列,但其逆不真. 例如全体有理数构成的距离空间中就有不收敛的 Cauchy 序列.

**定义 5.2** 若距离空间$\langle X,d\rangle$中任何 Cauchy 序列都收敛,则称距离空间$\langle X,d\rangle$为**完备的**.

回想各种实数的定义,其精神实质无非就是把有理数集加以完备化而已. 只有对于完备的空间,极限运算才能顺利进行,也才有可能用上经典分析的技巧. 明白了这点,为什么人们对各种空间常要考虑其完备性,便是很自然的事了.

以下且看两个最常见的完备空间的例子.

**例 1** $C[0,1]$是完备空间.

$C[0,1]$表示区间$[0,1]$上的所有复值连续函数的集合,逐点定义加法和数乘运算,即对$x(t),y(t)\in C[0,1]$,$\alpha\in\mathbf{C}$,

$$(x+y)(t)=x(t)+y(t),\quad (\alpha x)(t)=\alpha x(t),t\in[0,1].$$

赋以距离

$$d(x,y)=\max_{0\leqslant t\leqslant 1}|x(t)-y(t)|.$$

不难证明 $C[0,1]$是赋有距离 $d(\cdot,\cdot)$的距离线性空间,通常称为**连续函数空间**.

下面证明 $C[0,1]$是完备的.

设$\{x_n(t)\}_{n=1}^{\infty}$是 $C[0,1]$中的 Cauchy 序列,则任给 $\varepsilon>0$,存在正整数 $N$,使当 $n,m\geqslant N$ 时,

$$d(x_n,x_m)<\varepsilon.$$

即当 $n,m\geqslant N$ 时,

$$|x_n(t)-x_m(t)|<\varepsilon,\quad 0\leqslant t\leqslant 1.$$

显然对每个 $t\in[0,1]$,$\{x_n(t)\}_{n=1}^{\infty}$ 收敛. 设$\lim\limits_{n\to\infty}x_n(t)=x(t)$,则在上式中令 $m\to\infty$ 可得当 $n\geqslant N$ 时,

$$|x_n(t)-x(t)|\leqslant\varepsilon,\quad 0\leqslant t\leqslant 1.$$

这表明$\{x_n(t)\}_{n=1}^{\infty}$在$[0,1]$上一致收敛到 $x(t)$. 由数学分析可知,$x(t)$也是$[0,1]$上连续函数. 又由上式可得当 $n\geqslant N$ 时,

$$d(x_n,x)=\max_{0\leqslant t\leqslant 1}|x_n(t)-x(t)|\leqslant\varepsilon,$$

即 $x_n\to x$. 故 $C[0,1]$是完备的.

**例 2** $L^p[a,b](1\leqslant p\leqslant\infty)$是完备空间.

我们只讨论 $1<p<\infty$ 情形,对 $p=1$ 或$\infty$ 情形可类似证明.

设$\{x_n\}_{n=1}^{\infty}$是 $L^p[a,b]$中的 Cauchy 序列,则有正整数 $N_k$,使当 $n,m\geqslant N_k$ 时,

$$d(x_n,x_m)<\frac{1}{2^k}.$$

不妨设 $N_1<N_2<\cdots<N_k<\cdots$,则

$$\sum_{k=1}^{\infty}d(x_{N_{k+1}},x_{N_k})\leqslant\sum_{k=1}^{\infty}\frac{1}{2^k}<\infty,$$

设 $1<q<\infty$,使$\frac{1}{p}+\frac{1}{q}=1$,由 Hölder 不等式

$$\begin{aligned}\int_a^b\left|x_{N_{k+1}}(t)-x_{N_k}(t)\right|\mathrm{d}t&\leqslant\left(\int_a^b\left|x_{N_{k+1}}(t)-x_{N_k}(t)\right|^p\mathrm{d}t\right)^{1/p}\left(\int_a^b 1\mathrm{d}t\right)^{1/q}\\&=d(x_{N_{k+1}},x_{N_k})(b-a)^{1/q}.\end{aligned}$$

于是

$$\sum_{k=1}^{\infty}\int_a^b\left|x_{N_{k+1}}(t)-x_{N_k}(t)\right|\mathrm{d}t\leqslant(b-a)^{1/q}\sum_{k=1}^{\infty}d(x_{N_{k+1}},x_{N_k})<\infty.$$

则

$$\int_a^b\left(\sum_{k=1}^{\infty}\left|x_{N_{k+1}}(t)-x_{N_k}(t)\right|\right)\mathrm{d}t<\infty.$$

这说明 $\sum\limits_{k=1}^{\infty}\left|x_{N_{k+1}}(t)-x_{N_k}(t)\right|$ 从而 $\sum\limits_{k=1}^{\infty}\left[x_{N_{k+1}}(t)-x_{N_k}(t)\right]$ 在$[a,b]$上几乎处处收敛. 于是

$$\lim_{j\to\infty}x_{N_j}(t)=x_{N_1}(t)+\lim_{j\to\infty}\sum_{k=1}^{j-1}\left[x_{N_{k+1}}(t)-x_{N_k}(t)\right]$$

在$[a,b]$上几乎处处存在. 设

$$\lim_{j\to\infty}x_{N_j}(t)=x(t)\ \text{a. e. 于}[a,b],$$

则$x(t)$可测,根据 Fatou 引理(参见文献[6],第五章,§5)

$$\int_a^b\left|x_{N_k}(t)-x(t)\right|^p\mathrm{d}t\leqslant\varliminf_{j\to\infty}\int_a^b\left|x_{N_k}(t)-x_{N_j}(t)\right|^p\mathrm{d}t$$

$$=\varliminf_{j\to\infty}\left[d(x_{N_k},x_{N_j})\right]^p\leqslant\frac{1}{2^{kp}},$$

故$x_{N_k}(t)-x(t)\in L^p[a,b]$. 已知$x_{N_k}(t)\in L^p[a,b]$,由$L^p[a,b]$是线性空间可知$x(t)\in L^p[a,b]$.

任给$\varepsilon>0$,由$\{x_n\}_{n=1}^{\infty}$是 Cauchy 序列,应有正整数$N$,使当$n,m\geqslant N$时,

$$d(x_n,x_m)<\varepsilon.$$

显然存在正整数$K$,使当$k\geqslant K$时,$N_k\geqslant N$. 于是当$n\geqslant N,k\geqslant K$时,

$$d(x_n,x_{N_k})<\varepsilon.$$

根据 Fatou 引理,当$n\geqslant N$时,

$$[d(x_n,x)]^p=\int_a^b|x_n(t)-x(t)|^p\mathrm{d}t$$

$$\leqslant\varliminf_{j\to\infty}\int_a^b|x_n(t)-x_{N_j}(t)|^p\mathrm{d}t$$

$$=\varliminf_{j\to\infty}\left[d(x_n,x_{N_j})\right]^p\leqslant\varepsilon^p,$$

由此可见,$d(x_n,x)\to0(n\to\infty)$. 证毕.

**定义 5.3** 对距离空间$\langle X,d\rangle$,若有完备的距离空间$\langle\tilde{X},\rho\rangle$,使$X$等距于$\tilde{X}$的稠密子集,即存在映射$T:X\to\tilde{X}$使

$$d(x,y)=\rho(T(x),T(y)),\quad\forall x,y\in X,$$

且$T(X)$是$\tilde{X}$中稠密子集,则称$\tilde{X}$为$X$的**完备化**.

**定理 5.1** 任何距离空间都存在完备化.

**证** 将距离空间$\langle X,d\rangle$中所有 Cauchy 序列的集合记作$\tilde{X}$. 对$\tilde{X}$中元素$\xi=\{x_n\}$与$\eta=\{y_n\}$,若

$$\lim_{n\to\infty}d(x_n,y_n)=0,$$

则称$\xi$与$\eta$相等,并记作$\xi=\eta$. 又对$\tilde{X}$中任意两个元素$\xi=\{x_n\},\eta=\{y_n\}$,定义

$$\rho(\xi,\eta)=\lim_{n\to\infty}d(x_n,y_n).$$

因为$\{x_n\},\{y_n\}$是$X$中 Cauchy 序列,不难证明$\{d(x_n,y_n)\}_{n=1}^{\infty}$是 Cauchy 数列,所以上述极限是存在的. 假设又有 Cauchy 序列$\{x_n'\},\{y_n'\}$,使$\xi=\{x_n'\},\eta=\{y_n'\}$,则

$$\lim_{n\to\infty}d(x_n,x_n')=0,\quad\lim_{n\to\infty}d(y_n,y_n')=0.$$

利用距离公设(3),

$$d(x_n',y_n')\leqslant d(x_n',x_n)+d(x_n,y_n)+d(y_n,y_n').$$

于是

$$\lim_{n\to\infty}d(x_n',y_n')\leqslant\lim_{n\to\infty}d(x_n,y_n).$$

类似地可有相反的不等式. 总之

$$\lim_{n\to\infty}d(x_n',y_n')=\lim_{n\to\infty}d(x_n,y_n).$$

这说明 $\rho(\xi,\eta)$ 不依赖于表示 $\xi,\eta$ 的具体 Cauchy 序列. 因而 $\rho(\cdot,\cdot)$ 的定义是完善的.

显然 $\rho(\cdot,\cdot)$ 满足距离公设(1),(2),设 $\xi=\{x_n\},\eta=\{y_n\},\zeta=\{z_n\}\in\tilde{X}$,则

$$\rho(\xi,\zeta)=\lim_{n\to\infty}d(x_n,z_n)\leqslant\lim_{n\to\infty}d(x_n,y_n)+\lim_{n\to\infty}d(y_n,z_n)=\rho(\xi,\eta)+\rho(\eta,\zeta),$$

即 $\rho(\cdot,\cdot)$ 也满足距离公设(3). 总之,$\tilde{X}$ 按 $\rho(\cdot,\cdot)$ 成为距离空间.

定义 $\langle X,d\rangle$ 到 $\langle\tilde{X},\rho\rangle$ 的映射 $T$ 如下:

$$T(x)=\tilde{x}=\{x,x,\cdots,x,\cdots\},\quad x\in X.$$

设 $y\in X$,则 $T(y)=\tilde{y}=\{y,y,\cdots,y,\cdots\}$,于是

$$\rho(T(x),T(y))=\lim_{n\to\infty}d(x,y)=d(x,y).$$

所以 $T:X\to\tilde{X}$ 是一个等距映射. 往证 $T(X)$ 在 $\tilde{X}$ 中稠密. 设 $\xi=\{x_n\}\in\tilde{X}$. 令 $\tilde{x}_k=\{x_k,x_k,\cdots,x_k,\cdots\}$,$k=1,2,\cdots$,则 $\tilde{x}_k=T(x_k)\in T(X)$. 对任何 $\varepsilon>0$,因为 $\{x_n\}_{n=1}^{\infty}$ 是 $X$ 中 Cauchy 序列,存在正整数 $N$,使当 $n,m\geqslant N$ 时,$d(x_n,x_m)<\varepsilon$. 于是当 $k\geqslant N$ 时,

$$\rho(\xi,\tilde{x}_k)=\lim_{n\to\infty}d(x_n,x_k)\leqslant\varepsilon.$$

可见 $T(X)$ 在 $\tilde{X}$ 中稠密.

最后,只需证明 $\tilde{X}$ 是完备的. 设 $\{\xi_n\}_{n=1}^{\infty}$ 是 $\tilde{X}$ 中 Cauchy 序列,由于 $T(X)$ 在 $\tilde{X}$ 中稠密,对每个 $\xi_n$,必有 $x_n\in X$,使 $\tilde{x}_n=T(x_n)\in\tilde{X}$ 且 $\rho(\tilde{x}_n,\xi_n)<1/n$,于是

$$\begin{aligned}d(x_n,x_m)&=\rho(\tilde{x}_n,\tilde{x}_m)\leqslant\rho(\tilde{x}_n,\xi_n)+\rho(\xi_n,\xi_m)+\rho(\xi_m,\tilde{x}_m)\\&\leqslant 1/n+\rho(\xi_n,\xi_m)+1/m.\end{aligned}$$

由此可见 $\{x_n\}_{n=1}^{\infty}$ 是 $X$ 中 Cauchy 序列,记 $\xi=\{x_n\}_{n=1}^{\infty}$,则 $\xi\in\tilde{X}$. 而

$$\rho(\xi_n,\xi)\leqslant\rho(\xi_n,\tilde{x}_n)+\rho(\tilde{x}_n,\xi)\leqslant 1/n+\lim_{k\to\infty}d(x_n,x_k)\to 0,\quad n\to\infty,$$

即 $\tilde{X}$ 是完备的. 证毕.

设想我们不把有理数集完备化,那么像 $x^2-2=0$ 这类方程就没有解. 同样,如果不把某些函数空间完备化,那么许多数理方程也没有解. 例如,对波动方程

$$\begin{cases}\Delta u-\dfrac{\partial^2 u}{\partial t^2}=F,\\ u(x,y,z,0)=u_t'(x,y,z,0)=0,\\ \left.\dfrac{\partial u}{\partial n}\right|_S=0,\end{cases}\tag{5.1}$$

这里 $S$ 是空间区域 $\Omega$ 的边界. S. L. Sobolev 就考虑一串 $L^2(\Omega)$ 中函数 $F_1,F_2,\cdots,F_k,\cdots$,使

$$\lim_{k\to\infty}\iiint_{\Omega}|F_k-F|^2\mathrm{d}x\mathrm{d}y\mathrm{d}z=0.$$

若方程

$$\begin{cases}\Delta u-\dfrac{\partial^2 u}{\partial t^2}=F_k,\\ u(x,y,z,0)=u_t'(x,y,z,0)=0,\\ \left.\dfrac{\partial u}{\partial n}\right|_S=0\end{cases}\tag{5.2}$$

的寻常解 $u_k$ 存在,使得

$$\lim_{k\to\infty}\iiint_{\Omega}|u_k-u|^2\mathrm{d}x\mathrm{d}y\mathrm{d}z=0,$$

他就称 $u$ 是方程(5.1)的广义解.而且他果然利用空间 $L^2(\Omega)$ 的完备性或 Riesz-Fisher 定理证出上述广义解的存在性(参见文献[20],第 XXII 讲).

## §6　列　紧　性

我们知道:

直线上每个有界的无穷点集都至少有一个聚点.

这是古典分析的基础.推广到一般距离空间,引进下列概念:

**定义 6.1**　距离空间 $X$ 中的集合 $M$ 称为**列紧的**,是指 $M$ 中任何序列都含有一个收敛的子序列(这个子序列的极限未必还在 $M$ 中).闭的列紧集称为**自列紧集**.

这是距离空间中非常重要的几何概念.

设 $M,N$ 都是距离空间 $\langle X,d\rangle$ 中的集合,$\varepsilon$ 为给定正数.如果对 $M$ 中任何一点 $x$,必存在 $N$ 中一点 $x'$,使 $d(x,x')<\varepsilon$,则称 $N$ 是 $M$ 的 **$\varepsilon$-网**.

**定义 6.2**　距离空间 $X$ 中的集合 $M$ 称为**完全有界的**,是指对任给的 $\varepsilon>0$,总存在由有限个元素组成的 $M$ 的 $\varepsilon$-网.

**定理 6.1**　在距离空间 $X$ 中,列紧性蕴涵完全有界性.若更设 $X$ 是完备的,则列紧性与完全有界性等价.

**证**　设 $M$ 是 $X$ 中列紧集.如果 $M$ 不是完全有界的,则必存在某个 $\varepsilon_0>0$,使 $M$ 没有只包含有限个元素的 $\varepsilon_0$-网.从而任取 $x_1\in M$,必存在 $x_2\in M$,使 $d(x_2,x_1)\geqslant\varepsilon_0$,否则,$\{x_1\}$ 就是 $M$ 之有限的 $\varepsilon_0$-网.同理,存在 $x_3\in M$,使 $d(x_3,x_j)\geqslant\varepsilon_0$,$j=1,2$.这个步骤可以一直进行下去,这样我们得到 $M$ 中一个序列 $\{x_n\}_{n=1}^{\infty}$,使当 $n\neq m$ 时,$d(x_n,x_m)\geqslant\varepsilon_0$.显然 $\{x_n\}_{n=1}^{\infty}$ 没有收敛的子序列,这与 $M$ 是列紧的矛盾.

若更设 $X$ 是完备的,$M$ 是 $X$ 中完全有界集,$\{x_n\}_{n=1}^{\infty}$ 是 $M$ 中任一序列.不失一般性,可假定 $\{x_n\}_{n=1}^{\infty}$ 有无穷多个元素.取定一个正数列 $\{\varepsilon_k\}_{k=1}^{\infty}$,使 $\varepsilon_k\searrow 0$.由假设存在 $M$ 的 $\varepsilon_1$-网只包含有限个元素,于是存在 $X$ 中半径为 $\varepsilon_1$ 的球 $B_1$,它包含了 $\{x_n\}_{n=1}^{\infty}$ 中无穷多个元素.记 $S_1=B_1\cap\{x_n\}_{n=1}^{\infty}$,则 $S_1$ 是 $\{x_n\}_{n=1}^{\infty}$ 的无穷子集.又存在 $M$ 的 $\varepsilon_2$-网只包含有限个元素,故存在 $X$ 中半径为 $\varepsilon_2$ 的球 $B_2$,包含 $S_1$ 中无穷多个元素.令 $S_2=B_2\cap S_1$.如此类推,我们得到 $X$ 中一串球 $\{B_k\}_{k=1}^{\infty}$,其半径分别为 $\varepsilon_k$,以及 $\{x_n\}_{n=1}^{\infty}$ 的一串无穷子集 $\{S_k\}_{k=1}^{\infty}$,满足

$$S_{k+1}\subset S_k\subset B_k,\quad k=1,2,\cdots.$$

于是我们可以依次选取

$$x_{n_1}\in S_1, x_{n_2}\in S_2\setminus\{x_{n_1}\},\cdots,x_{n_k}\in S_k\setminus\{x_{n_1},x_{n_2},\cdots,x_{n_{k-1}}\},\cdots,$$

这样我们得到$\{x_n\}_{n=1}^{\infty}$的一个子序列$\{x_{n_k}\}_{k=1}^{\infty}$. 根据构造,当$j\geqslant k$时,$x_{n_j}\in B_k$. 于是当$j>k$时,

$$d(x_{n_k},x_{n_j})<2\varepsilon_k.$$

因$\varepsilon_k\searrow 0$,所以$\{x_{n_k}\}_{k=1}^{\infty}$是 Cauchy 序列. 而$X$是完备的,故$\{x_{n_k}\}_{k=1}^{\infty}$收敛. 证毕.

**定理 6.2** 在距离空间中,任何完全有界集都是可分的.

**证** 设$M$是距离空间$\langle X,d\rangle$的完全有界集,则对任给的$\varepsilon>0$,可以取$M$的有限子集作为$M$的$\varepsilon$-网. 事实上,由假设存在$M$之有限的$\dfrac{\varepsilon}{2}$-网,记为$\{y_1,y_2,\cdots,y_j\}$. 任取$x_k\in M\cap B\left(y_k,\dfrac{\varepsilon}{2}\right)$,$k=1,2,\cdots,j$,则$\{x_1,x_2,\cdots,x_j\}\subset M$. 易见它是$M$的$\varepsilon$-网.

现在,对每个正整数$n$,设$N_n\subset M$是$M$之有限的$\dfrac{1}{n}$-网. 令

$$N=\bigcup_{n=1}^{\infty}N_n,$$

则$N\subset M$且是一个可数集. 任给$\varepsilon>0$,$x\in M$,应有正整数$n$,使$\dfrac{1}{n}<\varepsilon$,及$x_n\in N_n$,使

$$d(x_n,x)<\frac{1}{n}<\varepsilon,$$

可见$N$在$M$中稠密. 总之,$M$是可分的. 证毕.

**定义 6.3** 距离空间$X$中的集合$M$称为**紧**的,是指$M$的任何开覆盖都存在有限的子覆盖.

**定理 6.3** 在距离空间中,紧性与自列紧性等价.

**证** 设$M$是距离空间$X$的紧子集,$\{x_n\}_{n=1}^{\infty}$是$M$中任一序列. 如果$\{x_n\}_{n=1}^{\infty}$不存在收敛于$M$中某点的子序列,则对每点$\xi\in M$,必存在$\delta_\xi>0$,使$B(\xi,\delta_\xi)$不包含$\{x_n\}_{n=1}^{\infty}$中异于$\xi$的点. 否则,存在某个$\xi\in M$,在$\xi$的任何邻域中都包含$\{x_n\}_{n=1}^{\infty}$中异于$\xi$的点,这个$\xi$便是$\{x_n\}_{n=1}^{\infty}$中某个子序列的极限. 这与$\{x_n\}_{n=1}^{\infty}$不存在收敛于$M$中某点的子序列的假设矛盾. 显然$B(\xi,\delta_\xi)$的全体形成$M$的一个开覆盖. 因$M$是紧的,必存在有限子覆盖,设其为$B(\xi_1,\delta_{\xi_1}),B(\xi_2,\delta_{\xi_2}),\cdots,B(\xi_k,\delta_{\xi_k})$. 根据$B(\xi_j,\delta_{\xi_j})$的选取,每个最多只包含$\{x_n\}_{n=1}^{\infty}$中一个点. 于是$\{x_n\}_{n=1}^{\infty}$中只有有限个不同点,必然至少有一个点重复出现无穷多次,从而$\{x_n\}_{n=1}^{\infty}$有收敛于$M$中某点的子序列. 这和假设矛盾. 故$M$必是自列紧的.

反之,设$M$是自列紧的,由定理 6.1 及定理 6.2,$M$是可分的,即$M$中存在可数稠密子集$M_0$.

设$\{G_\alpha\}_{\alpha\in J}$是$M$的一个开覆盖. 任给$x\in M$,必有某个$G_\alpha$,使$x\in G_\alpha$. 因$G_\alpha$是开集,存在$\delta>0$,使$B(x,\delta)\subset G_\alpha$. 因$M_0$是$M$的稠密子集,故存在某个$x'\in M_0$及有理数$r'>0$,使

$$x\in B(x',r')\subset B(x,\delta)\subset G_\alpha.$$

现在我们考虑以$M_0$的元素为球心,正有理数为半径,而且包含于某个$G_\alpha$内的球的全体,它们最多是可数个,记为$B_1,B_2,\cdots$. 根据构造它们形成了$M$的一个开覆盖. 我们断言,$\{B_n\}_{n=1}^{\infty}$中必有有限个覆盖了$M$. 若不然,对每个正整数$n$,都存在点$x_n\in M\setminus\left(\bigcup_{j=1}^{n}B_j\right)$. 因$M$是自列紧

的，$\{x_n\}_{n=1}^{\infty}$ 存在一个子序列 $\{x_{n_k}\}_{k=1}^{\infty}$ 收敛于一点 $x_0\in M$. 易证 $x_0$ 不属于任何 $B_n$. 这与 $\{B_n\}_{n=1}^{\infty}$ 是 $M$ 的覆盖矛盾. 故存在 $\{B_n\}_{n=1}^{\infty}$ 中有限个 $\{B_1,B_2,\cdots,B_k\}$ 覆盖了 $M$. 由 $B_n$ 的构造应有 $G_{\alpha_j}$，$\alpha_j\in J$，使 $G_{\alpha_j}\supset B_j$，$j=1,2,\cdots,k$，于是 $\{G_{\alpha_1},G_{\alpha_2},\cdots,G_{\alpha_k}\}$ 是 $\{G_\alpha\}_{\alpha\in J}$ 的有限子覆盖. 证毕.

分析中常用到一种被称为**对角线方法**的技巧，它是证明紧性的典型方法. 为便于今后使用，我们来详细地介绍这种方法.

设 $\{\alpha_{kn}\}_{n=1}^{\infty}(k=1,2,\cdots)$ 是一串有界数列. 则对每个 $k$，由于 $\{\alpha_{kn}\}_{n=1}^{\infty}$ 是有界数列，必有一个收敛子序列 $\{\alpha_{kn_k(j)}\}_{j=1}^{\infty}$. 一般说来，对不同的 $k$，$\{n_k(j)\}_{j=1}^{\infty}$ 是不同的正整数子序列. 对角线方法就是要对所有 $k$，找到一个共同的正整数列的子序列 $\{n(j)\}_{j=1}^{\infty}$，使得对每个 $k$，$\{\alpha_{kn(j)}\}_{j=1}^{\infty}$ 都收敛. 具体做法如下：

把 $\{\alpha_{kn}\}_{n=1}^{\infty}(k=1,2,\cdots)$ 排成一个无穷方阵，第一个数列 $\{\alpha_{1n}\}_{n=1}^{\infty}$ 排在第一行，第二个数列 $\{\alpha_{2n}\}_{n=1}^{\infty}$ 排在第二行，依次类推，便有

$$\begin{matrix}\alpha_{11} & \alpha_{12} & \alpha_{13} & \cdots & \alpha_{1n} & \cdots\\ \alpha_{21} & \alpha_{22} & \alpha_{23} & \cdots & \alpha_{2n} & \cdots\\ \alpha_{31} & \alpha_{32} & \alpha_{33} & \cdots & \alpha_{3n} & \cdots\\ \vdots & \vdots & \vdots & & \vdots & \\ \alpha_{k1} & \alpha_{k2} & \alpha_{k3} & \cdots & \alpha_{kn} & \cdots\\ \vdots & \vdots & \vdots & & \vdots & \end{matrix}$$

先看第一行，由于 $\{\alpha_{1n}\}_{n=1}^{\infty}$ 是有界数列，必有收敛子序列，记为 $\{\alpha_{1n_1(j)}\}_{j=1}^{\infty}$，然后再看第二行的子序列 $\{\alpha_{2n_1(j)}\}_{j=1}^{\infty}$，它也是有界的，必有收敛子序列，记为 $\{\alpha_{2n_2(j)}\}_{j=1}^{\infty}$. 再看第三行的子序列 $\{\alpha_{3n_2(j)}\}_{j=1}^{\infty}$，它也是有界的，故有收敛子序列，记为 $\{\alpha_{3n_3(j)}\}_{j=1}^{\infty}$. 如此继续下去，便得到一串收敛数列排成的无穷方阵

$$\begin{matrix}\alpha_{1n_1(1)} & \alpha_{1n_1(2)} & \alpha_{1n_1(3)} & \cdots & \alpha_{1n_1(j)} & \cdots\\ \alpha_{2n_2(1)} & \alpha_{2n_2(2)} & \alpha_{2n_2(3)} & \cdots & \alpha_{2n_2(j)} & \cdots\\ \alpha_{3n_3(1)} & \alpha_{3n_3(2)} & \alpha_{3n_3(3)} & \cdots & \alpha_{3n_3(j)} & \cdots\\ \vdots & \vdots & \vdots & & \vdots & \\ \alpha_{kn_k(1)} & \alpha_{kn_k(2)} & \alpha_{kn_k(3)} & \cdots & \alpha_{kn_k(j)} & \cdots\\ \vdots & \vdots & \vdots & & \vdots & \end{matrix}$$

这个方阵中的每一行都是一个收敛的无穷数列.

对应地，我们得到这些数列的第二个指标排成的无穷方阵

$$\begin{matrix}n_1(1) & n_1(2) & n_1(3) & \cdots & n_1(j) & \cdots\\ n_2(1) & n_2(2) & n_2(3) & \cdots & n_2(j) & \cdots\\ n_3(1) & n_3(2) & n_3(3) & \cdots & n_3(j) & \cdots\\ \vdots & \vdots & \vdots & & \vdots & \\ n_k(1) & n_k(2) & n_k(3) & \cdots & n_k(j) & \cdots\\ \vdots & \vdots & \vdots & & \vdots & \end{matrix}$$

根据前面的选取，我们看到该方阵中下面一行的指标序列都是上面一行的指标序列的子序列，即 $\{n_2(j)\}_{j=1}^{\infty}$ 是 $\{n_1(j)\}_{j=1}^{\infty}$ 的子序列，$\{n_3(j)\}_{j=1}^{\infty}$ 是 $\{n_2(j)\}_{j=1}^{\infty}$ 的子序列等. 现在我们把上述无穷方阵中对角线上的元素取出来，得到一个指标序列 $\{n_j(j)\}_{j=1}^{\infty}$，这就是我们要找的正

整数列的子序列，使对每个 $k$，$\{\alpha_{kn_j(j)}\}_{j=1}^{\infty}$ 都收敛. 事实上，对每个 $k$，当 $j\geqslant k$ 以后，$\{n_j(j)\}_{j=1}^{\infty}$ 便是 $\{n_k(j)\}_{j=1}^{\infty}$ 的子序列，从而 $\{\alpha_{kn_j(j)}\}_{j=1}^{\infty}$ 是 $\{\alpha_{kn_k(j)}\}_{j=1}^{\infty}$ 的子序列. 而 $\{\alpha_{kn_k(j)}\}_{j=1}^{\infty}$ 是收敛的，故 $\{\alpha_{kn_j(j)}\}_{j=1}^{\infty}$ 也是收敛的.

对于 $[0,1]$ 上的一族连续函数 $\mathscr{F}$，把它看作是 $C[0,1]$ 空间中的一个点集，这可以说是 $\mathscr{F}$ 的几何化. 自然对于 $\mathscr{F}$ 我们就要问

$\mathscr{F}$ 何时是列紧的? (6.1)

如果 $\mathscr{F}$ 是列紧的，则 $\mathscr{F}$ 是完全有界的. 当然便也一致有界，即存在常数 $K>0$，使对一切 $t\in[0,1]$ 和 $f\in\mathscr{F}$，

$$|f(t)|\leqslant K.$$

任给 $\varepsilon>0$，$\mathscr{F}$ 存在有限的 $\dfrac{\varepsilon}{3}$-网：$f_1,f_2,\cdots,f_n$，使对任给的 $f\in\mathscr{F}$ 都有一个 $f_k(1\leqslant k\leqslant n)$ 使得

$$\rho(f,f_k)<\frac{\varepsilon}{3},$$

这里 $\rho(\cdot,\cdot)$ 是 $C[0,1]$ 上的距离. 注意 $f_1(t),f_2(t),\cdots,f_n(t)$ 都在 $[0,1]$ 上一致连续，因此有 $\delta>0$，使对一切 $t',t''\in[0,1]$ 且 $|t''-t'|<\delta$，

$$|f_k(t'')-f_k(t')|<\frac{\varepsilon}{3},\quad 1\leqslant k\leqslant n.$$

于是当 $|t''-t'|<\delta$ 时，对任给的 $f\in\mathscr{F}$ 有

$$\begin{aligned}|f(t'')-f(t')|&\leqslant|f(t'')-f_k(t'')|+|f_k(t'')-f_k(t')|+|f_k(t')-f(t')|\\&\leqslant\rho(f,f_k)+|f_k(t'')-f_k(t')|+\rho(f,f_k)\\&<\frac{\varepsilon}{3}+\frac{\varepsilon}{3}+\frac{\varepsilon}{3}=\varepsilon.\end{aligned}$$

这引出下面的重要概念.

**定义 6.4** 设 $\mathscr{F}$ 是一族从距离空间 $\langle X,d\rangle$ 到距离空间 $\langle Y,\rho\rangle$ 的函数. 如果任给 $\varepsilon>0$，都存在 $\delta>0$，使得当 $d(x,x')<\delta$ 时，对一切 $f\in\mathscr{F}$ 都有

$$\rho(f(x),f(x'))<\varepsilon,$$

则称 $\mathscr{F}$ 是**同等连续**的.

下面著名定理回答了前面所提问题(6.1).

**定理 6.4**(Arzelà-Ascoli, 1889) $\mathscr{F}\subset C[0,1]$ 是列紧的必须且只需 $\mathscr{F}$ 是一致有界而且同等连续的.

**证** 必要性已见于前面的分析，问题只在于充分性.

设 $\{f_n\}_{n=1}^{\infty}$ 是 $\mathscr{F}$ 中一个无穷序列. 因为 $C[0,1]$ 中序列 $\{f_n\}_{n=1}^{\infty}$ 收敛等价于 $\{f_n(t)\}_{n=1}^{\infty}$ 在 $[0,1]$ 上一致收敛. 故只需证明存在 $\{f_n(t)\}_{n=1}^{\infty}$ 的某个子序列 $\{f_{n_j}(t)\}_{j=1}^{\infty}$ 在 $[0,1]$ 上一致收敛.

将 $[0,1]$ 中全体有理数排成序列 $r_1,r_2,\cdots,r_i,\cdots$，考察无穷方阵

$$f_n(r_i),\quad n,i=1,2,\cdots.$$

由假设，它们是一致有界的. 根据对角线方法，有子序列 $\{f_{n_j(j)}(t)\}_{j=1}^{\infty}$ 在一切 $r_i(i=1,2,\cdots)$ 处收敛，简记这个子序列为 $\{f_{n(j)}(t)\}_{j=1}^{\infty}$.

任给 $\varepsilon>0$,由 $\{f_{n(j)}(t)\}_{j=1}^{\infty}$ 的同等连续性,有 $\delta>0$,使当 $|t''-t'|<\delta$ 时,对一切 $j=1,2,\cdots$,

$$|f_{n(j)}(t'')-f_{n(j)}(t')|<\frac{\varepsilon}{3}.$$

显然我们可以找到有限个 $r_i,i=1,2,\cdots,I$,使

$$[0,1]\subset\bigcup_{i=1}^{I}(r_i-\delta,r_i+\delta).$$

因为对每个 $r_i$,$\{f_{n(j)}(r_i)\}_{j=1}^{\infty}$ 收敛. 于是存在 $N=N(\varepsilon)$,当 $j,k\geqslant N$ 时,对每个 $i=1,2,\cdots,I$,

$$|f_{n(j)}(r_i)-f_{n(k)}(r_i)|<\frac{\varepsilon}{3}.$$

对任何 $t\in[0,1]$,应有某个 $r_i(i=1,2,\cdots,I)$ 使 $|t-r_i|<\delta$,从而当 $j,k\geqslant N$ 时,

$$\begin{aligned}|f_{n(j)}(t)-f_{n(k)}(t)|&\leqslant|f_{n(j)}(t)-f_{n(j)}(r_i)|+|f_{n(j)}(r_i)-f_{n(k)}(r_i)|+|f_{n(k)}(r_i)-f_{n(k)}(t)|\\&<\frac{\varepsilon}{3}+\frac{\varepsilon}{3}+\frac{\varepsilon}{3}=\varepsilon.\end{aligned}$$

这说明 $\{f_{n(j)}(t)\}_{j=1}^{\infty}$ 在 $[0,1]$ 上一致收敛. 证毕.

设 $M$ 是 $\mathbf{R}^n$ 中的紧子集,对在 $M$ 上连续的函数 $u,v$ 定义其距离为

$$d(u,v)=\max_{x\in M}|u(x)-v(x)|.$$

则全体在 $M$ 上连续的函数按这个距离和逐点定义的线性运算形成一个距离线性空间,记为 $C(M)$. 应该指出,上述定理对 $C(M)$ 也是成立的.

20 世纪之初(大约 1906 年),Fréchet 对抽象空间引进列紧性概念后,很快就被 P. Montel 用于单复变函数论,得到辉煌的成就,即后来所谓的正常函数族理论. 下面介绍这理论中一个最初的但是具有代表性的结果.

**引理 6.1** 设 $D$ 代表复平面上圆域 $\{z:|z|<3d\}(d>0)$,$f_n(z)(n=1,2,\cdots)$ 是 $D$ 内解析函数,且 $\{f_n(z)\}_{n=1}^{\infty}$ 在 $D$ 上是一致有界的,则 $\{f_n(z)\}_{n=1}^{\infty}$ 在 $\{z:|z|\leqslant d\}$ 上是同等连续的.

**证** 设 $|z_1|\leqslant d$,$|z_2|\leqslant d$,$\Gamma$ 代表圆周 $|z|=2d$. 根据 Cauchy 积分公式,

$$|f_n(z_1)-f_n(z_2)|=\frac{1}{2\pi}\left|\int_{\Gamma}\frac{z_1-z_2}{(w-z_1)(w-z_2)}f_n(w)\,\mathrm{d}w\right|.$$

由假设存在常数 $K>0$,使对所有 $z\in D$,

$$|f_n(z)|\leqslant K,\quad n=1,2,\cdots.$$

注意 $\Gamma\subset D$,于是

$$|f_n(z_1)-f_n(z_2)|\leqslant\frac{1}{2\pi}\cdot\frac{K4\pi d}{d^2}|z_1-z_2|=\frac{2K}{d}|z_1-z_2|.$$

从而任给 $\varepsilon>0$,当 $|z_1-z_2|<\dfrac{\varepsilon d}{2K}$ 时,

$$|f_n(z_1)-f_n(z_2)|<\varepsilon.$$

这里 $\dfrac{\varepsilon d}{2K}$ 与 $n$ 和 $z$ 无关,故 $\{f_n(z)\}_{n=1}^{\infty}$ 在 $\{z:|z|\leqslant d\}$ 上是同等连续的. 证毕.

**定理 6.5(Montel 定理,1907)** 设 $\{f_n(z)\}_{n=1}^{\infty}$ 是区域 $\Omega$ 上一致有界的解析函数列,则于任何完全位于 $\Omega$ 内的有界区域 $D$(即 $D$ 的闭包 $\overline{D}\subset\Omega$),恒有子序列 $\{f_{n_j}(z)\}_{j=1}^{\infty}$ 在 $D$ 上一致收敛.

**证** 设 $3d$ 表示从 $D$ 到 $\Omega$ 的边界 $\partial\Omega$ 的距离,则 $d>0$. 根据 Heine-Borel 覆盖定理,有限多个以 $d$ 为半径的小圆域 $K_i(i=1,2,\cdots,N)$ 完全覆盖了 $\overline{D}$. 由引理 6.1,$\{f_n(z)\}_{n=1}^{\infty}$ 在 $\overline{K}_1$ 上是同等连续的. 根据 Arzelà-Ascoli 定理,$\{f_n(z)\}_{n=1}^{\infty}$ 有子序列 $\{f_{n_j}(z)\}_{j=1}^{\infty}$ 按 $C(\overline{K}_1)$ 中距离收敛,亦即 $\{f_{n_j}(z)\}_{j=1}^{\infty}$ 在 $\overline{K}_1$ 上一致收敛. 注意再由引理 6.1,$\{f_{n_j}(z)\}_{j=1}^{\infty}$ 亦在 $\overline{K}_2$ 上是同等连续的. 因此有子序列,不妨仍记作 $\{f_{n_j}(z)\}_{j=1}^{\infty}$,在 $\overline{K}_2$ 上从而亦在 $\overline{K}_1\cup\overline{K}_2$ 上一致收敛. 经过有限次抽子序列手续,便得到 $\{f_n(z)\}_{n=1}^{\infty}$ 的子序列 $\{f_{n_j}(z)\}_{j=1}^{\infty}$ 在 $\bigcup\limits_{i=1}^{N}\overline{K}_i$ 上一致收敛,当然在 $D$ 上一致收敛. 证毕.

有人说:"在 19 世纪末及 20 世纪初,发现了分析的几何化的"新运河"——即函数被看成'函数'空间中的点或向量"(参见文献[14],第 2 页). Montel 定理正是把 $\{f_n(z)\}_{n=1}^{\infty}$ 几何化以后,研究它的重要几何性质——列紧性而有的结果. 有了分析的几何化才能提出相应的几何问题,得到几何的结果,然后又自然地用到分析上去.

## §7 赋范线性空间

**定义 7.1** 对复(或实)的线性空间 $X$,若有从 $X$ 到 $\mathbf{R}$ 的函数 $\|x\|$,使

(1) $\|x\|\geqslant 0$, $\|x\|=0$ 当且仅当 $x=0$;

(2) $\|\alpha x\|=|\alpha|\,\|x\|$;

(3) $\|x+y\|\leqslant\|x\|+\|y\|$,

对任意的 $x,y\in X,\alpha\in\mathbf{C}$(或 $\mathbf{R}$)成立,则称 $X$ 为复(或实)**赋范线性空间**,记为 $\langle X,\|\cdot\|\rangle$,称 $\|x\|$ 为 $x$ 的**范数**. 条件(1)—(3)称为**范数公设**.

**例 1** 设 $\Omega$ 为 $\mathbf{R}^n$ 中的有界闭集,令 $C(\Omega)$ 表示 $\Omega$ 上一切复值连续函数的集合. 定义

$$(x+y)(t)=x(t)+y(t),\quad (\alpha x)(t)=\alpha x(t),\quad t\in\Omega,$$

这里 $\alpha$ 是常数. 又以

$$\|x\|=\max_{t\in\Omega}|x(t)|$$

作为范数. 容易证明 $C(\Omega)$ 是赋范线性空间.

**例 2** 设 $(\Omega,\mu)$ 是 $\sigma$-有限测度空间,即 $\mu$ 是 $\Omega$ 上测度,而 $\Omega$ 可以表示成 $\Omega=\bigcup\limits_{n=1}^{\infty}E_n$,这里 $\mu(E_n)<\infty$, $n=1,2,\cdots$. 对 $p\geqslant 1$,设

$$L^p(\Omega,\mu)=\left\{x(t):\int_{\Omega}|x(t)|^p\mathrm{d}\mu(t)<\infty\right\}.$$

以下有时将它简记为 $L^p$.

根据 §3 中不等式(3.2)可见,$L^p$ 按逐点定义的加法和数乘形成一个线性空间. 注意这里几乎处处相等的函数视为 $L^p$ 中同一个元素.

对 $x(t)\in L^p$,定义

$$\|x\|=\left[\int_{\Omega}|x(t)|^p\mathrm{d}\mu(t)\right]^{1/p}.$$

容易验证如此定义的 $\|\cdot\|$ 满足范数公设(1),(2),利用 Minkowski 不等式可验证它也满足(3),于是 $L^p$ 是一个赋范线性空间,容易看到,当 $\Omega=[a,b]$,$\mu$ 是 Lebesgue 测度时,$L^p$ 就是

§3 中例 6 的 $L^p[a,b]$.

**例 3**　在例 2 中,特别地取 $\Omega=\{1,2,\cdots,n,\cdots\}$,$\mu(n)=1,n=1,2,\cdots$,则

$$L^p(\Omega,\mu)=\left\{x=\{\xi_n\}:\sum_{n=1}^{\infty}|\xi_n|^p<\infty\right\},$$

对 $x=\{\xi_n\}$ 相应的范数为

$$\|x\|=\left(\sum_{n=1}^{\infty}|\xi_n|^p\right)^{1/p}.$$

这种特殊的 $L^p(\Omega,\mu)$ 也是赋范线性空间,一般记作 $\ell^p$. 显然它和 §3 中例 5 的 $\ell^p$ 是同一个空间.

**例 4**　假设 $1\leqslant p<\infty$. 对在单位圆盘 $D=\{z:|z|<1\}$ 内解析的函数 $f$ 和 $0\leqslant r<1$,令

$$m_p[f;r]=\left[\frac{1}{2\pi}\int_0^{2\pi}|f(re^{i\theta})|^p d\theta\right]^{1/p}.$$

设 $H^p$ 表示所有满足条件

$$\sup_{0\leqslant r<1}m_p[f;r]<\infty$$

且在单位圆盘 $D$ 内解析的函数 $f$ 的集合. 逐点定义加法和数乘,根据 Minkowski 不等式,对 $f,g\in H^p$,有 $f+g\in H^p$,所以 $H^p$ 是线性空间. 又对 $f\in H^p$,定义

$$\|f\|=\sup_{0\leqslant r<1}m_p[f;r],$$

易证它满足范数公设,从而 $H^p$ 是赋范线性空间.

**例 5**　设 $H^\infty$ 是所有在单位圆盘 $D$ 内有界的解析函数的集合,逐点定义加法和数乘运算,又定义

$$\|f\|=\sup_{|z|<1}|f(z)|,$$

易见 $H^\infty$ 是赋范线性空间.

设 $A(\overline{D})$ 表示在 $D$ 内解析而且在 $\overline{D}$ 上连续的函数组成的集合. 按着 $H^\infty$ 的运算和范数,$A(\overline{D})$ 也是赋范线性空间,它是 $H^\infty$ 中的线性流形. 根据解析函数的最大模原理和 $f$ 在 $\overline{D}$ 上连续,可知对每个 $f\in A(\overline{D})$,其范数也可表示成

$$\|f\|=\max_{|z|=1}|f(z)|.$$

下面我们考察赋范线性空间的简单但是基本的性质.

首先,对赋范线性空间 $\langle X,\|\cdot\|\rangle$,总可用下面方式引进距离

$$d(x,y)=\|x-y\|,\quad x,y\in X.$$

容易看出,如此定义的 $d(\cdot,\cdot)$ 满足距离公设,$X$ 中加法和数乘按 $d(\cdot,\cdot)$ 确定的极限是连续的,因此 $X$ 也是距离线性空间. 于是赋范线性空间中序列的收敛就有意义,它总是理解为按范数的收敛,即 $\lim\limits_{n\to\infty}x_n=x$ 指的是

$$\|x_n-x\|\to 0,\quad n\to\infty,$$

常简记为 $x_n\to x$.

**命题 7.1**　在赋范线性空间 $X$ 中,范数 $\|x\|$ 是 $x\in X$ 的连续函数.

**证**　设 $\{x_n\}_{n=1}^{\infty}$ 收敛于 $x$. 由

$$\|x_n\|\leqslant\|x_n-x\|+\|x\|$$

和

$$\|x\| \leqslant \|x_n-x\| + \|x_n\|,$$

可知

$$\big|\|x_n\| - \|x\|\big| \leqslant \|x_n-x\|.$$

因为 $\|x_n-x\| \to 0$,故 $\|x_n\| \to \|x\|$ $(n\to\infty)$. 证毕.

**定义 7.2** 设 $T$ 是从赋范线性空间 $\langle X, \|\cdot\|_1\rangle$ 到赋范线性空间 $\langle Y, \|\cdot\|_2\rangle$ 的函数(或映射). 如果对一切 $x,y\in X$ 和数 $\alpha,\beta$ 都有

$$T(\alpha x+\beta y)=\alpha Tx+\beta Ty,$$

则称 $T$ 为从 $X$ 到 $Y$ 的**线性算子**. 如果还存在常数 $C>0$,使对一切 $x\in X$ 都有

$$\|Tx\|_2 \leqslant C\|x\|_1,$$

则称 $T$ 是**有界**的. 如上的 $C$ 的下确界称为 $T$ 的**范数**,记作 $\|T\|$. 显然

$$\|T\| = \sup_{\|x\|_1=1} \|Tx\|_2.$$

线性算子和一般函数不一样,它的性质要整齐得多. 这表现在下面结果中.

**定理 7.1** 设 $X,Y$ 都是赋范线性空间,$T$ 是从 $X$ 到 $Y$ 的线性算子,则下述条件等价:

(1) $T$ 在 $X$ 中某点连续;

(2) $T$ 在 $X$ 中所有点连续;

(3) $T$ 是有界的.

**证** 设 $X,Y$ 的范数分别为 $\|\cdot\|_1$, $\|\cdot\|_2$.

(3)⇒(2) 因 $T$ 有界,存在常数 $C>0$,使

$$\|Tx\|_2 \leqslant C\|x\|_1, \quad x\in X.$$

任给 $x,x'\in X$,则 $x-x'\in X$,于是

$$\|Tx-Tx'\|_2 = \|T(x-x')\|_2 \leqslant C\|x-x'\|_1,$$

这表明 $T$ 在 $x'$ 处连续.

(2)⇒(1)是显然的.

(1)⇒(3) 设 $T$ 在 $x_0\in X$ 处连续. 于是存在 $\delta>0$,使当 $\|x-x_0\|_1 \leqslant \delta$ 时,

$$\|Tx-Tx_0\|_2 \leqslant 1.$$

任给 $x\in X, x\neq 0$,记 $x_1=\dfrac{\delta}{\|x\|_1}x$,由

$$\|(x_1+x_0)-x_0\|_1 = \|x_1\|_1 = \delta,$$

可知

$$\|Tx_1\|_2 = \|T(x_1+x_0)-Tx_0\|_2 \leqslant 1.$$

因 $x=\dfrac{\|x\|_1}{\delta}x_1$,故 $Tx=\dfrac{\|x\|_1}{\delta}Tx_1$,于是

$$\|Tx\|_2 = \frac{\|x\|_1}{\delta}\|Tx_1\|_2 \leqslant \frac{\|x\|_1}{\delta}.$$

取 $C=\dfrac{1}{\delta}$,则

$$\|Tx\|_2 \leqslant C\|x\|_1, \quad x\in X.$$

即 $T$ 是有界的. 证毕.

设 $X,Y$ 都是赋范线性空间,$T$ 是从 $X$ 到 $Y$ 的有界线性算子. 记

$$R(T)\overset{\mathrm{d}}{=}\{y\in Y:存在\ x\in X,使\ y=Tx\},$$

称为 $T$ 的**值域**. 如果 $R(T)=Y$,则称 $T$ 是**满射**的. 如果对任何的 $y\in R(T)$,只有唯一的 $x\in X$,使 $y=Tx$,则称 $T$ 是**单射**的. 这时,可以定义从 $R(T)$ 到 $X$ 中的算子 $T^{-1}$:

$$T^{-1}y=x.$$

称 $T^{-1}$ 为 $T$ 的**逆算子**. 显然 $T^{-1}$ 也是线性算子,但一般说来 $T^{-1}$ 未必是有界的.

如果 $T$ 既是单射,又是满射的,则 $T^{-1}$ 是从 $Y$ 到 $X$ 上的线性算子. 进一步,如果 $T^{-1}$ 还是有界的,则称 $T$ 是**有界可逆**的.

**例 6**　设 $f\in C[0,1]$,定义

$$(Tf)(x)=\int_0^x f(t)\,\mathrm{d}t,\quad 0\leqslant x\leqslant 1.$$

易见 $T$ 是从 $C[0,1]$ 到 $C[0,1]$ 中的有界线性算子. 根据数学分析知识容易知道,$T$ 的值域为

$$R(T)=\{g:g'\in C[0,1]且\ g(0)=0\},$$

而且 $T$ 是单射的. 当 $g\in R(T)$ 时,

$$(T^{-1}g)(t)=g'(t),\quad 0\leqslant t\leqslant 1,$$

这里 $g'$ 表示 $g$ 的导函数.

**定义 7.3**　线性空间 $X$ 上的复值函数 $f:X\to\mathbf{C}$,称为**线性泛函**,是指对任意 $x,y\in X$,数 $\alpha$, $\beta$ 都有

$$f(\alpha x+\beta y)=\alpha f(x)+\beta f(y).$$

显然,赋范线性空间上线性泛函是线性算子的特殊情形. 因此从定理 7.1 可知,赋范线性空间上线性泛函是有界的当且仅当它是连续的.

**引理 7.1**　设 $x_1,x_2,\cdots,x_n$ 是赋范线性空间 $X$ 中线性无关元素,则有 $\mu>0$,使

$$|\alpha_1|+|\alpha_2|+\cdots+|\alpha_n|\leqslant\mu\|\alpha_1x_1+\alpha_2x_2+\cdots+\alpha_nx_n\|$$

对任意的数 $\alpha_1,\alpha_2,\cdots,\alpha_n$ 成立.

**证**　设

$$r=\inf\left\{\|\alpha_1x_1+\alpha_2x_2+\cdots+\alpha_nx_n\|:\sum_{j=1}^{n}|\alpha_j|=1\right\}.$$

往证 $r>0$. 由下确界定义,有

$$y_k=\sum_{j=1}^{n}\alpha_j^{(k)}x_j,\ \sum_{j=1}^{n}|\alpha_j^{(k)}|=1,\quad k=1,2,\cdots,$$

使

$$\|y_k\|\to r,\quad k\to\infty.$$

从 $|\alpha_j^{(k)}|\leqslant 1,k=1,2,\cdots,j=1,2,\cdots,n$,可知存在 $\{k\}_{k=1}^{\infty}$ 的子序列 $\{k_m\}_{m=1}^{\infty}$ 使

$$\alpha_j^{(k_m)}\to\beta_j,\quad m\to\infty,\ j=1,2,\cdots,n,$$

而且

$$|\beta_1|+|\beta_2|+\cdots+|\beta_n|=1.$$

当然 $x=\beta_1x_1+\beta_2x_2+\cdots+\beta_nx_n\neq 0$. 此外由

$$\|y_{k_m}-x\|\leqslant\sum_{j=1}^{n}|\alpha_j^{(k_m)}-\beta_j|\ \|x_j\|,$$

可见 $y_{k_m}\to x$，从而 $\|y_{k_m}\|\to\|x\|\ (m\to\infty)$. 于是 $0<\|x\|=r$. 取 $\mu=\dfrac{1}{r}$，则由 $r$ 的定义，当 $|\alpha_1|+|\alpha_2|+\cdots+|\alpha_n|=1$ 时，

$$1\leqslant\mu\|\alpha_1x_1+\alpha_2x_2+\cdots+\alpha_nx_n\|.$$

现在，对一般的不全为 0 的 $\alpha_1,\alpha_2,\cdots,\alpha_n$，我们有

$$1\leqslant\mu\left\|\sum_{k=1}^{n}\frac{\alpha_k}{\sum\limits_{j=1}^{n}|\alpha_j|}x_k\right\|.$$

由此立见引理成立. 证毕.

**命题 7.2** 设 $\{e_1,e_2,\cdots,e_n\}$ 是赋范线性空间 $X$ 的基，则

$$y_k=\sum_{j=1}^{n}\alpha_j^{(k)}e_j\to y=\sum_{j=1}^{n}\alpha_je_j$$

必须且只需

$$\lim_{k\to\infty}\alpha_j^{(k)}=\alpha_j,\quad j=1,2,\cdots,n.$$

**证** 易见

$$y_k-y=\sum_{j=1}^{n}(\alpha_j^{(k)}-\alpha_j)e_j,\quad k=1,2,\cdots.$$

由引理 7.1，存在正数 $\mu$，对所有 $k$，

$$\sum_{j=1}^{n}|\alpha_j^{(k)}-\alpha_j|\leqslant\mu\|y_k-y\|.$$

由此可得必要性.

另外，

$$\|y_k-y\|\leqslant\sum_{j=1}^{n}|\alpha_j^{(k)}-\alpha_j|\,\|e_j\|,$$

可见充分性也成立. 证毕.

由命题 7.2 可见，有限维赋范线性空间中点列收敛等价于按坐标收敛.

**命题 7.3** 任何 $n$ 维实赋范线性空间必与 $\mathbf{R}^n$ 线性同构且同胚.

**证** 设 $X$ 是 $n$ 维实赋范线性空间. $\{e_1,e_2,\cdots,e_n\}$ 是 $X$ 的一个基，对每个 $x\in X$，有唯一表达式

$$x=\xi_1e_1+\xi_2e_2+\cdots+\xi_ne_n,$$

这里 $\xi_j(j=1,2,\cdots,n)$ 都是实数. 故 $(\xi_1,\xi_2,\cdots,\xi_n)\in\mathbf{R}^n$. 定义 $X$ 到 $\mathbf{R}^n$ 的映射 $T$ 如下：

$$Tx=(\xi_1,\xi_2,\cdots,\xi_n),\quad\forall\,x=\xi_1e_1+\xi_2e_2+\cdots+\xi_ne_n\in X.$$

易证 $T$ 是线性的且是双射（既是单射又是满射），故 $T$ 是同构映射.

根据引理 7.1，存在 $\mu>0$，对一切 $(\xi_1,\xi_2,\cdots,\xi_n)\in\mathbf{R}^n$，

$$\sum_{j=1}^{n}|\xi_j|\leqslant\mu\left\|\sum_{j=1}^{n}\xi_je_j\right\|.$$

于是对每个 $x=\sum\limits_{j=1}^{n}\xi_je_j\in X$，

$$\|Tx\|^2=\sum_{j=1}^{n}|\xi_j|^2\leqslant\left(\sum_{j=1}^{n}|\xi_j|\right)^2\leqslant\mu^2\left\|\sum_{j=1}^{n}\xi_je_j\right\|^2=\mu^2\|x\|^2,$$

即 $\|Tx\| \leqslant \mu \|x\|$. 这说明 $T$ 是有界的. 根据定理 7.1,$T$ 是连续的.

另一方面,对任何 $(\xi_1,\xi_2,\cdots,\xi_n)\in\mathbf{R}^n$, $x=\sum\limits_{j=1}^{n}\xi_j e_j\in X$,且 $Tx=(\xi_1,\xi_2,\cdots,\xi_n)$,由 Hölder 不等式

$$\|x\| \leqslant \sum_{j=1}^{n} |\xi_j| \|e_j\| \leqslant \left(\sum_{j=1}^{n}|\xi_j|^2\right)^{\frac{1}{2}}\left(\sum_{j=1}^{n}\|e_j\|^2\right)^{\frac{1}{2}}$$
$$=\left(\sum_{j=1}^{n}\|e_j\|^2\right)^{\frac{1}{2}}\|Tx\|,$$

这里 $\left(\sum\limits_{j=1}^{n}\|e_j\|^2\right)^{1/2}$ 是与 $x$ 无关的常数. 这说明 $T$ 的逆映射 $T^{-1}$ 是有界的,从而连续. 故 $X$ 与 $\mathbf{R}^n$ 同胚. 证毕.

**命题 7.4** 在有限维赋范线性空间中,Bolzano-Weierstrass 聚点原理成立.

**证** 设 $\{e_1,e_2,\cdots,e_n\}$ 是有限维赋范线性空间 $X$ 的一个基, $y_k=\sum\limits_{j=1}^{n}\alpha_j^{(k)}e_j\in X$, $\|y_k\|\leqslant M$, $k=1,2,\cdots$,这里 $M$ 是正的常数.

根据引理 7.1,存在正数 $\mu$,使

$$\sum_{j=1}^{n}|\alpha_j^{(k)}|\leqslant\mu\left\|\sum_{j=1}^{n}\alpha_j^{(k)}e_j\right\|=\mu\|y_k\|\leqslant\mu M.$$

显然可有 $\{k\}_{k=1}^{\infty}$ 的子序列 $\{k_m\}_{m=1}^{\infty}$ 使对每个 $j=1,2,\cdots,n$, $\lim\limits_{m\to\infty}\alpha_j^{(k_m)}=\beta_j$ 都存在. 由命题 7.2,

$$y_{k_m}\to\sum_{j=1}^{n}\beta_j e_j\in X,\quad m\to\infty.$$

证毕.

在无穷维的距离线性空间中,一般的线性流形未必是闭集,因此我们需要下面的概念.

**定义 7.4** 在距离线性空间中,闭的线性流形称为**子空间**.

**定理 7.2(Riesz 引理,1918)** 设 $M$ 是赋范线性空间 $X$ 的子空间,且 $M\neq X$,则对任给的正数 $\varepsilon<1$,都有 $x_\varepsilon\in X$,使 $\|x_\varepsilon\|=1$,且

$$\rho(x_\varepsilon,M)\overset{\mathrm{d}}{=}\inf_{x\in M}\|x-x_\varepsilon\|\geqslant1-\varepsilon.$$

**证** 取定 $x_0\in X\backslash M$. 因为 $M$ 是闭的, $\rho(x_0,M)=d>0$. 对任给的正数 $\varepsilon<1$ 与 $\eta$,由 $d$ 的定义,存在 $y_0\in M$,使

$$d\leqslant\|x_0-y_0\|<d+\eta.$$

令

$$x_\varepsilon=\frac{x_0-y_0}{\|x_0-y_0\|},$$

则 $x_\varepsilon\in X$, $\|x_\varepsilon\|=1$,且对任何 $x\in M$,当 $\eta\leqslant d\varepsilon$ 时,

$$\|x-x_\varepsilon\|=\left\|x-\frac{x_0-y_0}{\|x_0-y_0\|}\right\|=\frac{\|(\|x_0-y_0\|x+y_0)-x_0\|}{\|x_0-y_0\|}\geqslant\frac{d}{d+\eta}\geqslant1-\varepsilon.$$

证毕.

我们知道,在有限维空间 $\mathbf{R}^n$ 中,以原点为球心的小球总是列紧的. 现在我们可以看到,这是有限维空间所独有的特性. 因为根据 Riesz 引理,对任何赋范线性空间 $X$,若小球 $B=$

$\{x\in X:\|x\|<r\}(r>0)$是列紧的，则 $X$ 必是有限维的(见习题 11).

在§5中，我们已经着重指出空间完备性的重要意义. 因此有必要也很自然地要研究完备的赋范线性空间，即现今通称的 **Banach 空间**. 这很早就出现在 S. Banach 的博士论文中(1920 年). 虽然差不多同时，还有另一些人也独立地提出了这个概念，但是自从 S. Banach 的名著 *Theorie des Operations Lineaires*1932 年出版以后，鉴于 S. Banach 在这方面的全面而且重要的贡献，便通称这类空间为 Banach 空间. 它在众多数学分支中经常出现，无论从理论还是应用的角度来看，它都是非常重要的.

## * §8 F-空间

在 20 世纪 40 年代中期以前，泛函分析学家的兴趣几乎集中在赋范线性空间方面. 但是后来发现许多重要的空间(主要来自广义函数论，例如 L. Schwartz 的 $\mathscr{S}$空间等)却不是赋范的. 本节将要讲述一种比之赋范空间稍广的空间.

**定义 8.1** 复(或实)线性空间 $X$ 上的函数 $\rho:X\to[0,\infty)$若具有下列性质:

(1)(次可加性)$\forall x,y\in X,\rho(x+y)\leqslant\rho(x)+\rho(y)$;

(2)(正齐次性)$\forall\lambda\in\mathbf{C}$(或 $\mathbf{R}$)$,x\in X,\rho(\lambda x)=|\lambda|\rho(x)$,

则称 $\rho$ 是 $X$ 上的一个**半范数**.

称这样的 $\rho$ 为半范数是因为从 $\rho(x)=0$ 一般并不能导出 $x=0$.

**定义 8.2** 设$\{\rho_\alpha\}_{\alpha\in\mathscr{A}}$是线性空间 $X$ 上的一族半范数. 如果对所有的 $\alpha\in\mathscr{A},\rho_\alpha(x)=0$ 蕴涵 $x=0$，则称$\{\rho_\alpha\}_{\alpha\in\mathscr{A}}$ **分离点**. 易见这时对任何 $x_0\neq0$，必有某个 $\alpha_0\in\mathscr{A}$，使 $\rho_{\alpha_0}(x_0)\neq0$.

设$\{\rho_\alpha\}_{\alpha\in\mathscr{A}}$是线性空间 $X$ 上一族分离点的半范数. 以形如

$$N(\alpha_1,\alpha_2,\cdots,\alpha_n;\boldsymbol{\varepsilon})\overset{\mathrm{d}}{=}\{x\in X:\rho_{\alpha_j}(x)<\varepsilon_j,j=1,2,\cdots,n\}$$

的集合为 0 点的邻域基，其中 $\boldsymbol{\varepsilon}=(\varepsilon_1,\varepsilon_2,\cdots,\varepsilon_n),\varepsilon_j>0,j=1,2,\cdots,n$. 以形如

$$x_0+N(\alpha_1,\alpha_2,\cdots,\alpha_n;\boldsymbol{\varepsilon})\overset{\mathrm{d}}{=}\{x\in X:\rho_{\alpha_j}(x-x_0)<\varepsilon_j,j=1,2,\cdots,n\}$$

的集合为 $x_0$ 点的邻域基，这样就由$\{\rho_\alpha\}_{\alpha\in\mathscr{A}}$诱导出 $X$ 上一个拓扑，这个拓扑称为由半范数族$\{\rho_\alpha\}_{\alpha\in\mathscr{A}}$生成的.

**定理 8.1** 设线性空间 $X$ 上的拓扑是由分离点的可数多个半范数$\{\rho_n\}_{n=1}^\infty$生成，则 $X$ 是距离线性空间.

即在 $X$ 上能够赋以距离，使之成为距离线性空间，而且 $X$ 按这个距离产生的拓扑与 $X$ 上原来的拓扑即$\{\rho_n\}_{n=1}^\infty$生成的拓扑是一致的.

**证** 定义

$$\rho(x,y)=\sum_{n=1}^\infty\frac{1}{2^n}\frac{\rho_n(x-y)}{1+\rho_n(x-y)},\quad x,y\in X.$$

容易验证，$\rho(\cdot,\cdot)$满足距离公设，而且 $X$ 按 $\rho(\cdot,\cdot)$是距离线性空间. 根据附录中定理 3 后面的注，下面只需证明 $X$ 上按 $\rho(\cdot,\cdot)$的距离拓扑与$\{\rho_n\}_{n=1}^\infty$生成的拓扑在 $X$ 中每点的邻域基等价.

设 $x_0\in X$, $x_0+N(n_1,n_2,\cdots,n_k;\boldsymbol{\varepsilon})$是$\{\rho_n\}_{n=1}^\infty$生成的拓扑中 $x_0$ 的一个邻域，其中 $\boldsymbol{\varepsilon}=(\varepsilon_1,\varepsilon_2,\cdots,\varepsilon_k)$. 令 $\varepsilon=\min\left\{\dfrac{2^{-n_1}\varepsilon_1}{1+\varepsilon_1},\dfrac{2^{-n_2}\varepsilon_2}{1+\varepsilon_2},\cdots,\dfrac{2^{-n_k}\varepsilon_k}{1+\varepsilon_k}\right\}$，则 $\varepsilon>0$. 而 $B(x_0,\varepsilon)\overset{\mathrm{d}}{=}$

$\{x\in X:\rho(x,x_0)<\varepsilon\}$ 就是距离拓扑中 $x_0$ 的一个邻域.

当 $x\in B(x_0,\varepsilon)$ 时, $\rho(x,x_0)<\varepsilon$,

$$\frac{1}{2^{n_j}}\frac{\rho_{n_j}(x-x_0)}{1+\rho_{n_j}(x-x_0)}\leqslant\rho(x,x_0)<\varepsilon,\quad j=1,2,\cdots,k,$$

即

$$\frac{\rho_{n_j}(x-x_0)}{1+\rho_{n_j}(x-x_0)}<2^{n_j}\varepsilon\leqslant\frac{\varepsilon_j}{1+\varepsilon_j},\quad j=1,2,\cdots,k.$$

由于函数 $f(t)=\dfrac{t}{1+t}$ 在 $(0,\infty)$ 上是单调递增的,因此

$$\rho_{n_j}(x-x_0)<\varepsilon_j,\quad j=1,2,\cdots,k,$$

所以 $x\in x_0+N(n_1,n_2,\cdots,n_k;\boldsymbol{\varepsilon})$. 即

$$B(x_0,\varepsilon)\subset x_0+N(n_1,n_2,\cdots,n_k;\boldsymbol{\varepsilon}).$$

反之,设 $B(x_0,\eta)$ 是 $x_0$ 在距离拓扑中任一邻域,这里 $\eta>0$. 注意存在充分大正整数 $m$,使 $\sum_{n=m+1}^{\infty}\dfrac{1}{2^n}<\dfrac{\eta}{2}$. 记 $\boldsymbol{\eta}=(\eta_1,\eta_2,\cdots,\eta_m)$,这里 $\eta_j=\dfrac{\eta}{4}$, $j=1,2,\cdots,m$,则 $x_0+N(1,2,\cdots,m;\boldsymbol{\eta})$ 是 $\{\rho_n\}_{n=1}^{\infty}$ 生成的拓扑中 $x_0$ 的一个邻域. 当 $x\in x_0+N(1,2,\cdots,m;\boldsymbol{\eta})$ 时,

$$\rho_j(x-x_0)<\eta_j,\quad j=1,2,\cdots,m.$$

于是

$$\rho(x,x_0)=\sum_{n=1}^{\infty}\frac{1}{2^n}\frac{\rho_n(x-x_0)}{1+\rho_n(x-x_0)}\leqslant\sum_{n=1}^{m}\frac{1}{2^n}\rho_n(x-x_0)+\sum_{n=m+1}^{\infty}\frac{1}{2^n}<\sum_{n=1}^{m}\frac{1}{2^n}\frac{\eta}{4}+\frac{\eta}{2}<\eta.$$

可见 $x\in B(x_0,\eta)$,即

$$x_0+N(1,2,\cdots,m;\boldsymbol{\eta})\subset B(x_0,\eta).$$

证毕.

**定义 8.3**　如果 $X$ 是完备的距离线性空间,则称 $X$ 为 $F$-空间.

这个概念始见于文献[30]中.

**例 1**　设 $\Omega$ 是 $\mathbf{R}^n$ 的开子集, $X$ 是所有在 $\Omega$ 上连续的实值(或复值)函数的集合. 逐点定义加法和数乘,易见 $X$ 是一个线性空间. 对每个紧集 $K\subset\Omega$,定义

$$\rho_K(x)=\max_{t\in K}|x(t)|,\quad x\in X,$$

容易验证这是 $X$ 上一个半范数. 半范数族 $\{\rho_K:K\subset\Omega$ 是紧集$\}$ 分离点,生成了 $X$ 上一个拓扑,当 $X$ 被赋予这个拓扑时得到的拓扑空间通常用 $\mathscr{C}(\Omega)$ 表示,我们证明 $\mathscr{C}(\Omega)$ 便是 $F$-空间.

首先,设 $\{K_j\}_{j=1}^{\infty}$ 是 $\Omega$ 的紧子集序列,使

$$K_j\subset\operatorname{int}(K_{j+1}),\quad j=1,2,\cdots,$$

$$\bigcup_{j=1}^{\infty}\operatorname{int}(K_j)=\Omega,$$

这里 $\operatorname{int}(K_j)$ 表示点集 $K_j$ 的内部,容易证明 $\Omega$ 的每个紧子集必包含于某个 $K_j$ 中,于是 $\mathscr{C}(\Omega)$ 上由半范数族 $\{\rho_K:K\subset\Omega$ 是紧集$\}$ 生成的拓扑与由半范数序列 $\{\rho_{K_j}\}_{j=1}^{\infty}$ 生成的拓扑相同. 而且半范数序列 $\{\rho_{K_j}\}_{j=1}^{\infty}$ 分离点,根据定理 8.1, $\mathscr{C}(\Omega)$ 是一个距离线性空间.

其次,证明 $\mathscr{C}(\Omega)$ 是完备的. 设 $\{x_n\}_{n=1}^{\infty}$ 是 $\mathscr{C}(\Omega)$ 中 Cauchy 序列,根据定义, $\mathscr{C}(\Omega)$ 中序列

$\{x_n\}_{n=1}^{\infty}$ 收敛等价于 $\{x_n(t)\}_{n=1}^{\infty}$ 在 $\Omega$ 中每个紧子集上一致收敛. 于是对每个紧集 $K\subset\Omega$ 和 $\varepsilon>0$,存在正整数 $N$,它只与 $K$ 及 $\varepsilon$ 有关,使当 $n,m\geqslant N$ 时,

$$|x_n(t)-x_m(t)|<\varepsilon,\quad t\in K.$$

由此可见,对每个 $t\in\Omega$,$\{x_n(t)\}_{n=1}^{\infty}$ 是 Cauchy 数列,因而收敛到某个数 $x(t)$,这样我们得到定义于 $\Omega$ 上的函数 $x(t)$. 在上述不等式中,令 $m\to\infty$,可得当 $n\geqslant N$ 时,

$$|x_n(t)-x(t)|\leqslant\varepsilon,\quad t\in K.$$

这表明在 $K$ 上 $\{x_n(t)\}_{n=1}^{\infty}$ 一致收敛到 $x(t)$,故 $x(t)\in\mathscr{C}(\Omega)$. 因为 $\{x_n(t)\}_{n=1}^{\infty}$ 在 $\Omega$ 的每个紧子集 $K$ 上一致收敛于 $x(t)$,故按 $\mathscr{C}(\Omega)$ 拓扑 $\{x_n\}_{n=1}^{\infty}$ 收敛于 $x$.

总之,$\mathscr{C}(\Omega)$ 是完备的距离线性空间,即 $F$-空间.

**例 2** 为介绍空间 $\mathscr{C}^m(\Omega)$,需先引进某些记号. 以后,我们总用 $\mathbf{N}^n$ 表示 $n$ 个非负整数的数表 $l=(l_1,l_2,\cdots,l_n)$ 的集合,$\mathbf{N}^n$ 中每个元素称为**重指标**. 一个重指标 $l=(l_1,l_2,\cdots,l_n)$ 的**阶** $|l|$,定义为 $|l|=l_1+l_2+\cdots+l_n$. 设 $f$ 是 $n$ 个变量 $x_1,x_2,\cdots,x_n$ 的函数,而且 $f$ 至少有 $|l|$ 阶偏导数,我们记

$$\partial^l f=\frac{\partial^{|l|}f}{\partial x_1^{l_1}\partial x_2^{l_2}\cdots\partial x_n^{l_n}}.$$

另外,我们还采用记号

$$x=(x_1,x_2,\cdots,x_n),\quad x^l=x_1^{l_1}x_2^{l_2}\cdots x_n^{l_n}.$$

现在,设 $\Omega$ 是 $\mathbf{R}^n$ 中开子集,$m$ 是正整数,考虑定义在 $\Omega$ 上,对任意 $l\in\mathbf{N}^n$,$|l|\leqslant m$,偏导数 $\partial^l f$ 在 $\Omega$ 上存在且连续的实值(或复值)函数 $f$ 的全体形成的线性空间 $X$. 对每个紧子集 $K\subset\Omega$ 和每个重指标 $l\in\mathbf{N}^n$,$|l|\leqslant m$,定义

$$\rho_{Kl}(f)=\sup_{x\in K}|\partial^l f(x)|,\quad f\in X.$$

容易验证,$\rho_{Kl}$ 是 $X$ 上一个半范数. 由半范数族 $\{\rho_{Kl}:K\subset\Omega$ 是紧集,$l\in\mathbf{N}^n,|l|\leqslant m\}$ 生成 $X$ 上一个拓扑,这样得到的拓扑线性空间,用 $\mathscr{C}^m(\Omega)$ 表示. 可以证明 $\mathscr{C}^m(\Omega)$ 是一个 $F$-空间.

像例 1 一样,选取 $\Omega$ 中紧子集序列 $\{K_j\}_{j=1}^{\infty}$,则由半范数序列 $\{\rho_{K_j l}:j=1,2,\cdots;l\in\mathbf{N}^n,|l|\leqslant m\}$ 生成的拓扑与 $\mathscr{C}^m(\Omega)$ 上拓扑相同. 注意这个半范数序列分离点,根据定理 8.1,$\mathscr{C}^m(\Omega)$ 是距离线性空间. 完备性的证明是烦琐的例行手续,我们删去,有兴趣的读者可参见文献[31]第 136 页.

**例 3** 急减函数空间 $\mathscr{S}(\mathbf{R}^n)$.

设 $X$ 表示 $\mathbf{R}^n$ 上所有满足如下条件的无穷次可微的复值函数 $f$ 的集合

$$\sup_{x\in\mathbf{R}^n}|x^l\partial^m f(x)|<\infty,\quad\forall\, l,m\in\mathbf{N}^n,$$

按逐点定义的加法和数乘,$X$ 形成一个线性空间. 对每个 $l,m\in\mathbf{N}^n$,定义

$$\rho_{lm}(f)=\sup_{x\in\mathbf{R}^n}|x^l\partial^m f(x)|,\quad f\in X.$$

容易验证 $\rho_{lm}$ 是 $X$ 上半范数. 半范数族 $\{\rho_{lm}:l,m\in\mathbf{N}^n\}$ 生成 $X$ 上拓扑,所得到的拓扑线性空间称为**急减函数空间**,记为 $\mathscr{S}(\mathbf{R}^n)$. 可以证明它是一个 $F$-空间.

首先,半范数族 $\{\rho_{lm}:l,m\in\mathbf{N}^n\}$ 是可数的,易见它分离点,根据定理 8.1,可见 $\mathscr{S}(\mathbf{R}^n)$ 是距离线性空间. 下面只需证明它是完备的.

设 $\{f_k\}_{k=1}^{\infty}$ 是 $\mathscr{S}(\mathbf{R}^n)$ 中 Cauchy 序列,于是按每个半范数 $\rho_{lm}$,它亦是 Cauchy 序列. 即对每

个 $l,m\in\mathbf{N}^n$，$\{x^l\partial^m f_k(x)\}_{k=1}^{\infty}$ 在 $\mathbf{R}^n$ 上一致收敛. 因为 $C(\mathbf{R}^n)$ 是完备的(见习题 8)，故存在 $g_{lm}\in C(\mathbf{R}^n)$，使 $\{x^l\partial^m f_k(x)\}_{k=1}^{\infty}$ 在 $\mathbf{R}^n$ 上一致收敛于 $g_{lm}(x)$，$l,m\in\mathbf{N}^n$. 如果我们能证明 $g\overset{\mathrm{d}}{=}g_{00}$ 是无穷次可微的，而且 $g_{lm}(x)=x^l\partial^m g(x)$，那么实际上我们就证明了 $g\in\mathscr{S}(\mathbf{R}^n)$，而且按 $\mathscr{S}(\mathbf{R}^n)$ 拓扑，$\lim\limits_{k\to\infty}f_k=g$. 为了简便，我们只证明在 $n=1$ 情形，$g$ 是一次连续可微的，而且 $g'=g_{01}$，对一般情形可以类似地证明.

我们知道

$$f_k(x)=f_k(0)+\int_0^x f_k'(t)\,\mathrm{d}t,\quad k=1,2,\cdots.$$

因为在 $\mathbf{R}^1$ 上一致地有 $f_k\to g$，$f_k'\to g_{01}(k\to\infty)$. 于是在上式中令 $k\to\infty$，可得

$$g(x)=g(0)+\int_0^x g_{01}(t)\,\mathrm{d}t,$$

这表明 $g$ 是连续可微的，且 $g'=g_{01}$. 证毕.

**例 4** 将 $[0,1]$ 上全体实值可测函数的集合记作 $S[0,1]$，两个几乎处处相等的函数相应于 $S[0,1]$ 中同一个元素，按逐点定义的加法和数乘，$S[0,1]$ 是一个线性空间. 定义

$$d(x,y)=\int_0^1\frac{|x(t)-y(t)|}{1+|x(t)-y(t)|}\mathrm{d}t,\quad x,y\in S[0,1].$$

利用 §3 中不等式(3.1)容易证明 $d(\cdot,\cdot)$ 满足距离公设，$S[0,1]$ 按 $d(\cdot,\cdot)$ 成为距离线性空间.

现在我们来证明 $S[0,1]$ 中序列 $\{x_n\}_{n=1}^{\infty}$ 收敛于 $x$ 等价于函数列 $\{x_n(t)\}_{n=1}^{\infty}$ 依测度收敛于 $x(t)$.

设 $d(x_n,x)\to0(n\to\infty)$. 对任给 $\varepsilon>0$，令

$$E_n(\varepsilon)=\{t\in[0,1]:|x_n(t)-x(t)|\geqslant\varepsilon\}.$$

因为函数 $f(s)=\dfrac{s}{1+s}$ 是 $(0,\infty)$ 上单调递增函数，所以

$$d(x_n,x)=\int_0^1\frac{|x_n(t)-x(t)|}{1+|x_n(t)-x(t)|}\mathrm{d}t\geqslant\int_{E_n(\varepsilon)}\frac{|x_n(t)-x(t)|}{1+|x_n(t)-x(t)|}\mathrm{d}t$$

$$\geqslant\int_{E_n(\varepsilon)}\frac{\varepsilon}{1+\varepsilon}\mathrm{d}t\geqslant\frac{\varepsilon}{1+\varepsilon}m(E_n(\varepsilon)),$$

这里 $m(E_n(\varepsilon))$ 表示 $E_n(\varepsilon)$ 的 Lebesgue 测度. 由此可见，$m(E_n(\varepsilon))\to0(n\to\infty)$. 故 $\{x_n(t)\}_{n=1}^{\infty}$ 依测度收敛于 $x(t)$.

反之，设 $\{x_n(t)\}_{n=1}^{\infty}$ 依测度收敛于 $x(t)$，则 $\{x_n(t)-x(t)\}_{n=1}^{\infty}$ 依测度收敛于 0，而

$$\frac{|x_n(t)-x(t)|}{1+|x_n(t)-x(t)|}\leqslant1,\quad n=1,2,\cdots.$$

根据 Lebesgue 收敛定理(参见文献[6]，第五章，§5)，

$$d(x_n,x)=\int_0^1\frac{|x_n(t)-x(t)|}{1+|x_n(t)-x(t)|}\mathrm{d}t\to0,\quad n\to\infty.$$

下面我们进一步证明 $S[0,1]$ 是完备的.

设 $\{x_n\}_{n=1}^{\infty}$ 是 $S[0,1]$ 中 Cauchy 序列，则存在正整数 $n_k$，使当 $n\geqslant n_k$ 时，

$$d(x_n,x_{n_k})<2^{-k},\quad k=1,2,\cdots.$$

不妨设 $n_1<n_2<\cdots<n_k<\cdots$,则

$$\sum_{k=1}^{\infty}\int_0^1\frac{|x_{n_{k+1}}(t)-x_{n_k}(t)|}{1+|x_{n_{k+1}}(t)-x_{n_k}(t)|}\mathrm{d}t=\sum_{k=1}^{\infty}d(x_{n_{k+1}},x_{n_k})\leqslant\sum_{k=1}^{\infty}2^{-k}<\infty.$$

令

$$\alpha_k(t)=\frac{|x_{n_{k+1}}(t)-x_{n_k}(t)|}{1+|x_{n_{k+1}}(t)-x_{n_k}(t)|},\quad k=1,2,\cdots.$$

则

$$\int_0^1\sum_{k=1}^{\infty}\alpha_k(t)\,\mathrm{d}t=\sum_{k=1}^{\infty}\int_0^1\alpha_k(t)\,\mathrm{d}t<\infty$$

(参见文献[6],第五章,§5,定理5).故

$$\sum_{k=1}^{\infty}\alpha_k(t)<\infty\ \text{a. e. 于}[0,1].$$

对某个 $t\in[0,1]$,如果这个级数收敛,则对充分大的 $k$,$\alpha_k(t)<\frac{1}{2}$,从而,

$$|x_{n_{k+1}}(t)-x_{n_k}(t)|\leqslant 1.$$

这样

$$|x_{n_{k+1}}(t)-x_{n_k}(t)|\leqslant 2\alpha_k(t),\quad \text{对充分大的 } k.$$

由此可见级数 $\sum\limits_{k=1}^{\infty}|x_{n_{k+1}}(t)-x_{n_k}(t)|$ 在[0,1]上几乎处处收敛,从而级数

$$x_{n_1}(t)+\sum_{k=1}^{\infty}[x_{n_{k+1}}(t)-x_{n_k}(t)]$$

在[0,1]上几乎处处收敛.设其和函数为 $x_0(t)$,则

$$x_{n_k}(t)=x_{n_1}(t)+\sum_{j=1}^{k-1}[x_{n_{j+1}}(t)-x_{n_j}(t)]\to x_0(t)\ \text{a. e. 于}[0,1].$$

当然更有 $\{x_{n_k}(t)\}_{k=1}^{\infty}$ 依测度收敛于 $x_0(t)$(参见文献[6],第五章,§5,定理1).根据前段结论,$d(x_{n_k},x_0)\to 0(k\to\infty)$.进而可以证明 $d(x_n,x_0)\to 0(n\to\infty)$.

总之,$S[0,1]$是完备的距离线性空间,即 $F$-空间.

## §9 压缩映射原理,Fréchet 导数

关于多项式根的近似计算最显著的技巧或许就是逐次迭代法,这个方法起源很早,在许多方面都有应用.首先将这个技巧应用于无穷维情形的似乎是Liouville,他还成功地利用这个技巧解常微分方程初值问题.到 1922 年,Banach 把这方面结果抽象化,用距离空间及压缩映射等概念更一般地描述这个方法,这就是著名的 Banach 不动点定理或压缩映射原理,以后发展成非线性泛函分析的重要内容之一.这节我们简要介绍压缩映射原理以及它的某些应用.

**定义 9.1** 设$\langle X,d\rangle$是距离空间,$T$ 是从 $X$ 到 $X$ 中的映射,如果存在常数 $q>0$,使对所有

$x,y\in X$,

$$d(Tx,Ty)\leqslant qd(x,y),$$

则称 $T$ 满足 **Lipschitz 条件**,称 $q$ 为 $T$ 的 **Lipschitz 常数**.

特别地,如果 $q<1$,则称 $T$ 为**压缩映射**.

设 $x\in X$,使 $Tx=x$,则称 $x$ 为映射 $T$ 的**不动点**.

**定理 9.1**　设 $\langle X,d\rangle$ 是距离空间,映射 $T:X\to X$ 满足 Lipschitz 条件,则 $T$ 是连续的.

**证**　设 $T$ 的 Lipschitz 常数为 $q$. 任给 $x_0\in X$,设 $V$ 是 $Tx_0$ 的任一邻域,则有 $r>0$,使 $B(Tx_0,r)\subset V$. 注意 $B(x_0,r/q)$ 是 $x_0$ 的一个邻域. 当 $x\in B(x_0,r/q)$ 时,

$$d(Tx,Tx_0)\leqslant qd(x,x_0)<q\frac{r}{q}=r,$$

即 $Tx\in B(Tx_0,r)\subset V$. 所以 $T$ 在 $x_0$ 处连续. 证毕.

**定理 9.2(压缩映射原理,1922)**　设 $\langle X,d\rangle$ 是完备距离空间,$T:X\to X$ 是压缩映射,则 $T$ 在 $X$ 中恰有一个不动点. 设这个不动点为 $\bar{x}$,则对任何初始点 $x_0\in X$,逐次迭代点列 $x_{n+1}=Tx_n$ $(n=0,1,2,\cdots)$ 收敛于 $\bar{x}$,且关于收敛速度有如下的估计式:

$$d(x_n,\bar{x})\leqslant q^n(1-q)^{-1}d(Tx_0,x_0),$$

这里 $q$ 是 $T$ 的 Lipschitz 常数.

**证**　由 Lipschitz 条件,对所有正整数 $n$,

$$d(x_{n+1},x_n)=d(Tx_n,Tx_{n-1})\leqslant qd(x_n,x_{n-1}).$$

由此利用数学归纳法易证

$$d(x_{n+1},x_n)\leqslant q^nd(Tx_0,x_0),\quad n=1,2,\cdots.$$

于是

$$\begin{aligned}d(x_{n+k},x_n)&\leqslant d(x_{n+k},x_{n+k-1})+\cdots+d(x_{n+1},x_n)\\&\leqslant(q^{n+k-1}+\cdots+q^n)d(Tx_0,x_0)\\&\leqslant q^n(1-q)^{-1}d(Tx_0,x_0).\end{aligned}\tag{9.1}$$

因 $T$ 是压缩映射,$0<q<1$,可见 $\{x_n\}_{n=1}^{\infty}$ 是 Cauchy 序列. 又 $X$ 是完备的,故 $\{x_n\}_{n=1}^{\infty}$ 必收敛到 $X$ 中某个元素,设 $\lim\limits_{n\to\infty}x_n=\bar{x}$. 根据定理 9.1,$T$ 是连续的,于是

$$T\bar{x}=\lim_{n\to\infty}Tx_n=\lim_{n\to\infty}x_{n+1}=\bar{x},$$

即 $\bar{x}$ 是 $T$ 的不动点. 假设 $\bar{y}$ 是 $T$ 的另一个不动点,则

$$d(\bar{x},\bar{y})=d(T\bar{x},T\bar{y})\leqslant qd(\bar{x},\bar{y}).$$

因 $q<1$,故 $d(\bar{x},\bar{y})=0$,即 $\bar{x}=\bar{y}$.

最后,在(9.1)式中,令 $k\to\infty$,可得

$$d(\bar{x},x_n)\leqslant q^n(1-q)^{-1}d(Tx_0,x_0).$$

证毕.

压缩映射原理是非线性泛函分析的一个重要结果,它有许多应用. 特别在微分方程、积分方程等解的存在唯一性定理的证明中,它是一个有力工具.

**例 1**　常微分方程初值问题解的存在唯一性.

我们考虑常微分方程初值问题

$$\begin{cases}x'(t)=f(t,x(t)),\\x(t_0)=x_0.\end{cases}\tag{9.2}$$

利用压缩映射原理我们可以证明解的存在唯一性定理.

**定理 9.3**(Picard,1893) 设$f(t,x)$是带形

$$\{(t,x):|t-t_0|<\delta,-\infty<x<\infty\}$$

上二元连续函数，而且关于 $x$ 满足 Lipschitz 条件，即存在常数 $K>0$，对任意 $t\in(t_0-\delta,t_0+\delta)$，$x,y\in(-\infty,\infty)$都有

$$|f(t,x)-f(t,y)|\leqslant K|x-y|,$$

则初值问题(9.2)在区间$[t_0-\beta,t_0+\beta]$上有唯一的连续解，这里$0<\beta<\min\{\delta,1/K\}$.

**证** 设$C[t_0-\beta,t_0+\beta]$表示区间$[t_0-\beta,t_0+\beta]$上连续函数全体按距离

$$d(x,y)=\max_{t\in[t_0-\beta,t_0+\beta]}|x(t)-y(t)|$$

所成的距离空间，则$C[t_0-\beta,t_0+\beta]$是完备的(见习题 8).

自然考察从$C[t_0-\beta,t_0+\beta]$到自身的映射 $T$:

$$(Tx)(t)=x_0+\int_{t_0}^{t}f(s,x(s))\,\mathrm{d}s,\quad x\in C[t_0-\beta,t_0+\beta].$$

试在区间$[t_0,t]$上积分(9.2)式，易见，$x=x(t)$，$t\in[t_0-\beta,t_0+\beta]$是初值问题(9.2)的连续解当且仅当$x(t)\in C[t_0-\beta,t_0+\beta]$是映射 $T$ 的不动点. 由假设$f(t,x)$关于 $x$ 满足 Lipschitz 条件，故

$$\begin{aligned}|(Tx)(t)-(Ty)(t)|&=\left|\int_{t_0}^{t}[f(s,x(s))-f(s,y(s))]\,\mathrm{d}s\right|\\&\leqslant\left|\int_{t_0}^{t}K|x(s)-y(s)|\,\mathrm{d}s\right|\\&\leqslant K|t-t_0|\max_{t\in[t_0-\beta,t_0+\beta]}|x(t)-y(t)|\\&\leqslant K\beta d(x,y),\end{aligned}$$

当 $t_0-\beta\leqslant t\leqslant t_0+\beta$. 令 $q=K\beta$，由 $\beta$ 的定义，$0<q<1$，于是

$$d(Tx,Ty)=\max_{t\in[t_0-\beta,t_0+\beta]}|Tx(t)-Ty(t)|\leqslant qd(x,y).$$

这说明 $T$ 是一个压缩映射. 根据定理 9.2，$T$ 有唯一的不动点，故初值问题(9.2)在$[t_0-\beta,t_0+\beta]$上有唯一解. 证毕.

**例 2**(**隐函数存在定理**) 设 $x^0=(x_1^0,x_2^0,\cdots,x_n^0)\in\mathbf{R}^n$，$y^0=(y_1^0,y_2^0,\cdots,y_m^0)\in\mathbf{R}^m$，$U\times V\subset\mathbf{R}^n\times\mathbf{R}^m$ 是$(x^0,y^0)$的邻域，$f:U\times V\to\mathbf{R}^m$ 是连续函数，且 $f$ 关于 $y=(y_1,y_2,\cdots,y_m)$的各个偏导数都在 $U\times V$ 上连续. 如果

$$f(x^0,y^0)=0,$$

$$\det\left[\frac{\partial f}{\partial y}(x^0,y^0)\right]\neq 0,$$

则存在 $x^0$ 的一个邻域 $U_0\subset U$ 及唯一的连续函数 $\varphi:U_0\to\mathbf{R}^m$，使

$$\begin{cases}f(x,\varphi(x))=0,\quad x\in U_0,\\\varphi(x^0)=y^0.\end{cases}\tag{9.3}$$

这里

$$\frac{\partial f}{\partial y}(x^0,y^0)=\begin{pmatrix}\frac{\partial f_1}{\partial y_1}(x^0,y^0) & \frac{\partial f_1}{\partial y_2}(x^0,y^0) & \cdots & \frac{\partial f_1}{\partial y_m}(x^0,y^0)\\ \frac{\partial f_2}{\partial y_1}(x^0,y^0) & \frac{\partial f_2}{\partial y_2}(x^0,y^0) & \cdots & \frac{\partial f_2}{\partial y_m}(x^0,y^0)\\ \vdots & \vdots & & \vdots\\ \frac{\partial f_m}{\partial y_1}(x^0,y^0) & \frac{\partial f_m}{\partial y_2}(x^0,y^0) & \cdots & \frac{\partial f_m}{\partial y_m}(x^0,y^0)\end{pmatrix}$$

是 $f(x^0,y)$ 作为 $y$ 的函数在 $y^0$ 处的 Jacobi 矩阵，$\det\left[\frac{\partial f}{\partial y}(x^0,y^0)\right]$ 表示它的行列式.

**证** 为了书写简单，我们只就 $n=2,m=1$ 的情形给出证明. 这时 $\frac{\partial f}{\partial y}(x,y)$ 退化成一阶矩阵，即实数. 由假设 $\frac{\partial f}{\partial y}(x,y)$ 的连续性及 $\det\left[\frac{\partial f}{\partial y}(x^0,y^0)\right]\neq 0$，可知存在 $\delta>0$，使当 $x\in\overline{B(x^0,\delta)}$，$y\in\overline{B(y^0,\delta)}$ 时，

$$\left|\left[\frac{\partial f}{\partial y}(x^0,y^0)\right]^{-1}\frac{\partial f}{\partial y}(x,y)-1\right|<\frac{1}{2}. \tag{9.4}$$

又因为 $f(x,y)$ 在 $U\times V$ 上连续及 $f(x^0,y^0)=0$，故存在充分小的正数 $r<\delta$，使当 $x\in\overline{B(x^0,r)}$ 时，

$$\left|\left[\frac{\partial f}{\partial y}(x^0,y^0)\right]^{-1}f(x,y^0)\right|<\frac{\delta}{2}. \tag{9.5}$$

现在用 $C_{\mathbf{R}}(\overline{B(x^0,r)})$ 表示 $\overline{B(x^0,r)}$ 上全体实值连续函数的 Banach 空间，其范数用 $\|\cdot\|$ 表示. 令

$$X=\{\varphi\in C_{\mathbf{R}}(\overline{B(x^0,r)}):\varphi(x^0)=y^0,\ \|\varphi-y^0\|\leqslant\delta\},$$

则 $X$ 是 $C_{\mathbf{R}}(\overline{B(x^0,r)})$ 的闭子集，因而是完备距离空间. $X$ 上的距离定义为

$$d(\varphi,\psi)=\|\varphi-\psi\|,\quad \varphi,\psi\in X.$$

定义 $X$ 上的映射 $T$：

$$(T\varphi)(x)=\varphi(x)-\left[\frac{\partial f}{\partial y}(x^0,y^0)\right]^{-1}f(x,\varphi(x)),\quad \varphi\in X,x\in\overline{B(x^0,r)}.$$

显然 $T\varphi\in C_{\mathbf{R}}(\overline{B(x^0,r)})$，又由 $\varphi(x^0)=y^0$，$f(x^0,y^0)=0$，可见

$$(T\varphi)(x^0)=\varphi(x^0)-\left[\frac{\partial f}{\partial y}(x^0,y^0)\right]^{-1}f(x^0,\varphi(x^0))=y^0.$$

若 $\varphi,\psi\in X$，则根据微分中值定理，

$$\begin{aligned}(T\varphi)(x)-(T\psi)(x)&=\varphi(x)-\psi(x)-\left[\frac{\partial f}{\partial y}(x^0,y^0)\right]^{-1}[f(x,\varphi(x))-f(x,\psi(x))]\\&=\varphi(x)-\psi(x)-\left[\frac{\partial f}{\partial y}(x^0,y^0)\right]^{-1}\frac{\partial f}{\partial y}(x,[1-\theta(x)]\varphi(x)+\\&\quad\theta(x)\psi(x))[\varphi(x)-\psi(x)]\\&=\left\{1-\left[\frac{\partial f}{\partial y}(x^0,y^0)\right]^{-1}\frac{\partial f}{\partial y}(x,[1-\theta(x)]\varphi(x)+\theta(x)\psi(x))\right\}[\varphi(x)-\psi(x)],\end{aligned}$$

这里 $0<\theta(x)<1$,注意 $x\in\overline{B(x^0,r)}\subset\overline{B(x^0,\delta)}$,且

$$|[1-\theta(x)]\varphi(x)+\theta(x)\psi(x)-y^0|<\delta,$$

于是根据(9.4)式可得

$$\begin{aligned}\|T\varphi-T\psi\| &= \max_{x\in\overline{B(x^0,r)}}|(T\varphi)(x)-(T\psi)(x)|\\ &\leqslant\frac{1}{2}\max_{x\in\overline{B(x^0,r)}}|\varphi(x)-\psi(x)|=\frac{1}{2}\|\varphi-\psi\|.\end{aligned}\tag{9.6}$$

又常值函数 $y^0\in X$,而且

$$(Ty^0)(x)=y^0-\left[\frac{\partial f}{\partial y}(x^0,y^0)\right]^{-1}f(x,y^0).$$

根据(9.5)式,

$$\|Ty^0-y^0\|=\max_{x\in\overline{B(x^0,r)}}\left|\left[\frac{\partial f}{\partial y}(x^0,y^0)\right]^{-1}f(x,y^0)\right|<\frac{\delta}{2}.$$

于是,当 $\varphi\in X$ 时,由(9.6)式可得

$$\begin{aligned}\|T\varphi-y^0\| &\leqslant \|T\varphi-Ty^0\|+\|Ty^0-y^0\|\\ &\leqslant\frac{1}{2}\|\varphi-y^0\|+\frac{\delta}{2}\leqslant\delta,\end{aligned}$$

可见 $T\varphi\in X$. 再由(9.6)式可见 $T$ 是 $X$ 上的压缩映射. 根据定理 9.2,$T$ 在 $X$ 上有唯一的不动点,从而存在 $\overline{B(x^0,r)}$ 上唯一的连续函数 $\varphi$ 满足(9.3)式. 证毕.

自然会问,对于一般 Banach 空间上一个非线性映射,类似例 2 的研究是否可能? 显然,首先是要对无穷维空间引进类似于 Jacobi 矩阵的概念. 下面我们介绍著名的 Fréchet 导数,它在非线性分析中起着重要的作用.

**定义 9.2** 设 $X,Y$ 都是 Banach 空间,$\Omega$ 是 $X$ 的开子集,$A:\Omega\to Y$ 是一个映射,$x\in\Omega$. 如果存在一个从 $X$ 到 $Y$ 的有界线性算子 $L$,使

$$\lim_{\|h\|\to 0}\frac{\|A(x+h)-Ax-Lh\|}{\|h\|}=0,$$

则称 $A$ 在点 $x$ 处 **Fréchet 可微**. 易见当 $A$ 在 $x$ 处 Fréchet 可微时,使上述极限成立的算子 $L$ 是唯一的. 这个算子 $L$ 称为 $A$ 在 $x$ 处的 **Fréchet 导数**,通常记为 $A'(x)$.

有人说得好:"由于 $A'(x)$ 定义成映射的线性主部,所以正好反映了将非线性问题线性化. 它是应用得最多的一种微分概念."(参见文献[15],第 26 页.)

**例 3** 任何有界线性算子 $T:X\to Y$ 在任意点的 Fréchet 导数都是 $T$ 本身. 这点从恒等式

$$T(x+h)-Tx-Th=0,\quad \forall\, x,h\in X$$

立刻得出.

**例 4** 设 $\Omega$ 是 $\mathbf{R}^n$ 的开子集,$\varphi:\Omega\to\mathbf{R}^n$ 具有连续的各个偏导数,将 $\mathbf{R}^n$ 中的点表示成列向量,即

$$x=\begin{pmatrix}x_1\\x_2\\\vdots\\x_n\end{pmatrix},\qquad \varphi(x)=\begin{pmatrix}\varphi_1(x)\\\varphi_2(x)\\\vdots\\\varphi_n(x)\end{pmatrix}.$$

如果 $h=\begin{pmatrix} h_1 \\ h_2 \\ \vdots \\ h_n \end{pmatrix}$ 的范数充分小，则根据微分中值定理，

$$\varphi_j(x+h)-\varphi_j(x)=\frac{\partial\varphi_j}{\partial x_1}(x)h_1+\frac{\partial\varphi_j}{\partial x_2}(x)h_2+\cdots+\frac{\partial\varphi_j}{\partial x_n}(x)h_n+o(\|h\|),\quad j=1,2,\cdots,n,$$

即

$$\varphi(x+h)-\varphi(x)=Ah+o(\|h\|),\tag{9.7}$$

这里

$$A=\begin{pmatrix} \frac{\partial\varphi_1}{\partial x_1}(x) & \frac{\partial\varphi_1}{\partial x_2}(x) & \cdots & \frac{\partial\varphi_1}{\partial x_n}(x) \\ \frac{\partial\varphi_2}{\partial x_1}(x) & \frac{\partial\varphi_2}{\partial x_2}(x) & \cdots & \frac{\partial\varphi_2}{\partial x_n}(x) \\ \vdots & \vdots & & \vdots \\ \frac{\partial\varphi_n}{\partial x_1}(x) & \frac{\partial\varphi_n}{\partial x_2}(x) & \cdots & \frac{\partial\varphi_n}{\partial x_n}(x) \end{pmatrix}.$$

从(9.7)式可见 $\varphi(x)$ 在 $x$ 处的 Fréchet 导数 $\varphi'(x)$ 正是经典的 Jacobi 矩阵 $A$.

有了 Fréchet 导数的概念，就可以类似于例 2 建立 Banach 空间上隐函数存在定理. 关于这个定理及其证明可参见文献[19]第 383—384 页.

## 习 题

1. 试证明：在线性空间中，对任意向量 $x$，及数 $\alpha$ 都有

$$0x=\theta,$$
$$(-1)x=-x,$$
$$\alpha\theta=\theta.$$

2. 试证明下述消去律在线性空间中成立：

$$x+y=x+z\Rightarrow y=z,$$
$$\alpha x=\alpha y \text{ 且 } \alpha\neq 0\Rightarrow x=y,$$
$$\alpha x=\beta x \text{ 且 } x\neq\theta\Rightarrow\alpha=\beta.$$

3. 试证明：在空间 $(s)$ 中，如果 $\{x_n\}_{n=1}^{\infty}$ 按坐标收敛于 $x_0$，则 $\{x_n\}_{n=1}^{\infty}$ 按距离收敛于 $x_0$.

4. 证明：空间 $(c)$ 是可分的.

5. 设 $\{x_n\}_{n=1}^{\infty}$，$\{y_n\}_{n=1}^{\infty}$ 是距离空间 $\langle X,d\rangle$ 中两个 Cauchy 序列，试证明 $\{d(x_n,y_n)\}_{n=1}^{\infty}$ 是 Cauchy 数列.

6. 距离空间 $X$ 中的点集 $S$ 称为**有界**的，是指存在 $X$ 中某个球 $B(x_0,r)$，使 $B(x_0,r)\supset S$. 试证明：距离空间中任何 Cauchy 序列都是有界的.

7. 设 $\langle X,d\rangle$ 是距离空间，$A$ 是 $X$ 中的一个给定的子集. 定义

$$\operatorname{dist}(x,A)\overset{\mathrm{d}}{=}\inf\{d(x,y):y\in A\},\quad x\in X,$$

称之为 $x$ 与 $A$ 的距离.

证明:$\mathrm{dist}(x,A)$是 $x$ 的连续函数.

8. 设 $S$ 是 $\mathbf{R}^n$ 的子集,$C(S)$表示 $S$ 上有界连续函数全体按逐点定义的加法和数乘形成的线性空间. 对 $f,g\in C(S)$,定义距离为

$$d(f,g)=\sup_{x\in S}|f(x)-g(x)|.$$

试证明:$C(S)$是完备的距离线性空间.

9. 证明:$\ell^p(1\leqslant p\leqslant\infty)$是完备的距离空间.

10. 设 $X$ 是赋范线性空间,$A$ 是 $X$ 中有界的集合. 试证明:$A$ 是完全有界集当且仅当对任何 $\varepsilon>0$,存在 $X$ 的有限维子空间 $M$,使 $A$ 中每个点与 $M$ 的距离都小于 $\varepsilon$.

11. 设$\langle X,\|\cdot\|\rangle$是赋范线性空间,$r>0$. 如果球 $B=\{x\in X:\|x\|<r\}$是列紧的,则 $X$ 必是有限维的. 试利用 Riesz 引理(定理 7.2)证明之.

**提示**　假如 $X$ 不是有限维的. 不妨设 $r>1$. 如果我们已经找到 $n$ 个向量$\{x_j\}_{j=1}^n\subset B$,使当 $j\neq k$ 时,$\|x_j-x_k\|>\dfrac{1}{2}$. 令 $M=\mathrm{S_p}\{x_1,x_2,\cdots,x_n\}$,则 $M$ 是 $X$ 的有限维子空间,故 $M\neq X$. 由 Riesz 引理,存在 $x_{n+1}\in X$,$\|x_{n+1}\|=1$,使$\|x_{n+1}-x_j\|>\dfrac{1}{2}$,$j=1,2,\cdots,n$. 根据数学归纳法,存在$\{x_j\}_{j=1}^\infty\subset B$,使当 $j\neq k$ 时,$\|x_j-x_k\|>\dfrac{1}{2}$,这与 $B$ 是列紧的矛盾.

12. 证明:$n$ 维 Euclid 空间 $\mathbf{R}^n$ 是 Banach 空间,这里 $\mathbf{R}^n$ 表示 $n$ 个实数组成的有序数组$(\xi_1,\xi_2,\cdots,\xi_n)$的全体按如下定义的加法、数乘和范数形成的赋范线性空间:

$$x+y=(\xi_1+\eta_1,\xi_2+\eta_2,\cdots,\xi_n+\eta_n),$$
$$\alpha x=(\alpha\xi_1,\alpha\xi_2,\cdots,\alpha\xi_n),$$
$$\|x\|=\left(\sum_{j=1}^n|\xi_j|^2\right)^{1/2},$$

对 $x=(\xi_1,\xi_2,\cdots,\xi_n)$,$y=(\eta_1,\eta_2,\cdots,\eta_n)\in\mathbf{R}^n$,$\alpha\in\mathbf{R}$.

13. 在 $\mathbf{R}^n$ 中定义

$$\rho(x,y)=\max_{1\leqslant j\leqslant n}|\xi_j-\eta_j|,$$

对 $x=(\xi_1,\xi_2,\cdots,\xi_n)$,$y=(\eta_1,\eta_2,\cdots,\eta_n)\in\mathbf{R}^n$. 试证明:$\mathbf{R}^n$ 按距离 $\rho(\cdot,\cdot)$也是完备的距离线性空间.

14. 设$\langle X,d\rangle$是完备的距离空间,$E$ 是 $X$ 的闭子集,试证明$\langle E,d\rangle$也是完备的距离空间.

15. 证明:$\ell^p(1\leqslant p<\infty)$中子集 $S$ 是列紧的充要条件是

(1) 存在常数 $M>0$,使对一切 $x=\{\xi_n\}_{n=1}^\infty\in S$,都有 $\displaystyle\sum_{n=1}^\infty|\xi_n|^p\leqslant M$;

(2) 任给 $\varepsilon>0$,存在正整数 $N$,使当 $k\geqslant N$ 时,对一切 $x=\{\xi_n\}_{n=1}^\infty\in S$ 有 $\displaystyle\sum_{n=k}^\infty|\xi_n|^p\leqslant\varepsilon$.

16. 试证明:空间$(s)$中子集 $S$ 是列紧的充要条件是对每个正整数 $n$,存在常数 $M_n>0$,使对 $x=\{\xi_n\}_{n=1}^\infty\in S$,便有$|\xi_n|\leqslant M_n$,$n=1,2,\cdots$.

17. 设 $M[a,b]$是区间$[a,b]$上有界函数全体按逐点定义的加法和数乘形成的线性空间. 对 $x=x(t)\in M[a,b]$,定义范数

$$\|x\| = \sup_{a\leq t\leq b} |x(t)|.$$

证明:按这个范数,$M[a,b]$是 Banach 空间.

18. 设$V[a,b]$表示在区间$[a,b]$上右连续的有界变差函数全体,按逐点定义的加法和数乘形成的线性空间,对$x=x(t)\in V[a,b]$,定义范数为

$$\|x\| = |x(a)| + \mathrm{V}_a^b(x),$$

这里$\mathrm{V}_a^b(x)$表示函数$x(t)$在$[a,b]$上的全变差. 试证明:$V[a,b]$按此范数是 Banach 空间.

19. 举例说明在一般的距离空间中,完全有界集不一定是列紧的.

20. 设$\{x_n\}_{n=1}^{\infty}$是距离空间$X$中的 Cauchy 序列. 试证明:如果$\{x_n\}_{n=1}^{\infty}$有子序列$\{x_{n_k}\}_{k=1}^{\infty}$收敛于$x$,则$\{x_n\}_{n=1}^{\infty}$也收敛于$x$.

21. 设$f$是从距离空间$X$到距离空间$Y$的函数,证明$f$是连续的当且仅当对$Y$中任意闭集$F$,$f^{-1}(F)$是$X$中闭集.

22. 设$X$是$n$维复线性空间,$\{e_1,e_2,\cdots,e_n\}$是$X$的一个基. 试问:当$X$看作实线性空间时,其维数是多少? 请指出它的一个基.

23. 设$X$是赋范线性空间,$x_n\in X$,$n=1,2,\cdots$. 如果$\left\{\sum\limits_{n=1}^{k} x_n\right\}_{k=1}^{\infty}$是$X$中收敛序列,则称级数$\sum\limits_{n=1}^{\infty} x_n$ **收敛**. 如果数值级数$\sum\limits_{n=1}^{\infty}\|x_n\|$收敛,则称级数$\sum\limits_{n=1}^{\infty} x_n$ **绝对收敛**.

试证明:$X$中任何绝对收敛的级数都收敛当且仅当$X$是 Banach 空间.

24. 设$X,Y$是赋范线性空间,$T$是从$X$到$Y$的线性算子. 试证明:如果$X$是有限维的,则$T$是有界的,且$T$的值域$R(T)$也是有限维的.

25. 设$X,Y$是赋范线性空间,$T$是从$X$到$Y$的线性算子. 试证明:如果$T$是单射的,则$\{x_1,x_2,\cdots,x_n\}$在$X$中是线性无关的当且仅当$\{Tx_1,Tx_2,\cdots,Tx_n\}$在$Y$中是线性无关的.

26. 设$T$是从赋范线性空间$\langle X,\|\cdot\|_1\rangle$到赋范线性空间$\langle Y,\|\cdot\|_2\rangle$的有界线性算子,证明:

$$\|T\| = \sup_{\|x\|_1=1}\|Tx\|_2 = \sup_{\|x\|_1\leq 1}\|Tx\|_2.$$

27. 设$T$是 Banach 空间$X$上有界线性算子. 试证明:如果存在$X$上有界线性算子$S$,使

$$TS=ST=I,$$

则$T$是有界可逆的,而且$T^{-1}=S$.

反之,如果$T$是有界可逆的,则

$$TT^{-1}=T^{-1}T=I.$$

这里$I$是$X$上**恒等算子**,即

$$Ix=x,\ \forall x\in X.$$

28. 设$X$是距离空间,$T:X\to X$是映射. 如果$T$是压缩的,求证:对任意正整数$n$,$T^n$也是压缩的. 如果对某个正整数$n>1$,$T^n$是压缩映射,那么$T$也一定是压缩映射吗?

29. 设$F$是$n$维 Euclid 空间$\mathbf{R}^n$中非空有界闭集,映射$T:F\to F$满足

$$d(Tx,Ty)<d(x,y),\ \forall x,y\in F, x\neq y.$$

试证明:$T$在$F$中有唯一不动点.

30. 设$K(t,s)$是矩形$\{(t,s):0\leq t,s\leq 1\}$上可测函数,且

$$\int_0^1\int_0^1 |K(t,s)|^2 \mathrm{d}t\mathrm{d}s<\infty .$$

考虑积分方程

$$x(t)=f(t)+\lambda\int_0^1 K(t,s)x(s)\mathrm{d}s,$$

其中 $f\in L^2[0,1]$ 是一给定函数,$\lambda$ 为参数.

试利用压缩映射原理证明:当 $|\lambda|$ 适当小时,上述积分方程在 $L^2[0,1]$ 中的解存在且唯一.

# 第二章　Hilbert 空间

## §1　内 积 空 间

有限维 Euclid 空间 $\mathbf{R}^n$ 具有线性的和几何的性质.解析几何告诉我们,对空间 $\mathbf{R}^n$ 中的两个向量 $a$ 与 $b$ 的夹角 $\theta$,有公式

$$\cos\theta=\frac{(a,b)}{\|a\|\ \|b\|},$$

这里$(\cdot,\cdot)$是向量的内积,$\|\cdot\|$表示向量的长度,而且

$$\|a\|=[(a,a)]^{1/2}.$$

所以,“角度”和“长度”这两个概念都可以通过内积来定义.

现在来考虑无穷维空间上的内积概念.

**定义 1.1**　设 $X$ 为复线性空间,如果对任给的 $x,y\in X$ 都恰有一个复数,记为$(x,y)$,与之对应,并且这个对应具有下列性质:

(1) $(x,x)\geqslant 0$;$(x,x)=0$ 必须且只需 $x=0$;

(2) $(x+y,z)=(x,z)+(y,z)$;

(3) $(\alpha x,y)=\alpha(x,y)$;

(4) $(x,y)=\overline{(y,x)}$,

对任意的 $x,y\in X,\alpha\in\mathbf{C}$,则称$(x,y)$为 $x$ 与 $y$ 的**内积**,称 $X$ 为具有内积$(\cdot,\cdot)$的**内积空间**.性质(1)—(4)称为**内积公设**.

由内积的定义,还有$(x,\alpha y)=\bar{\alpha}(x,y)$.

**定义 1.2**　内积空间 $X$ 中的元素 $x,y$ 称为**正交的**,是指$(x,y)=0$,记作 $x\perp y$.

$X$ 中的一族元素$\{x_j\}$称为**正规正交集**,是指

$$(x_j,x_k)=\delta_{jk},$$

这里 $\delta_{jk}$ 是 Kronecker 常数:当 $j=k$ 时,$\delta_{jk}=1$;当 $j\neq k$ 时,$\delta_{jk}=0$.

在内积空间 $X$ 中,我们定义

$$\|x\|=[(x,x)]^{1/2},\quad x\in X.$$

不久我们将证明它满足前章所说的范数公设,按这个范数,$X$ 是赋范线性空间.

若 $x$ 与 $y$ 正交,则

$$\begin{aligned}\|x+y\|^2&=(x+y,x+y)\\&=(x,x)+(x,y)+(y,x)+(y,y)\\&=(x,x)+(y,y)=\|x\|^2+\|y\|^2.\end{aligned}$$

于是有

$$\|x+y\|^2=\|x\|^2+\|y\|^2. \tag{1.1}$$

这正是勾股定理在无穷维空间的推广.

**定理 1.1** 设$\{x_n\}_{n=1}^N$是内积空间 $X$ 中的正规正交集,则对任何 $x\in X$ 都有

$$\|x\|^2=\sum_{n=1}^N|(x,x_n)|^2+\left\|x-\sum_{n=1}^N(x,x_n)x_n\right\|^2.$$

**证** 将 $x$ 表示成

$$x=\left[\sum_{n=1}^N(x,x_n)x_n\right]+\left[x-\sum_{n=1}^N(x,x_n)x_n\right],$$

由内积定义及假设,容易验证上式右端第一项与第二项是正交的. 根据(1.1)式及假设,

$$\begin{aligned}\|x\|^2&=\left\|\sum_{n=1}^N(x,x_n)x_n\right\|^2+\left\|x-\sum_{n=1}^N(x,x_n)x_n\right\|^2\\&=\sum_{n=1}^N|(x,x_n)|^2+\left\|x-\sum_{n=1}^N(x,x_n)x_n\right\|^2.\end{aligned}$$

证毕.

**推论 1(Bessel 不等式)** 设$\{x_n\}_{n=1}^N$是内积空间 $X$ 中的正规正交集,则于任何 $x\in X$ 都有

$$\sum_{n=1}^N|(x,x_n)|^2\leqslant\|x\|^2.$$

**推论 2(Schwarz 不等式)** 对内积空间 $X$ 中任意两个向量 $x,y$ 都有

$$|(x,y)|\leqslant\|x\|\|y\|.$$

**证** 若 $y=0$,则

$$(x,y)=(x,0y)=0(x,y)=0.$$

可见等式成立. 若 $y\neq0$,$\left\{\dfrac{y}{\|y\|}\right\}$就是正规正交集,由 Bessel 不等式,

$$\|x\|^2\geqslant\left|\left(x,\frac{y}{\|y\|}\right)\right|^2=\frac{|(x,y)|^2}{\|y\|^2}.$$

由此即知所论成立. 证毕.

**定理 1.2** 每个内积空间 $X$ 按范数 $\|x\|=[(x,x)]^{1/2}$ 成为赋范线性空间.

**证** 由内积定义,易见 $\|\cdot\|$ 满足范数公设(1),(2),只需证明它也满足(3). 对任意 $x$, $y\in X$,

$$\begin{aligned}\|x+y\|^2&=(x+y,x+y)\\&=(x,x)+(x,y)+(y,x)+(y,y)\\&=\|x\|^2+2\mathrm{Re}(x,y)+\|y\|^2\\&\leqslant\|x\|^2+2|(x,y)|+\|y\|^2.\end{aligned}$$

由 Schwarz 不等式,可知

$$\|x+y\|^2 \leqslant \|x\|^2+2\|x\|\|y\|+\|y\|^2=(\|x\|+\|y\|)^2.$$

证毕.

**命题 1.1**　内积 $(x,y)$ 是 $x,y$ 的二元连续函数,即当 $n\to\infty$ 时,

$$x_n\to x, y_n\to y \quad\Rightarrow\quad (x_n,y_n)\to(x,y).$$

**证**　显然

$$\begin{aligned}|(x_n,y_n)-(x,y)| &\leqslant |(x_n,y_n)-(x,y_n)|+|(x,y_n)-(x,y)|\\ &=|(x_n-x,y_n)|+|(x,y_n-y)|\\ &\leqslant \|x_n-x\|\|y_n\|+\|x\|\|y_n-y\|.\end{aligned}$$

如果 $x_n\to x, y_n\to y$,则还有 $\{\|y_n\|\}_{n=1}^{\infty}$ 是有界数列. 故当 $n\to\infty$ 时,上式右端趋于 0. 证毕.

**命题 1.2**　设点集 $M$ 在内积空间 $X$ 中稠密,若 $x_0\in X$ 使

$$(x,x_0)=0,\quad \forall x\in M,$$

则 $x_0=0$.

**证**　由点集 $M$ 在内积空间 $X$ 中稠密知,存在 $x_n\in M, n=1,2,\cdots$,使 $x_n\to x_0$. 根据命题 1.1 及假设

$$(x_0,x_0)=\lim_{n\to\infty}(x_n,x_0)=0,$$

故 $x_0=0$. 证毕.

前面我们通过内积引出范数,反过来,对于内积空间,我们有下列重要结果.

**定理 1.3(极化恒等式)**　对内积空间 $X$ 中任意两个向量 $x,y$ 都有

$$(x,y)=\frac{1}{4}(\|x+y\|^2-\|x-y\|^2+\mathrm{i}\|x+\mathrm{i}y\|^2-\mathrm{i}\|x-\mathrm{i}y\|^2). \tag{1.2}$$

**证**　由范数与内积关系易得

$$\|x+y\|^2=(x,x)+(x,y)+(y,x)+(y,y), \tag{1.3}$$

$$\|x-y\|^2=(x,x)-(x,y)-(y,x)+(y,y), \tag{1.4}$$

$$\|x+\mathrm{i}y\|^2=(x,x)-\mathrm{i}(x,y)+\mathrm{i}(y,x)+(y,y), \tag{1.5}$$

$$\|x-\mathrm{i}y\|^2=(x,x)+\mathrm{i}(x,y)-\mathrm{i}(y,x)+(y,y), \tag{1.6}$$

则由(1.3)-(1.4)+i(1.5)-i(1.6)可得

$$\|x+y\|^2-\|x-y\|^2+\mathrm{i}\|x+\mathrm{i}y\|^2-\mathrm{i}\|x-\mathrm{i}y\|^2=4(x,y).$$

证毕.

必须指出,内积空间中向量的范数有着异于其他赋范线性空间中向量范数的独特性质.

**命题 1.3(平行四边形法则)**　对内积空间 $X$ 中任意两个向量 $x,y$ 都有

$$\|x+y\|^2+\|x-y\|^2=2(\|x\|^2+\|y\|^2).$$

**证**　在定理 1.3 证明中,(1.3)式与(1.4)式相加即得所欲证者.

自然会想到,是否每个赋范线性空间 $X$ 都能赋以内积 $(x,y)$,使得原来的范数 $\|x\|$ 总可以表示成 $[(x,x)]^{1/2}$ 呢? 答案是否定的. 可以证明,$X$ 能赋以内积的充要条件是 $X$ 中的范数满足平行四边形法则. 其证明方法是用(1.2)式右端来定义 $(x,y)$,然后利用平行四边形法则验证如此定义的 $(x,y)$ 满足内积公设. 参见文献[18]第 268—270 页.

**例 1**　在空间 $C[0,1]$ 中,取 $x(t)=1, y(t)=t$,则

$$\|x+y\|=\max_{0\leqslant t\leqslant 1}|1+t|=2,$$

$$\| x-y \| = \max_{0\leq t\leq 1} |1-t| = 1,$$

$$\| x \| = 1, \| y \| = 1,$$

显然不满足平行四边形法则. 这说明 $C[0,1]$不是内积空间.

**定义 1.3** 若内积空间 $H$ 是完备的,则称 $H$ 为 **Hilbert 空间**.

最早是 Hilbert 在他的积分方程工作中考察函数按某个正规正交基展开所对应的 Fourier 系数(参见文献[6],第六章, §6). 这些系数序列自然属于下面所说的空间$\ell^2$. 虽然 Hilbert 并没有把这些系数序列看成空间中点的坐标,也没有使用几何的语言(内积空间几何化这一步是由 Schmidt 和 Fréchet 开始的),但我们还是称完备的内积空间为 Hilbert 空间,以纪念这位伟大的先行者.

**例 2** 空间$\ell^2$.

考察使 $\sum_{n=1}^{\infty} |\xi_n|^2 < \infty$ 的复数序列 $x=\{\xi_n\}_{n=1}^{\infty}$ 的全体形成的线性空间,记作$\ell^2$. 由 Hölder 不等式,对 $x=\{\xi_n\}_{n=1}^{\infty}, y=\{\eta_n\}_{n=1}^{\infty}\in \ell^2$,可以定义

$$(x,y) = \sum_{n=1}^{\infty} \xi_n \overline{\eta_n}.$$

容易验证它满足内积公设,$\ell^2$按$(\cdot,\cdot)$成为内积空间. 下面证明$\ell^2$是完备的.

设 $x_k=\{\xi_n^{(k)}\}_{n=1}^{\infty}(k=1,2,\cdots)$是$\ell^2$中的 Cauchy 序列,于是任给 $\varepsilon>0$,存在正整数 $N$,当 $k,j\geq N$ 时,

$$\| x_k - x_j \| = \Big( \sum_{n=1}^{\infty} |\xi_n^{(k)} - \xi_n^{(j)}|^2 \Big)^{1/2} < \varepsilon. \tag{1.7}$$

从而对每个正整数 $n$,

$$|\xi_n^{(k)}-\xi_n^{(j)}| <\varepsilon, \quad k,j\geq N.$$

这说明$\{\xi_n^{(k)}\}_{k=1}^{\infty}$ 是 Cauchy 数列,故

$$\lim_{k\to\infty}\xi_n^{(k)} = \xi_n^{(0)}$$

存在且有限. 记 $x_0=\{\xi_n^{(0)}\}_{n=1}^{\infty}$. 由(1.7)式,对每个正整数 $m$,

$$\sum_{n=1}^{m} |\xi_n^{(k)}-\xi_n^{(j)}|^2<\varepsilon^2, \quad k,j\geq N.$$

令 $j\to\infty$,可得

$$\sum_{n=1}^{m} |\xi_n^{(k)}-\xi_n^{(0)}|^2\leq\varepsilon^2, \quad k\geq N.$$

再令 $m\to\infty$,可得

$$\sum_{n=1}^{\infty} |\xi_n^{(k)}-\xi_n^{(0)}|^2\leq\varepsilon^2, \quad k\geq N.$$

这表明当 $k\geq N$ 时,$x_k-x_0\in \ell^2$. 因$\ell^2$是线性空间,故 $x_0\in \ell^2$. 由上式

$$\| x_k-x_0 \| =\Big( \sum_{n=1}^{\infty} |\xi_n^{(k)}-\xi_n^{(0)}|^2\Big)^{1/2}\leq\varepsilon, \quad k\geq N,$$

即 $x_k\to x_0$. 证毕.

常用的 Hilbert 空间是函数空间,其中最简单的是下面所说的空间 $L^2[a,b]$.

**例 3**　空间 $L^2[a,b]$.

考察有限区间 $[a,b]$ 上复值平方可积函数 $f(x)$ 的全体按逐点定义的加法和数乘形成的一个线性空间,记作 $L^2[a,b]$. 由 Hölder 不等式,可以定义内积

$$(f,g)=\int_a^b f(x)\overline{g(x)}\,\mathrm{d}x,\quad f,g\in L^2[a,b].$$

容易验证 $L^2[a,b]$ 按这个内积成为内积空间,而且按这个内积确定的距离恰好是第一章 §5 中例 2 当 $p=2$ 时的距离,从那里得知 $L^2[a,b]$ 是完备的,因此 $L^2[a,b]$ 是 Hilbert 空间.

**例 4**　$H_0^k(\Omega)$.

设 $\Omega$ 是 $\mathbf{R}^n$ 中开集,定义

$C_0^k(\Omega)=\{f(x):f$ 在 $\Omega$ 内有直到 $k$ 阶的连续偏导数,且 $\operatorname{supp}(f)\subset\Omega$ 是紧的$\}$,

这里 $\operatorname{supp}(f)=\overline{\{x\in\Omega:f(x)\neq 0\}}$. 定义内积

$$(f,g)_k=\sum_{|j|\leqslant k}\int_\Omega \partial^j f(x)\overline{\partial^j g(x)}\,\mathrm{d}x,\quad f,g\in C_0^k(\Omega),$$

这里 $j=(j_1,j_2,\cdots,j_n)$ 是重指标,$|j|=j_1+j_2+\cdots+j_n$,

$$\partial^j f(x)=\frac{\partial^{|j|}f}{\partial x_1^{j_1}\partial x_2^{j_2}\cdots\partial x_n^{j_n}}(x_1,x_2,\cdots,x_n).$$

$C_0^k(\Omega)$ 按这个内积形成的内积空间记作 $\hat{H}_0^k(\Omega)$,而 $\hat{H}_0^k(\Omega)$ 按这个内积导出的范数的完备化,记作 $H_0^k(\Omega)$,这是一个 Hilbert 空间. 据文献[26]第 250 页,Schauder 已经考虑过空间 $\hat{H}_0^k(\Omega)$,可惜他没有考虑它的完备化. 这里的 $H_0^k(\Omega)$ 其实是著名的 Sobolev 空间 $W^k(\Omega)$ 的子空间(参见文献[3],第 50 页).

**例 5**　$A^2(D)$.

设 $D$ 是复平面上的一个有界区域,令

$$A^2(D)=\left\{f(z):f(z)\text{ 在 }D\text{ 内解析,且}\iint_D|f(z)|^2\mathrm{d}x\mathrm{d}y<\infty\right\},$$

这里 $z=x+\mathrm{i}y$. 在 $A^2(D)$ 中引进内积

$$(f,g)=\iint_D f(z)\overline{g(z)}\,\mathrm{d}x\mathrm{d}y,\quad f,g\in A^2(D).$$

容易证明 $A^2(D)$ 是一个内积空间,下面证明它还是完备的.

设 $\{f_n(z)\}_{n=1}^\infty$ 是 $A^2(D)$ 中的一个 Cauchy 序列. 注意 $A^2(D)$ 是 $L^2(D)$ 的一个线性流形,而 $L^2(D)$ 是 Hilbert 空间(见习题 5),从而存在 $f_0\in L^2(D)$,使

$$\iint_D|f_n(z)-f_0(z)|^2\mathrm{d}x\mathrm{d}y\to 0,\quad n\to\infty.\tag{1.8}$$

我们只需证明 $f_0(z)$ 在 $D$ 内解析.

设 $\{z:|z-z_0|\leqslant\rho\}$ 是包含于 $D$ 内的任意闭圆盘,由于 $f_n(z)$ 在 $D$ 内解析,有 Taylor 展式

$$f_n(z)-f_m(z)=\sum_{j=0}^\infty c_j(z-z_0)^j.$$

从而利用复数的指数形式 $z-z_0=r\mathrm{e}^{\mathrm{i}\theta}$,可得

$$\|f_n-f_m\|^2=\iint_D|f_n(z)-f_m(z)|^2\mathrm{d}x\mathrm{d}y$$

$$
\begin{aligned}
&\geqslant \iint\limits_{|z-z_0|\leqslant\rho} |f_n(z)-f_m(z)|^2 \mathrm{d}x\mathrm{d}y \\
&= \int_0^\rho \left[\int_0^{2\pi}\left(\sum_{j=0}^{\infty} c_j r^j \mathrm{e}^{\mathrm{i}j\theta}\right)\left(\sum_{k=0}^{\infty} \bar{c}_k r^k \mathrm{e}^{-\mathrm{i}k\theta}\right)\mathrm{d}\theta\right] r\mathrm{d}r \\
&= \sum_{j=0}^{\infty} 2\pi \int_0^\rho |c_j|^2 r^{2j+1}\mathrm{d}r \\
&= 2\pi \sum_{j=0}^{\infty} \rho^{2j+2} |c_j|^2 (2j+2)^{-1} \\
&\geqslant \pi\rho^2 |c_0|^2 = \pi\rho^2 |f_n(z_0)-f_m(z_0)|^2.
\end{aligned}
$$

因$\{f_n\}_{n=1}^{\infty}$按$\|\cdot\|$是 Cauchy 序列,这个式子表明$\{f_n(z)\}_{n=1}^{\infty}$在包含于 $D$ 内的任意闭圆盘上一致收敛. 于是

$$f_0(z)=\lim_{n\to\infty} f_n(z)$$

在 $D$ 内解析.

总之,$A^2(D)$是一个 Hilbert 空间.

**命题 1.4** 内积空间 $X$ 的完备化 $\tilde{X}$ 是 Hilbert 空间.

**证** 内积空间 $X$ 按内积$(\cdot,\cdot)$所确定的范数成为赋范线性空间,于是由第一章 §5 中定理 5.1,存在 $X$ 的完备化 $\tilde{X}$,使对 $\tilde{x},\tilde{y}\in\tilde{X}$,有 $X$ 中的 Cauchy 序列$\{x_n\}_{n=1}^{\infty},\{y_n\}_{n=1}^{\infty}$,使 $\tilde{x}=\{x_n\}_{n=1}^{\infty},\tilde{y}=\{y_n\}_{n=1}^{\infty}$,注意

$$
\begin{aligned}
|(x_n,y_n)-(x_m,y_m)| &\leqslant |(x_n,y_n)-(x_m,y_n)|+|(x_m,y_n)-(x_m,y_m)| \\
&\leqslant \|x_n-x_m\|\,\|y_n\|+\|x_m\|\,\|y_n-y_m\|,
\end{aligned}
$$

可见$\{(x_n,y_n)\}_{n=1}^{\infty}$是 Cauchy 序列,从而收敛. 定义

$$(\tilde{x},\tilde{y})_1=\lim_{n\to\infty}(x_n,y_n).$$

假设$\{x_n'\}_{n=1}^{\infty},\{y_n'\}_{n=1}^{\infty}$亦是 $X$ 中 Cauchy 序列,使 $\tilde{x}=\{x_n'\}_{n=1}^{\infty},\tilde{y}=\{y_n'\}_{n=1}^{\infty}$. 则$\lim\limits_{n\to\infty}\|x_n-x_n'\|=0,\lim\limits_{n\to\infty}\|y_n-y_n'\|=0$. 注意

$$
\begin{aligned}
|(x_n,y_n)-(x_n',y_n')| &\leqslant |(x_n,y_n)-(x_n,y_n')|+|(x_n,y_n')-(x_n',y_n')| \\
&\leqslant \|x_n\|\,\|y_n-y_n'\|+\|x_n-x_n'\|\,\|y_n'\|,
\end{aligned}
$$

可见

$$\lim_{n\to\infty}(x_n,y_n)=\lim_{n\to\infty}(x_n',y_n').$$

这说明$(\tilde{x},\tilde{y})_1$的定义与表示 $\tilde{x},\tilde{y}$ 的具体的 Cauchy 序列选择无关,所以定义是完善的. 容易验证$(\cdot,\cdot)_1$满足内积公设,因而 $\tilde{X}$ 按$(\cdot,\cdot)_1$成为内积空间.

注意,$\tilde{X}$ 按第一章 §5 中定理 5.1 完备化构造所确定的范数$\|\cdot\|$与内积$(\cdot,\cdot)_1$之间有如下关系:

$$\|\tilde{x}\|^2=\lim_{n\to\infty}(x_n,x_n)=(\tilde{x},\tilde{x})_1,$$

即 $\tilde{X}$ 的范数$\|\cdot\|$恰是由内积$(\cdot,\cdot)_1$确定的范数,所以 $\tilde{X}$ 作为内积空间是完备的,即 $\tilde{X}$ 是 Hilbert 空间. 证毕.

## §2　正规正交基

此后，如无特殊声明，我们总用 $H$ 表示非零的 Hilbert 空间.

设 $\{u_n\}\subset H$ 是线性无关的序列. 现在如线性代数所说的，令

$$\begin{aligned} &w_1=u_1, && v_1=\frac{w_1}{\|w_1\|},\\ &w_2=u_2-(u_2,v_1)v_1, && v_2=\frac{w_2}{\|w_2\|},\\ &\cdots\cdots && \\ &w_n=u_n-\sum_{k=1}^{n-1}(u_n,v_k)v_k, && v_n=\frac{w_n}{\|w_n\|},\\ &\cdots\cdots && \end{aligned} \tag{2.1}$$

则 $\{v_1,v_2,\cdots,v_n,\cdots\}$ 便是一个正规正交集，并且对任何正整数 $m$，都有

$$\mathrm{S_p}\{u_1,u_2,\cdots,u_m\}=\mathrm{S_p}\{v_1,v_2,\cdots,v_m\}. \tag{2.2}$$

上述的按(2.1)式从 $\{u_n\}$ 构造 $\{v_n\}$ 的方法叫做 **Schmidt 正规正交法**.

**定义 2.1**　设 $S$ 是 $H$ 中的正规正交集. 如果 $H$ 中没有其他的正规正交集真包含 $S$，则称 $S$ 为 $H$ 的**正规正交基**.

下面命题给出 Hilbert 空间正规正交基的一个等价描述.

**命题 2.1**　设 $S$ 是 $H$ 的正规正交集，则 $S$ 是 $H$ 的正规正交基的充要条件是 $H$ 中没有非零元与 $S$ 中每个元素正交.

**证**　必要性. 设 $x\in H$ 与 $S$ 中每个元素正交. 如果 $x\neq 0$，令 $x_1=\dfrac{x}{\|x\|}$，则 $S_1=S\cup\{x_1\}$ 便是 $H$ 中真包含 $S$ 的一个正规正交集. 这与 $S$ 是正规正交基矛盾.

充分性. 否则，存在 $H$ 的正规正交集 $S'$ 真包含 $S$，取非零的 $x\in S'\backslash S$，则 $x$ 与 $S$ 中每个元素正交. 与假设矛盾. 证毕.

**定理 2.1**　若 $H$ 可分，则 $H$ 有一个可数的正规正交基.

**证**　由于 $H$ 可分，$H$ 中存在可数的稠密子集 $S$. 利用数学归纳法可以证明必存在 $S$ 中一个线性无关子集 $\{x_n\}$，使得 $S$ 中每个元素都可以表示成 $\{x_n\}$ 中某些元素的线性组合.

将 Schmidt 正规正交法用于 $\{x_n\}$，得到正规正交集 $\{e_n\}$.

若有 $e\in H$，使

$$(e,e_n)=0,\quad n=1,2,\cdots,$$

注意由 Schmidt 正规正交法，每个 $x_n$ 就可以表示成 $x_n=\sum\limits_{j=1}^{n}c_j^{(n)}e_j$，从而

$$(e,x_n)=0,\quad n=1,2,\cdots.$$

又任给 $x\in S$，可以表示成 $\{x_n\}$ 中某些元素的线性组合，故

$$(e,x)=0,\quad \forall\, x\in S.$$

由于 $S$ 是 $H$ 中稠密子集，根据命题 1.2 可知 $e=0$. 再根据命题 2.1，可见 $\{e_n\}$ 是 $H$ 的正规正交

基. 证毕.

**定理 2.2** 每个非零的 Hilbert 空间都有正规正交基.

**证** 设 $H$ 是一个非零的 Hilbert 空间,考虑 $H$ 中一切正规正交集构成的族 $\mathscr{T}$. $\mathscr{T}$ 是非空的,因为任取 $x\neq 0$, $\left\{\dfrac{x}{\|x\|}\right\}$ 便是 $\mathscr{T}$ 中的一个元素. 对 $S_1,S_2\in\mathscr{T}$,当 $S_1\subset S_2$ 时,定义 $S_1<S_2$,则 $\mathscr{T}$ 按"$<$"成为一个部分有序集. 若 $\{S_\alpha\}_{\alpha\in\mathscr{A}}$ 是 $\mathscr{T}$ 中的完全有序子集,则 $\bigcup\limits_{\alpha\in\mathscr{A}}S_\alpha\in\mathscr{T}$,而且是 $\{S_\alpha\}_{\alpha\in\mathscr{A}}$ 的上界. 根据 Zorn 引理, $\mathscr{T}$ 中存在极大元 $S_M$,则 $S_M$ 便是 $H$ 的一个正规正交基. 证毕.

**定理 2.3** 设 $S=\{x_\alpha\}_{\alpha\in\mathscr{A}}$ 是 $H$ 的一个正规正交基,则对任何的 $x\in H$,都有

$$x=\sum_{\alpha\in\mathscr{A}}(x,x_\alpha)x_\alpha,$$

$$\|x\|^2=\sum_{\alpha\in\mathscr{A}}|(x,x_\alpha)|^2,$$

这里 $\sum\limits_{\alpha\in\mathscr{A}}z_\alpha$ 表示最多只有可数多个 $z_\alpha\neq 0$,而且级数无条件收敛.

特别地,若 $H$ 是可分的 Hilbert 空间, $\{x_n\}_{n=1}^{\infty}$ 是 $H$ 的正规正交基,则对任何的 $x\in H$ 都有

$$\|x\|^2=\sum_{n=1}^{\infty}|(x,x_n)|^2. \tag{2.3}$$

(2.3)式通常被称为 **Parseval 公式**.

**证** 设 $x\in H$,由 Schwarz 不等式,对每个 $\alpha\in\mathscr{A}$,

$$|(x,x_\alpha)|\leqslant\|x\|.$$

注意

$$\bigcup_{k=1}^{\infty}\left[\frac{1}{k+1}\|x\|,\quad \frac{1}{k}\|x\|\right]=(0,\|x\|].$$

于是,若有不可数个 $(x,x_\alpha)\neq 0$,则至少有一个区间

$$\left[\frac{1}{k+1}\|x\|,\quad \frac{1}{k}\|x\|\right]$$

中包含无穷多个 $|(x,x_\alpha)|$. 这与 Bessel 不等式矛盾.

现在 $\{(x,x_\alpha)\}_{\alpha\in\mathscr{A}}$ 中最多只有可数多个不为 0 者,将它们排列成

$$(x,x_{\alpha_1}),(x,x_{\alpha_2}),\cdots,(x,x_{\alpha_j}),\cdots,$$

由 Bessel 不等式,对任意正整数 $N$,

$$\sum_{j=1}^{N}|(x,x_{\alpha_j})|^2\leqslant\|x\|^2,$$

故 $\sum\limits_{j=1}^{\infty}|(x,x_{\alpha_j})|^2$ 收敛.

令 $y_n=\sum\limits_{j=1}^{n}(x,x_{\alpha_j})x_{\alpha_j}$, $n=1,2,\cdots$,则当 $n>m$ 时,

$$\|y_n-y_m\|^2=\left\|\sum_{j=m+1}^{n}(x,x_{\alpha_j})x_{\alpha_j}\right\|^2=\sum_{j=m+1}^{n}|(x,x_{\alpha_j})|^2.$$

可见 $\{y_n\}_{n=1}^{\infty}$ 是 Cauchy 序列. $H$ 是完备的,故可设 $y_n\to x'\in H$. 往证 $x'=x$.

显然,对一切 $x_{\alpha_k}$ 有

$$
\begin{aligned}
(x-x',x_{\alpha_k}) &= \left(x-\lim_{n\to\infty}\sum_{j=1}^{n}(x,x_{\alpha_j})x_{\alpha_j},x_{\alpha_k}\right)\\
&=(x,x_{\alpha_k})-\lim_{n\to\infty}\left(\sum_{j=1}^{n}(x,x_{\alpha_j})x_{\alpha_j},x_{\alpha_k}\right)\\
&=(x,x_{\alpha_k})-\lim_{n\to\infty}\left[\sum_{j=1}^{n}(x,x_{\alpha_j})(x_{\alpha_j},x_{\alpha_k})\right]\\
&=(x,x_{\alpha_k})-(x,x_{\alpha_k})=0.
\end{aligned}
$$

而对 $x_\alpha\in S,\alpha\neq\alpha_k,(x,x_\alpha)=0$,且 $(x_{\alpha_j},x_\alpha)=0,j=1,2,\cdots$,故

$$
\begin{aligned}
(x-x',x_\alpha) &= \left(x-\lim_{n\to\infty}\sum_{j=1}^{n}(x,x_{\alpha_j})x_{\alpha_j},x_\alpha\right)\\
&=(x,x_\alpha)-\lim_{n\to\infty}\left(\sum_{j=1}^{n}(x,x_{\alpha_j})x_{\alpha_j},x_\alpha\right)\\
&=-\lim_{n\to\infty}\left[\sum_{j=1}^{n}(x,x_{\alpha_j})(x_{\alpha_j},x_\alpha)\right]=0.
\end{aligned}
$$

于是 $x-x'$ 与 $S$ 中一切元素正交,而 $S$ 是 $H$ 的正规正交基,故 $x-x'=0$. 即

$$
x=\lim_{n\to\infty}\sum_{j=1}^{n}(x,x_{\alpha_j})x_{\alpha_j}=\sum_{j=1}^{\infty}(x,x_{\alpha_j})x_{\alpha_j}=\sum_{\alpha\in\mathscr{A}}(x,x_\alpha)x_\alpha.
$$

至于第二个等式,根据定理 1. 1,对任意正整数 $n$,

$$
\|x\|^2=\sum_{j=1}^{n}|(x,x_{\alpha_j})|^2+\left\|x-\sum_{j=1}^{n}(x,x_{\alpha_j})x_{\alpha_j}\right\|^2.
$$

于是,令 $n\to\infty$,可得

$$
\|x\|^2=\sum_{j=1}^{\infty}|(x,x_{\alpha_j})|^2=\sum_{\alpha\in\mathscr{A}}|(x,x_\alpha)|^2.
$$

证毕.

作为这个定理的推论,可以证明下述重要事实.

**推论**　任何一个可分 Hilbert 空间都与 $\ell^2$ 同构.

**证**　设 $H$ 是可分 Hilbert 空间,由定理 2. 1,存在正规正交基 $\{e_n\}_{n=1}^{\infty}$. 又由定理 2. 3,任给 $x\in H$,

$$
x=\sum_{n=1}^{\infty}(x,e_n)e_n,
$$

且

$$
\|x\|^2=\sum_{n=1}^{\infty}|(x,e_n)|^2.
$$

于是 $\{(x,e_n)\}=\{(x,e_1),(x,e_2),\cdots,(x,e_n),\cdots\}\in\ell^2$,定义映射 $U:H\to\ell^2$ 如下:

$$
Ux=\{(x,e_n)\},\quad \forall x\in H.
$$

设 $y\in H,\alpha\in\mathbf{C}$,则 $y=\sum_{n=1}^{\infty}(y,e_n)e_n$,

$$
x+y=\sum_{n=1}^{\infty}(x+y,e_n)e_n,\quad \alpha x=\sum_{n=1}^{\infty}(\alpha x,e_n)e_n.
$$

因为

$$(x+y,e_n)=(x,e_n)+(y,e_n),\quad (\alpha x,e_n)=\alpha(x,e_n),$$

可见

$$U(x+y)=Ux+Uy,\quad U(\alpha x)=\alpha Ux.$$

说明 $U$ 是线性的. 又由习题 4,

$$(x,y)=\sum_{n=1}^{\infty}(x,e_n)\overline{(y,e_n)}=(Ux,Uy).$$

说明 $U$ 是保内积的,从而也是单射的. 下面只需证明 $U$ 是满射的. 设 $\{\xi_n\}\in\ell^2$,令

$$x_k=\sum_{n=1}^{k}\xi_n e_n,\quad k=1,2,\cdots.$$

则当 $m>k$ 时,

$$\|x_m-x_k\|^2=\left\|\sum_{n=k+1}^{m}\xi_n e_n\right\|^2=\sum_{n=k+1}^{m}|\xi_n|^2.$$

因 $\sum\limits_{n=1}^{\infty}|\xi_n|^2<\infty$,可知 $\{x_k\}$ 是 Cauchy 序列. 而 $H$ 是完备的,故 $\lim\limits_{k\to\infty}x_k=x$ 存在. 于是

$$x=\lim_{k\to\infty}\sum_{n=1}^{k}\xi_n e_n=\sum_{n=1}^{\infty}\xi_n e_n.$$

显然

$$(x,e_n)=\xi_n,\quad n=1,2,\cdots.$$

因此,$Ux=\{(x,e_n)\}=\{\xi_n\}$,即 $U$ 是满射的. 证毕.

## §3 射影定理,Fréchet-Riesz 表现定理

设 $M$ 是 Hilbert 空间 $H$ 的线性流形,定义

$$M^{\perp}\overset{\mathrm{d}}{=}\{y\in H:(y,x)=0,\ \forall x\in M\},$$

并称 $M^{\perp}$ 为 $M$ 的**正交补**.

从内积的线性与连续性,易证 $M^{\perp}$ 是 $H$ 的子空间. 显然 $M$ 与 $M^{\perp}$ 的交为 $\{0\}$.

**定理 3.1(射影定理)** 设 $M$ 是 Hilbert 空间 $H$ 的子空间,则每个 $x\in H$ 都可以唯一地表示成

$$x=y+z,\quad y\in M,\quad z\in M^{\perp}.$$

称这个由 $x$ 与 $M$ 唯一确定的 $y$ 为 $x$ 在 $M$ 上的**正交射影**.

**证** 注意 $M$ 也是 Hilbert 空间,根据定理 2.2,$M$ 有一个正规正交基 $\{y_\alpha\}_{\alpha\in\mathscr{A}}$. 任给 $x\in H$,由定理 2.3 证明第一段可知,最多只有可数多个 $(x,y_\alpha)\neq 0$. 设它们是 $\{(x,y_{\alpha_j})\}_{j=1}^{\infty}$,则对 $\alpha\in\mathscr{A}$,$\alpha\neq\alpha_j$,$j=1,2,\cdots$,$(x,y_\alpha)=0$. 令

$$y=\sum_{j=1}^{\infty}(x,y_{\alpha_j})y_{\alpha_j}.$$

如定理 2.3 一样可以证明,上式右端级数是收敛的. 因 $M$ 是闭的,故 $y\in M$.

令 $z=x-y$,则对 $k=1,2,\cdots$,有

$$\begin{aligned}(z,y_{\alpha_k}) &= (x,y_{\alpha_k}) - (y,y_{\alpha_k}) \\ &= (x,y_{\alpha_k}) - \left(\sum_{j=1}^{\infty}(x,y_{\alpha_j})y_{\alpha_j},y_{\alpha_k}\right) \\ &= (x,y_{\alpha_k}) - \sum_{j=1}^{\infty}(x,y_{\alpha_j})(y_{\alpha_j},y_{\alpha_k}) \\ &= (x,y_{\alpha_k}) - (x,y_{\alpha_k}) = 0.\end{aligned}$$

又对 $\alpha\in\mathscr{A}$，且 $\alpha\neq\alpha_k, k=1,2,\cdots$，

$$(z,y_\alpha)=(x,y_\alpha)-(y,y_\alpha)=(x,y_\alpha)-\left(\sum_{j=1}^{\infty}(x,y_{\alpha_j})y_{\alpha_j},y_\alpha\right)=0.$$

总之，

$$(z,y_\alpha)=0,\quad \alpha\in\mathscr{A}.$$

根据定理 2.3，$M$ 中每个元素 $u$ 都可表示成 $\sum\limits_{\alpha\in\mathscr{A}}(u,y_\alpha)y_\alpha$，可见 $(z,u)=0$，$\forall u\in M$，即 $z\in M^\perp$. 因此

$$x=y+z,\quad y\in M,\quad z\in M^\perp.$$

至于唯一性，可由 $M\cap M^\perp=\{0\}$ 得出. 证毕.

应该指出，这个定理也可以看作是 Schmidt 正规正交法的推广. 因为对于任何子空间 $M$，若 $x_0\notin M$，根据射影定理，便有

$$x_0=y_0+z_0,\quad y_0\in M,\quad z_0\in M^\perp.$$

显然 $z_0\neq 0$，$z_0$ 是新的与 $M$ 中一切元素都正交的元素. 为什么说是推广呢？因为现在的 $\dim M$ 不限于有限的.

区别于一般 Banach 空间，Hilbert 空间是几何性质最丰富的空间，理由之一就在于它有射影定理. 早在 20 世纪 30 年代就已举出反例，即使对前述的 $L^p(p\neq 2)$ 空间，也不能有类似射影定理那样美好的性质. 关于这个反例可参见文献[36].

**命题 3.1**　设 $M$ 是 $H$ 的线性流形，则 $\overline{M}=(M^\perp)^\perp$.

**证**　设 $x\in(M^\perp)^\perp$，因为 $\overline{M}$ 是 $H$ 的子空间，根据射影定理，

$$x=y+z,\quad y\in\overline{M},\quad z\in\overline{M}^\perp.$$

不难证明 $(\overline{M})^\perp=M^\perp$. 于是，用 $z$ 与上述表达式作内积有

$$0=(x,z)=(z,z),$$

故 $z=0$，从而 $x=y\in\overline{M}$. 可见 $(M^\perp)^\perp\subset\overline{M}$.

另一方面，由正交补定义有 $M\subset(M^\perp)^\perp$，又因 $(M^\perp)^\perp$ 是闭的，故 $\overline{M}\subset(M^\perp)^\perp$. 证毕.

**例 1**　设

$$f(x)=\int_a^b x(t)\,\mathrm{d}t,\quad x\in L^2[a,b].$$

则 $f$ 是 $L^2[a,b]$ 上的线性泛函，且

$$|f(x)|=\left|\int_a^b x(t)\,\mathrm{d}t\right|\leqslant\left(\int_a^b 1\,\mathrm{d}t\right)^{1/2}\left(\int_a^b|x(t)|^2\mathrm{d}t\right)^{1/2}=(b-a)^{1/2}\|x\|.$$

可见 $f$ 是 $L^2[a,b]$ 上的连续线性泛函.

第一章 §7 中引进的连续线性泛函的概念正是从积分这个最常见且重要的线性泛函抽

象出来的. 例 1 表明 Hilbert 空间 $L^2[a,b]$上有非零的连续线性泛函. 设 $H^*$ 表示 Hilbert 空间 $H$ 上全体连续线性泛函按逐点定义的加法和数乘形成的线性空间. 对 $f\in H^*$，定义

$$\|f\|=\sup_{\|x\|\leqslant 1}|f(x)|.$$

容易验证按这个范数，$H^*$ 是完备的赋范线性空间. 通常称 $H^*$ 为 $H$ 的**共轭空间**，或**对偶空间**.

**定理 3.2（Fréchet-Riesz 表现定理，1907）** 设 $f\in H^*$，则恰有一个 $z_f\in H$，使 $f$ 可表示为

$$f(x)=(x,z_f),\quad \forall x\in H,$$

并且

$$\|f\|_{H^*}=\|z_f\|_H,$$

这里范数 $\|\cdot\|$ 的角标 $H^*$，$H$ 通常省略.

**证** 令 $M=\{x\in H:f(x)=0\}$，则 $M$ 是 $H$ 的一个子空间.

若 $M=H$，则

$$f(x)=0=(x,0),\quad \forall x\in H.$$

取 $z_f=0$ 即可.

若 $M\neq H$，则有 $x_0\in H\backslash M$. 根据射影定理有

$$x_0=y_0+z_0,\quad y_0\in M,\quad z_0\in M^{\perp}.$$

显然 $z_0\neq 0$ 且 $f(z_0)\neq 0$. 现在对任给的 $x\in H$，取 $\beta=\dfrac{f(x)}{f(z_0)}$，则

$$f(x)=\beta f(z_0)=f(\beta z_0).\tag{3.1}$$

故 $f(x-\beta z_0)=0$，从而 $x-\beta z_0\in M$. 总之

$$x=(x-\beta z_0)+\beta z_0,\quad x-\beta z_0\in M.\tag{3.2}$$

这表明 $M$ 与 $\{z_0\}$ 张成整个空间.

取(3.2)式与 $z_0$ 的内积，可得

$$(x,z_0)=\beta(z_0,z_0)=\beta\|z_0\|^2.$$

从而得出

$$\beta=\frac{(x,z_0)}{\|z_0\|^2}=\left(x,\frac{z_0}{\|z_0\|^2}\right).$$

由(3.1)式即得

$$f(x)=\beta f(z_0)=\left(x,\frac{z_0}{\|z_0\|^2}\right)f(z_0)=\left(x,\frac{\overline{f(z_0)}}{\|z_0\|^2}z_0\right).$$

于是

$$z_f=\frac{\overline{f(z_0)}}{\|z_0\|^2}z_0$$

即为所求.

至于唯一性，若又有 $z_f'\in H$，使

$$f(x)=(x,z_f'),\quad \forall x\in H.$$

则

$$(x,z_f)=(x,z_f'),\quad \forall x\in H.$$

即

$$(x,z_f-z_f')=0,\quad \forall x\in H.$$

可见必须 $z_f-z_f'=0$,即 $z_f=z_f'$.

最后,由

$$\|f\|_{H^*}=\sup_{\|x\|\leq 1}|f(x)|=\sup_{\|x\|\leq 1}|(x,z_f)|\leq \sup_{\|x\|\leq 1}\|x\|\,\|z_f\|=\|z_f\|$$

和

$$\|f\|_{H^*}=\sup_{\|x\|\leq 1}|f(x)|\geq \left|f\left(\frac{z_f}{\|z_f\|}\right)\right|=\left|\left(\frac{z_f}{\|z_f\|},z_f\right)\right|=\|z_f\|$$

可见

$$\|f\|_{H^*}=\|z_f\|.$$

证毕.

根据 Fréchet-Riesz 表现定理,每个 $f\in H^*$ 对应唯一的 $z_f\in H$,使

$$f(x)=(x,z_f),\quad \forall x\in H. \tag{3.3}$$

另一方面,对每个 $z\in H$,令

$$f_z(x)=(x,z),\quad x\in H.$$

易证 $f_z$ 是 $H$ 上连续线性泛函,即 $f_z\in H^*$. 于是,如果我们定义映射 $\tau:H^*\to H$ 为

$$\tau(f)=z_f,\quad f\in H^*,$$

这里 $z_f$ 是根据 Fréchet-Riesz 表现定理由 $f$ 确定的 $H$ 中满足(3.3)式的唯一元素,则 $\tau$ 是由 $H^*$ 到 $H$ 上的一一对应的保范映射. 但它不是线性的,而是**共轭线性**的:

$$\tau(\alpha_1 f_1+\alpha_2 f_2)=\overline{\alpha}_1\tau(f_1)+\overline{\alpha}_2\tau(f_2).$$

因为对任意 $f_1,f_2\in H^*$,$\alpha_1,\alpha_2\in \mathbf{C}$,

$$\begin{aligned}(\alpha_1 f_1+\alpha_2 f_2)(x)&=\alpha_1 f_1(x)+\alpha_2 f_2(x)\\&=\alpha_1(x,\tau(f_1))+\alpha_2(x,\tau(f_2))\\&=(x,\overline{\alpha}_1\tau(f_1)+\overline{\alpha}_2\tau(f_2)).\end{aligned}$$

如果在 $H^*$ 中定义内积

$$(f_1,f_2)=\overline{(z_{f_1},z_{f_2})},\quad f_1,f_2\in H^*, \tag{3.4}$$

则容易验证 $H^*$ 成为 Hilbert 空间. 于是 $\tau:H^*\to H$ 是两个 Hilbert 空间之间的**共轭同构**(即 $\tau$ 是保范的、双射的、共轭线性的映射). 如果我们对共轭同构的 Hilbert空间不加区别,视为同一空间,可记 $H^*=H$. Hilbert 空间的这种性质称为**自共轭性**,这是 Hilbert 空间的基本性质之一.

在实际问题中,我们常会遇到双一次形式 $\varphi(x,y)$,抽象的线性算子特别是无界线性算子的问题有时转化成标量的双一次形式,在运算上更为方便.

**定义 3.1**　设 $\varphi(x,y)$是从 $H\times H$ 到 $\mathbf{C}$ 中的函数,具有下列性质:

(1) $\varphi(\alpha x+\beta y,z)=\alpha\varphi(x,z)+\beta\varphi(y,z)$;

(2) $\varphi(x,\alpha y+\beta z)=\overline{\alpha}\varphi(x,y)+\overline{\beta}\varphi(x,z)$,

对任意的 $x,y,z\in H$,$\alpha,\beta\in\mathbf{C}$,则称 $\varphi(x,y)$为 $H$ 上的**共轭双线性泛函**. 若更有常数 $C>0$,使

(3) $|\varphi(x,y)|\leq C\|x\|\,\|y\|$,$x,y\in H$,

则称 $\varphi(x,y)$为**有界的**.

在上述定义中，如果(2)换成下面的

(2′) $\varphi(x,\alpha y+\beta z)=\alpha\varphi(x,y)+\beta\varphi(x,z)$，

就称 $\varphi(x,y)$ 为 $H$ 上的**双线性泛函**.

显然，如果共轭双线性泛函 $\varphi(x,y)$ 还满足

$$\varphi(y,x)=\overline{\varphi(x,y)},\quad \varphi(x,x)\geqslant 0,\quad \forall\, x,y\in H,$$

以及

$$\varphi(x,x)=0\Leftrightarrow x=0.$$

那么 $\varphi(x,y)$ 就是个内积了.

**定理 3.3**　设 $\varphi(x,y)$ 是 $H$ 上有界的共轭双线性泛函，则恰有 $H$ 上一个有界线性算子 $A$，使

$$\varphi(x,y)=(Ax,y),\quad x,y\in H,$$

**证**　对任给的 $x\in H$，令

$$f(y)=\overline{\varphi(x,y)},\quad y\in H.$$

易证 $f\in H^*$，且由 $x$ 唯一确定. 根据定理 3.2，恰有一个元素 $z_f\in H$，使

$$f(y)=(y,z_f),\quad y\in H.$$

这个 $z_f$ 是由 $f$，从而由 $x$ 所唯一确定. 定义 $Ax=z_f$，则

$$\overline{\varphi(x,y)}=(y,Ax),$$

即

$$\varphi(x,y)=(Ax,y),\quad x,y\in H.$$

不难验证，如此定义的 $A$ 确是 $H$ 上有界线性算子. 至于唯一性是显然的. 证毕.

**例 2**　设 $\Omega$ 是 $\mathbf{R}^2$ 中区域，$\mathscr{D}=\{u\in C_0^1(\Omega):u$ 是实值的$\}$，则

$$a(u,v)=\iint_\Omega (u_x v_x+u_y v_y)\,\mathrm{d}x\mathrm{d}y,\quad u,v\in\mathscr{D}$$

是 $\mathscr{D}$ 上按 $H_0^1(\Omega)$ 的范数 $\|\cdot\|_1$ 有界的双线性泛函，这里 $C_0^1(\Omega)$ 的定义参见 §1 中例 4，

$$u_x=\frac{\partial u}{\partial x},\quad u_y=\frac{\partial u}{\partial y},\quad u\in\mathscr{D}.$$

因为我们只考虑实值函数，$H_0^1(\Omega)$ 中内积定义为

$$(u,v)_1=\sum_{|j|\leqslant 1}\iint_\Omega \partial^j u\,\partial^j v\,\mathrm{d}x\mathrm{d}y,$$

故

$$\|u\|_1=[(u,u)_1]^{1/2}=\left[\sum_{|j|\leqslant 1}\iint_\Omega |\partial^j u|^2\mathrm{d}x\mathrm{d}y\right]^{1/2}$$

$$=\left[\iint_\Omega (u^2+u_x^2+u_y^2)\,\mathrm{d}x\mathrm{d}y\right]^{1/2}.$$

容易验证

$$(u,v)\overset{\mathrm{d}}{=}\iint_\Omega (u_x v_x+u_y v_y)\,\mathrm{d}x\mathrm{d}y,\quad u,v\in\mathscr{D},$$

也是一个内积，从而由 Schwarz 不等式

$$
\begin{aligned}
|a(u,v)| &= \left|\iint_{\Omega}(u_x v_x + u_y v_y)\,\mathrm{d}x\mathrm{d}y\right| \\
&\leqslant \left[\iint_{\Omega}(|u_x|^2 + |u_y|^2)\,\mathrm{d}x\mathrm{d}y\right]^{1/2}\left[\iint_{\Omega}(|v_x|^2 + |v_y|^2)\,\mathrm{d}x\mathrm{d}y\right]^{1/2} \\
&\leqslant \|u\|_1\|v\|_1,
\end{aligned}
$$

可见 $a(u,v)$ 是按 $H_0^1(\Omega)$ 的范数 $\|\cdot\|_1$ 有界的，至于双线性是显然的. 由 §1 中例 4，$\mathscr{D}$ 在 $H_0^1(\Omega)$ 中稠密. 所以 $a(u,v)$ 可以扩张成 $H_0^1(\Omega)$ 上的有界双线性泛函.

从这个例子及下节例 2，$H_0^1(\Omega)$ 上范数的引进，正好把关于微分算子的 $-\Delta u$ 转化成作为 $H_0^1(\Omega)$ 上的有界双线性泛函的 $a(u,v)$.

## §4　Hilbert 共轭算子，Lax-Milgram 定理

### 1. Hilbert 共轭算子

设 $H_1,H_2$ 都是 Hilbert 空间，$T$ 是从 $H_1$ 到 $H_2$ 的有界线性算子. 对 $H_2$ 中每个固定元素 $y$，设

$$
f(x)=(Tx,y),\quad x\in H_1,
$$

则 $f(x)$ 是 $H_1$ 上以 $x$ 为变元的连续线性泛函. 由 Fréchet-Riesz 表现定理，恰有一个 $\hat{y}\in H_1$，使

$$
f(x)=(x,\hat{y}),\quad x\in H_1.
$$

这个 $\hat{y}$ 是由 $f$，从而由 $y$ 唯一确定的. 定义

$$
T^* y=\hat{y}.
$$

容易验证 $T^*$ 是从 $H_2$ 到 $H_1$ 的有界线性算子. 称 $T^*$ 为 $T$ 的 **Hilbert 共轭算子**，通常也称为 $T$ 的**伴随算子**.

由 $T^*$ 的定义可见

$$
(Tx,y)=(x,T^* y),\quad \forall x\in H_1, y\in H_2. \tag{4.1}
$$

总之，对每个从 $H_1$ 到 $H_2$ 的有界线性算子 $T$，总存在一个从 $H_2$ 到 $H_1$ 的有界线性算子 $T^*$ 使(4.1)式成立. 显然 $T^*$ 是由 $T$ 唯一确定的.

**例 1**　设 $\{e_1,e_2,\cdots,e_n\}$ 是 $\mathbf{R}^n$ 的一个正规正交基. $\boldsymbol{A}$ 是 $\mathbf{R}^n$ 上线性算子，$A=(a_{ij})_{n\times n}$ 是 $\boldsymbol{A}$ 在 $\{e_1,e_2,\cdots,e_n\}$ 上的矩阵表示，则从基与矩阵表示的关系

$$
(\boldsymbol{A}e_1,\boldsymbol{A}e_2,\cdots,\boldsymbol{A}e_n)=(e_1,e_2,\cdots,e_n)\begin{pmatrix} a_{11} & a_{12} & \cdots & a_{1n} \\ a_{21} & a_{22} & \cdots & a_{2n} \\ \vdots & \vdots & & \vdots \\ a_{n1} & a_{n2} & \cdots & a_{nn} \end{pmatrix},
$$

即

$$
\boldsymbol{A}e_j=\sum_{i=1}^{n} a_{ij}e_i,\quad j=1,2,\cdots,n
$$

（参见文献[2]，第 274 页），从而对每个 $k,j=1,2,\cdots,n$，

$$
(\boldsymbol{A}^* e_k,e_j)=(e_k,\boldsymbol{A}e_j)=\left(e_k,\sum_{i=1}^{n} a_{ij}e_i\right)=\bar{a}_{kj}.
$$

故

$$A^* e_k = \sum_{j=1}^{n} \bar{a}_{kj} e_j, \quad k = 1,2,\cdots,n. \tag{4.2}$$

设 $A^*$ 在 $\{e_1,e_2,\cdots,e_n\}$ 上矩阵表示为 $A^*=(a_{jk}^*)_{n\times n}$,即

$$A^* e_k = \sum_{j=1}^{n} a_{jk}^* e_j, \quad k=1,2,\cdots,n.$$

与(4.2)式相比较可见

$$a_{jk}^* = \bar{a}_{kj}, \quad j,k=1,2,\cdots,n.$$

即

$$A^* = \begin{pmatrix} \bar{a}_{11} & \bar{a}_{21} & \cdots & \bar{a}_{n1} \\ \bar{a}_{12} & \bar{a}_{22} & \cdots & \bar{a}_{n2} \\ \vdots & \vdots & & \vdots \\ \bar{a}_{1n} & \bar{a}_{2n} & \cdots & \bar{a}_{nn} \end{pmatrix}.$$

以下用 $L(H)$ 表示 Hilbert 空间 $H$ 上全体有界线性算子的集合. 设 $S,T\in L(H)$, $\alpha\in\mathbf{C}$,对 $x\in H$,定义

$$(S+T)x=Sx+Tx,$$
$$(\alpha T)x=\alpha(Tx),$$
$$(ST)x=S(Tx).$$

容易验证 $S+T,\alpha T,ST\in L(H)$.

**定理 4.1** 设 $S,T\in L(H)$,则

(1) $(S+T)^*=S^*+T^*$;

(2) $(ST)^*=T^*S^*$;

(3) $(T^*)^*=T$;

(4) 对常数 $\alpha\in\mathbf{C}$, $(\alpha T)^*=\bar{\alpha}T^*$;

(5) 若 $T$ 有界可逆,则 $T^*$ 亦有界可逆,且

$$(T^*)^{-1}=(T^{-1})^*;$$

(6) $\|T^*\|=\|T\|$.

**证** (1),(2)容易验证.

(3) 对任意 $x,y\in H$,由(4.1)式,

$$(x,(T^*)^*y)=(T^*x,y)=\overline{(y,T^*x)}=\overline{(Ty,x)}=(x,Ty),$$

故 $(T^*)^*=T$.

(4) 对任意 $x,y\in H$,

$$(x,(\alpha T)^*y)=((\alpha T)x,y)=\alpha(Tx,y)$$
$$=\alpha(x,T^*y)=(x,\bar{\alpha}(T^*y))=(x,(\bar{\alpha}T^*)y),$$

故 $(\alpha T)^*=\bar{\alpha}T^*$.

(5) 对任意 $x,y\in H$,

$$(x,I^*y)=(Ix,y)=(x,y),$$

这说明对 $H$ 上恒等算子 $I$,有 $I^*=I$. 由假设及第一章习题 27,

$$TT^{-1}=T^{-1}T=I.$$

根据前面的(2),

$$T^*(T^{-1})^*=(T^{-1}T)^*=I^*=I,$$
$$(T^{-1})^*T^*=(TT^{-1})^*=I^*=I.$$

再由第一章习题 27,知 $T^*$ 是有界可逆的,且

$$(T^*)^{-1}=(T^{-1})^*.$$

(6) 从

$$\|Tx\|=\sup_{\|y\|\leqslant 1}|(Tx,y)|$$

(见习题 11),可见

$$\|T\|=\sup_{\|x\|\leqslant 1}\|Tx\|=\sup_{\|x\|\leqslant 1}\sup_{\|y\|\leqslant 1}|(Tx,y)|$$
$$=\sup_{\|y\|\leqslant 1}\sup_{\|x\|\leqslant 1}|(x,T^*y)|=\sup_{\|y\|\leqslant 1}\|T^*y\|=\|T^*\|.$$

证毕.

设 $H_1$ 与 $H_2$ 都是 Hilbert 空间,$A$ 是从 $H_1$ 到 $H_2$ 的有界线性算子,引进如下记号:

$$N(A)\overset{\mathrm{d}}{=}\{x\in H_1:Ax=0\},$$

称为 $A$ 的**零空间**. 仍用 $R(A)$ 表示 $A$ 的值域,即

$$R(A)\overset{\mathrm{d}}{=}\{y\in H_2:y=Ax,x\in H_1\}.$$

**定理 4.2** 在上述假设下,

$$N(A)=R(A^*)^{\perp},\quad N(A^*)=R(A)^{\perp},$$
$$\overline{R(A)}=N(A^*)^{\perp},\quad \overline{R(A^*)}=N(A)^{\perp}.$$

**证** 设 $x\in N(A)$,则 $Ax=0$. 从而对任意 $y\in H_2$,

$$(x,A^*y)=(Ax,y)=0.$$

这说明 $x\in R(A^*)^{\perp}$.

如果 $x\in R(A^*)^{\perp}$,则对任意 $y\in H_2$,

$$(Ax,y)=(x,A^*y)=0.$$

故 $Ax=0$,即 $x\in N(A)$. 总之

$$N(A)=R(A^*)^{\perp}.$$

根据命题 3.1,

$$\overline{R(A^*)}=(R(A^*)^{\perp})^{\perp}=N(A)^{\perp}.$$

其他两个等式可以类似证明. 证毕.

**2. Lax-Milgram 定理**

**定理 4.3(Lax-Milgram 定理,1954)** 设 $B(f,g)$ 是 Hilbert 空间 $H$ 上有界的共轭双线性泛函,且有正的常数 $r$,使

$$|B(f,f)|\geqslant r\|f\|^2,\quad f\in H. \tag{4.3}$$

则对于 $H$ 上任给的有界线性泛函 $\ell$,恰有一个 $g_0\in H$,使

$$\ell(f)=B(f,g_0),\quad \forall f\in H,$$

且

$$\|g_0\|\leqslant\frac{1}{r}\|\ell\|.$$

这个定理也是关于连续线性泛函的表达式,只不过把 Fréchet-Riesz 表现定理中的内积推广为满足控制条件(4.3)的有界共轭双线性泛函 $B(f,g)$ 而已,但是这个貌不惊人的推广在偏微分方程之适定性的研究中却是很有用的.

**证** 由定理 3.3,存在有界线性算子 $T$,使

$$B(f,g)=(Tf,g)=(f,T^*g),\quad \forall f,g\in H.$$

由(4.3)式有

$$r\|f\|^2\leqslant |B(f,f)|=|(f,T^*f)|\leqslant \|f\|\ \|T^*f\|,\quad \forall f\in H.$$

即

$$r\|f\|\leqslant \|T^*f\|,\quad \forall f\in H. \tag{4.4}$$

由此可见 $T^*$ 是单射的,从而 $(T^*)^{-1}$ 存在.

往证 $T^*$ 的值域 $R(T^*)=H$. 由(4.4)式可见 $R(T^*)$ 是闭子空间. 若 $R(T^*)\neq H$,则根据射影定理有非零的 $\varphi\in H$ 与 $R(T^*)$ 中每个元素正交,从而

$$0=|(\varphi,T^*\varphi)|=|B(\varphi,\varphi)|\geqslant r\|\varphi\|^2.$$

这导致 $\varphi=0$,矛盾. 故 $R(T^*)=H$,从而 $(T^*)^{-1}$ 是从 $H$ 到 $H$ 的线性算子.

根据 Fréchet-Riesz 表现定理,对 $H$ 上有界线性泛函 $\ell$,存在唯一的 $u\in H$,使

$$\ell(f)=(f,u),\quad f\in H,$$

且 $\|\ell\|=\|u\|$. 于是欲使 $\ell(f)=B(f,g_0)$, $\forall f\in H$,即

$$(f,u)=(f,T^*g_0),\quad \forall f\in H.$$

必须且只需 $u=T^*g_0$,即 $g_0=(T^*)^{-1}u$. 从(4.4)式,

$$\|g_0\|\leqslant\frac{1}{r}\|T^*g_0\|=\frac{1}{r}\|u\|=\frac{1}{r}\|\ell\|.$$

至于 $g_0$ 的唯一性从 $u$ 的唯一性及 $T^*$ 是可逆的得出. 证毕.

**推论**(Lax-Milgram) 设 $A$ 是 $H$ 上有界线性算子,

$$a(u,v)=(Au,v),\quad u,v\in H,$$

满足

$$|a(u,u)|\geqslant r\|u\|^2,\quad \forall u\in H, \tag{4.5}$$

其中 $r$ 是正的常数,则 $A$ 是有界可逆的.

**证** 如定理 4.3 的证明,相应那里的 $B(f,g)=(Tf,g)$,现在是 $a(u,v)=(Au,v)$. 根据 $R(A^*)=H$ 及(4.5)式知 $A^*$ 是双射的,而且

$$\|(A^*)^{-1}u\|\leqslant\frac{1}{r}\|u\|,\quad u\in H,$$

即 $(A^*)^{-1}$ 是有界的. 根据定理 4.1(5),$A=(A^*)^*$ 也是有界可逆的. 证毕.

**例 2** 考察 Dirichlet 零边值问题

$$\begin{cases}-\Delta u=f,\\ u|_{\partial\Omega}=0,\end{cases} \tag{4.6}$$

这里 $\Omega$ 是复平面上有界区域,$\partial\Omega$ 表示 $\Omega$ 的边界,

$$\Delta u=\frac{\partial^2u}{\partial x^2}+\frac{\partial^2u}{\partial y^2},\quad u\in C^2(\Omega),$$

$f\in L^2(\Omega)$. 设

$$\mathscr{D}=\{v\in C^2(\Omega):v\text{ 是实值的,且 }v|_{\partial\Omega}=0\}.$$

对 $u,v\in\mathscr{D}$,从 Green 公式

$$\iint_\Omega(-\Delta u)v\mathrm{d}x\mathrm{d}y=\iint_\Omega\nabla u\cdot\nabla v\mathrm{d}x\mathrm{d}y-\int_{\partial\Omega}\frac{\partial u}{\partial n}v\mathrm{d}\sigma=\iint_\Omega\nabla u\cdot\nabla v\mathrm{d}x\mathrm{d}y,$$

这里 $\nabla u\cdot\nabla v=u_xv_x+u_yv_y$. 于是从(4.6)式的第一式有方程

$$\iint_\Omega\nabla u\cdot\nabla v\mathrm{d}x\mathrm{d}y=\iint_\Omega fv\mathrm{d}x\mathrm{d}y,\quad u,v\in\mathscr{D}.\tag{4.7}$$

考察双线性泛函

$$a(u,v)=\iint_\Omega\nabla u\cdot\nabla v\mathrm{d}x\mathrm{d}y=\iint_\Omega(u_xv_x+u_yv_y)\mathrm{d}x\mathrm{d}y.$$

如§3 中例 2,已经证明它是实的 $C_0^1(\Omega)$ 上按 $H_0^1(\Omega)$ 的范数 $\|\cdot\|_1$ 有界的双线性泛函,故可将 $a(u,v)$ 扩张到 $H_0^1(\Omega)$ 上,而有(4.7)式扩张后的方程

$$a(u,v)=\iint_\Omega fv\mathrm{d}x\mathrm{d}y=(f,v)_{L^2(\Omega)},\quad u,v\in H_0^1(\Omega).\tag{4.8}$$

**定义 4.1** 若有 $u\in H_0^1(\Omega)$,使

$$a(u,v)=(f,v)_{L^2(\Omega)},\quad\forall v\in H_0^1(\Omega),$$

则称 $u$ 为边值问题(4.6)的**广义解**.

为什么说它是广义解呢? 因为 $u$ 未必在 $\mathscr{D}$ 内. 还该指出,从 $u\in H_0^1(\Omega)$ 的定义,应该有 $\varphi_j\in C_0^1(\Omega)\,(j=1,2,\cdots)$,按 $(\cdot,\cdot)_1$ 定义的范数收敛到 $u$. 因此可以说,上述的 $u$“粗糙地”满足边界条件

$$u|_{\partial\Omega}=0.$$

注意 $H_0^1(\Omega)$ 的范数

$$\|u\|_1=\left[\iint_\Omega(u^2+u_x^2+u_y^2)\mathrm{d}x\mathrm{d}y\right]^{1/2}\geqslant\left(\iint_\Omega u^2\mathrm{d}x\mathrm{d}y\right)^{1/2}=\|u\|_{L^2(\Omega)}.$$

故 $(v,f)_{L^2(\Omega)}$ 也是 $H_0^1(\Omega)$ 上的以 $v$ 为变量的有界线性泛函,从而由 Fréchet-Riesz 表现定理,可以像 $T$ 之共轭算子 $T^*$ 一样定义从 $L^2(\Omega)$ 到 $H_0^1(\Omega)$ 上有界线性算子 $K$ 使

$$(v,f)_{L^2(\Omega)}=(v,Kf)_1,\quad v\in H_0^1(\Omega).$$

而从定理 3.3,则应有 $J\in L(H_0^1(\Omega))$,使

$$a(u,v)=(Ju,v)_1,\quad u,v\in H_0^1(\Omega).$$

现在方程(4.8)便可改写成

$$(Ju,v)_1=(Kf,v)_1,\quad\forall v\in H_0^1(\Omega).$$

即

$$Ju=Kf.\tag{4.9}$$

从 Friedrichs 不等式(参见文献[12],第 117—118 页)

$$|a(u,u)|=\iint_\Omega(u_x^2+u_y^2)\mathrm{d}x\mathrm{d}y\geqslant\chi\iint_\Omega u^2\mathrm{d}x\mathrm{d}y$$

(这里 $\chi$ 是正的常数),可得

$$\left(1+\frac{1}{\chi}\right)|a(u,u)|\geqslant\iint_\Omega(u_x^2+u_y^2)\mathrm{d}x\mathrm{d}y+\iint_\Omega u^2\mathrm{d}x\mathrm{d}y=\|u\|_1^2.$$

因此,$a(u,v)$满足定理 4.3 之推论中的控制条件,于是 $J$ 是有界可逆的. 亦即上述边值问题的广义解存在且唯一,并且还是稳定的.

**3. 可分 Hilbert 空间上有界线性算子的矩阵表达式**

以下总设 $H$ 是可分无穷维的 Hilbert 空间,$\varphi_1,\varphi_2,\cdots,\varphi_n,\cdots$是 $H$ 上的正规正交基. 任给 $x\in H$,则 $x$ 可以唯一地表示成

$$x=\sum_{k=1}^{\infty}\xi_k\varphi_k,$$

这里

$$\xi_k=(x,\varphi_k)$$

称为 $x$ 对于坐标架$\{\varphi_n\}_{n=1}^{\infty}$的第 $k$ 个坐标. 又

$$\sum_{k=1}^{\infty}|\xi_k|^2=\|x\|^2<\infty,$$

即$\{\xi_k\}_{k=1}^{\infty}\in\ell^2$.

设 $y=\sum\limits_{k=1}^{\infty}\zeta_k\varphi_k\in H$, 则有内积表达式(见习题 3)

$$(x,y)=\sum_{k=1}^{\infty}\xi_k\overline{\zeta}_k. \tag{4.10}$$

对 $A\in L(H)$,显然 $Ax=\sum\limits_{k=1}^{\infty}\xi_kA\varphi_k$, 从而 $Ax$ 的第 $n$ 个坐标为

$$(Ax,\varphi_n)=\sum_{k=1}^{\infty}\xi_k(A\varphi_k,\varphi_n)=\sum_{k=1}^{\infty}a_{nk}\xi_k,$$

这里

$$a_{nk}=(A\varphi_k,\varphi_n),\quad n=1,2,\cdots. \tag{4.11}$$

一般地称$(a_{nk})_{n,k=1,2,\cdots}$(以下简写成$(a_{nk})$)为算子 $A$ 关于坐标架$\{\varphi_n\}_{n=1}^{\infty}$的矩阵.

同样地对 $A$ 的共轭算子 $A^*$,与之相应的矩阵元便是

$$a_{nk}^*=(A^*\varphi_k,\varphi_n)=(\varphi_k,A\varphi_n)=\overline{(A\varphi_n,\varphi_k)}=\overline{a}_{kn}. \tag{4.12}$$

由定理 2.3,

$$\sum_{n=1}^{\infty}|a_{nk}|^2=\sum_{n=1}^{\infty}|(A\varphi_k,\varphi_n)|^2=\|A\varphi_k\|^2<\infty.$$

同样地

$$\sum_{n=1}^{\infty}|a_{kn}|^2=\sum_{n=1}^{\infty}|a_{nk}^*|^2=\|A^*\varphi_k\|^2<\infty.$$

总之,无穷矩阵$(a_{nk})$的列向量与行向量都是$\ell^2$中的元素.

设算子 $A,B\in L(H)$关于坐标架$\{\varphi_n\}_{n=1}^{\infty}$的矩阵依次为$(a_{ij})$,$(b_{ij})$,考察 $C=BA$ 关于坐标架$\{\varphi_n\}_{n=1}^{\infty}$的矩阵. 从

$$c_{ik}=(C\varphi_k,\varphi_i)=(BA\varphi_k,\varphi_i)=(A\varphi_k,B^*\varphi_i),$$

与

$$A\varphi_k=\sum_{n=1}^{\infty}(A\varphi_k,\varphi_n)\varphi_n,$$

$$B^*\varphi_i=\sum_{n=1}^{\infty}(B^*\varphi_i,\varphi_n)\varphi_n,$$

由(4.10)式以及(4.11)式与(4.12)式,得

$$(A\varphi_k,B^*\varphi_i)=\sum_{n=1}^{\infty}(A\varphi_k,\varphi_n)\overline{(B^*\varphi_i,\varphi_n)}=\sum_{n=1}^{\infty}a_{nk}\overline{b}_{ni}^*=\sum_{n=1}^{\infty}a_{nk}b_{in},$$

于是乘积 $C=BA$ 关于坐标架 $\{\varphi_n\}_{n=1}^{\infty}$ 的矩阵元为

$$c_{ik}=\sum_{n=1}^{\infty}b_{in}a_{nk}.$$

这与普通矩阵乘法的公式极相似.

## 习　题

1. 设 $X$ 是内积空间,$x,y\in X$ 都是非零元. 试证明:

(1) 如果 $x$ 与 $y$ 正交,则 $x$ 与 $y$ 线性无关;

(2) $x$ 与 $y$ 正交的充要条件是对任意数 $\alpha$,

$$\|x+\alpha y\|=\|x-\alpha y\|;$$

(3) $x$ 与 $y$ 正交的充要条件是对任意数 $\alpha$,

$$\|x+\alpha y\|\geqslant\|x\|.$$

2. 设 $\{e_n\}_{n=1}^{\infty}$ 是内积空间 $X$ 中的正规正交集,证明:对任意 $x,y\in X$,

$$\sum_{n=1}^{\infty}|(x,e_n)(y,e_n)|\leqslant\|x\|\ \|y\|.$$

3. 设 $\{e_n\}_{n=1}^{\infty}$ 是 Hilbert 空间 $H$ 中的正规正交集,

$$x=\sum_{n=1}^{\infty}\alpha_n e_n,\quad y=\sum_{n=1}^{\infty}\beta_n e_n.$$

试证明

$$(x,y)=\sum_{n=1}^{\infty}\alpha_n\overline{\beta}_n,$$

且右端级数绝对收敛.

4. 设 $\{e_n\}_{n=1}^{\infty}$ 是可分 Hilbert 空间 $H$ 的正规正交基. 证明:任给 $x,y\in H$,

$$(x,y)=\sum_{n=1}^{\infty}(x,e_n)\overline{(y,e_n)},$$

且右端级数绝对收敛.

5. 设 $D$ 是 $\mathbf{R}^n$ 中一个区域. 令 $L^2(D)$ 表示所有的 $D$ 上平方可积的复值函数 $f(x)$ 按逐点定义的加法和数乘形成的线性空间,设

$$(f,g)=\int_D f(x)\overline{g(x)}\,\mathrm{d}x,\quad f,g\in L^2(D).$$

试证明:$L^2(D)$ 按如上定义的内积是一个 Hilbert 空间.

6. 证明:$\ell^p(p\neq 2)$ 不可能是内积空间.

7. 设 $\{u_n\}$ 是线性无关的,验证按 Schmidt 正规正交法(2.1)式得到的集 $\{v_n\}$ 是正规正交集.

8. 证明射影定理(定理 3.1)中的唯一性.

9. 设 $M$ 是 Hilbert 空间 $H$ 的一个线性流形. 证明:

（1）$M^{\perp}$ 是 $H$ 的子空间；

（2）$\overline{M}^{\perp}=M^{\perp}$；

（3）如果 $M_1$ 也是 $H$ 的线性流形，使 $M\subset M_1$，则 $M_1^{\perp}\subset M^{\perp}$.

10. 试证明 $H^*$ 按范数

$$\|f\| = \sup_{\|x\|\leqslant 1} |f(x)|, \quad f\in H^*$$

是完备的赋范线性空间.

11. 证明：对任意的 $x\in H$，

$$\|x\| = \sup_{\|y\|\leqslant 1} |(x,y)|.$$

12. 验证定理 3.3 中的 $A$ 是 $H$ 上有界线性算子.

13. 设 $\{e_n\}_{n=1}^{\infty}$ 是 Hilbert 空间 $H$ 中一个正规正交集. 如果对每个 $x\in H$，

$$\|x\|^2 = \sum_{n=1}^{\infty} |(x,e_n)|^2,$$

则称 $\{e_n\}_{n=1}^{\infty}$ 是**完备的**.

设 $\{e_n\}_{n=1}^{\infty}$，$\{f_n\}_{n=1}^{\infty}$ 是 $H$ 中的两个正规正交集，满足

$$\sum_{n=1}^{\infty} \|e_n-f_n\|^2<1.$$

试证明：$\{e_n\}_{n=1}^{\infty}$ 是完备的当且仅当 $\{f_n\}_{n=1}^{\infty}$ 是完备的.

14. 设 $T$ 是从 Hilbert 空间 $H_1$ 到 $H_2$ 的有界线性算子，证明 $T^*$ 是从 $H_2$ 到 $H_1$ 的有界线性算子.

15. 设 $T$ 是 Hilbert 空间 $H$ 上有界线性算子. 试证明：若对一切 $x\in H$，$\mathrm{Re}(Tx,x)=0$，则 $T+T^*=0$.

16. 设 $T$ 是 $\ell^2$ 上的有界线性算子：

$$T: x=(\xi_1,\xi_2,\cdots,\xi_n,\cdots)\mapsto Tx=(\eta_1,\eta_2,\cdots,\eta_n,\cdots),$$

其中

$$\eta_n = \sum_{k=1}^{\infty} a_{nk}\xi_k, \quad n=1,2,\cdots.$$

又设 $T^*$ 是 $T$ 的伴随算子：

$$T^*: x=(\xi_1,\xi_2,\cdots,\xi_n,\cdots)\mapsto T^*x=(\eta_1^*,\eta_2^*,\cdots,\eta_n^*,\cdots),$$

其中

$$\eta_n^* = \sum_{k=1}^{\infty} a_{nk}^*\xi_k, \quad n=1,2,\cdots.$$

试证明：

$$a_{nk}^*=\overline{a}_{kn}, \quad n,k=1,2,\cdots.$$

# 第三章　Banach 空间上的有界线性算子

## §1　有界线性算子

**1. 算子的范数**

在第一章 §7 中我们引进了有界线性算子的概念. 设 $X,Y$ 是赋范线性空间,以下记从 $X$ 到 $Y$ 的全体有界线性算子的集合为 $L(X,Y)$,而 $L(X,X)$ 简记为 $L(X)$. 设 $A\in L(X,Y)$,我们知道 $A$ 的范数为

$$\|A\|=\sup_{\|x\|=1}\|Ax\|=\sup_{\|x\|\leqslant 1}\|Ax\|=\sup_{x\neq 0}\frac{\|Ax\|}{\|x\|}.$$

诚如 L. Garding 所说:"事实证明,范数是一个强有力的工具,我们可以利用它干一大堆事情."(参见文献[1],第 112 页.)

**例 1**　设 $K(s,t)$ 是 $0\leqslant s,t\leqslant 1$ 上的连续函数,则 $C[0,1]$ 上的积分算子

$$(Ax)(s)=\int_0^1 K(s,t)x(t)\,\mathrm{d}t,\quad x=x(s)\in C[0,1],$$

的范数为

$$\|A\|=\sup_{0\leqslant s\leqslant 1}\int_0^1 |K(s,t)|\,\mathrm{d}t.$$

事实上,令

$$M=\sup_{0\leqslant s\leqslant 1}\int_0^1 |K(s,t)|\,\mathrm{d}t.$$

由于

$$|(Ax)(s)|\leqslant\int_0^1 |K(s,t)|\,|x(t)|\,\mathrm{d}t\leqslant\|x\|\int_0^1 |K(s,t)|\,\mathrm{d}t,$$

故

$$\|Ax\|=\sup_{0\leqslant s\leqslant 1}|(Ax)(s)|\leqslant\|x\|\sup_{0\leqslant s\leqslant 1}\int_0^1 |K(s,t)|\,\mathrm{d}t=M\|x\|,$$

可见 $\|A\|\leqslant M$.

另一方面,$\int_0^1 |K(s,t)|\,\mathrm{d}t$ 是 $0\leqslant s\leqslant 1$ 上的连续函数,因此有$[0,1]$上的点 $s_0$,使 $\int_0^1 |K(s_0,t)|\,\mathrm{d}t=M$. 令

$$k_0(t)=\operatorname{sgn} K(s_0,t)①,\quad 0\leqslant t\leqslant 1.$$

则 $k_0(t)$ 是 $[0,1]$ 上模不超过 1 的可测函数,且

$$\int_0^1 K(s_0,t)k_0(t)\,\mathrm{d}t=\int_0^1 |K(s_0,t)|\,\mathrm{d}t=M.$$

根据 Luzin 定理,对任意 $\delta>0$,有 $[0,1]$ 上连续函数 $x(t)$,使 $|x(t)|\leqslant 1$ 且

$$m(\{t\in[0,1]:x(t)\neq k_0(t)\})<\delta.$$

对任给 $\varepsilon>0$,令 $\delta=\dfrac{\varepsilon}{2C}$,这里 $C=\sup\limits_{0\leqslant s,t\leqslant 1}|K(s,t)|$,由上述便有 $x\in C[0,1]$,使 $\|x\|\leqslant 1$,且 $E=\{t\in[0,1]:x(t)\neq k_0(t)\}$ 的测度 $mE<\delta$,从而

$$\left|\int_0^1 K(s_0,t)[x(t)-k_0(t)]\,\mathrm{d}t\right|=\left|\int_E K(s_0,t)[x(t)-k_0(t)]\,\mathrm{d}t\right|\leqslant 2CmE<\varepsilon.$$

于是

$$\begin{aligned}|(Ax)(s_0)|&=\left|\int_0^1 K(s_0,t)x(t)\,\mathrm{d}t\right|\\&=\left|\int_0^1 K(s_0,t)k_0(t)\,\mathrm{d}t+\int_0^1 K(s_0,t)[x(t)-k_0(t)]\,\mathrm{d}t\right|\\&\geqslant\int_0^1 |K(s_0,t)|\,\mathrm{d}t-\left|\int_0^1 K(s_0,t)[x(t)-k_0(t)]\,\mathrm{d}t\right|,\\&\geqslant M-\varepsilon.\end{aligned}$$

从而

$$\|Ax\|\geqslant M-\varepsilon.$$

因为 $\|x\|\leqslant 1$,所以 $\|A\|\geqslant M-\varepsilon$. 而 $\varepsilon$ 是任意的,故 $\|A\|\geqslant M$,总之 $\|A\|=M$.

**命题 1.1** 若 $A,B\in L(X,Y)$,$\alpha$ 是常数,则 $A+B,\alpha A\in L(X,Y)$,而且

$$\|A+B\|\leqslant\|A\|+\|B\|,\ \|\alpha A\|=|\alpha|\,\|A\|.$$

此外,$\|A\|=0$ 当且仅当 $A=0$,从而 $L(X,Y)$ 按算子范数是赋范线性空间.

这里 $A+B,\alpha A$ 是逐点定义的:

$$(A+B)x=Ax+Bx,\ (\alpha A)x=\alpha(Ax),\quad \forall\, x\in X.$$

**证** 由算子范数定义,

$$\begin{aligned}\|A+B\|&=\sup_{\|x\|=1}\|(A+B)x\|\leqslant\sup_{\|x\|=1}(\|Ax\|+\|Bx\|)\\&\leqslant\sup_{\|x\|=1}\|Ax\|+\sup_{\|x\|=1}\|Bx\|=\|A\|+\|B\|.\end{aligned}$$

其他结果由范数定义也不难证明.

**命题 1.2** 设 $X$ 是赋范线性空间,$Y$ 是 Banach 空间,则 $L(X,Y)$ 也是Banach 空间.

**证** 由命题 1.1,只需证明 $L(X,Y)$ 是完备的. 设 $\{A_n\}_{n=1}^{\infty}$ 是 $L(X,Y)$ 中 Cauchy 序列,则对任意 $x\in X$,从

$$\|A_nx-A_mx\|\leqslant\|A_n-A_m\|\,\|x\|$$

---

① 记号 $\operatorname{sgn} z$ 定义为

$$\operatorname{sgn} z=\begin{cases}0, & z=0,\\ \dfrac{\bar z}{|z|}, & z\neq 0,\end{cases}$$

这里 $\bar z$, $|z|$ 分别表示复数 $z$ 的共轭复数与模.

可见 $\{A_n x\}_{n=1}^{\infty}$ 是 $Y$ 中 Cauchy 序列. 而 $Y$ 是完备的,故有唯一的 $y\in Y$,使 $\lim\limits_{n\to\infty}A_n x=y$. 现在定义 $Ax=y$. 易见 $A$ 是线性的. 因为赋范线性空间的 Cauchy 序列是有界的(参见第一章,习题 6),故存在常数 $M>0$,使 $\|A_n\|\leqslant M, n=1,2,\cdots$. 则

$$\|Ax\|=\lim_{n\to\infty}\|A_n x\|\leqslant\lim_{n\to\infty}\|A_n\|\ \|x\|\leqslant M\|x\|.$$

可见 $A\in L(X,Y)$. 又

$$\begin{aligned}\|A_n-A\| &= \sup_{\|x\|=1}\|(A_n-A)x\| = \sup_{\|x\|=1}\lim_{m\to\infty}\|(A_n-A_m)x\|\\ &=\lim_{m\to\infty}\sup_{\|x\|=1}\|(A_n-A_m)x\| = \lim_{m\to\infty}\|A_n-A_m\|\to 0,\quad n\to\infty.\end{aligned}$$

证毕.

对于 Banach 空间 $X$,$L(X)$不仅是 Banach 空间,而且是个代数(关于“代数”这个概念参见文献[18],V. 1. 3). 因为对任意 $A,B\in L(X)$,可如下定义乘法:

$$(AB)x=A(Bx),\quad x\in X.$$

容易证明

**命题 1.3**　设 $A,B\in L(X)$,则 $AB\in L(X)$,且

$$\|AB\|\leqslant\|A\|\ \|B\|.$$

特别地,对任意正整数 $n$,

$$\|A^n\|\leqslant\|A\|^n.$$

**定义 1.1**　设 $\|\cdot\|_1$ 与 $\|\cdot\|_2$ 都是线性空间 $X$ 上的范数,如果对 $X$ 中任意点列 $\{x_n\}_{n=1}^{\infty}$, $\|x_n\|_1\to 0$ 蕴涵 $\|x_n\|_2\to 0$,则称**范数** $\|\cdot\|_1$ **强于** $\|\cdot\|_2$. 如果两个范数中任何一个都强于另一个,则称它们是**等价的范数**.

考察从 $\langle X,\|\cdot\|_1\rangle$ 到 $\langle X,\|\cdot\|_2\rangle$ 的恒等映射 $I$,即

$$Ix=x,\quad \forall x\in X.$$

则所谓范数 $\|\cdot\|_1$ 强于 $\|\cdot\|_2$,实即 $I$ 为连续线性算子. 从而存在常数 $\mu>0$,使

$$\|x\|_2=\|Ix\|_2\leqslant\mu\|x\|_1,\ \forall x\in X.$$

由此我们容易得到

**命题 1.4**　线性空间 $X$ 上的范数 $\|\cdot\|_1$ 与 $\|\cdot\|_2$ 等价的充要条件是存在正数 $r_1$, $r_2$ 使

$$r_1\leqslant\frac{\|x\|_2}{\|x\|_1}\leqslant r_2,\quad x\neq 0.$$

**2. 算子的逆**

数学中的众多问题导致寻求

$$Ax=y$$

这样方程的解,这里 $A$ 是从赋范线性空间 $X$ 到 $Y$ 的线性算子. 当 $A$ 是单射的时候,如同在常微分方程论中常要讨论解的稳定性那样,我们还要问解 $A^{-1}y$ 关于 $y$ 是否连续?

**命题 1.5**　设 $X,Y$ 都是赋范线性空间,$A:X\to Y$ 是线性映射. 那么 $A$ 是单射的,且定义在 $R(A)$ 上的算子 $A^{-1}$ 是连续的充要条件是存在常数 $m>0$,使 $\|Ax\|\geqslant m\|x\|$, $\forall x\in X$.

**证**　先证充分性. 显然 $Ax=0$ 蕴涵 $x=0$,故 $A$ 是单射的,从而 $A^{-1}$ 是定义在 $R(A)$ 上的线性映射. 设 $y=Ax$,则 $x=A^{-1}y$. 由假设 $\|y\|\geqslant m\|A^{-1}y\|$,足见 $A^{-1}$ 是有界的.

条件还是必要的. 否则,对每个正整数 $n$,有 $x_n\in X$,使

$$\|Ax_n\|<\frac{1}{n}\|x_n\|.$$

设 $y_n=Ax_n$,则

$$\|y_n\|<\frac{1}{n}\|A^{-1}y_n\|.$$

可见 $A^{-1}$ 不是有界的,与假设 $A^{-1}$ 是连续的矛盾. 证毕.

**定理 1.1** 设 $X$ 为 Banach 空间,$A\in L(X)$,且 $\|A\|<1$,则 $I-A$ 是有界可逆的,且

$$(I-A)^{-1}=\sum_{n=0}^{\infty}A^n,$$

$$\|(I-A)^{-1}\|\leqslant\frac{1}{1-\|A\|},$$

这里 $A^0=I$ 是恒等算子.

**证** 从 $\|A^n\|\leqslant\|A\|^n$,$n=1,2,\cdots$,$\|A\|<1$,以及 $L(X)$ 为 Banach 空间,可知

$$\sum_{n=0}^{\infty}A^n=I+A+A^2+\cdots$$

按算子范数收敛,且其和在 $L(X)$ 中. 注意,对任意正整数 $n$,

$$(I-A)(I+A+\cdots+A^n)=(I+A+\cdots+A^n)(I-A)=I-A^{n+1},$$

而且 $\|A^{n+1}\|\to 0(n\to\infty)$. 令 $n\to\infty$,上式成为

$$(I-A)\Big(\sum_{n=0}^{\infty}A^n\Big)=\Big(\sum_{n=0}^{\infty}A^n\Big)(I-A)=I.$$

由第一章习题 27,可知 $I-A$ 是有界可逆的,且

$$(I-A)^{-1}=\sum_{n=0}^{\infty}A^n.$$

从而

$$\|(I-A)^{-1}\|=\Big\|\sum_{n=0}^{\infty}A^n\Big\|\leqslant\sum_{n=0}^{\infty}\|A\|^n=\frac{1}{1-\|A\|}.$$

证毕.

**例 2** 考察积分方程

$$f(x)-\int_0^1 K(x,y)f(y)\,\mathrm{d}y=g(x),\tag{1.1}$$

这里 $K(x,y)$ 在 $0\leqslant x,y\leqslant 1$ 上连续,$g\in C[0,1]$.

引进算子

$$(Af)(x)=\int_0^1 K(x,y)f(y)\,\mathrm{d}y,\quad f\in C[0,1].$$

则(1.1)式可写成

$$(I-A)f=g.\tag{1.2}$$

根据定理 1.1 及例 1,若

$$\|A\|=\sup_{0\leqslant x\leqslant 1}\int_0^1|K(x,y)|\,\mathrm{d}y<1,$$

则方程(1.2)对任意 $g\in C[0,1]$都恰有一解

$$f=(I-A)^{-1}g=\sum_{n=0}^{\infty}A^n g.$$

一般称上式右端的 $\sum_{n=0}^{\infty}A^n g$ 为 Neumann 级数.

正如标量情形一样,可以证明在 Banach 空间中若 $\overline{\lim_{n\to\infty}}(\|x_n\|)^{\frac{1}{n}}<1$(或 $>1$),则级数 $\sum_{n=0}^{\infty}x_n$ 收敛(或发散)(参见文献[8],第 322 页). 为此我们关心 $(\|A^n\|)^{\frac{1}{n}}$ 的极限.

**定理 1.2**　对任意 $A\in L(X)$,

$$\lim_{n\to\infty}(\|A^n\|)^{\frac{1}{n}}=\inf_n(\|A^n\|)^{\frac{1}{n}}.$$

**证**　记 $r=\inf_n(\|A^n\|)^{\frac{1}{n}}$. 显然 $\underline{\lim}_{n\to\infty}(\|A^n\|)^{\frac{1}{n}}\geqslant r$. 为此只需求证

$$\overline{\lim_{n\to\infty}}(\|A^n\|)^{\frac{1}{n}}\leqslant r.$$

根据下确界定义,任给 $\varepsilon>0$,必有正整数 $m$,使

$$\|A^m\|^{\frac{1}{m}}<r+\varepsilon.$$

对任何正整数 $n$,必有非负整数 $k,j,0\leqslant j<m$,使 $n=km+j$. 于是由命题 1.3 可得

$$\|A^n\|\leqslant\|A^{km}\|\,\|A^j\|\leqslant\|A^m\|^k\,\|A\|^j,$$

从而

$$\|A^n\|^{\frac{1}{n}}\leqslant\|A^m\|^{\frac{k}{n}}\|A\|^{\frac{j}{n}}\leqslant(r+\varepsilon)^{\frac{km}{n}}\|A\|^{\frac{j}{n}}.$$

注意 $\frac{km}{n}\to1,\frac{j}{n}\to0(n\to\infty)$. 故

$$\overline{\lim_{n\to\infty}}\|A^n\|^{\frac{1}{n}}\leqslant r+\varepsilon.$$

$\varepsilon$ 是任意的,即得所欲证不等式. 证毕.

**例 3**　设 $K(s,t)$ 在 $a\leqslant s,t\leqslant b$ 上连续,对 $C[a,b]$ 上的 **Volterra 积分算子**

$$(Vx)(s)=\int_a^s K(s,t)x(t)\,\mathrm{d}t,\quad x=x(s)\in C[a,b],$$

令 $\mu=\max_{a\leqslant s,t\leqslant b}|K(s,t)|$,则

$$|(Vx)(s)|=\left|\int_a^s K(s,t)x(t)\,\mathrm{d}t\right|\leqslant\int_a^s|K(s,t)|\,|x(t)|\,\mathrm{d}t\leqslant\mu\|x\|(s-a),$$

$$|(V^2x)(s)|=\left|\int_a^s K(s,t)(Vx)(t)\,\mathrm{d}t\right|\leqslant\int_a^s|K(s,t)|\,|(Vx)(t)|\,\mathrm{d}t$$

$$\leqslant\int_a^s\mu\cdot\mu\|x\|(t-a)\,\mathrm{d}t=\mu^2\|x\|\frac{(s-a)^2}{2!},$$

一般地,

$$|(V^nx)(s)|\leqslant\mu^n\|x\|\frac{(s-a)^n}{n!},\quad n=1,2,\cdots.$$

从而

$$\|V^nx\|=\max_{a\leqslant s\leqslant b}|(V^nx)(s)|\leqslant\mu^n\|x\|\frac{(b-a)^n}{n!},\quad n=1,2,\cdots.$$

故

$$\| V^n \| \leqslant \mu^n \frac{(b-a)^n}{n!}, \quad n=1,2,\cdots.$$

因为$(n!)^{1/n} \to \infty\ (n \to \infty)$. 故

$$\lim_{n\to\infty} \| V^n \|^{1/n}=0.$$

**命题 1.6** 对有界可逆的 $A \in L(X)$,其逆 $A^{-1}$ 是 $A$ 的连续函数. 而且 $L(X)$中全体有界可逆元形成一个开集.

**证** 设 $A_0 \in L(X)$是有界可逆的,从

$$A=A_0-(A_0-A)=A_0[I-A_0^{-1}(A_0-A)]$$

及习题 5 可知,当 $\| A_0-A \|$ 充分小时,$A$ 也是有界可逆的,且

$$A^{-1}=[I-A_0^{-1}(A_0-A)]^{-1}A_0^{-1}=A_0^{-1}+\sum_{n=1}^{\infty}[A_0^{-1}(A_0-A)]^n A_0^{-1}.$$

因为当 $\| A_0-A \|$ 充分小时, $\| A_0^{-1}(A_0-A) \| <1$,根据定理 1.1,$I-A_0^{-1}(A_0-A)$有界可逆,且上式右端级数收敛. 于是

$$\begin{aligned}\| A^{-1}-A_0^{-1} \| &\leqslant \sum_{n=1}^{\infty} \| [A_0^{-1}(A_0-A)]^n \| \| A_0^{-1} \| \\ &\leqslant \frac{\| A_0^{-1}(A_0-A) \| \| A_0^{-1} \|}{1-\| A_0^{-1}(A_0-A) \|} \\ &\leqslant \frac{\| A_0^{-1} \|^2}{1-\| A_0^{-1} \| \| A_0-A \|} \| A_0-A \|.\end{aligned}$$

由此可见 $A^{-1}$ 是 $A$ 的连续函数. 证毕.

从上面的论述可见,范数 $\| \cdot \|$ 起到绝对值的作用,许多标量级数的结果大都可以推广到 Banach 空间 $L(X)$的情况. 但也不总是如此,例如,对标量级数有命题:无条件收敛①当且仅当绝对收敛. 但在无穷维空间,这命题是不成立的. 已有人证明,这一命题的成立正是空间为有限维的特征(参见文献[28]).

## § 2 Hahn-Banach 定理

### 1. 扩张定理

E. Schmidt 在 1908 年曾考察 Hilbert 空间$\ell^2$中无穷维线性方程组

$$(\alpha_n,x)=c_n, \quad n=1,2,\cdots, \tag{2.1}$$

这里$\{\alpha_n\}_{n=1}^{\infty}$ 是$\ell^2$中任意的一串线性无关的向量,而$\{c_n\}_{n=1}^{\infty}$ 是一串复数.

**例 1** 若有常数 $M>0$,使对任意正整数 $n$ 及数列$\{\lambda_k\}_{k=1}^{\infty}$ 都有

$$\left| \sum_{k=1}^{n} \lambda_k c_k \right| \leqslant M \left\| \sum_{k=1}^{n} \lambda_k \alpha_k \right\|, \tag{2.2}$$

则无穷维线性方程组(2.1)确有一解.

---

① 所谓级数无条件收敛是指任意改变求和顺序,级数都收敛于同一值.

设由 $\{\alpha_n\}_{n=1}^{\infty}$ 张成的子空间为 $\mathscr{M}$. 定义

$$f(\alpha_k)=c_k,\quad k=1,2,\cdots,$$

一般地,

$$f\left(\sum_{k=1}^{n}\lambda_k\alpha_k\right)=\sum_{k=1}^{n}\lambda_k c_k.$$

由假设(2.2),

$$\left|f\left(\sum_{k=1}^{n}\lambda_k\alpha_k\right)\right|=\left|\sum_{k=1}^{n}\lambda_k c_k\right|\leqslant M\left\|\sum_{k=1}^{n}\lambda_k\alpha_k\right\|,$$

故 $f$ 可连续扩张成空间 $\mathscr{M}$ 上的有界线性泛函. 如果 $f$ 可扩张成 Hilbert 空间 $\ell^2$ 上的有界线性泛函 $F$,根据 Fréchet-Riesz 表现定理,存在 $x_0\in\ell^2$,使

$$F(x)=(x,x_0),\quad x\in\ell^2.$$

于是

$$(\alpha_k,x_0)=F(\alpha_k)=f(\alpha_k)=c_k,\quad k=1,2,\cdots.$$

即 $x_0$ 是方程组(2.1)的一个解.

后来,F. Riesz 研究 $L^p(I)$ ($1<p<\infty$,$I$ 是单位区间)上的无穷维线性方程组

$$\int_I f(x)g_j(x)\,\mathrm{d}x=c_j,\quad j=1,2,\cdots,$$

这里 $g_j\in L^q(I)\left(\dfrac{1}{p}+\dfrac{1}{q}=1,j=1,2,\cdots\right)$ 是线性无关的. 他试图寻求满足上述方程组的 $f\in L^p(I)$,并在类似于(2.2)的条件下证明方程组确有一解.

设 $\mathscr{E}$ 是由 $\{g_j\}_{j=1}^{\infty}$ 张成的 $L^q(I)$ 的子空间,又设线性泛函 $\ell$ 使

$$\ell(g_j)=c_j,\quad j=1,2,\cdots.$$

正是 E. Helly 在 1912 年首先看出在类似(2.2)的条件下,$\ell$ 可以扩张成整个 $L^q(I)$ 上的有界线性泛函. 从而存在 $f\in L^p(I)$ 使

$$c_j=\ell(g_j)=\int_I f(x)g_j(x)\,\mathrm{d}x,\quad j=1,2,\cdots$$

(参见 §4 中定理 4.4). 当时,Helly 还是就一般赋范的序列空间,而不只是对特殊的 $\ell^p$,$L^p$ 或 $C[a,b]$ 来研究的. 其后,Hahn 在 1927 年又回到 Helly 的工作,使用超穷归纳法解决了一般 Banach 空间上有界线性泛函的扩张问题.

**定理 2.1(Banach 扩张定理,1929)**　设 $f(x)$ 是实线性空间 $X$ 中线性流形 $G$ 上的实线性泛函. 如果有 $X$ 上的实值泛函 $p(x)$,使

(1) $p(x+y)\leqslant p(x)+p(y)$,$p(tx)=tp(x)$,　$\forall x,y\in X,t\geqslant 0$;

(2) $f(x)\leqslant p(x)$,$x\in G$,

则存在 $X$ 上的实线性泛函 $F(x)$,使

$$F(x)=f(x),\quad x\in G,$$

且

$$F(x)\leqslant p(x),\quad x\in X.$$

**证**　若 $G=X$,定理是显然的,下面假定 $G\neq X$. 设 $x_0\in X\backslash G$,考虑如下形式的点集:

$$\mathscr{M}=\{\lambda x_0+x:\lambda\text{ 是实数},x\in G\}.$$

它是包含 $x_0$ 与 $G$ 的最小线性流形. 先往证在 $\mathscr{M}$ 上存在实线性泛函 $F_1(x)$,使

$$F_1(x)=f(x),\quad x\in G,$$
$$F_1(x)\leqslant p(x),\quad x\in\mathscr{M}.\tag{2.3}$$

设 $F_1(x_0)=r_0$(待定). 根据对 $F_1$ 的要求,必须

$$F_1(\lambda x_0+x)=\lambda F_1(x_0)+f(x)\leqslant p(\lambda x_0+x),\quad \lambda\in\mathbf{R},x\in G.$$

因此

$$\lambda r_0\leqslant p(\lambda x_0+x)-f(x)\tag{2.4}$$

对一切 $\lambda\neq 0,x\in G$ 都成立. 以下分两种情况来讨论.

当 $\lambda>0$ 时,

$$r_0\leqslant\frac{1}{\lambda}[p(\lambda x_0+x)-f(x)]=p\left(x_0+\frac{x}{\lambda}\right)-f\left(\frac{x}{\lambda}\right)=p(x_0+x')-f(x'),\quad \forall x'\in G.$$

当 $\lambda<0$ 时,

$$r_0\geqslant\frac{1}{\lambda}[p(\lambda x_0+x)-f(x)]=\frac{|\lambda|}{\lambda}\left[p\left(\frac{\lambda x_0}{|\lambda|}+\frac{x}{|\lambda|}\right)-f\left(\frac{x}{|\lambda|}\right)\right]$$
$$=-[p(-x_0+x'')-f(x'')],\quad \forall x''\in G.$$

总之,条件(2.4)相当于

$$-p(-x_0+x'')+f(x'')\leqslant r_0\leqslant p(x_0+x')-f(x'),\quad \forall x',x''\in G.\tag{2.5}$$

要想这样的 $r_0$ 存在必须且只需(2.5)式右端恒不小于左端,即

$$f(x')+f(x'')\leqslant p(x_0+x')+p(-x_0+x''),\quad \forall x',x''\in G.$$

由假设(1)与(2),

$$f(x')+f(x'')=f(x'+x'')\leqslant p(x'+x'')=p(x_0+x'-x_0+x'')$$
$$\leqslant p(x_0+x')+p(-x_0+x''),\quad \forall x',x''\in G.$$

由此可见(2.5)式右端确实恒不小于左端. 令

$$\sup_{x''\in G}[-p(x_0+x'')+f(x'')]\leqslant r_0\leqslant\inf_{x'\in G}[p(x_0+x')-f(x')].$$

由如此 $r_0$ 所确定的线性泛函 $F_1(x)$ 显然满足(2.3)式.

考察实线性泛函 $g(x)$,其定义域记作 $\mathscr{D}(g)$. 如果

$$G\subset\mathscr{D}(g),$$

且

$$g(x)=f(x),\quad x\in G,$$
$$g(x)\leqslant p(x),\quad x\in\mathscr{D}(g),$$

则称 $g$ 为 $f$ 的扩张. 设 $f$ 的所有扩张的集合为 $\mathscr{R}$. 规定 $\mathscr{R}$ 中的序如下:若 $g_1,g_2\in\mathscr{R}$,且 $\mathscr{D}(g_1)\subset\mathscr{D}(g_2)$,$g_1(x)=g_2(x)$,$x\in\mathscr{D}(g_1)$,则 $g_1<g_2$. 于是 $\mathscr{R}$ 是非空的部分有序集. 对 $\mathscr{R}$ 中任何完全有序子集 $\mathscr{S}$,可以作出实线性泛函 $h(x)$,使

$$\mathscr{D}(h)=\bigcup_{g\in\mathscr{S}}\mathscr{D}(g),$$
$$h(x)=g(x),\quad x\in\mathscr{D}(g),g\in\mathscr{S}.$$

则 $h\in\mathscr{R}$,且对一切 $g\in\mathscr{S}$,都有 $g<h$,即 $h$ 是 $\mathscr{S}$ 的上界. 根据 Zorn 引理,$\mathscr{R}$ 中有极大元 $F$. 当然 $F$ 是 $f$ 的扩张. 如果 $\mathscr{D}(F)\neq X$,则如前面第一部分的证明,$F$ 可以再扩张,这与 $F$ 的极大性矛盾. 于是 $\mathscr{D}(F)=X$,即 $F$ 是 $X$ 上实线性泛函. 容易验证 $F$ 即为所求. 证毕.

上述定理本质上是实的,在它出现十来年后才有下面的复扩张定理.

**定理 2.2**(Bohnenblust-Sobczyk,1938)　设 $f(x)$ 是复线性空间 $X$ 之线性流形 $G$ 上的线性泛函. 如果有 $X$ 上实值泛函 $p(x)$,使

(1) $p(x+y)\leqslant p(x)+p(y),p(\alpha x)=|\alpha|p(x),\forall x,y\in X,\alpha\in\mathbf{C}$;

(2) $|f(x)|\leqslant p(x),\quad x\in G$,

则存在 $X$ 上线性泛函 $F(x)$,使

$$F(x)=f(x),\quad x\in G,$$

且

$$|F(x)|\leqslant p(x),\quad x\in X.$$

**证**　设 $f(x)$ 的实部为 $f_1(x)$,虚部为 $f_2(x)$,即

$$f_1(x)=\frac{f(x)+\overline{f(x)}}{2},\quad f_2(x)=\frac{f(x)-\overline{f(x)}}{2\mathrm{i}}.$$

则

$$f(x)=f_1(x)+\mathrm{i}f_2(x),$$

而且 $f_1(x),f_2(x)$ 都是 $G$ 上的实线性泛函. 注意 $f(x)$ 是复线性空间上线性泛函,因此

$$\mathrm{i}[f_1(x)+\mathrm{i}f_2(x)]=\mathrm{i}f(x)=f(\mathrm{i}x)=f_1(\mathrm{i}x)+\mathrm{i}f_2(\mathrm{i}x),\quad x\in G.$$

比较两端的实部,便有

$$f_1(\mathrm{i}x)=-f_2(x),\quad x\in G.$$

从而

$$f(x)=f_1(x)-\mathrm{i}f_1(\mathrm{i}x),\quad x\in G.$$

这说明 $f$ 可以由其实部唯一确定.

因为复线性空间也可以看作实线性空间,故 $f_1$ 可视为实线性流形 $G$ 上的实线性泛函,而且

$$f_1(x)\leqslant|f(x)|\leqslant p(x),\quad x\in G.$$

由定理 2.1,$f_1$ 可以扩张成线性空间 $X$ 上的实线性泛函 $F_1$,且

$$F_1(x)=f_1(x),\quad x\in G,$$
$$F_1(x)\leqslant p(x),\quad x\in X.$$

令

$$F(x)=F_1(x)-\mathrm{i}F_1(\mathrm{i}x),\quad x\in X.$$

显然,$\forall x,y\in X,F(x+y)=F(x)+F(y)$,且当 $t$ 是实数时,

$$F(tx)=tF(x).$$

又

$$F(\mathrm{i}x)=F_1(\mathrm{i}x)-\mathrm{i}F_1(-x)=\mathrm{i}F_1(x)+F_1(\mathrm{i}x)=\mathrm{i}(F_1(x)-\mathrm{i}F_1(\mathrm{i}x))=\mathrm{i}F(x).$$

故 $F(x)$ 是复线性空间 $X$ 上线性泛函.

当 $x\in G$ 时,也有 $\mathrm{i}x\in G$,从而

$$F(x)=F_1(x)-\mathrm{i}F_1(\mathrm{i}x)=f_1(x)-\mathrm{i}f_1(\mathrm{i}x)=f(x).$$

当 $x\in X$ 时,如果 $F(x)\neq 0$,令 $\theta=\arg F(x)$,则

$$|F(x)|=F(x)\mathrm{e}^{-\mathrm{i}\theta}=F(\mathrm{e}^{-\mathrm{i}\theta}x)=\mathrm{Re}F(\mathrm{e}^{-\mathrm{i}\theta}x)=F_1(\mathrm{e}^{-\mathrm{i}\theta}x)\leqslant p(\mathrm{e}^{-\mathrm{i}\theta}x)=p(x).$$

如果 $F(x)=0$,则不等式显然成立. 证毕.

**定理 2.3**(**Hahn-Banach 定理**,1927)　对于赋范线性空间 $X$ 之线性流形 $G$ 上的连续线

性泛函 $f(x)$,恒有 $X$ 上的连续线性泛函 $F(x)$,使

(1) $F(x)=f(x), \quad x\in G$;

(2) $\|F\| = \|f\|_G$,

这里 $\|f\|_G$ 表示 $f$ 作为 $G$ 上连续线性泛函的范数,下同.

**证** 令

$$p(x)= \|f\|_G \|x\|, \quad x\in X.$$

不难验证 $f,p$ 满足定理 2.2 的条件,于是存在 $X$ 上线性泛函 $F(x)$,使

$$F(x)=f(x), \quad x\in G,$$

且

$$|F(x)| \leqslant p(x)= \|f\|_G \|x\|, \quad x\in X.$$

因此 $F$ 是 $X$ 上有界线性泛函,而且

$$\|F\| \leqslant \|f\|_G.$$

但 $F$ 是 $f$ 的扩张,因而 $F$ 的范数不会小于 $f$ 的范数,即 $\|F\| \geqslant \|f\|_G$. 总之

$$\|F\| = \|f\|_G.$$

证毕.

Hahn-Banach 定理的重要性首先在于下面的几个重要推论. 例如,我们有

**命题 2.1** 设 $X$ 是赋范线性空间,任给非零的 $x_0\in X$,总存在 $X$ 上的连续线性泛函 $f$ 满足

(1) $\|f\| =1$;

(2) $f(x_0)= \|x_0\|$.

**证** 取 $G=\{\alpha x_0:\alpha\in \mathbf{C}\}$,定义

$$f_1(\alpha x_0)=\alpha \|x_0\|, \alpha\in \mathbf{C}.$$

则 $G$ 是 $X$ 中线性流形,$f_1$ 是 $G$ 上连续线性泛函,$\|f_1\|_G=1, f_1(x_0)= \|x_0\|$. 根据定理 2.3 可见命题为真. 证毕.

这个命题说明在非零的赋范线性空间上,总存在非零的连续线性泛函. 但是对一般的距离线性空间,这可不一定成立. 试看第一章 §8 中例 4 所说的距离线性空间 $S[0,1]$.

**例 2** $S[0,1]$上没有非零的连续线性泛函.

假设 $S[0,1]$上存在非零的连续线性泛函 $x'$,则存在非零元 $x_0\in S[0,1]$,使 $x'(x_0)\neq 0$,取

$$x_{11}(t)=\begin{cases} x_0(t), & t\in\left[0,\dfrac{1}{2}\right), \\ 0, & t\in\left[\dfrac{1}{2},1\right], \end{cases}$$

$$x_{12}(t)=\begin{cases} 0, & t\in\left[0,\dfrac{1}{2}\right), \\ x_0(t), & t\in\left[\dfrac{1}{2},1\right], \end{cases}$$

则 $x_{11}, x_{12}\in S[0,1]$,而且 $x_0=x_{11}+x_{12}$,于是

$$x'(x_0)=x'(x_{11})+x'(x_{12}).$$

可见 $x'(x_{1j})(j=1,2)$，中必有一个非零，记满足 $x'(x_{1j})\neq 0$ 的某个 $x_{1j}$ 为 $x_1$. 如此继续下去，将有一串点列 $\{x_n\}_{n=1}^{\infty}\subset S[0,1]$，使 $\alpha_n=x'(x_n)\neq 0$，而且

$$\overline{\{t\in[0,1]:x_n(t)\neq 0\}}$$

包含在一个长度不大于 $\frac{1}{2^n}$ 的区间 $I_n$ 中，令

$$y_n(t)=\frac{x_n(t)}{\alpha_n},\quad n=1,2,\cdots,$$

则 $y_n\in S[0,1]$，且

$$d(y_n,0)=\int_0^1\frac{|y_n(t)|}{1+|y_n(t)|}\mathrm{d}t=\int_{I_n}\frac{|y_n(t)|}{1+|y_n(t)|}\mathrm{d}t\leqslant m(I_n)\leqslant\frac{1}{2^n}\to 0,\quad n\to\infty.$$

但是

$$x'(y_n)=\frac{x'(x_n)}{\alpha_n}=1,\ \ n=1,2,\cdots.$$

这与 $x'$ 的连续性矛盾.

**命题 2.2** 设 $X$ 是赋范线性空间，$E$ 是 $X$ 的子空间，$x_0\in X\backslash E$，则存在 $X$ 上有界线性泛函 $f$ 满足

(1) $f(x)=0,x\in E$;

(2) $f(x_0)=1$;

(3) $\|f\|=\frac{1}{d}$,

这里 $d=\operatorname{dist}(x_0,E)>0$.

**证** 取 $G=\{\alpha x_0+x:\alpha\in\mathbf{C},x\in E\}$，定义

$$f_1(\alpha x_0+x)=\alpha,\quad \alpha x_0+x\in G.$$

易见 $G$ 是 $X$ 中包含 $E$ 与 $x_0$ 的线性流形，$f_1$ 是 $G$ 上线性泛函. 往证 $f_1$ 是有界的，且 $\|f_1\|_G=\frac{1}{d}$.

首先，对任意的 $\alpha x_0+x\in G$，只要 $\alpha\neq 0$，

$$\|\alpha x_0+x\|=|\alpha|\left\|x_0+\frac{x}{\alpha}\right\|\geqslant|\alpha|d.$$

故

$$|f_1(\alpha x_0+x)|=|\alpha|\leqslant\frac{\|\alpha x_0+x\|}{d}.$$

当 $\alpha=0$ 时，上述不等式显然成立. 由此可知，$f_1$ 是有界的，且

$$\|f_1\|_G\leqslant\frac{1}{d}.$$

另一方面，任给 $\varepsilon>0$，存在 $x_1\in E$，使

$$\|x_0-x_1\|<d+\varepsilon,$$

于是，对任意的 $\alpha\in\mathbf{C}$，

$$\|\alpha x_0-\alpha x_1\|=|\alpha|\ \|x_0-x_1\|<|\alpha|(d+\varepsilon),$$

故

$$|f_1(\alpha x_0-\alpha x_1)|=|\alpha|\geqslant\frac{\|\alpha x_0-\alpha x_1\|}{d+\varepsilon}$$

从而

$$\|f_1\|_G\geqslant\frac{1}{d+\varepsilon}.$$

$\varepsilon>0$ 是任意的,故 $\|f_1\|_G\geqslant\frac{1}{d}$. 总之, $\|f_1\|_G=\frac{1}{d}$.

最后,对 $G,f_1$ 应用定理 2.3 便知命题为真. 证毕.

**命题 2.3** 设 $M$ 是赋范线性空间 $X$ 中线性流形, $x_0\in X$,则

$x_0\in\overline{M}\Leftrightarrow$对 $X$ 上任何连续线性泛函 $f$,

$$f(x)=0,\ \forall x\in M \text{ 蕴涵 } f(x_0)=0.$$

**证** 这是命题 2.2 的直接推论.

**推论** 设 $S$ 是赋范线性空间 $X$ 的子集, $x_0\in X$,则

$x_0$ 可以用 $S$ 中向量的线性组合来逼近$\Leftrightarrow$对 $X$ 上任何连续线性泛函 $f$,

$$f(x)=0,\ \forall x\in S \text{ 蕴涵 } f(x_0)=0.$$

**证** 只需取命题 2.3 中 $M$ 为 $S$ 中元张成的线性流形即可.

正是鉴于这个推论,我们才说 Hahn-Banach 定理是处理某些逼近问题之经典方法的基础.

**命题 2.4** 设 $\mathscr{M}$ 是 Banach 空间 $X$ 的有限维子空间,则有 $X$ 的子空间 $\mathscr{N}$,使

$$X=\mathscr{M}+\mathscr{N} \text{ 且 } \mathscr{M}\cap\mathscr{N}=\{0\}.$$

**证** 设 $\mathscr{M}$ 是 $n$ 维子空间,其基为 $\{x_1,x_2,\cdots,x_n\}$. 假定删去 $x_j$ 后由 $x_1,x_2,\cdots,x_{j-1},x_{j+1},\cdots,x_n$ 张成的子空间为 $\mathscr{M}_j,j=1,2,\cdots,n$. 根据命题 2.2,存在 $X$ 上的有界线性泛函 $x_j'$ 使

$$x_j'(x_k)=\delta_{jk}=\begin{cases}1, & j=k,\\ 0, & j\neq k.\end{cases}$$

考察算子

$$P(x)=\sum_{j=1}^{n}x_j'(x)x_j,\quad x\in X.$$

易证 $P$ 是 $X$ 上连续线性算子,且 $P$ 的值域 $R(P)=\mathscr{M}$. 显然

$$x_k'(P(x))=\sum_{j=1}^{n}x_j'(x)x_k'(x_j)=x_k'(x).$$

故对任意 $x\in X$,

$$P^2(x)=P(P(x))=\sum_{k=1}^{n}x_k'(P(x))x_k=\sum_{k=1}^{n}x_k'(x)x_k=P(x).$$

设

$$\mathscr{N}=N(P)=\{x\in X:P(x)=0\},$$

易证 $\mathscr{N}$ 是 $X$ 的子空间.

设 $x\in\mathscr{M}\cap\mathscr{N}$. 从 $x\in\mathscr{M}$,应有某个 $y\in X$,使 $x=P(y)$. 又从 $x\in\mathscr{N}$,得

$$0=P(x)=P(P(y))=P(y)=x.$$

故 $\mathscr{M}\cap\mathscr{N}=\{0\}$.

现在,对任给的 $x\in X$,总有

$$x=P(x)+[x-P(x)].$$

令 $x_1=P(x),x_2=x-P(x)$,则 $x_1\in\mathscr{M}$,而

$$P(x_2)=P(x)-P^2(x)=0,$$

故 $x_2\in\mathscr{N}$. 总之

$$X=\mathscr{M}+\mathscr{N}.$$

证毕.

像命题 2.4 中的两个子空间 $\mathscr{M}$ 与 $\mathscr{N}$ 称为**拓扑互补子空间**. 把一个空间分解成拓扑互补的子空间,这件事在算子的研究上是重要的. 可惜对于一般(甚至可以说相当多的)Banach 空间,不是关于它的任何子空间都存在与之拓扑互补的子空间. 事实上,F. J. Murray 在 1937 年就已证明,甚至在 $L^p$(或$\ell^p$)$(p\neq 2)$这样好的空间中都存在子空间,没有与之拓扑互补的子空间(参见文献[37]). 但对于Hilbert 空间 $H$,因为有所谓的射影定理,情形就好得多. 对于 $H$ 的任何子空间 $\mathscr{M}$,$\mathscr{M}^{\perp}$ 正是与 $\mathscr{M}$ 拓扑互补的子空间. 很有意思,J. Lindenstrauss 和 I. Tzafriri 证明,在任何不与 Hilbert 空间拓扑同构的 Banach 空间中都存在子空间,没有与之拓扑互补的子空间(参见文献[35]).

下面我们来谈谈 Hahn-Banach 定理的几何解释.

对三维空间上的线性泛函

$$f(x,y,z)=ax+by+cz.$$

点集$\{(x,y,z):f(x,y,z)=d(\text{常数})\}$正是三维空间中的一个平面. 所以对一般无穷维的 Banach 空间 $X$ 上的连续线性泛函 $f(x)$,我们也就称点集

$$\{x\in X:f(x)=c\}$$

为 $X$ 中的**超平面**,这里 $c$ 是常数. 设 $M$ 是 $X$ 中线性流形,$x_0\in X\backslash M$,称点集 $g=x_0+M\overset{\mathrm{d}}{=}\{x_0+x:x\in M\}$ 为 $X$ 中的**线性簇**. 下面的命题对于三维空间看上去是明显的.

**定理 2.4(Hahn-Banach 定理的几何形式)**　设 $X$ 是赋范线性空间,若 $X$ 中的线性簇 $g$ 与开球 $K$ 不相交,则有超平面 $H$ 包含 $g$ 而且与 $K$ 不相交.

**证**　不妨设 $K=\{x:\|x\|<1\}$,$g=x_0+M$,$M$ 是线性流形,$x_0\notin M$. 则 $\overline{M}$ 是 $X$ 的子空间. 由假设 $g$ 与 $K$ 不相交,故对任意 $x\in M$,$\|x_0+x\|\geqslant 1$,于是 $\delta=\mathrm{dist}(x_0,\overline{M})\geqslant 1$. 根据命题 2.2,存在 $X$ 上线性泛函 $f$,使

(1) $f(x)=0,x\in M$;

(2) $f(x_0)=1$;

(3) $\|f\|=\dfrac{1}{\delta}\leqslant 1$.

定义超平面 $H$ 为

$$H=\{x\in X:f(x)=1\},$$

则对任意 $x\in g$,有 $x=x_0+x_1,x_1\in M$. 于是

$$f(x)=f(x_0)+f(x_1)=1,$$

所以 $g\subset H$. 又当 $x\in K$ 时,$\|x\|<1$,故

$$|f(x)|\leqslant\|f\|\,\|x\|<1.$$

可见 $x\notin H$. 证毕.

反之,从上述之 Hahn-Banach 定理的几何形式也能推出 Hahn-Banach 定理的解析形式. 即定理 2.3.

假定定理 2.4 成立. 对任给的线性流形 $G$ 及其上的非零连续线性泛函 $f(x)$,令

$$g=\{x\in G:f(x)=1\},$$
$$K=\{x\in X:\|x\|<\mu\},$$

这里 $\mu=\dfrac{1}{\|f\|_G}$.

取定 $x_0\in g$,则 $f(x_0)=1$. 令 $M=\mathrm{Ker}f\overset{\mathrm{d}}{=}\{x\in G:f(x)=0\}$,则 $g=x_0+M$,即 $g$ 是线性簇. $K$ 是开球,如果 $x\in g$,则

$$1=|f(x)|\leqslant\|f\|_G\|x\|,$$

故 $\|x\|\geqslant\mu$,即 $x\notin K$. 所以 $g\cap K=\varnothing$.

根据定理 2.4,应有超平面

$$H=\{x\in X:F(x)=c\},$$

使

$$H\supset g\text{ 且 }H\cap K=\varnothing.$$

因 $H\cap K=\varnothing$,可知 $c\neq0$. 不失一般性,可设 $c=1$. 否则以 $F/c$ 代替 $F$ 即可. 因为 $g\subset H$,从 $f(x)=1$ 恒有 $F(x)=1$,可知 $F(x)$ 是 $f(x)$ 的扩张. 事实上,如果 $x\in G,f(x)=a\neq0$,则 $f\left(\dfrac{x}{a}\right)=1$,从而 $F\left(\dfrac{x}{a}\right)=1$,故 $F(x)=a$. 若 $f(x)=0$,因取定 $x_0\in g$,故

$$f(x+x_0)=f(x)+f(x_0)=1,$$

于是

$$F(x+x_0)=F(x_0)=1.$$

故 $F(x)=0$.

从 $H\cap K=\varnothing$,可知 $K\subset\{x:|F(x)|<1\}$. 否则,有 $x_1\in K$ 使 $|F(x_1)|\geqslant1$. 令 $x_2=\dfrac{x_1}{F(x_1)}$,则 $x_2\in K$,且 $F(x_2)=1$,即 $x_2\in H\cap K$,矛盾. 总之

$$\{x:\|x\|<\mu\}\subset\{x:|F(x)|<1\}.$$

据此

$$\sup_{\|x\|\leqslant\mu}|F(x)|\leqslant1,$$

即

$$\sup_{\|x/\mu\|\leqslant1}\left|F\left(\frac{x}{\mu}\right)\right|\mu\leqslant1.$$

从而

$$\|F\|=\sup_{\|z\|\leqslant1}|F(z)|\leqslant\frac{1}{\mu}=\|f\|_G.$$

另一方面,已证 $F$ 是 $f$ 的扩张,故 $\|F\|\geqslant\|f\|_G$. 总之,$\|F\|=\|f\|_G$.

这就证明了 Hahn-Banach 定理.

**2. 分离定理**

**定义 2.1**　对线性空间 $X$ 中的集合 $M$,

(1) 若对 $x,y\in M,0\leqslant\alpha\leqslant 1$,总有 $\alpha x+(1-\alpha)y\in M$,则称 $M$ 是**凸的**;

(2) 若 $x\in M$, $|\lambda|\leqslant 1$,总有 $\lambda x\in M$,则称 $M$ 是**平衡的**;

(3) 若对任意 $x\in X$,总有 $\varepsilon>0$,使当 $0<|\alpha|\leqslant\varepsilon$ 时,$\alpha x\in M$,则称 $M$ 是**吸收的**.

对任给的半范数 $p(x)$(参见第一章 §8),点集 $\{x:p(x)<r\}$ $(r>0)$ 便是凸集. 这正是凸集与泛函分析密切联系的一个原因. 事实上,许多分析问题可化归为凸集之几何学的研究. 下面我们还将从一个凸集导出一种重要的半范数.

**定义 2.2**　设 $K$ 是线性空间 $X$ 中凸的、吸收的集合,则

$$p_K(x)=\inf\{\alpha:\alpha>0,\text{且 }\alpha^{-1}x\in K\}$$

称为 $K$ 的 **Minkowski 泛函**,它与第一章 §8 中所说的半范数概念密切相关.

**命题 2.5**　线性空间 $X$ 中凸的、平衡的、吸收的点集 $K$ 的 Minkowski 泛函 $p_K(x)$ 是 $X$ 上的半范数.

**证**　由 Minkowski 泛函定义,对任给的 $\varepsilon>0$,有

$$0<\alpha_x<p_K(x)+\varepsilon,\text{使 }\alpha_x^{-1}x\in K,$$

$$0<\alpha_y<p_K(y)+\varepsilon,\text{使 }\alpha_y^{-1}y\in K.$$

由 $K$ 是凸的,

$$\frac{\alpha_x}{\alpha_x+\alpha_y}\alpha_x^{-1}x+\frac{\alpha_y}{\alpha_x+\alpha_y}\alpha_y^{-1}y\in K,$$

即 $(\alpha_x+\alpha_y)^{-1}(x+y)\in K$. 由 $p_K(\cdot)$ 的定义,

$$p_K(x+y)\leqslant\alpha_x+\alpha_y<p_K(x)+p_K(y)+2\varepsilon.$$

令 $\varepsilon\to 0$,则

$$p_K(x+y)\leqslant p_K(x)+p_K(y).$$

设 $\lambda\neq 0,x\in X$. 若 $\alpha>0,\alpha^{-1}x\in K$,由 $K$ 是平衡的,

$$(|\lambda|\alpha)^{-1}\lambda x=\frac{\lambda}{|\lambda|}\alpha^{-1}x\in K,$$

从而

$$p_K(\lambda x)\leqslant|\lambda|\alpha.$$

关于这样的 $\alpha$ 取下确界,根据 Minkowski 泛函定义便有

$$p_K(\lambda x)\leqslant|\lambda|p_K(x).$$

取 $y=\lambda x$ 代入上式后,再取 $\lambda=\dfrac{1}{\mu}$,则

$$p_K(y)\leqslant\frac{1}{|\mu|}p_K(\mu y),$$

即

$$p_K(\mu y)\geqslant|\mu|p_K(y).$$

总之

$$p_K(\lambda x)=|\lambda|p_K(x).$$

易证 $p_K(0)=0$. 故当 $\lambda=0$ 时,等式亦成立. 证毕.

**命题 2.6** 若只假设命题 2.5 中 $K$ 是凸的、吸收的，则 $p_K(x)$ 是次可加的，且

$$p_K(\lambda x)=\lambda p_K(x), \quad \lambda\geqslant 0.$$

**证** 次可加性证明与命题 2.5 一样. 若于 $\alpha>0,\alpha^{-1}x\in K$，则对 $\lambda>0$，

$$(\lambda\alpha)^{-1}\lambda x=\alpha^{-1}x\in K.$$

可知

$$p_K(\lambda x)\leqslant\lambda\alpha.$$

从而由 Minkowski 泛函定义有

$$p_K(\lambda x)\leqslant\lambda p_K(x).$$

像命题 2.5 一样，我们也可从此式得

$$p_K(x)\leqslant\frac{1}{\lambda}p_K(\lambda x).$$

总之

$$p_K(\lambda x)=\lambda p_K(x).$$

易证 $p_K(0)=0$. 故当 $\lambda=0$ 时，等式亦真. 证毕.

**定义 2.3** 设 $f(x)$ 是实距离线性空间 $X$ 上连续线性泛函. $E,F$ 是 $X$ 中子集，若有实数 $r$，使

$$f(x)\geqslant r, \quad x\in E;\ f(x)\leqslant r, \quad x\in F,$$

则称超平面 $H=\{x\in X:f(x)=r\}$ **分离** $E$ 与 $F$.

这样，前述的 Hahn-Banach 定理的几何形式实际上就是说那里的 $H$ 分离 $g$ 与 $K$，所以也是一种分离定理. 历史上，Minkowski 早在 1911 年就对 $n$ 维空间证明其中的有界凸闭集的每个边界点处都有一个承托平面（即凸集在这平面的一侧）. S. Mazur 在 1933 年首先想到把 Minkowski 这个关于有限维空间中凸闭集的分离定理推广到无穷维的赋范线性空间. 此外，他还从几何的观点来陈述 Hahn-Banach 定理，并且得到下列重要结果（参见文献[26]，§ Ⅷ.2）.

**定理 2.5**（Mazur，1933） 设 $M$ 是实赋范线性空间 $X$ 中的凸闭集. 若 $0\in M$，而 $x_0\notin M$，则存在 $X$ 上连续实线性泛函 $f$，使

$$f(x_0)>1，而 f(x)\leqslant 1, \quad x\in M. \tag{2.6}$$

**证** 设 $\delta=\operatorname{dist}(x_0,M)$，因 $M$ 是闭的，$x_0\notin M$，所以 $\delta>0$. 令

$$U=\left\{x\in X:\|x\|<\frac{\delta}{3}\right\},$$

则 $U$ 是 0 的平衡的、吸收的凸邻域，且

$$(M+U)\cap(x_0+U)=\varnothing.$$

这里 $M+U=\{x+y:x\in M,y\in U\}$. 易见 $M+U$ 是凸的、吸收的，其闭包 $K$ 仍是凸的、吸收的闭集，且 $x_0\notin K$. 令

$$p(x)=p_K(x), \quad x\in X.$$

往证 $p(x)$ 在 $x=0$ 处连续. 显然 $p(0)=0$，又任给 $\varepsilon>0$，取 $\rho=\varepsilon\dfrac{\delta}{3}$. 当 $x\in X$ 时，$\|x\|<\rho$，

$$\|\varepsilon^{-1}x\|<\varepsilon^{-1}\rho=\frac{\delta}{3},$$

可见 $\varepsilon^{-1}x\in U\subset K$. 故

$$0\leqslant p(x)=p_K(x)\leqslant\varepsilon.$$

这表明 $p$ 在 $x=0$ 处连续.

根据 Minkowski 泛函定义有

$$p(x)\leqslant 1, x\in K, p(x_0)>1.$$

第一个不等式是显然的,往证第二个不等式. 若 $p(x_0)<1$,则有 $0<\alpha<1$,使 $\alpha^{-1}x_0\in K$. 因 $0\in K$,于是由 $K$ 是凸集可知,

$$x_0=\alpha(\alpha^{-1}x_0)+(1-\alpha)0\in K,$$

与 $x_0\notin K$ 矛盾. 若 $p(x_0)=1$,则对任意正整数 $n$,存在正数 $\alpha_n$,使

$$1\leqslant \alpha_n<1+\frac{1}{n},$$

且 $\alpha_n^{-1}x_0\in K$. 因 $K$ 是闭的,故 $x_0=\lim\limits_{n\to\infty}\alpha_n^{-1}x_0\in K$,又产生矛盾. 所以只可能 $p(x_0)>1$.

取 $G=\{\lambda x_0:\lambda\in\mathbf{R}\}$,令 $f_1(\lambda x_0)=\lambda p(x_0)$,则 $f_1$ 是 $G$ 上实线性泛函. 当 $\lambda\geqslant 0$ 时,由命题 2.6,

$$f_1(\lambda x_0)=\lambda p(x_0)=p(\lambda x_0).$$

当 $\lambda<0$ 时,

$$f_1(\lambda x_0)=\lambda p(x_0)<0\leqslant p(\lambda x_0).$$

总之,

$$f_1(x)\leqslant p(x),\quad x\in G.$$

再根据命题 2.6 和定理 2.1,存在 $X$ 上实线性泛函 $f$,使

$$f(x)=f_1(x),\quad x\in G;$$
$$f(x)\leqslant p(x),\quad x\in X.$$

于是

$$f(x_0)=f_1(x_0)=p(x_0)>1.$$

注意 $M\subset K$,故

$$f(x)\leqslant p(x)\leqslant 1,\quad x\in M.$$

最后,证明 $f$ 是连续的线性泛函. 因 $f(x)\leqslant p(x)$, $\forall x\in X$. 故

$$-f(x)=f(-x)\leqslant p(-x),$$

从而

$$-p(-x)\leqslant f(x)\leqslant p(x).$$

由 $p(x)$ 在 $x=0$ 处连续,可知 $f(x)$ 在 $x=0$ 处连续. 根据第一章 §7 中定理 7.1,$f$ 是连续的线性泛函. 证毕.

注意,定理 2.5 中(2.6)式是 $f(x_0)>1$. 一般把(2.6)说成超平面 $H=\{x\in X:f(x)=1\}$ 将 $x_0$ 与 $M$ **严格分离**. 定理 2.5 是关于严格分离性较早的研究. 此外,它的证明也是典型的.

在 Mazur 之后又有下列更详尽的分离定理. (我们且只叙述,但不予证明,详情可参见文献[39], §5.1.)

**定理 2.6**(M. Eidelheit, 1936)　设 $A$ 和 $B$ 是局部凸拓扑线性空间 $X$ 中不相交凸集.

(1) 如果 $A$ 是开的,则它们可被一超平面分离;

(2) 如果 $A,B$ 都是开的,则它们可被一超平面严格分离;

(3) 如果 $A$ 是紧的,$B$ 是闭的,则它们可被一超平面严格分离.

这些分离定理在理论上不只是对偶理论的基础,一些重要结果,诸如 Krein-Milman 定

理、重极定理等的证明都依赖于它们. 此外,它们在凸分析及数量经济学中也有许多应用.

**定义 2.4** 设 $M$ 是 Banach 空间 $X$ 中的点集. 如果存在 $M$ 中序列 $\{x_n\}_{n=1}^{\infty}$,对 $X$ 上任何连续线性泛函 $f$,都有

$$\lim_{n\to\infty} f(x_n)=f(x_0),$$

则必有 $x_0\in M$. 我们称 $M$ 为**弱序列闭的**.

**定理 2.7** Banach 空间中每个凸闭集都是弱序列闭的.

**证** 假若不然,存在 Banach 空间 $X$ 中凸闭集 $M$,及 $x_0\in X$ 和 $M$ 中序列 $\{x_n\}_{n=1}^{\infty}$,对 $X$ 上任何连续线性泛函 $f$,都有

$$\lim_{n\to\infty} f(x_n)=f(x_0),$$

但是 $x_0\notin M$.

不失一般性,可设 $0\in M$. 根据定理 2.5,存在 $X$ 上连续实线性泛函 $f$,使

$$f(x)\leqslant 1, x\in M, f(x_0)>1.$$

令

$$F(x)=f(x)-\mathrm{i}f(\mathrm{i}x),\quad \forall x\in X.$$

如定理 2.2 一样可以证明,$F$ 是 $X$ 上连续线性泛函. 于是

$$\lim_{n\to\infty} F(x_n)=F(x_0),$$

进而 $\lim\limits_{n\to\infty}\mathrm{Re}F(x_n)=\mathrm{Re}F(x_0)$. 但是

$$\mathrm{Re}F(x_n)=f(x_n)\leqslant 1,\quad \mathrm{Re}F(x_0)=f(x_0)>1,$$

矛盾. 证毕.

以后我们将引进一般的弱拓扑,同样的方法可以证明:

Banach 空间中每个凸闭集都是弱闭的.

这是 Mazur 定理的一个很重要的推论.

## §3 Baire 纲推理

**命题 3.1** 设 $X,Y$ 都是赋范线性空间,则线性算子 $T:X\to Y$ 是有界的充要条件是 $T^{-1}\{y\in Y:\|y\|\leqslant 1\}$ 的内部为非空集.

**证** 若 $T^{-1}\{y\in Y:\|y\|\leqslant 1\}$ 含有小球

$$U=\{x\in X:\|x-x_0\|<\varepsilon\},$$

对于 $x\in X$, $\|x\|<\varepsilon$,显然 $x+x_0\in U$. 从而

$$\|Tx\|\leqslant\|T(x+x_0)\|+\|Tx_0\|\leqslant 1+\|Tx_0\|.$$

对于 $x\in X, x\neq 0$, $\left\|\dfrac{\varepsilon}{2\|x\|}x\right\|<\varepsilon$,则

$$\left\|T\left(\frac{\varepsilon}{2\|x\|}x\right)\right\|\leqslant 1+\|Tx_0\|,$$

即

$$\|Tx\|\leqslant\frac{2}{\varepsilon}(1+\|Tx_0\|)\|x\|.$$

这表明 $T$ 是有界的. 至于必要性的证明是容易的. 证毕.

正如这个命题所表明的,我们对于内部不空的点集发生兴趣.

**定义 3.1** 设 $X$ 是距离空间,$S\subset X$,如果 $\overline{S}$ 的内部是空集,则称 $S$ 是**无处稠密的**.

容易证明,如果 $S$ 是无处稠密的,则 $S$ 不在 $X$ 中任何球内稠密.

**定义 3.2** 在距离空间 $X$ 中,若 $E=\bigcup\limits_{n=1}^{\infty} S_n$,而每个 $S_n$ 在 $X$ 中都是无处稠密的,则称点集 $E$ 为**第一纲的**. 非第一纲点集称为**第二纲的**.

**定理 3.1(Baire 纲定理,1899)** 完备的距离空间 $X$ 必是第二纲的.

**证** 否则,$X=\bigcup\limits_{n=1}^{\infty} S_n$,每个 $S_n$ 都是无处稠密的. 因为 $S_1$ 无处稠密,必有 $x_1\notin \overline{S}_1$. 从而有小球 $U_1=\{x:d(x,x_1)<r_1\}$ 使

$$U_1\cap \overline{S}_1=\varnothing.$$

由于 $S_2$ 无处稠密,在 $U_1$ 中必有 $x_2\notin \overline{S}_2$. 从而有以 $x_2$ 为球心的小球 $U_2$,使

$$\overline{U}_2\subset U_1,U_2\cap \overline{S}_2=\varnothing,$$

自然可设 $U_2$ 的半径 $r_2$ 小于$\frac{1}{2}$. 如此继续下去,对每个正整数 $n\geqslant 2$,应有以 $x_n$ 为球心的小球 $U_n$,使

$$\overline{U}_n\subset U_{n-1},U_n\cap \overline{S}_n=\varnothing,$$

且 $U_n$ 的半径 $r_n$ 小于$\frac{1}{2^{n-1}}$. 于是当 $m\geqslant n$ 时,$x_m\in U_n$,故

$$d(x_n,x_m)<\frac{1}{2^{n-1}}.$$

这说明 $\{x_n\}_{n=1}^{\infty}$ 是 $X$ 中的 Cauchy 序列. 从 $X$ 的完备性,应有 $x_n\to x\in X$. 注意 $x_m\in U_n$,当 $m\geqslant n$ 时,$x\in \overline{U}_n\subset U_{n-1}$. 故 $x\notin S_{n-1}$,$n=2,3,\cdots$,这和 $X=\bigcup\limits_{n=1}^{\infty} S_n$ 矛盾. 证毕.

**例 1** 在 $I=[0,1]$ 上存在处处连续但处处不可微的函数.

设 $E$ 是 $\mathbf{R}$ 上所有周期为 1 的连续函数组成的集合. 易见按范数

$$\|f\|=\max_{0\leqslant x\leqslant 1}|f(x)|,\quad f\in E,$$

$E$ 构成完备赋范线性空间. 对每个正整数 $n$,令

$$N_n=\left\{f\in E:\text{有一点 } x\in I,\text{使}\frac{|f(x+h)-f(x)|}{h}\leqslant n,\ \forall h>0\right\}.$$

显然每个 $f\in E$,只要在 $I$ 中一点可微,便一定在某个 $N_n$ 中. 以下来证明:

(1) $\forall n\in \mathbf{N}_+$($\mathbf{N}_+$表示正整数集),$N_n$ 是 $E$ 中闭集.

设 $f_k\in N_n$,$k=1,2,\cdots$,且 $\{f_k\}_{k=1}^{\infty}$ 在 $[0,1]$ 上一致收敛于 $f_0$. 按 $N_n$ 的定义,应有 $x_k\in I$,使

$$\frac{|f_k(x_k+h)-f_k(x_k)|}{h}\leqslant n,\quad \forall h>0. \tag{3.1}$$

注意 $\{x_k\}_{k=1}^{\infty}$ 有收敛子序列,不妨设 $x_k\to x_0$,当 $k\to\infty$ 时,$x_0\in I$. 现在对任意 $h\geqslant 0$,

$$|f_k(x_k+h)-f_0(x_0+h)|\leqslant|f_k(x_k+h)-f_0(x_k+h)|+|f_0(x_k+h)-f_0(x_0+h)|.$$

据此和$\{f_k\}_{k=1}^{\infty}$的一致收敛性可见在(3.1)式中令$k\to\infty$,可得

$$\frac{|f_0(x_0+h)-f_0(x_0)|}{h}\leqslant n,\quad \forall h>0.$$

故$f_0\in N_n$,即$N_n$是闭集.

(2) $\forall n\in\mathbf{N}_+$,$N_n$无处稠密.

否则,有球$K=\{f:\|f-f_0\|<\varepsilon\}\subset N_n$. 显然我们可以找到一个折线函数$\varphi(x)$,使得

$$\|\varphi-f_0\|=\max_{0\leqslant x\leqslant 1}|\varphi(x)-f_0(x)|<\varepsilon,$$

而且$\varphi$之每段斜率的绝对值都大于$n$. 于是$\varphi\in K$,但$\varphi\notin N_n$,矛盾.

总之,点集$\bigcup\limits_{n=1}^{\infty}N_n$是第一纲的. 而根据 Baire 纲定理,$E$是第二纲的. 故必有$\psi\in E$,但$\psi$不在任何$N_n$中,显然这个$\psi$便是处处连续且处处不可微的函数.

**定理 3.2(一致有界原理或共鸣定理,1927)** 设$X$是 Banach 空间,$Y$是赋范线性空间,$\{T_\tau\}_{\tau\in\mathscr{A}}$是$L(X,Y)$中的一族元素. 若

$$\sup_{\tau\in\mathscr{A}}\|T_\tau x\|<\infty,\quad \forall x\in X. \tag{3.2}$$

则

$$\sup_{\tau\in\mathscr{A}}\|T_\tau\|<\infty.$$

**证** 设$S_n=\left\{x\in X:\sup\limits_{\tau\in\mathscr{A}}\|T_\tau x\|\leqslant n\right\}$,$n=1,2,\cdots$,则由(3.2)式可知,$X=\bigcup\limits_{n=1}^{\infty}S_n$. 由于每个$T_\tau$都连续,故每个$S_n$都是闭的. 根据定理 3.1,$X$是第二纲的,所以必定有某个$S_N$不是无处稠密的,即$S_N$内部不是空集. 从而存在小球$U=\{x:\|x-x_0\|<\varepsilon\}$,使$U\subset S_N$.

若$x\in X$,$\|x\|<\varepsilon$,则$x+x_0\in U$. 于是$x+x_0,x_0\in S_N$,从而对任何$\tau\in\mathscr{A}$,

$$\|T_\tau x\|\leqslant\|T_\tau(x+x_0)\|+\|T_\tau x_0\|\leqslant 2N.$$

设$x\in X,x\neq 0$,则$\left\|\dfrac{\varepsilon}{2\|x\|}x\right\|<\varepsilon$,故

$$\left\|T_\tau\left(\frac{\varepsilon}{2\|x\|}x\right)\right\|\leqslant 2N,$$

即

$$\|T_\tau x\|\leqslant\frac{4N}{\varepsilon}\|x\|.$$

当$x=0$时,上述不等式显然成立. 总之

$$\|T_\tau x\|\leqslant\frac{4N}{\varepsilon}\|x\|,\ \forall x\in X.$$

所以,对任何$\tau\in\mathscr{A}$都有

$$\|T_\tau\|\leqslant\frac{4N}{\varepsilon}.$$

证毕.

**注** 由证明可见,只需假定(3.2)式在$X$中第二纲点集上成立,即可保证定理为真.

**例 2** 在 19 世纪就已经提出连续函数之 Fourier 级数的收敛问题. 许多人举例说明确有连续函数,其 Fourier 级数竟在某一点发散. 现在我们利用一致有界原理来处理这个问题.

设 $\{\varphi_n\}_{n=1}^{\infty}$ 是 $L^2[a,b]$ 中的一个正规正交基. 对固定的 $x_0\in[a,b]$, $f\in L^2[a,b]$ 在 $x_0$ 点之 Fourier 级数的 $n$ 项部分和为

$$S_n(x_0,f)=\sum_{m=1}^{n}\varphi_m(x_0)\int_a^b f(t)\varphi_m(t)\,\mathrm{d}t=\int_a^b f(t)K_n(x_0,t)\,\mathrm{d}t,$$

这里

$$K_n(x_0,t)=\sum_{m=1}^{n}\varphi_m(x_0)\varphi_m(t).$$

令

$$\rho_n(x_0)\overset{\mathrm{d}}{=}\int_a^b |K_n(x_0,t)|\,\mathrm{d}t,$$

一般称之为 **Lebesgue 函数**.

若上述的 $f(x)$ 及 $\{\varphi_n(x)\}_{n=1}^{\infty}$ 都是 $[a,b]$ 上的连续函数, 则 $S_n(x_0,f)$ 可以看作 $C[a,b]$ 上的线性泛函. 仿照 §1 中例 1 可以证明

$$\|S_n\|=\sup_{\|f\|\leqslant 1}\left|\int_a^b f(t)K_n(x_0,t)\,\mathrm{d}t\right|=\rho_n(x_0).$$

**命题 3.2**　若 $\lim\limits_{n\to\infty}\rho_n(x_0)=\infty$, 则有连续函数 $f$, 其 Fourier 级数在 $x_0$ 处发散.

**证**　否则, $\{S_n(x_0,f)\}_{n=1}^{\infty}$ 在 $C[a,b]$ 上处处收敛, 即

$$\sup_{1\leqslant n<\infty}|S_n(x_0,f)|<\infty,\quad \forall f\in C[a,b].$$

由一致有界原理, 应有常数 $M>0$, 使

$$\rho_n(x_0)=\|S_n\|\leqslant M,\quad \forall n\in\mathbf{N}_+.$$

与假设矛盾. 证毕.

特别地, 对三角系统

$$\frac{1}{\sqrt{2\pi}},\ \frac{1}{\sqrt{\pi}}\cos x,\ \frac{1}{\sqrt{\pi}}\sin x,\ \cdots,\ \frac{1}{\sqrt{\pi}}\cos kx,\ \frac{1}{\sqrt{\pi}}\sin kx,\ \cdots,$$

我们有

$$\rho_n(x)=\frac{1}{2\pi}\int_0^{2\pi}\left|\frac{\sin\left(n+\frac{1}{2}\right)(t-x)}{\sin\frac{1}{2}(t-x)}\right|\mathrm{d}t=\frac{1}{2\pi}\int_0^{2\pi}\left|\frac{\sin\left(n+\frac{1}{2}\right)t}{\sin\frac{1}{2}t}\right|\mathrm{d}t\overset{\mathrm{d}}{=}\rho_n$$

(参见文献[7], 第七章).

**引理 3.1**　当 $n\to\infty$ 时, $\rho_n\to\infty$.

**证**　从 Jordan 不等式(参见文献[8], 第 141—142 页, 例 4)有

$$\frac{2}{\pi}\leqslant\frac{\sin x}{x}\leqslant 1,\quad 0<x\leqslant\frac{\pi}{2},$$

可见

$$\rho_n\geqslant\frac{1}{2\pi}\int_0^{\pi}\left|\frac{\sin\left(n+\frac{1}{2}\right)t}{\sin\frac{1}{2}t}\right|\mathrm{d}t\geqslant\frac{1}{2\pi}\int_0^{\pi}\left|\frac{\sin\left(n+\frac{1}{2}\right)t}{\frac{1}{2}t}\right|\mathrm{d}t=\frac{1}{\pi}\int_0^{\left(n+\frac{1}{2}\right)\pi}\left|\frac{\sin u}{u}\right|\mathrm{d}u$$

$$\geqslant\frac{1}{\pi}\left(\int_0^{\pi}\left|\frac{\sin u}{u}\right|\mathrm{d}u+\cdots+\int_{(n-1)\pi}^{n\pi}\left|\frac{\sin u}{u}\right|\mathrm{d}u\right).$$

而

$$\int_{k\pi}^{(k+1)\pi}\left|\frac{\sin u}{u}\right|\mathrm{d}u\geqslant\frac{1}{(k+1)\pi}\int_{k\pi}^{(k+1)\pi}|\sin u|\,\mathrm{d}u$$
$$=\frac{1}{(k+1)\pi}\int_0^{\pi}|\sin u|\,\mathrm{d}u$$
$$=\frac{2}{(k+1)\pi},\quad k=0,1,2,\cdots,n-1.$$

于是

$$\rho_n\geqslant\frac{2}{\pi^2}\left(1+\frac{1}{2}+\cdots+\frac{1}{n}\right).$$

故当 $n\to\infty$ 时,$\rho_n\to\infty$. 证毕.

由命题 3.2 和引理 3.1 可见,对$(0,2\pi)$上任给一点,都存在$f\in C[0,2\pi]$,其 Fourier 级数在该点发散. 事实上对$(0,2\pi)$中任意一串点列$\{x_m\}_{m=1}^{\infty}$,从前面结果有连续函数$f_m(x)\in C[0,2\pi]$,使$S_n(x_m,f_m)$发散. 考察

$$H_m=\{f\in C[0,2\pi]:S_n(x_m,f)\text{收敛}\}.$$

注意,对于三角系统

$$\|S_n(x_m,f)\|=\rho_n(x_m)=\rho_n\to\infty,\quad n\to\infty.$$

根据定理 3.2 下面的注,$H_m$ 必定是第一纲的,从而$\bigcup_{m=1}^{\infty}H_m$ 也是第一纲的. 而 $C[0,2\pi]$是第二纲的,故存在

$$f\in C[0,2\pi]\Big\backslash\left(\bigcup_{m=1}^{\infty}H_m\right).$$

如此之$f(x)$的 Fourier 级数便在所有点 $x_m$ 处发散.

**例 3** 机械求积法.

在定积分的近似计算中,通常以泛函

$$f_n(x)=\sum_{k=0}^{n}A_k^{(n)}x(t_k^{(n)}),\quad 0\leqslant t_0^{(n)}<t_1^{(n)}<\cdots<t_n^{(n)}\leqslant 1 \tag{3.3}$$

作为 $x(t)$的积分 $\int_0^1 x(t)\,\mathrm{d}t$ 的近似值. 这就是通常所谓的机械求积法. (3.3)式称为机械求积公式. 一个自然提出的问题是:在什么样的条件下,由(3.3)式定义的泛函$f_n(x)$对每个连续函数 $x(t)$都收敛于积分 $\int_0^1 x(t)\,\mathrm{d}t$. 一个常见的结果是

**定理 3.3**(Steklov-Szegö,1916) 对任意的 $x\in C[0,1]$,$f_n(x)$都收敛于 $\int_0^1 x(t)\,\mathrm{d}t$ 的充要条件是

(1) 存在常数 $M>0$,使 $\sum_{k=0}^{n}|A_k^{(n)}|\leqslant M$;

(2) 对任给的多项式 $x(t)$,$f_n(x)\to\int_0^1 x(t)\,\mathrm{d}t\,(n\to\infty)$.

**证** 必要性. 首先,对任意的 $x\in C[0,1]$,

$$|f_n(x)|\leqslant\sum_{k=0}^{n}|A_k^{(n)}||x(t_k^{(n)})|\leqslant\left(\sum_{k=0}^{n}|A_k^{(n)}|\right)\|x\|,$$

故

$$\|f_n\|\leqslant\sum_{k=0}^{n}|A_k^{(n)}|.$$

另一方面,对每个 $n$,可以取$[0,1]$上的连续函数 $x_n(t)$,使

$$x_n(t_k^{(n)})=\operatorname{sgn}A_k^{(n)},\quad k=0,1,\cdots,n,$$

而且 $\|x_n\|=1$. 于是

$$f_n(x_n)=\sum_{k=0}^{n}A_k^{(n)}x_n(t_k^{(n)})=\sum_{k=0}^{n}|A_k^{(n)}|,$$

总之,我们有

$$\|f_n\|=\sum_{k=0}^{n}|A_k^{(n)}|. \tag{3.4}$$

于是由一致有界原理可知条件(1)是必要的. 至于(2)是自然的.

充分性. 任给 $x\in C[0,1]$,由 Weierstrass 定理,存在多项式 $x_1$,使

$$\|x-x_1\|<\varepsilon/[2(M+1)].$$

根据(2),存在正整数 $N$,使当 $n>N$ 时,

$$\left|f_n(x_1)-\int_0^1x_1(t)\,\mathrm{d}t\right|<\frac{\varepsilon}{2}.$$

于是由(1)与(3.4)式,当 $n>N$ 时,

$$\begin{aligned}\left|f_n(x)-\int_0^1x(t)\,\mathrm{d}t\right|&\leqslant|f_n(x)-f_n(x_1)|+\left|f_n(x_1)-\int_0^1x_1(t)\,\mathrm{d}t\right|+\\&\quad\left|\int_0^1x_1(t)\,\mathrm{d}t-\int_0^1x(t)\,\mathrm{d}t\right|\\&\leqslant\|f_n\|\|x-x_1\|+\frac{\varepsilon}{2}+\|x_1-x\|\\&\leqslant(M+1)\|x-x_1\|+\frac{\varepsilon}{2}<\varepsilon.\end{aligned}$$

证毕.

**定义 3.3** 对线性空间中的点集 $A$ 与 $B$,数 $\lambda$ 与 $\mu$,定义

$$\lambda A+\mu B=\{\lambda x+\mu y:x\in A,y\in B\}.$$

若 $A$ 是单点集$\{x\}$,数 $\lambda$ 与 $\mu$ 皆为 1,则 $A+B$ 简记为 $x+B$.

**引理 3.2** 在赋范线性空间中,

(1) $\overline{A}+\overline{B}\subset\overline{A+B}$;

(2) 若 $y_j(j=1,2)$是 $A_j$ 的内点,则 $y_1+y_2$ 是 $A_1+A_2$ 的内点.

**证** (1) 是显然的.

(2) 从 $y_2$ 是 $A_2$ 的内点,存在 $r>0$,使 $U_2=\{y:\|y-y_2\|<r\}\subset A_2$. 注意

$$y_1+U_2=\{z:\|z-(y_1+y_2)\|<r\}$$

是 $y_1+y_2$ 的邻域,且 $y_1+U_2\subset A_1+A_2$. 故 $y_1+y_2$ 是 $A_1+A_2$ 的内点. 证毕.

**定理 3.4** 设 $X$ 与 $Y$ 都是 Banach 空间，$T\in L(X,Y)$. 如果 $R(T)$ 是第二纲的，则于任何 $\varepsilon>0$，都有 $\eta>0$，使开球 $\{x\in X:\|x\|<\varepsilon\}$ 在映射 $T$ 之下的像包含开球 $\{y\in Y:\|y\|<\eta\}$.

**证** 证明分两步进行.

(1) 首先证明 $\forall r>0$，$\exists\delta>0$，使

$$\overline{T\{x\in X:\|x\|<r\}}\supset\{y\in Y:\|y\|<\delta\}.$$

设 $V=\{x\in X:\|x\|<r\}$，显然 $0\in\overline{TV}$，现在需要证明 0 是 $\overline{TV}$ 的内点. 取

$$W=\left\{x\in X:\|x\|<\frac{r}{2}\right\},$$

则 $W$ 是平衡的，而且 $W+W\subset V$. 显然 $\bigcup\limits_{k=1}^{\infty}(kW)=X$，于是

$$\bigcup_{k=1}^{\infty}T(kW)=T(X)=R(T).$$

由假设，$R(T)$ 是第二纲的. 因此，至少有一个正整数 $k_0$，使 $k_0\overline{(TW)}=\overline{T(k_0W)}$ 包含内点. 从而 $\overline{TW}$ 含有内点，设其为 $y'$. 注意 $TW$ 是平衡的，从而 $\overline{TW}$ 也是平衡的，故 $-y'$ 也是 $\overline{TW}$ 的内点. 由引理 3.2，$0=y'-y'$ 便是 $\overline{TW}+\overline{TW}\subset\overline{TW+TW}\subset\overline{TV}$ 的内点，即 $\overline{TV}$ 含有某个开球 $\{y\in Y:\|y\|<\delta\}$.

(2) 对任意 $\varepsilon>0$，令 $\varepsilon_j=\dfrac{\varepsilon}{2^j}$，$j=1,2,\cdots$，根据 (1)，应有 $\eta_j>0$，$j=1,2,\cdots$，使

$$\overline{T\{x\in X:\|x\|<\varepsilon_j\}}\supset\{y\in Y:\|y\|<\eta_j\},\quad j=1,2,\cdots. \tag{3.5}$$

不妨设 $\{\eta_j\}_{j=1}^{\infty}$ 单调减少且趋于零. 取 $\eta=\eta_1$，我们断言

$$T\{x\in X:\|x\|<\varepsilon\}\supset\{y\in Y:\|y\|<\eta\}.$$

即任给 $y_0\in Y$，只要 $\|y_0\|<\eta$，就有 $x_0\in X$，$\|x_0\|<\varepsilon$，使 $y_0=Tx_0$，从而定理为真.

事实上，由 $\|y_0\|<\eta_1$，从 (3.5) 式（取 $j=1$），$y_0\in\overline{T\{x\in X:\|x\|<\varepsilon_1\}}$，故应有 $x_1\in X$ 及 $y_1=Tx_1$，使

$$\|x_1\|<\varepsilon_1，且\ \|y_0-y_1\|<\eta_2.$$

又由 (3.5) 式（取 $j=2$），$y_0-y_1\in\overline{T\{x\in X:\|x\|<\varepsilon_2\}}$，应有 $x_2\in X$ 及 $y_2=Tx_2$，使

$$\|x_2\|<\varepsilon_2，且\ \|(y_0-y_1)-y_2\|<\eta_3.$$

如此继续下去得到 $x_k\in X$ 及 $y_k=Tx_k$，使

$$\|x_k\|<\varepsilon_k，且\ \|(y_0-y_1-\cdots-y_{k-1})-y_k\|<\eta_{k+1},\quad k=1,2,\cdots.$$

注意当 $m>n$ 时，

$$\left\|\sum_{k=1}^{m}x_k-\sum_{k=1}^{n}x_k\right\|\leqslant\sum_{k=n+1}^{m}\|x_k\|<\sum_{k=n+1}^{m}\varepsilon_k=\sum_{k=n+1}^{m}\frac{\varepsilon}{2^k}.$$

可见 $\left\{\sum\limits_{k=1}^{n}x_k\right\}_{n=1}^{\infty}$ 是一个 Cauchy 序列，而 $X$ 是完备的，故应有

$$x_0=\sum_{k=1}^{\infty}x_k=\lim_{n\to\infty}\sum_{k=1}^{n}x_k\in X,$$

且

$$\| x_0 \| < \sum_{k=1}^{\infty} \frac{\varepsilon}{2^k} = \varepsilon.$$

又 $\{\eta_j\}_{j=1}^{\infty}$ 单调减少且趋于零,故

$$\sum_{j=1}^{k} y_j \to y_0, \quad k \to \infty.$$

于是

$$Tx_0 = \sum_{k=1}^{\infty} Tx_k = \sum_{k=1}^{\infty} y_k = y_0.$$

证毕.

经过平移,便可把前面定理叙述成

**定理 3.5(开映射定理,1932)**　设 $X$ 与 $Y$ 都是 Banach 空间,$T \in L(X,Y)$. 如果 $R(T)$ 是第二纲的,则映射 $T$ 变 $X$ 中开集为 $Y$ 中开集.

**证**　设 $G$ 是 $X$ 中开集,往证 $T(G)$ 是 $Y$ 中开集.

$\forall y_0 \in T(G)$,$\exists x_0 \in G$,使 $y_0 = Tx_0$. 由于 $G$ 是开集,$x_0$ 是 $G$ 的内点,存在 $\varepsilon > 0$,使

$$\{x \in X: \| x - x_0 \| < \varepsilon\} \subset G.$$

注意

$$\{x \in X: \| x - x_0 \| < \varepsilon\} = x_0 + \{x \in X: \| x \| < \varepsilon\},$$

由于 $T$ 是线性的,于是

$$T(G) \supset T\{x \in X: \| x - x_0 \| < \varepsilon\} = Tx_0 + T\{x \in X: \| x \| < \varepsilon\} = y_0 + T\{x \in X: \| x \| < \varepsilon\}.$$

由定理 3.4 存在 $\eta > 0$,使

$$T\{x \in X: \| x \| < \varepsilon\} \supset \{y \in Y: \| y \| < \eta\}.$$

于是

$$T(G) \supset y_0 + T\{x \in X: \| x \| < \varepsilon\} \supset y_0 + \{y \in Y: \| y \| < \eta\}.$$

而

$$y_0 + \{y \in Y: \| y \| < \eta\} = \{y \in Y: \| y - y_0 \| < \eta\},$$

故

$$\{y \in Y: \| y - y_0 \| < \eta\} \subset T(G).$$

可见 $y_0$ 是 $T(G)$ 的内点,又 $y_0 \in T(G)$ 是任意的,因而 $T(G)$ 是开集. 证毕.

从定理 3.4 易见

**命题 3.3**　Banach 空间上连续线性算子的像或者构成第一纲点集,或者充满全空间.

**定理 3.6(Banach 逆算子定理,1929)**　设 $X$ 与 $Y$ 都是 Banach 空间,$T \in L(X,Y)$. 如果 $T$ 是一对一的,且是满射的,则 $T^{-1}$ 是连续的.

**证**　根据开映射定理,对 $X$ 中的任意开集 $O$,$(T^{-1})^{-1}(O) = T(O)$ 是开的. 于是由第一章 §4 定理 4.1,$T^{-1}$ 是连续的. 证毕.

根据 Banach 逆算子定理可知,如果 $T \in L(X,Y)$ 是双射的,则 $T$ 必是有界可逆的,即 $T^{-1} \in L(Y,X)$.

**命题 3.4**　设在同一个线性空间 $X$ 上存在着两个范数 $\| \cdot \|$ 与 $\| \cdot \|_1$,它们都使 $X$ 成为 Banach 空间,如果 $\| \cdot \|$ 强于 $\| \cdot \|_1$,则 $\| \cdot \|$ 与 $\| \cdot \|_1$ 等价.

**证**　设 $X$ 在范数 $\| \cdot \|$ 及 $\| \cdot \|_1$ 下构成的 Banach 空间依次记为 $E$ 与 $E_1$,则 $Tx = x$,

$\forall x\in X$ 是变 $E$ 为 $E_1$ 的双射的连续线性算子，由 Banach 逆算子定理可见本命题成立. 证毕.

**定义 3.4** 设 $X$ 与 $Y$ 都是赋范线性空间，$M$ 是 $X$ 中线性流形，$T:M\to Y$ 是线性算子，$M$ 称为 $T$ 的**定义域**，记为 $\mathscr{D}(T)$.

如果对 $x_n\in\mathscr{D}(T)$，$n=1,2,\cdots$，

$$\lim_{n\to\infty}x_n=x_0 \quad 与 \quad \lim_{n\to\infty}Tx_n=y_0$$

恒有 $x_0\in\mathscr{D}(T)$，且 $Tx_0=y_0$，则称 $T$ 为**闭算子**.

设 $X$ 与 $Y$ 都是赋范线性空间，$T:\mathscr{D}(T)(\subset X)\to Y$ 是线性算子. 我们定义

$$G(T)\overset{\mathrm{d}}{=}\{\langle x,y\rangle\in X\times Y: x\in\mathscr{D}(T), y=Tx\},$$

称 $G(T)$ 为算子 $T$ 的**图形**. 若对 $\langle x,y\rangle\in X\times Y$，引进范数

$$\|\langle x,y\rangle\|=\|x\|+\|y\|,$$

则 $X\times Y$ 是赋范线性空间. 所谓 $T$ 是闭算子即 $T$ 的图形 $G(T)$ 是 $X\times Y$ 中闭集.

**例 4** 连续函数空间 $C[a,b]$ 上的微分算子是闭算子.

令 $M=\{x\in C[a,b]: x'\in C[a,b]\}$，这里 $x'$ 表示 $x$ 的导函数，则 $M$ 是 $C[a,b]$ 的线性流形. 定义

$$Tx=x', \quad \forall x\in M.$$

易见 $T$ 是从 $M$ 到 $C[a,b]$ 的线性算子. 设 $x_n\in M$，$n=1,2,\cdots$，使

$$x_n\to x_0, \quad Tx_n\to y_0.$$

即 $x_n$ 一致收敛于 $x_0$，$x_n$ 的导函数 $x_n'$ 一致收敛于 $y_0$. 由数学分析可知 $x_0'=y_0$. 则 $x_0\in M$，且 $Tx_0=y_0$，即 $T$ 是闭算子. 但是容易知道 $T$ 不是有界的.

**定理 3.7（闭图形定理，1931）** 设 $T$ 是从 Banach 空间 $X$ 到 Banach 空间 $Y$ 的处处有定义的闭算子，则 $T$ 是有界的.

**证** 对 $x\in X$，引进新范数

$$\|x\|_1=\|x\|+\|Tx\|.$$

设 $\{x_n\}_{n=1}^{\infty}$ 按 $\|\cdot\|_1$ 是 Cauchy 序列，即任给 $\varepsilon>0$，存在正整数 $N$，使当 $n,m\geqslant N$ 时，

$$\|x_n-x_m\|_1=\|x_n-x_m\|+\|Tx_n-Tx_m\|<\varepsilon,$$

则 $\{x_n\}_{n=1}^{\infty}$，$\{Tx_n\}_{n=1}^{\infty}$ 分别是 $X,Y$ 中 Cauchy 序列. $X,Y$ 都是完备的，故存在 $x_0\in X$，$y_0\in Y$，使

$$\lim_{n\to\infty}x_n=x_0, \quad \lim_{n\to\infty}Tx_n=y_0.$$

由于 $T$ 是闭算子，故 $y_0=Tx_0$. 于是

$$\|x_n-x_0\|_1=\|x_n-x_0\|+\|Tx_n-Tx_0\|\to 0, \quad n\to\infty.$$

故 $X$ 按范数 $\|\cdot\|_1$ 也构成 Banach 空间，显然

$$\|x\|\leqslant\|x\|_1, \quad \forall x\in X.$$

即 $\|\cdot\|_1$ 强于 $\|\cdot\|$. 根据命题 3.4，$\|\cdot\|_1$ 与 $\|\cdot\|$ 等价. 于是，当 $\|x_n-x_0\|\to 0$ 时，总有

$$\|Tx_n-Tx_0\|\leqslant\|x_n-x_0\|_1\to 0,$$

即 $T$ 是连续的. 证毕.

要懂得闭图形定理的好处，可对线性算子 $T$ 考察下面三个叙述：

(1) $x_n\to x_0$；

(2) $Tx_n\to y_0$；

(3) $Tx_0=y_0$.

通常证明 $T$ 在 $x_0$ 处连续,需要从(1)推出(2)和(3)来. 现在由闭图形定理,则只要从(1)和(2)推出(3)即可,多了一个假设,当然要省力些.

**命题 3.5(Hellinger-Toeplitz 定理,1910)**　设 $A$ 是从 Hilbert 空间 $H$ 到自身的处处定义的线性算子. 如果

$$(Ax,y)=(x,Ay),\quad x,y\in H,$$

则 $A$ 是有界的.

**证**　若 $\lim\limits_{n\to\infty}x_n=x_0$, $\lim\limits_{n\to\infty}Ax_n=y_0$,则于任何 $y\in H$,从假设有

$$(Ax_n,y)=(x_n,Ay),\quad n=1,2,\cdots,$$

令 $n\to\infty$,便有

$$(y_0,y)=(x_0,Ay).$$

又由假设有

$$(y_0,y)=(Ax_0,y).$$

可见 $Ax_0=y_0$,故 $A$ 是闭算子. 根据闭图形定理知 $A$ 是有界的. 证毕.

量子力学中的力学量 $A$,如能量算符、动量算符等,它们对 Hilbert 空间 $H$ 中某些元素 $x$, $y$ 满足关系式

$$(Ax,y)=(x,Ay).$$

为了便于运算,当然希望能把 $A$ 扩张到整个空间 $H$ 上去,使得上述关系在 $H$ 上处处成立. 但我们容易证明这些力学量都是无界算子,所以由命题 3.5 可知,这种扩张是不可能的.

## §4　对偶空间,二次对偶,自反空间

### 1. 对偶空间

设 $X,Y$ 为 Banach 空间,前面已讲过有界线性算子集合 $L(X,Y)$ 是 Banach 空间. 特别地取 $Y=\mathbf{C}$,称 $L(X,\mathbf{C})$ 为 $X$ 的**对偶空间(或共轭空间)**,记为 $X'$. 显然,$X$ 的对偶空间 $X'$ 就是 $X$ 上全体连续线性泛函的空间.

$X$ 上的连续线性泛函实在是经典定积分概念的重要推广. 例如

$$f(x)=\int_a^b x(t)\,\mathrm{d}t,\quad x=x(t)\in C[a,b]$$

就是 $C[a,b]$ 上的连续线性泛函.

在 $X=\mathbf{R}^n$ 中,设 $\lambda_j(x)$ 为 $x=(x_1,x_2,\cdots,x_n)$ 的第 $j$ 个坐标,即

$$\lambda_j((x_1,x_2,\cdots,x_n))=x_j,\quad j=1,2,\cdots,n,$$

显然每个 $\lambda_j(x)$ 都是 $\mathbf{R}^n$ 上连续线性泛函. 而在无穷维空间,特别有意思的是不可分情况,连续线性泛函正类似于点的坐标,即有对应

$$x\longmapsto\{f(x)\}_{f\in X'}.$$

按坐标的想法,自然要求 $X$ 中不同的点 $x_1$ 与 $x_2$ 对应于不同的坐标,亦即有 $f_0\in X'$,使

$$f_0(x_1)\neq f_0(x_2).$$

事实正是如此,这只需取 $x_0=x_1-x_2$. 由命题 2.1 确有 $f_0\in X'$,使

$$f_0(x_0)=\|x_0\|\neq 0.$$

这或者是命题 2.1 常被称为 Hahn-Banach 定理之重要推论的一个原因. 历史上,Hahn 也正是在证明了命题 2.1 之后才引进对偶空间概念. 他当时称之为“polare Raum”(参见文献[26],第 137 页).

在泛函分析以后的发展和应用中,我们常把 Banach 空间与其对偶空间联系起来考虑,这就是所谓“对偶理论”的精神. 对偶理论不只在泛函分析理论本身,而且在数学物理和近代偏微分方程理论上都起到重要的作用.

**定理 4.1** 对 Banach 空间 $X$,如果 $X'$ 可分,则 $X$ 亦可分.

**证** 由于 $X'$ 可分,易知存在球面 $\{x'\in X':\|x'\|=1\}$ 上可数稠密子集 $\{x_n'\}_{n=1}^{\infty}$. 根据 $\|x'\|$ 的定义,应有一串点列 $\{x_n\}_{n=1}^{\infty}\subset X$, $\|x_n\|\leqslant 1$,使

$$|x_n'(x_n)|>\frac{1}{2},\quad n=1,2,\cdots.$$

假设 $X$ 不可分,$\{x_n\}_{n=1}^{\infty}$ 张成的子空间不是 $X$. 根据命题 2.2,应有 $x_0'\in X'$,使

$$x_0'(x_n)=0,n=1,2,\cdots,\text{且 }\|x_0'\|=1.$$

从而

$$\|x_0'-x_n'\|\geqslant|x_0'(x_n)-x_n'(x_n)|=|x_n'(x_n)|>\frac{1}{2},\quad n=1,2,\cdots.$$

这与 $\{x_n'\}_{n=1}^{\infty}$ 是 $X'$ 之单位球面上的稠密子集矛盾. 证毕.

**2. 几个具体空间上的连续线性泛函**

**定理 4.2** $(\ell^1)'$ 中的元素 $f$ 可唯一地表示为

$$f(x)=\sum_{n=1}^{\infty}a_nx_n,\quad x=\{x_n\}_{n=1}^{\infty}\in\ell^1, \tag{4.1}$$

其中 $a=\{a_n\}_{n=1}^{\infty}\in(m)$(参见第一章 §3 中例 1),而且

$$\|f\|=\sup_n|a_n|=\|a\|,$$

这里 $\|a\|$ 表示 $a$ 作为 $(m)$ 中元素的范数.

另一方面,对每个 $a=\{a_n\}_{n=1}^{\infty}\in(m)$,由(4.1)式右端定义的线性泛函 $f$ 在 $(\ell^1)'$ 中.

**证** 设 $f\in(\ell^1)'$. 考察 $\ell^1$ 中点列

$$e_1=\{1,0,0,\cdots\},e_2=\{0,1,0,\cdots\},\cdots.$$

则对任意 $x=\{x_n\}_{n=1}^{\infty}\in\ell^1$ 有

$$x=\sum_{n=1}^{\infty}x_ne_n,$$

这个级数在 $\ell^1$ 中收敛. 于是

$$f(x)=\sum_{n=1}^{\infty}x_nf(e_n).$$

注意 $\|e_n\|=1$,于是 $|f(e_n)|\leqslant\|f\|$. 设

$$a_n=f(e_n),\quad n=1,2,\cdots,$$

则 $a=\{a_n\}_{n=1}^{\infty}\in(m)$,且 $a$ 由 $f$ 唯一地确定. 又

$$f(x)=\sum_{n=1}^{\infty}a_nx_n,$$

从 $a_n=f(e_n)$, $|f(e_n)|\leqslant\|f\|$, $n=1,2,\cdots$,

$$\|a\| = \sup_n |a_n| \leqslant \|f\|.$$

此外，

$$|f(x)| \leqslant \sum_{n=1}^{\infty} |a_n| |x_n| \leqslant \sup_n |a_n| \sum_{n=1}^{\infty} |x_n| = \|a\| \|x\|,$$

可见，$\|f\| \leqslant \|a\|$. 总之

$$\|f\| = \|a\|.$$

至于定理其他部分是容易验证的. 证毕.

以下考察 $C[0,1]$上的连续线性泛函.

**定理 4.3**　设$f\in (C[0,1])'$,则存在$[0,1]$上的有界变差函数 $g(t)$,使

$$f(x)=\int_0^1 x(t)\,\mathrm{d}g(t),\quad x=x(t)\in C[0,1],\tag{4.2}$$

且

$$\|f\| = \mathrm{var}(g),$$

这里 var$(g)$表示 $g(t)$在$[0,1]$上的全变差(参见文献[7],第五章, §4 或文献[8],第四章, §6).

另一方面,对$[0,1]$上每个有界变差函数 $g(t)$,由(4.2)式右端定义的线性泛函$f$在$(C[0,1])'$中.

**证**　设 $g(t)$是$[0,1]$上的有界变差函数,对任意 $x=x(t)\in C[0,1]$, Lebesgue-Stieltjes 积分 $\int_0^1 x(t)\,\mathrm{d}g(t)$存在. 对每个正整数 $n$,取阶层函数

$$z_n(t)=\sum_{k=1}^{n} x\left(\frac{k}{n}\right)\left[u_{\frac{k}{n}}(t)-u_{\frac{k-1}{n}}(t)\right],$$

这里 $u_0(t)\equiv 0$,对 $\xi\in(0,1]$,

$$u_\xi(t)=\begin{cases}1, & 0\leqslant t\leqslant \xi,\\ 0, & \xi<t\leqslant 1.\end{cases}$$

因为 $x(t)$在$[0,1]$上一致连续,故 $z_n(t)$在$[0,1]$上一致收敛于 $x(t)$. 而

$$\int_0^1 z_n(t)\,\mathrm{d}g(t)=\sum_{k=1}^{n}\int_{\frac{k-1}{n}}^{\frac{k}{n}} z_n(t)\,\mathrm{d}g(t)=\sum_{k=1}^{n} x\left(\frac{k}{n}\right)\int_{\frac{k-1}{n}}^{\frac{k}{n}} 1\,\mathrm{d}g(t)$$

$$=\sum_{k=1}^{n} x\left(\frac{k}{n}\right)\left[g\left(\frac{k}{n}\right)-g\left(\frac{k-1}{n}\right)\right].$$

注意 $|z_n(t)|\leqslant \|x\|$, $0\leqslant t\leqslant 1$, $n=1,2,\cdots$,故

$$\int_0^1 x(t)\,\mathrm{d}g(t)=\lim_{n\to\infty}\int_0^1 z_n(t)\,\mathrm{d}g(t)=\lim_{n\to\infty}\sum_{k=1}^{n} x\left(\frac{k}{n}\right)\left[g\left(\frac{k}{n}\right)-g\left(\frac{k-1}{n}\right)\right]$$

(参见文献[6],第五章, §9). 从而

$$\left|\int_0^1 x(t)\,\mathrm{d}g(t)\right|\leqslant \sup_n \sum_{k=1}^{n}\left|x\left(\frac{k}{n}\right)\right|\left|g\left(\frac{k}{n}\right)-g\left(\frac{k-1}{n}\right)\right|$$

$$\leqslant \|x\| \sup_n \sum_{k=1}^{n}\left|g\left(\frac{k}{n}\right)-g\left(\frac{k-1}{n}\right)\right|$$

$$\leqslant \|x\|\,\mathrm{var}(g).$$

现在,对$[0,1]$上的有界变差函数 $g(t)$,易见

$$f(x)=\int_0^1 x(t)\mathrm{d}g(t), \quad x=x(t)\in C[0,1]$$

是 $C[0,1]$ 上的线性泛函,而且由前段

$$|f(x)|=\left|\int_0^1 x(t)\mathrm{d}g(t)\right|\leqslant \|x\|\operatorname{var}(g).$$

故 $f\in(C[0,1])'$,且 $\|f\|\leqslant\operatorname{var}(g)$.

以下设 $f\in(C[0,1])'$. 因为 $C[0,1]$ 可视为 $M[0,1]$ 的子空间(参见第一章习题 17),由 Hahn-Banach 定理,$f$ 可以扩张成 $M[0,1]$ 上的连续线性泛函 $F$,而且 $\|F\|=\|f\|$.

对于每个 $x=x(t)\in C[0,1]$,易见前述的 $u_\xi(t),z_n(t)\in M[0,1]$,且 $z_n\to x$ 在 $M[0,1]$ 中. 于是

$$F(x)=\lim_{n\to\infty}F(z_n)=\lim_{n\to\infty}\left\{\sum_{k=1}^n x\left(\frac{k}{n}\right)\left[F\left(u_{\frac{k}{n}}\right)-F\left(u_{\frac{k-1}{n}}\right)\right]\right\}. \tag{4.3}$$

令

$$g(\xi)=F(u_\xi), \quad \xi\in[0,1],$$

对于 $[0,1]$ 的任何分划

$$0=\xi_0<\xi_1<\cdots<\xi_{n-1}<\xi_n=1,$$

我们有

$$\begin{aligned}\sum_{j=1}^n|g(\xi_j)-g(\xi_{j-1})|&=\sum_{j=1}^n\varepsilon_j[g(\xi_j)-g(\xi_{j-1})]\\&=\sum_{j=1}^n\varepsilon_j[F(u_{\xi_j})-F(u_{\xi_{j-1}})]\\&=F\left(\sum_{j=1}^n\varepsilon_j(u_{\xi_j}-u_{\xi_{j-1}})\right),\end{aligned}$$

这里 $\varepsilon_j(j=1,2,\cdots,n)$ 是模为 1 的常数. 注意

$$\left\|\sum_{j=1}^n\varepsilon_j(u_{\xi_j}-u_{\xi_{j-1}})\right\|=1,$$

从而

$$\sum_{j=1}^n|g(\xi_j)-g(\xi_{j-1})|=\left|F\left(\sum_{j=1}^n\varepsilon_j(u_{\xi_j}-u_{\xi_{j-1}})\right)\right|\leqslant\|F\|=\|f\|.$$

这说明 $g(\xi)$ 是 $[0,1]$ 上有界变差函数,而且

$$\operatorname{var}(g)\leqslant\|f\|.$$

从(4.3)式,

$$f(x)=F(x)=\lim_{n\to\infty}\sum_{k=1}^n x\left(\frac{k}{n}\right)\left[g\left(\frac{k}{n}\right)-g\left(\frac{k-1}{n}\right)\right]=\int_0^1 x(t)\mathrm{d}g(t), \quad x=x(t)\in C[0,1],$$

由第一部分证明,$\|f\|\leqslant\operatorname{var}(g)$,总之

$$\|f\|=\operatorname{var}(g).$$

证毕.

上述定理中的 $g(t)$ 不是唯一的,但如规定 $g(t)\in V_0[0,1]$,则 $g(t)$ 由 $f$ 唯一确定. 于是有

**命题 4.1** $(C[0,1])'$ 与 $V_0[0,1]$ 保范线性同构,即

$$(C[0,1])' \cong V_0[0,1].$$

证明参见文献[43]第 3 章 § 5. 这里

$V_0[0,1] \stackrel{\mathrm{d}}{=} \{g : g(t)$是$[0,1]$上有界变差函数$, g(0)=0$,且$g(t)$于$(0,1)$内是右连续的$\}$.

定理 4.3 是 F. Riesz 在 1909 年证明的,它或者是最早从连续线性泛函导出测度的一个结果. 其后,在 1937 年,Banach 将它推广到 $C(\Omega)$ 上,其中 $\Omega$ 是距离空间中的紧集. 再以后 Kakutani 和 A. Markov 更将 $\Omega$ 换成一般紧的甚至局部紧的 Hausdorff 空间. 这类结果的意义在于分析中一些测度可以由线性泛函导出来,例如自伴算子的谱测度和遍历定理中的不变测度等(参见文献[27],第 55 页,第 224 页).

**定理 4.4**　设 $f$ 是 $L^p[a,b]$ $(1<p<\infty)$ 上的有界线性泛函,则存在唯一的函数 $y \in L^q[a,b]$, $q=p(p-1)^{-1}$,使

$$f(x)=\int_a^b x(t)y(t)\,\mathrm{d}t, \quad x=x(t)\in L^p[a,b]. \tag{4.4}$$

且

$$\|f\| = \|y\| \stackrel{\mathrm{d}}{=} \left(\int_a^b |y(t)|^q \mathrm{d}t\right)^{1/q}.$$

反之,对任何 $y\in L^q[a,b]$,(4.4)式右端定义了 $L^p[a,b]$ 上的有界线性泛函.

**证**　对 $s\in[a,b]$,令

$$x_s(t)=\begin{cases}1, & a\leqslant t\leqslant s,\\ 0, & s<t\leqslant b,\end{cases}$$

则 $x_s\in L^p[a,b]$. 记 $g(s)=f(x_s)$,则 $g(s)$ 是$[a,b]$上绝对连续函数. 事实上,设 $\delta_j=[s_j,t_j]$, $j=1,2,\cdots,n$,是任意一组包含于$[a,b]$中且没有公共内点的闭区间. 记 $\varepsilon_j=\mathrm{sgn}(g(t_j)-g(s_j))$,则

$$\begin{aligned}\sum_{j=1}^n |g(t_j)-g(s_j)| &= \sum_{j=1}^n \varepsilon_j[g(t_j)-g(s_j)] = \sum_{j=1}^n \varepsilon_j[f(x_{t_j})-f(x_{s_j})]\\ &= f\Big(\sum_{j=1}^n \varepsilon_j(x_{t_j}-x_{s_j})\Big) \leqslant \|f\| \left\| \sum_{j=1}^n \varepsilon_j(x_{t_j}-x_{s_j}) \right\|\\ &= \|f\|\left(\int_a^b \left|\sum_{j=1}^n \varepsilon_j[x_{t_j}(\xi)-x_{s_j}(\xi)]\right|^p \mathrm{d}\xi\right)^{1/p}\\ &= \|f\|\left(\sum_{j=1}^n \int_{\delta_j} 1\,\mathrm{d}\xi\right)^{1/p} = \|f\|\left(\sum_{j=1}^n m(\delta_j)\right)^{1/p},\end{aligned}$$

可见 $g(s)$ 是绝对连续的.

令 $y(s)=g'(s)$, $s\in(a,b)$,则 $y\in L^1[a,b]$. 因为 $x_a(t)=0$ a.e. 于$[a,b]$,故 $g(a)=f(x_a)=0$. 于是

$$g(s)=g(a)+\int_a^s y(t)\,\mathrm{d}t=\int_a^s y(t)\,\mathrm{d}t.$$

从而

$$f(x_s)=g(s)=\int_a^s y(t)\,\mathrm{d}t=\int_a^b x_s(t)y(t)\,\mathrm{d}t. \tag{4.5}$$

设 $x(t)$ 是$[a,b]$上任一有界可测函数. 我们可取一致有界的阶层函数列 $\{x_n(t)\}_{n=1}^\infty$ 几乎处处收敛于 $x(t)$. 根据(4.5)式以及 $x_n(t)$ 是某些 $x_s(t)$ 的线性组合可知

$$f(x_n)=\int_a^b x_n(t)y(t)\,\mathrm{d}t, \tag{4.6}$$

根据 Lebesgue 收敛定理有

$$\int_a^b x_n(t)y(t)\,\mathrm{d}t\to\int_a^b x(t)y(t)\,\mathrm{d}t,$$

$$\|x_n-x\|=\left(\int_a^b |x_n(t)-x(t)|^p\mathrm{d}t\right)^{1/p}\to 0.$$

于是,在(4.6)式中令 $n\to\infty$,可得

$$f(x)=\int_a^b x(t)y(t)\,\mathrm{d}t. \tag{4.7}$$

往证 $y\in L^q[a,b]$. 对每个正整数 $N$ 作如下有界可测函数

$$y_N(t)=\begin{cases}|y(t)|^{q-1}\operatorname{sgn} y(t), & |y(t)|\leqslant N,\\ 0, & |y(t)|>N.\end{cases}$$

记 $E_N=\{t\in[a,b]:|y(t)|\leqslant N\}$,则

$$f(y_N)=\int_a^b y_N(t)y(t)\,\mathrm{d}t=\int_{E_N} y_N(t)y(t)\,\mathrm{d}t=\int_{E_N}|y(t)|^q\mathrm{d}t.$$

另一方面,从 $q=p(p-1)^{-1}$,知

$$|y_N(t)|^p=|y(t)|^{(q-1)p}=|y(t)|^q,\quad t\in E_N.$$

从而

$$f(y_N)\leqslant\|f\|\,\|y_N\|=\|f\|\left(\int_{E_N}|y_N(t)|^p\mathrm{d}t\right)^{1/p}=\|f\|\left(\int_{E_N}|y(t)|^q\mathrm{d}t\right)^{1/p}.$$

于是

$$\int_{E_N}|y(t)|^q\mathrm{d}t\leqslant\|f\|\left(\int_{E_N}|y(t)|^q\mathrm{d}t\right)^{1/p}.$$

从 $1-\dfrac{1}{p}=\dfrac{1}{q}$,可得

$$\left(\int_{E_N}|y(t)|^q\mathrm{d}t\right)^{1/q}\leqslant\|f\|.$$

令 $N\to\infty$,$E_N\to[a,b]$,可得

$$\left(\int_a^b|y(t)|^q\mathrm{d}t\right)^{1/q}\leqslant\|f\|.$$

这说明 $y\in L^q[a,b]$,且 $\|y\|\leqslant\|f\|$.

现在证明,对任意 $x\in L^p[a,b]$,(4.7)式成立. 取有界可测函数列 $\{x_n(t)\}_{n=1}^{\infty}$,使

$$\|x_n-x\|=\left(\int_a^b|x_n(t)-x(t)|^p\mathrm{d}t\right)^{1/p}\to 0,\quad n\to\infty.$$

从(4.7)式有

$$f(x_n)=\int_a^b x_n(t)y(t)\,\mathrm{d}t,\quad n=1,2,\cdots. \tag{4.8}$$

根据 Hölder 不等式

$$\left|\int_a^b x_n(t)y(t)\,\mathrm{d}t-\int_a^b x(t)y(t)\,\mathrm{d}t\right|=\left|\int_a^b[x_n(t)-x(t)]y(t)\,\mathrm{d}t\right|$$
$$\leqslant\left(\int_a^b|x_n(t)-x(t)|^p\mathrm{d}t\right)^{1/p}\left(\int_a^b|y(t)|^q\mathrm{d}t\right)^{1/q}$$

$$= \| x_n - x \| \, \| y \| \to 0, \quad n \to \infty .$$

在(4.8)式中，令 $n\to\infty$，可得

$$f(x) = \int_a^b x(t) y(t)\,\mathrm{d}t,$$

即(4.4)式成立. 从(4.4)式利用 Hölder 不等式可得

$$|f(x)| = \left|\int_a^b x(t) y(t)\,\mathrm{d}t\right| \leqslant \|x\| \, \|y\|, \quad \forall x \in L^p[a,b].$$

因此，$\|f\| \leqslant \|y\|$. 前已证明 $\|y\| \leqslant \|f\|$，于是 $\|f\| = \|y\|$.

假如又有 $y_1 \in L^q[a,b]$，使

$$f(x) = \int_a^b x(t) y_1(t)\,\mathrm{d}t, \quad x \in L^p[a,b].$$

令 $x_1(t) = \mathrm{sgn}(y(t) - y_1(t))$，$t \in [a,b]$，则 $x_1 \in L^p[a,b]$. 从而

$$\int_a^b |y(t) - y_1(t)|\,\mathrm{d}t = \int_a^b x_1(t)[y(t) - y_1(t)]\,\mathrm{d}t = 0.$$

故 $y(t) = y_1(t)$ a. e. 于 $[a,b]$，即 $y = y_1$. 唯一性得证.

反之，设 $y \in L^q[a,b]$，利用 Hölder 不等式易知，(4.4)式右端定义了 $L^p[a,b]$ 上的一个有界线性泛函. 证毕.

**定理 4.5** $\ell^p(1<p<\infty)$上的有界线性泛函 $f$ 可以表示为

$$f(x) = \sum_{k=1}^{\infty} c_k \xi_k, \quad x = \{\xi_k\}_{k=1}^{\infty} \in \ell^p, \tag{4.9}$$

这里 $c = \{c_k\}_{k=1}^{\infty} \in \ell^q$，$q = p(p-1)^{-1}$ 由 $f$ 唯一确定，且

$$\|f\| = \|c\| \stackrel{\mathrm{d}}{=} \left(\sum_{k=1}^{\infty} |c_k|^q\right)^{1/q}.$$

反之，任给 $c = \{c_k\}_{k=1}^{\infty} \in \ell^q$，由(4.9)式右端定义了 $\ell^p$ 上一个有界线性泛函.

**证** 考察 $\ell^p$ 中的点列

$$e_1 = \{1,0,0,\cdots\}, e_2 = \{0,1,0,\cdots\}, \cdots,$$

则每个元素 $x = \{\xi_k\}_{k=1}^{\infty} \in \ell^p$ 可以唯一地表示成

$$x = \sum_{k=1}^{\infty} \xi_k e_k,$$

这个级数在 $\ell^p$ 中收敛.

设 $f \in (\ell^p)'$，则

$$f(x) = \sum_{k=1}^{\infty} \xi_k f(e_k).$$

令 $c_k = f(e_k)$，$k = 1,2,\cdots$，则

$$f(x) = \sum_{k=1}^{\infty} c_k \xi_k, \quad x = \{\xi_k\}_{k=1}^{\infty} \in \ell^p. \tag{4.10}$$

往证 $c = \{c_k\}_{k=1}^{\infty} \in \ell^q$. 选取 $x_n = \{\xi_k^{(n)}\}_{k=1}^{\infty} \in \ell^p$，$n = 1,2,\cdots$，其中

$$\xi_k^{(n)} = \begin{cases} |c_k|^{q-1} \mathrm{sgn}\, c_k, & k \leqslant n, \\ 0, & k > n. \end{cases}$$

则由(4.10)式可知

$$f(x_n)=\sum_{k=1}^{n}|c_k|^q.$$

另一方面

$$f(x_n)\leqslant\|f\|\,\|x_n\|=\|f\|\Big(\sum_{k=1}^{\infty}|\xi_k^{(n)}|^p\Big)^{1/p}=\|f\|\Big(\sum_{k=1}^{n}|c_k|^q\Big)^{1/p},$$

由这两个式子可得

$$\Big(\sum_{k=1}^{n}|c_k|^q\Big)^{1/q}\leqslant\|f\|.$$

令 $n\to\infty$,便有

$$\Big(\sum_{k=1}^{\infty}|c_k|^q\Big)^{1/q}\leqslant\|f\|.$$

这表明 $c=\{c_k\}_{k=1}^{\infty}\in\ell^q$,且 $\|c\|\leqslant\|f\|$. 现在从(4.10)式及 Hölder 不等式可得

$$|f(x)|=\Big|\sum_{k=1}^{\infty}c_k\xi_k\Big|\leqslant\Big(\sum_{k=1}^{\infty}|c_k|^q\Big)^{1/q}\Big(\sum_{k=1}^{\infty}|\xi_k|^p\Big)^{1/p}=\|c\|\,\|x\|.$$

从而 $\|f\|\leqslant\|c\|$,总之

$$\|f\|=\|c\|.$$

假若又有 $c'=\{c'_k\}_{k=1}^{\infty}\in\ell^q$,使

$$f(x)=\sum_{k=1}^{\infty}c'_k\xi_k,\quad x=\{\xi_k\}_{k=1}^{\infty}\in\ell^p,$$

则对任何 $x=\{\xi_k\}_{k=1}^{\infty}\in\ell^p$,总有

$$\sum_{k=1}^{\infty}(c_k-c'_k)\xi_k=0.$$

依次取 $x=e_n,n=1,2,\cdots$,即得 $c_n-c'_n=0,n=1,2,\cdots$,故 $c=c'$. 唯一性得证.

反之,任给 $c=\{c_k\}_{k=1}^{\infty}\in\ell^q$,利用 Hölder 不等式易见(4.9)式右端定义了 $\ell^p$ 上的一个有界线性泛函. 证毕.

### 3. 二次对偶与典型映射

设 $X$ 是 Banach 空间,$X'$是其对偶空间. $X'$的对偶空间 $X''$称为 $X$ 的**二次对偶**. 我们将要看到 $X$ 与 $X''$之间有密切的联系.

对 Banach 空间 $X$ 中任意一点 $x_0\neq0$,定义

$$F(x')=x'(x_0),\quad\forall x'\in X'.$$

显然 $F$ 是 $X'$上的线性泛函,而且

$$\|F\|=\sup_{\|x'\|\leqslant1}|F(x')|=\sup_{\|x'\|\leqslant1}|x'(x_0)|\leqslant\|x_0\|.$$

另一方面,由命题 2.1,有 $x'_0\in X'$,使

$$|x'_0(x_0)|=\|x_0\|,\text{且}\ \|x'_0\|=1.$$

于是

$$\|F\|=\sup_{\|x'\|\leqslant1}|x'(x_0)|\geqslant|x'_0(x_0)|=\|x_0\|.$$

总之,

$$\|F\|=\|x_0\|.$$

由此可见 $F$ 由 $x_0$ 唯一确定,且 $F\in X''$. 现在记 $x''_0$ 以代替 $F$,即

$$x_0''(x') = x'(x_0), \quad \forall x' \in X'.$$

则得到映射 $\tau: X \to X''$,

$$\tau(x_0) = x_0'',$$

且

$$\| x_0'' \| = \| x_0 \|.$$

这表明映射 $\tau$ 把 $X$ 保范地嵌入到 $X''$ 中,称如此的 $\tau$ 为**典型映射**. 我们有时把 $X$ 上的问题通过 $\tau$ 转化为 $X''$ 上的问题,这是泛函分析中一个常用的技巧. 好处在于线性函数较之空间中的元素更易处理,例如将 $\| x_0 \|$ 转化成 $\| x_0'' \|$ 来考察等.

下面来看一个利用二次对偶证明 $X$ 与 $X'$ 之性质的例子.

**命题 4.2**　设 $\{x_\alpha\}_{\alpha \in \mathscr{A}}$ 是 Banach 空间 $X$ 中的点集. 如果对任何 $f \in X'$,都有常数 $M_f > 0$,使

$$\sup_{\alpha \in \mathscr{A}} | f(x_\alpha) | \leqslant M_f,$$

则

$$\sup_{\alpha \in \mathscr{A}} \| x_\alpha \| < \infty.$$

这只需考察 $X'$ 上的有界线性泛函

$$F_\alpha(f) = f(x_\alpha), \quad \forall f \in X',$$

注意 $\| F_\alpha \| = \| x_\alpha \|$. 然后由一致有界原理便知道

$$\sup_{\alpha \in \mathscr{A}} \| x_\alpha \| = \sup_{\alpha \in \mathscr{A}} \| F_\alpha \| < \infty.$$

**4. 自反空间**

对前段所说的典型映射 $\tau: X \to X''$,一般来说 $\tau(X) \neq X''$.

**定义 4.1**　如果 $\tau(X) = X''$,则称 $X$ 是**自反空间**.

Hahn 在 1927 年发现典型映射后便提出自反空间的概念,当时他把这类空间称为正则的. 下面将证明,有限维赋范线性空间都是自反的. 空间自反性的要求正是为了保证有限维赋范线性空间上的重要定理在无穷维空间上仍然成立. 例如下面讲到的算子的值域与零空间关系的定理就需要空间的自反性.

注意自反空间 $X$ 是经由一个特定的保范同构 $\tau$ 变 $X$ 为 $X''$. R. C. James 曾构造出一个 Banach 空间 $X$,它和 $X''$ 保范同构,但是 $X$ 并不自反(参见文献[33]). 这个反例提醒我们在证明空间自反性时要谨慎从事.

**定理 4.6**　任何有限维赋范线性空间都是自反的.

**证**　设 $X$ 是 $n$ 维赋范线性空间,$\{e_1, e_2, \cdots, e_n\}$ 是 $X$ 的基. 根据命题 2.2,存在 $f_1, f_2, \cdots, f_n \in X'$,使

$$f_j(e_k) = \delta_{jk}, \quad j, k = 1, 2, \cdots, n,$$

这里 $\delta_{jk}$ 是 Kronecker 常数. 易见 $f_1, f_2, \cdots, f_n$ 是线性无关的. 对任意 $x = \sum_{j=1}^{n} x_j e_j \in X$,

$$f_k(x) = \sum_{j=1}^{n} x_j f_k(e_j) = x_k, \quad k = 1, 2, \cdots, n.$$

故于任何 $f \in X'$,

$$f(x) = \sum_{j=1}^{n} x_j f(e_j) = \sum_{j=1}^{n} f(e_j) f_j(x) = \left[ \sum_{j=1}^{n} f(e_j) f_j \right](x),$$

即

$$f=\sum_{j=1}^{n} f(e_j)f_j.$$

这表明$\{f_1,f_2,\cdots,f_n\}$是$X'$的基,即$X'$也是$n$维空间,从而$X''$亦是$n$维空间.而典型映射$\tau$是保范线性映射,所以$\tau(X)$的维数与$X$的维数相同.从$\tau(X)\subset X''$可知,$\tau(X)=X''$.证毕.

**定理 4.7** $L^p[a,b]\,(1<p<\infty)$是自反的.

**证** 只需证明任给$F\in(L^p[a,b])''$,存在$x_0\in L^p[a,b]$,使

$$F(f)=f(x_0),\quad f\in(L^p[a,b])'.$$

任给$y\in L^q[a,b]$,$q=p(p-1)^{-1}$,考察映射$\alpha:L^q[a,b]\to(L^p[a,b])'$,$\alpha(y)=f$,这里

$$f(x)=\int_a^b x(t)y(t)\,\mathrm{d}t,\quad x\in L^p[a,b].$$

根据定理 4.4,$\alpha:L^q[a,b]\to(L^p[a,b])'$是保范同构.设

$$F'(y)=F(\alpha(y)),\quad y\in L^q[a,b],$$

易证$F'\in(L^q[a,b])'$.又由定理 4.4,存在$x_0\in L^p[a,b]$,使

$$F'(y)=\int_a^b y(t)x_0(t)\,\mathrm{d}t,\quad y\in L^q[a,b].$$

现在对任意的$f\in(L^p[a,b])'$,令$y=\alpha^{-1}(f)$,则$y\in L^q[a,b]$,且

$$f(x)=\int_a^b x(t)y(t)\,\mathrm{d}t,\quad x\in L^p[a,b].$$

于是

$$F(f)=F(\alpha(y))=F'(y)=\int_a^b y(t)x_0(t)\,\mathrm{d}t=f(x_0).$$

证毕.

**定理 4.8** 每个 Hilbert 空间都是自反的.

**证** 设$H$是 Hilbert 空间,任给$y\in H$,都确定$H$上一个连续线性泛函

$$y^*:y^*(x)=(x,y),\quad x\in H.$$

反之,由 Fréchet-Riesz 表现定理,$H$上每个连续线性泛函都具有这种形式.

现在只需证明,对任给的$\varphi\in H^{**}$,存在$x_0\in H$,使

$$\varphi(y^*)=y^*(x_0),\quad \forall y^*\in H^*.$$

由前述只需证明

$$\varphi(y^*)=(x_0,y)=\overline{(y,x_0)},\quad \forall y\in H,$$

亦即

$$\overline{\varphi(y^*)}=(y,x_0),\quad \forall y\in H.$$

要证明这点,由 Fréchet-Riesz 表现定理,只需证明

$$\overline{\varphi(y^*)}=\overline{\varphi((\cdot,y))}$$

是$H$上关于$y$的连续线性泛函,而这是易于直接验证的.证毕.

**例** 空间$\ell^1$不自反.

根据定理 4.2,$(\ell^1)'\cong(m)$,则$(m)'\cong(\ell^1)''$(见习题 20).如果$\ell^1$自反,则$(m)'$与$\ell^1$保范同构.但$\ell^1$是可分的,从而$(m)'$也将是可分的了.根据定理 4.1,$(m)$亦是可分的.这与

第一章 §4 中例 3 的结果矛盾. 故 $\ell^1$ 非自反.

**定理 4.9**　如果 Banach 空间 $X$ 是自反的,则 $X$ 的任何子空间 $M$ 也是自反的.

**证**　只需证明任给 $m_0'' \in M''$,存在 $x_0 \in M$,使

$$m_0''(m') = m'(x_0), \quad m' \in M'.$$

对每个 $x' \in X'$,我们用 $x_M'$ 表示 $x'$在 $M$ 上的限制,即

$$x_M'(x) = x'(x), \quad x \in M,$$

则 $x_M' \in M'$.

对 $m_0'' \in M''$,定义

$$x_0''(x') = m_0''(x_M'), \quad x' \in X'.$$

易见 $x_0''$ 是 $X'$上的线性泛函. 又

$$|x_0''(x')| = |m_0''(x_M')| \leqslant \|m_0''\| \, \|x_M'\| \leqslant \|m_0''\| \, \|x'\|, \quad x' \in X',$$

故 $x_0'' \in X''$. 由假设 $X$ 是自反的,故存在 $x_0 \in X$,使

$$x_0''(x') = x'(x_0), \quad x' \in X'.$$

特别地,如果 $x' \in X'$,使 $x'(x) = 0$, $\forall x \in M$,则 $x_M' = 0$. 从而我们有

$$x'(x_0) = x_0''(x') = m_0''(x_M') = 0.$$

根据命题 2.3,$x_0 \in M$. 现在对每个 $m' \in M'$,设 $x' \in X'$是 $m'$的扩张,使 $x_M' = m'$,则

$$m_0''(m') = m_0''(x_M') = x_0''(x') = x'(x_0) = m'(x_0).$$

证毕.

自反空间是类乎 Hilbert 空间的 Banach 空间,它具有丰富的几何性质. 因此自反空间上算子的结构也是比较整齐的,这在下面讲算子的值域与零空间的关系时便可清楚地看到. 此外,在应用方面自反空间也是重要的.

## §5　Banach 共轭算子

首先,从有限维空间上的线性算子或矩阵说起,对

$$Ax = \begin{pmatrix} a_{11} & a_{12} & \cdots & a_{1n} \\ a_{21} & a_{22} & \cdots & a_{2n} \\ \vdots & \vdots & & \vdots \\ a_{n1} & a_{n2} & \cdots & a_{nn} \end{pmatrix} \begin{pmatrix} x_1 \\ x_2 \\ \vdots \\ x_n \end{pmatrix} = \begin{pmatrix} y_1 \\ y_2 \\ \vdots \\ y_n \end{pmatrix},$$

我们有

$$N(A) = \{x = (x_1, \cdots, x_n) : Ax = 0\} = (A \text{ 的行向量空间})^{\perp}.$$

又

$$\begin{pmatrix} y_1 \\ y_2 \\ \vdots \\ y_n \end{pmatrix} = \begin{pmatrix} \sum_{j=1}^{n} a_{1j}x_j \\ \sum_{j=1}^{n} a_{2j}x_j \\ \vdots \\ \sum_{j=1}^{n} a_{nj}x_j \end{pmatrix} = \sum_{j=1}^{n} x_j \begin{pmatrix} a_{1j} \\ a_{2j} \\ \vdots \\ a_{nj} \end{pmatrix},$$

故

$$R(A)=\{y:y=Ax\}=A \text{ 的列向量空间}.$$

所以

$$Ax=y_0 \text{ 有解} \Leftrightarrow y_0 \perp N(A^{\mathrm{T}}), \tag{5.1}$$

这里 $A^{\mathrm{T}}$ 是 $A$ 的转置矩阵.

理由是简单的：

$$Ax=y_0 \text{ 有解} \Leftrightarrow y_0 \in R(A)=A \text{ 的列向量空间}=A^{\mathrm{T}} \text{ 的行向量空间}=N(A^{\mathrm{T}})^{\perp}.$$

**定义 5.1** 设 $X$ 与 $Y$ 都是 Banach 空间，$T\in L(X,Y)$. 定义映射

$$T':(T'y')(x)=y'(Tx), \quad y'\in Y', x\in X,$$

显然 $T'$是从 $Y'$到 $X'$的有界线性算子. 我们称 $T'$为 $T$ 的 **Banach 共轭算子**.

设$\{e_1,e_2,\cdots,e_n\}$是 $n$ 维空间 $X$ 上的一个基，$\boldsymbol{A}$ 是 $X$ 上线性算子，在这个基之下的矩阵表示为 $A=(a_{jk})_{n\times n}$，即

$$(\boldsymbol{A}e_1,\boldsymbol{A}e_2,\cdots,\boldsymbol{A}e_n)=(e_1,e_2,\cdots,e_n)\begin{pmatrix} a_{11} & a_{12} & \cdots & a_{1n} \\ a_{21} & a_{22} & \cdots & a_{2n} \\ \vdots & \vdots & & \vdots \\ a_{n1} & a_{n2} & \cdots & a_{nn} \end{pmatrix}.$$

由定理 4.6 的证明，存在 $X$ 上的有界线性泛函$\{f_1,f_2,\cdots,f_n\}$，使

$$f_j(e_k)=\delta_{jk}, \quad j,k=1,2,\cdots,n,$$

且$\{f_1,f_2,\cdots,f_n\}$是 $X'$的一个基. 不难验证，对于 Banach 共轭算子 $\boldsymbol{A}'$有

$$(\boldsymbol{A}'f_1,\boldsymbol{A}'f_2,\cdots,\boldsymbol{A}'f_n)=(f_1,f_2,\cdots,f_n)\begin{pmatrix} a_{11} & a_{21} & \cdots & a_{n1} \\ a_{12} & a_{22} & \cdots & a_{n2} \\ \vdots & \vdots & & \vdots \\ a_{1n} & a_{2n} & \cdots & a_{nn} \end{pmatrix}. \tag{5.2}$$

因为从定义与直接计算，对 $x=\sum\limits_{j=1}^{n} x_j e_j\in X$，

$$\boldsymbol{A}x=\sum_{j=1}^{n} x_j\boldsymbol{A}e_j=\sum_{j=1}^{n} x_j\Big(\sum_{k=1}^{n} a_{kj}e_k\Big),$$

其中 $a_{kj}=(\boldsymbol{A}e_j,e_k)$，$k,j=1,2,\cdots,n$. 从而

$$(\boldsymbol{A}'f_i)(x)=f_i(\boldsymbol{A}x)=\sum_{j=1}^{n} x_j\Big[\sum_{k=1}^{n} a_{kj}f_i(e_k)\Big]=\sum_{j=1}^{n} x_j\Big(\sum_{k=1}^{n} a_{kj}\delta_{ik}\Big)=\sum_{j=1}^{n} a_{ij}x_j.$$

另一方面

$$f_i(x)=\sum_{j=1}^{n} x_jf_i(e_j)=\sum_{j=1}^{n} x_j\delta_{ij}=x_i, \quad i=1,2,\cdots,n.$$

于是

$$(\boldsymbol{A}'f_i)(x)=\sum_{j=1}^{n} a_{ij}f_j(x), \quad \forall x\in X,$$

即

$$\boldsymbol{A}'f_i=\sum_{j=1}^{n} a_{ij}f_j, \quad i=1,2,\cdots,n.$$

这正是(5.2)式,而(5.2)式右端的矩阵正是 $A$ 的转置矩阵.

这表明 Banach 共轭算子是矩阵之转置矩阵的推广,应该强调指出这个推广完全摆脱了坐标系的束缚,适用于无穷维 Banach 空间上的一切有界线性算子.

还该指出,比较 Banach 共轭算子 $\boldsymbol{A}'$ 的矩阵元与第二章 §4 中所谓 Hilbert 共轭算子 $\boldsymbol{A}^*$ 的矩阵元,正好相差一个复共轭,它们是不同的,但是初学者却往往忽略这一点.

**例 1**　设 $1<p<\infty$, $\dfrac{1}{p}+\dfrac{1}{q}=1$, $K(t,s)$ 是矩形 $a\leqslant t,s\leqslant b$ 上复值可测函数,且

$$\int_a^b\int_a^b |K(t,s)|^q \mathrm{d}t\mathrm{d}s<\infty,$$

则以 $K(t,s)$ 为核的积分算子

$$(Tx)(t)=\int_a^b K(t,s)x(s)\mathrm{d}s,\quad x=x(t)\in L^p[a,b]$$

是从 $L^p[a,b]$ 到 $L^q[a,b]$ 的有界线性算子. 事实上,由 Hölder 不等式,

$$\begin{aligned}\int_a^b |(Tx)(t)|^q\mathrm{d}t &= \int_a^b \left|\int_a^b K(t,s)x(s)\mathrm{d}s\right|^q \mathrm{d}t\\ &\leqslant \int_a^b \left[\int_a^b |K(t,s)|^q\mathrm{d}s\right]\left[\int_a^b |x(s)|^p\mathrm{d}s\right]^{q/p}\mathrm{d}t\\ &\leqslant \int_a^b\int_a^b |K(t,s)|^q\mathrm{d}s\mathrm{d}t\,\|x\|^q.\end{aligned}$$

从而

$$\|Tx\|=\left(\int_a^b |(Tx)(t)|^q\mathrm{d}t\right)^{1/q}\leqslant\left(\int_a^b\int_a^b |K(t,s)|^q\mathrm{d}s\mathrm{d}t\right)^{1/q}\|x\|,$$

可见 $T$ 是有界的.

根据定理 4.4,每个 $f\in(L^q[a,b])'$ 对应唯一的 $y=y(t)\in L^p[a,b]$,使

$$f(z)=\int_a^b z(t)y(t)\mathrm{d}t,\quad z=z(t)\in L^q[a,b].$$

故对任何 $x=x(t)\in L^p[a,b]$,

$$\begin{aligned}(T'f)(x)=f(Tx)&=\int_a^b (Tx)(t)y(t)\mathrm{d}t\\ &=\int_a^b\left[\int_a^b K(t,s)x(s)\mathrm{d}s\right]y(t)\mathrm{d}t\\ &=\int_a^b x(s)\left[\int_a^b K(t,s)y(t)\mathrm{d}t\right]\mathrm{d}s.\end{aligned}\tag{5.3}$$

不计同构,把 $(L^p[a,b])'$ 与 $L^q[a,b]$ 等同,$(L^q[a,b])'$ 与 $L^p[a,b]$ 等同. 即 $f$ 与 $y$ 等同,则 $T'f$ 对应着 $T'y\in L^q[a,b]$,即

$$(T'f)(x)=\int_a^b x(s)(T'y)(s)\mathrm{d}s,\quad x=x(t)\in L^p[a,b].\tag{5.4}$$

比较(5.3)与(5.4),根据唯一性可得

$$(T'y)(s)=\int_a^b K(t,s)y(t)\mathrm{d}t,$$

即

$$(T'y)(t)=\int_a^b K(s,t)y(s)\mathrm{d}s,\quad y=y(t)\in L^p[a,b].$$

积分算子 $T'$ 也是从 $L^p[a,b]$ 到 $L^q[a,b]$ 的有界线性算子. 但是 $T'$ 的核 $K(s,t)$ 与积分算子 $T$ 的核 $K(t,s)$ 相比正好颠倒了 $s$ 和 $t$ 的位置.

**例 2** 设 $K(x,y)\in L^2(S)$，其中 $S=\{(x,y):0\leqslant x,y\leqslant 1\}$ 是正方形. 则从例 1 可知积分算子

$$(Tf)(x)=\int_0^1 K(x,y)f(y)\,\mathrm{d}y,\quad f=f(x)\in L^2[0,1]$$

是 $L^2[0,1]$ 上的有界线性算子.

根据 Hilbert 共轭算子定义，

$$\begin{aligned}(T^*f,g)=(f,Tg)&=\int_0^1 f(x)\,\overline{(Tg)(x)}\,\mathrm{d}x\\&=\int_0^1 f(x)\left[\overline{\int_0^1 K(x,y)g(y)\,\mathrm{d}y}\right]\mathrm{d}x\\&=\int_0^1 \overline{g(y)}\left[\int_0^1 \overline{K(x,y)}f(x)\,\mathrm{d}x\right]\mathrm{d}y.\end{aligned}$$

对任何 $f,g\in L^2[0,1]$，故

$$(T^*f)(y)=\int_0^1 \overline{K(x,y)}f(x)\,\mathrm{d}x,$$

或

$$(T^*f)(x)=\int_0^1 \overline{K(y,x)}f(y)\,\mathrm{d}y.$$

可见积分算子 $T^*$ 的核 $\overline{K(y,x)}$ 与积分算子 $T$ 的核 $K(x,y)$ 相比，不仅颠倒了 $x,y$ 的位置，而且差一个复共轭.

**定理 5.1** 设 $X$ 与 $Y$ 都是 Banach 空间，$T\in L(X,Y)$，则 $T'$ 是从 $Y'$ 到 $X'$ 的有界线性算子，且

(1) $\|T'\|=\|T\|$;

(2) $(T+S)'=T'+S'$;

(3) $(\alpha T)'=\alpha T'$,

这里 $S\in L(X,Y)$，$\alpha$ 是任意常数.

**证** (2)与(3)显然.

(1) 由 §4 中 3，

$$\|Tx\|=\sup_{\|y'\|\leqslant 1}|y'(Tx)|,$$

故

$$\begin{aligned}\|T\|=\sup_{\|x\|\leqslant 1}\|Tx\|&=\sup_{\|x\|\leqslant 1}\sup_{\|y'\|\leqslant 1}|y'(Tx)|\\&=\sup_{\|y'\|\leqslant 1}\sup_{\|x\|\leqslant 1}|(T'y')(x)|\\&=\sup_{\|y'\|\leqslant 1}\|T'y'\|=\|T'\|.\end{aligned}$$

证毕.

注意，本定理的(3)与 Hilbert 共轭算子相应的结果(第二章 §4 中定理 4.1 的(4))不同.

**定理 5.2** 设 $X$ 是 Banach 空间，$S,T\in L(X)$，则

(1) $(ST)'=T'S'$;

(2) 若 $T$ 是有界可逆的，则 $T'$ 亦是有界可逆的，且

$$(T')^{-1}=(T^{-1})'.$$

**证**　(1) 对任给的 $x\in X,x'\in X'$，

$$[(ST)'x'](x)=x'[(ST)x]=x'[S(Tx)]=(S'x')(Tx)=(T'S'x')(x).$$

故 $(ST)'=T'S'$.

(2) 注意 $I'=I$，由 (1) 可知

$$I=(T^{-1}T)'=T'(T^{-1})',\quad I=(TT^{-1})'=(T^{-1})'T',$$

可见 (2) 成立. 证毕.

**定理 5.3**　设 $X,Y$ 都是 Banach 空间，$T\in L(X,Y)$，则 $T''$ 是 $T$ 的扩张，即对任何 $x\in X$，

$$T''[\tau(x)]=\tau_1(Tx),$$

这里 $\tau:X\to X''$，$\tau_1:Y\to Y''$ 都是典型映射.

**证**　显然，$T''\in L(X'',Y'')$. 对 $x\in X$，根据典型映射

$$\tau:\tau(x)(x')=x'(x),\quad \forall x'\in X'.$$

对 $y\in Y$，根据典型映射

$$\tau_1:\tau_1(y)(y')=y'(y),\quad \forall y'\in Y'.$$

于是对任给的 $y'\in Y'$，

$$T''[\tau(x)](y')=\tau(x)(T'y')=(T'y')(x)=y'(Tx)=\tau_1(Tx)(y').$$

可见

$$T''[\tau(x)]=\tau_1(Tx),\quad \forall x\in X.$$

证毕.

对 Hilbert 空间上有界线性算子 $T$，除了 Banach 共轭算子 $T'$，在第二章 §4 中，我们还讲到 Hilbert 共轭算子 $T^*$. 从例 1 和例 2 我们已经看到，$T^*$ 与 $T'$ 是不同的，但它们也并非毫不相关. 下面我们来考察 $T^*$ 与 $T'$ 的关系.

设 $H_1$ 与 $H_2$ 都是 Hilbert 空间，$T\in L(H_1,H_2)$. 令

$$f=T'g,\quad f\in H_1^*,g\in H_2^*. \tag{5.5}$$

按 $T'$ 的定义

$$f(x)=T'g(x)=g(Tx),\quad \forall x\in H_1. \tag{5.6}$$

根据 Fréchet-Riesz 表现定理，对每个 $f\in H_1^*$，恰有一个 $x_f\in H_1$，使

$$f(x)=(x,x_f),\quad \forall x\in H_1, \tag{5.7}$$

且

$$\|x_f\|=\|f\|.$$

引进算子 $A:H_1^*\to H_1$ 如下：

$$Af=x_f,\quad f\in H_1^*, \tag{5.8}$$

则 $A$ 是保范共轭同构（参见第二章 §3）. 同理，存在保范共轭同构 $B:H_2^*\to H_2$，使

$$Bg=y_g,\quad g\in H_2^*. \tag{5.9}$$

这里 $y_g\in H_2$ 满足

$$g(y)=(y,y_g),\quad \forall y\in H_2, \tag{5.10}$$

且

$$\|y_g\|=\|g\|.$$

于是由(5.5)式,(5.8)式和(5.9)式得

$$AT'B^{-1}y_g = AT'g = Af = x_f. \tag{5.11}$$

而从(5.6)式,(5.7)式与(5.10)式可见

$$(x, x_f) = f(x) = g(Tx) = (Tx, y_g) = (x, T^* y_g), \quad \forall x \in H_1.$$

故

$$x_f = T^* y_g. \tag{5.12}$$

比较(5.11)式与(5.12)式可得

$$T^* = AT'B^{-1}.$$

总结上述,我们得到

**定理 5.4** 设 $H_1$ 与 $H_2$ 都是 Hilbert 空间,$T \in L(H_1, H_2)$,$T^*$,$T'$分别是 $T$ 的 Hilbert 共轭算子与 Banach 共轭算子,则

$$T^* = AT'B^{-1},$$

其中 $A: H_1^* \to H_1$,$B: H_2^* \to H_2$ 分别是保范共轭同构.

这表明了 Hilbert 空间上两种共轭算子之间的关系.顺便该提到,通常对 Hilbert 空间上有界线性算子谈论共轭时,如不特别声明总是指 Hilbert 共轭算子.

## §6 算子的值域与零空间,商空间

### 1. 算子的值域与零空间

本节恒设 $A$ 为 Banach 空间 $X$ 上的有界线性算子,和以前一样我们称

$$N(A) = \{x : Ax = 0\}$$

为 $A$ 的零空间,

$$R(A) = \{y : y = Ax, x \in X\}$$

为 $A$ 的值域.

在前一节我们已经从有限维空间情况看到算子的值域、零空间以及共轭算子的概念与方程 $Ax = y$ 的求解密切相关,所以它们是算子理论中极重要的概念.

在有限维空间的讨论,我们还涉及 $A'$的行向量空间以及它的正交补.但是在一般 Banach 空间中,并没有内积,需要引进下列概念.

**定义 6.1** 设 $X$ 是 Banach 空间.

(1) 对线性流形 $M \subset X$,所谓 $M$ 在 $X'$中的**零化子**,是指

$$M^0 \stackrel{\mathrm{d}}{=} \{y' \in X : y'(x) = 0, \quad x \in M\}.$$

(2) 对线性流形 $G \subset X'$,所谓 $G$ 在 $X$ 中的**零化子**,是指

$$^0G \stackrel{\mathrm{d}}{=} \{x \in X : y'(x) = 0, \quad y' \in G\}.$$

显然零化子是内积空间中正交补的推广.

在 Hilbert 空间中,若 $M$ 是闭的,则$(M^\perp)^\perp = M$.现在对于 Banach 空间,有下列结果.

**定理 6.1** 设 $X$ 是 Banach 空间.

(1) 如果 $M$ 是 $X$ 的子空间,则$^0(M^0) = M$;

(2) 若 $X$ 是自反的,$G$ 是 $X'$的子空间,则$(^0G)^0 = G$.

**证** (1) 显然 $M \subset {}^0(M^0)$.如果 $x_0 \in {}^0(M^0)$,则每当 $y' \in M^0$,$y'(x_0) = 0$.即对 $X$ 上任何连

续线性泛函 $y'$:$y'(x)=0$, $\forall x\in M$ 蕴涵 $y'(x_0)=0$. 因 $M$ 是闭的,根据命题 2.3,$x_0\in M$. 总之,$^0(M^0)=M$.

(2) 显然 $G\subset(^0G)^0$. 若 $y_0'\in(^0G)^0$,则必有 $y_0'\in G$. 否则,由命题 2.2,存在 $x_0''\in X''$,使

$$x_0''(y_0')\neq 0,\text{且 } x_0''(x')=0,\quad x'\in G.$$

因 $X$ 是自反的,必有 $x_0\in X$,使

$$x_0''(x')=x'(x_0),\quad x'\in X.$$

于是

$$y_0'(x_0)\neq 0,\text{但 } x'(x_0)=0,\quad x'\in G.$$

这与 $y_0'\in(^0G)^0$ 的假设矛盾. 证毕.

应该指出,对于非自反的 Banach 空间 $X$,(2)未必成立(参见文献[43],§ Ⅲ.7).

下面我们来讨论值域与零空间的关系.

**引理 6.1**　$(\overline{R(A)})^0=N(A')$.

**证**　设 $y'\in N(A')$,则 $A'y'=0$. 故对任意的 $x\in X$,

$$y'(Ax)=A'y'(x)=0.$$

任给 $y\in\overline{R(A)}$,应有 $x_n\in X$, $n=1,2,\cdots$,使 $y=\lim\limits_{n\to\infty}Ax_n$,于是

$$y'(y)=\lim_{n\to\infty}y'(Ax_n)=0.$$

因此 $y'\in(\overline{R(A)})^0$.

反之,若 $y'\in(\overline{R(A)})^0$,则任给 $x\in X$, $y'(Ax)=0$,即 $A'y'(x)=0$. 故 $A'y'=0$,亦即 $y'\in N(A')$. 证毕.

**引理 6.2**　$^0(\overline{R(A')})=N(A)$.

**证**　设 $x\in N(A)$,则 $Ax=0$. 于是对任意的 $x'\in X'$,

$$A'x'(x)=x'(Ax)=0.$$

任给 $y'\in\overline{R(A')}$,应有 $x_n'\in X'$, $n=1,2,\cdots$,使 $y'=\lim\limits_{n\to\infty}A'x_n'$. 从而

$$y'(x)=\lim_{n\to\infty}A'x_n'(x)=0.$$

故 $x\in{}^0(\overline{R(A')})$.

反之,设 $x\in{}^0(\overline{R(A')})$,则对任意的 $x'\in X'$, $A'x'(x)=0$,即 $x'(Ax)=0$. 根据 Hahn-Banach 定理的推论(命题 2.1),$Ax=0$,即 $x\in N(A)$. 证毕.

**引理 6.3**　$^0N(A')=\overline{R(A)}$.

**引理 6.4**　$\overline{R(A')}\subset N(A)^0$.

**引理 6.5**　若 $X$ 是自反的,则

$$\overline{R(A')}=N(A)^0.$$

这三个引理可直接证明,也可用定理 6.1 与前面的两个引理来证.

以引理 6.5 为例,从引理 6.2,

$$^0(\overline{R(A')})=N(A).$$

因为 $X$ 是自反的,且 $\overline{R(A')}$ 是 $X'$ 的子空间,根据定理 6.1 的(2),由上式可得

$$\overline{R(A')} = [{}^0(\overline{R(A')})]^0 = N(A)^0.$$

综上所述,有

**定理 6.2** 设 $A$ 是 Banach 空间 $X$ 上的有界线性算子,则

$$N(A) = {}^0(R(A')), \quad N(A') = (\overline{R(A)})^0,$$
$$\overline{R(A)} = {}^0N(A'), \quad \overline{R(A')} \subset N(A)^0.$$

若更设 $X$ 是自反的,则

$$\overline{R(A')} = N(A)^0.$$

这个定理已如前述来源于线性代数,其实它也与积分方程论中的 Fredholm 交替定理密切相关. 此外,如 Lorch 所指出,这里正显示出自反空间概念对于算子结构理论的重要性(参见文献[36],第 53 页). 可以举出例子,如果 $X$ 不是自反的,那么等式

$$\overline{R(A')} = N(A)^0$$

确实可以不成立(参见文献[42]).

**定理 6.3** $\overline{R(A)} = X \Leftrightarrow A'$是单射的.

**证** $\Rightarrow$ 从定理 6.2,

$$N(A') = (\overline{R(A)})^0 = X^0 = \{0\}.$$

即 $A'$是单射的.

$\Leftarrow$ 从定理 6.2,

$$\overline{R(A)} = {}^0N(A') = {}^0\{0\} = X.$$

证毕.

同样可以证明当 $X$ 是自反空间时,

$$\overline{R(A')} = X' \Leftrightarrow A \text{ 是单射的}.$$

应该指出,定理 6.2 是关于值域的闭包 $\overline{R(A)}$ 还不是关于值域 $R(A)$ 的结果. 例如,我们只有

$$ {}^0N(A') = \overline{R(A)}, \tag{6.1}$$

还没有达到有限维空间的结果(5.1)式. 此外,从定理 6.3 也只是

$$\overline{R(A)} = X \Leftrightarrow A' \text{是单射的}.$$

我们当然关心 $A'$的逆是否连续,从上面的讨论还不能知道. 但如果 $R(A)$ 是闭的,情况就很好了. 这使(6.1)式成为

$$ {}^0N(A') = R(A).$$

关于这方面的一个重要结果是 Banach 给出的著名的闭值域定理.

**定理 6.4(闭值域定理)** 设 $X$ 与 $Y$ 都是 Banach 空间,$T \in L(X,Y)$,则下列各命题等价:

(1) $R(T)$是闭集;

(2) $R(T')$是闭集;

(3) $R(T) = {}^0N(T')$;

(4) $R(T') = N(T)^0$;

(5) $T$ 是开映射;

(6) $T'$是开映射.

所谓**开映射**即将开集映为开集的映射. 这里所说 $T(T')$是开映射,指的是将 $T(T')$看作 $X(Y')$到 $R(T)(R(T'))$上的映射是开映射.

关于这个定理的证明,有兴趣的读者可参见文献[10]第 101 页.

历史上,线性代数理论确实提供了探索算子理论的背景和巨大的推动力. 例如在第三章 §5 中我们已经看到 Banach 空间共轭算子与转置矩阵的关系,对于有限维空间上的线性变换 $\boldsymbol{A}$ 及与它相应的矩阵 $A$,那里还讲到

$$R(\boldsymbol{A})=A \text{ 的列向量空间}.$$

我们熟知,一个矩阵的行向量空间的维数等于列向量空间的维数(参见文献[2],第四章, §4,定理 4). 而

$$R(\boldsymbol{A}')=A^{\mathrm{T}} \text{ 的列向量空间}=A \text{ 的行向量空间},$$

故

$$\dim R(\boldsymbol{A}')=\dim R(\boldsymbol{A}). \tag{6.2}$$

现在,从闭值域定理立刻可见,对 $n$ 维空间 $X$ 上线性变换 $T$ 总有

$$\dim N(T)+\dim R(T)=\dim X=n.$$

这是线性代数学中的重要公式. 有人甚至说它“几乎包括了我们所知道的关于线性方程组的所有知识”(参见文献[1],第 107 页),关于(6.2)式的简单且直接的证明可参见文献[2]第七章 §6.

从上面所说的可见,闭值域定理实为线性代数学上线性变换的值域与零空间的研究在无穷维空间的推广. 再从下面第四章中定理 3.9 的证明,由闭值域定理立刻可推出著名的两择一定理,则是经典的线性积分方程论中熟知结果的推广. 总之,闭值域定理来自经典的线性代数与积分方程理论,在线性算子方程可解性的理论中扮演着重要的角色.

根据定理 6.3 与定理 6.4,可知

$$R(A)=X\Leftrightarrow A' \text{的逆是连续的}$$

及

$$R(A')=X'\Leftrightarrow A \text{ 的逆是连续的}.$$

如前所述,对于一个算子 $A$,其值域 $R(A)$是否是闭的至关重要. 当然绝非对每个有界线性算子 $A$,$R(A)$都是闭的. 例如,在$\ell^1$上,对 $x=\{\xi_1,\xi_2,\xi_3,\cdots\}\in\ell^1$,定义

$$Ax=\left\{\xi_1,\frac{\xi_2}{2},\frac{\xi_3}{3},\cdots\right\},$$

则 $A$ 是$\ell^1$上有界线性算子. 显然只有有限个坐标不为 0 的点的集合包含于 $R(A)$中,且在$\ell^1$中稠密,故 $\overline{R(A)}=\ell^1$. 但

$$y=\left\{1,\frac{1}{2^2},\frac{1}{3^2},\cdots\right\}$$

不属于 $R(A)$而属于$\ell^1$.

注意定理 5.4 中的 $A$,$B$ 都是保范双射算子,从它和定理 6.4 不难得到关于 Hilbert 共轭算子的下列结果.

**定理 6.5** 设 $H_1$ 与 $H_2$ 都是 Hilbert 空间,$T\in L(H_1,H_2)$,则下列各命题等价:

(1) $R(T)$是闭集;

(2) $R(T^*)$是闭集;

(3) $R(T)=N(T^*)^{\perp}$;

(4) $R(T^*)=N(T)^{\perp}$;

(5) $T$是开映射;

(6) $T^*$是开映射.

这里所说$T(T^*)$是开映射,指的是将$T(T^*)$看作$H_1(H_2)$到$R(T)(R(T^*))$上的映射是开映射.

**2. 商空间及对偶定理**

闭值域定理的证明用到Banach空间的商空间,而且商空间的理论和方法也是算子理论中常用的基本技巧,因此有必要介绍一点关于商空间的基本知识.我们就从集合的等价关系和等价类谈起.

设$S$是一个非空集合,$R$表示$S$中元素之间的某种关系,若$x,y\in S$具有这种关系,记为$xRy$.例如,全体实数$\mathbf{R}$是一个集合,"="表示两个实数之间的一种关系,"≥"也表示一种关系.再比如,平面上全体直线是一个集合,"//"(平行)是一种关系,"⊥"(垂直)是一种关系,相交也是一种关系.在各种关系中,我们感兴趣的是所谓的等价关系.

**定义 6.2** 集合$S$上的关系$R$称为**等价关系**,是指它具有下述性质:

(1)(自反性)$xRx$;

(2)(对称性)若$xRy$,则$yRx$;

(3)(传递性)若$xRy$,$yRz$,则$xRz$,

对任意的$x,y,z\in S$.

比如,$\mathbf{R}$上的关系"="是等价关系,但"≥"不是等价关系;平面直线间的"//"是等价关系,但"⊥"不是等价关系.

设$R$是集合$S$上的一个等价关系,$\forall x\in S$,令

$$[x]=\{y\in S:yRx\},$$

称之为$x$的**等价类**,或$x$的**陪集**.

例如,在平面上全体直线集合中,令

$$\ell_0:y=0$$

表示实数轴,则其在平行关系下的等价类为

$$[\ell_0]=\{\ell:y=C,C\in\mathbf{R}\text{ 是常数}\},$$

即$[\ell_0]$是平面上平行实数轴的全体直线的集合.

设$X$是(复)线性空间,$M$是$X$的线性流形,定义$X$上的关系$R$如下:

$$xRy\text{ 表示 }x-y\in M.$$

容易验证$R$是一个等价关系.给定$x\in X$,其陪集为

$$[x]=x+M\overset{\mathrm{d}}{=}\{x+z:z\in M\}.$$

现在我们考虑$X$中所有元素的陪集作成的集合,记为$X/M$.在其中可以定义线性运算:对$x,y\in X,\alpha\in\mathbf{C}$,

$$[x]+[y]=[x+y],$$

$$\alpha[x]=[\alpha x].$$

容易验证定义是完善的,按这样定义的线性运算,$X/M$也是线性空间.称$X/M$为$X$关于$M$

的**商空间**. $X/M$ 中零元就是 $X$ 中零元 0 所在的陪集$[0]$,即 $M$. 从 $X$ 到商空间 $X/M$ 有一个自然映射 $\pi:X\to X/M$,

$$\pi(x)=[x],\quad \forall x\in X.$$

显然 $\pi$ 是线性映射,通常称 $\pi$ 为**商映射**或**自然同态**.

如果 $X$ 是赋范线性空间,$M$ 是 $X$ 之子空间,即 $X$ 之闭的线性流形,那么如上产生的商空间 $X/M$ 也可以赋以范数使之成为赋范线性空间. 定义

$$\|[x]\|=\inf\{\|y\|:\forall y\in[x]\}.$$

由陪集定义实际上也有

$$\|[x]\|=\inf\{\|x-m\|:\forall m\in M\}=\operatorname{dist}(x,M).$$

往证 $\|[x]\|$ 确实是 $X/M$ 上的范数.

(1) $\|[x]\|\geqslant 0$,且 $\|[x]\|=0$ 当且仅当$[x]=0$.

只需证 $\|[x]\|=0\Rightarrow[x]=0$,即 $x\in M$. 由 $\|[x]\|$ 定义,当 $\|[x]\|=0$ 时,存在 $y_n\in M$,使 $\|y_n-x\|\to 0$ 时,而 $M$ 是闭集,故 $x\in M$.

(2) $\|\alpha[x]\|=|\alpha|\,\|[x]\|$,对任意 $\alpha\in\mathbf{C}$.

事实上,对任意 $\alpha\neq 0$,

$$\begin{aligned}\|\alpha[x]\|&=\|[\alpha x]\|=\inf\{\|y\|:y\in[\alpha x]\}=\inf\{\|\alpha z\|:z\in[x]\}\\&=\inf\{|\alpha|\,\|z\|:z\in[x]\}=|\alpha|\inf\{\|z\|:z\in[x]\}=|\alpha|\,\|[x]\|.\end{aligned}$$

(3) $\|[x]+[y]\|\leqslant\|[x]\|+\|[y]\|$.

由 $\|[\cdot]\|$ 定义,$\forall\varepsilon>0$,存在 $x_1\in[x]$,$y_1\in[y]$,使

$$\|x_1\|<\|[x]\|+\frac{\varepsilon}{2},\quad \|y_1\|<\|[y]\|+\frac{\varepsilon}{2}.$$

从而

$$\|x_1+y_1\|\leqslant\|x_1\|+\|y_1\|<\|[x]\|+\|[y]\|+\varepsilon.$$

由于 $x_1-x\in M$,$y_1-y\in M$,则

$$(x_1+y_1)-(x+y)=(x_1-x)+(y_1-y)\in M,$$

故 $x_1+y_1\in[x+y]$,从而

$$\|[x]+[y]\|=\|[x+y]\|\leqslant\|x_1+y_1\|<\|[x]\|+\|[y]\|+\varepsilon.$$

而 $\varepsilon$ 是任意的,所以

$$\|[x]+[y]\|\leqslant\|[x]\|+\|[y]\|.$$

总之 $\|[\cdot]\|$ 确实是 $X/M$ 上范数,通常称为**商范数**.

这里需要注意的是 $M$ 必须是闭的,否则,不能由 $\|[x]\|=0$ 得出$[x]=0$,即 $x\in M$.

若 $X$ 是赋范线性空间,则线性映射 $\pi:X\to X/M$ 是压缩的,即

$$\|\pi(x)\|=\|[x]\|\leqslant\|x\|,\ \forall x\in X.$$

因而,$\pi:X\to X/M$ 一定是连续的.

进一步可以证明若 $X$ 是 Banach 空间,$M$ 是 $X$ 之子空间,则 $X/M$ 按商范数亦是 Banach 空间.

**定理 6.6** 设 $X$ 是 Banach 空间,$M$ 是 $X$ 之子空间,则 $X/M$ 亦是 Banach 空间.

**证** 只需证明 $X/M$ 是完备的. 由第一章习题 23,又只需证明 $X/M$ 中任何绝对收敛的级数都收敛.

设 $\sum\limits_{n=1}^{\infty}[x]_n$ 是 $X/M$ 中绝对收敛的级数,即

$$\sum_{n=1}^{\infty}\|[x]_n\|<\infty.$$

由 $X/M$ 中范数的定义,对每个正整数 $n$,可取 $x_n\in[x]_n$,使

$$\|x_n\|\leqslant 2\|[x]_n\|.$$

于是

$$\sum_{n=1}^{\infty}\|x_n\|<\infty,$$

即 $\sum_{n=1}^{\infty}x_n$ 是 $X$ 中绝对收敛的级数. 而 $X$ 是 Banach 空间,由第一章习题 23,$\sum_{n=1}^{\infty}x_n$ 收敛. 设 $y=\sum_{n=1}^{\infty}x_n$,则

$$\left\|\sum_{n=1}^{N}[x]_n-[y]\right\|=\left\|\left[\sum_{n=1}^{N}x_n-y\right]\right\|\leqslant\left\|\sum_{n=1}^{N}x_n-y\right\|\to 0,\quad N\to\infty.$$

故 $\sum_{n=1}^{\infty}[x]_n=[y]$,即 $\sum_{n=1}^{\infty}[x]_n$ 收敛. 证毕.

给定一个 Banach 空间 $X$,及其子空间 $M$,得到商空间 $X/M$,它们的对偶空间应有一种关系. 下面的对偶定理清楚地描述了这种关系.

**定理 6.7** 设 $X$ 是 Banach 空间,$M$ 是 $X$ 之子空间,则

(1) $M'$ 与 $X'/M^0$ 保范同构;

(2) $(X/M)'$ 与 $M^0$ 保范同构,

这里 $M^0$ 表示 $M$ 在 $X'$ 中的零化子.

**证** (1) 设 $f\in M'$,则 $f$ 是 $M$ 上连续线性泛函. 由 Hahn-Banach 定理,存在 $F\in X'$,使

$$F(x)=f(x),\quad \forall x\in M,$$

且

$$\|F\|=\|f\|.$$

假设 $F_1\in X'$ 是 $f$ 另一个扩张,即

$$F_1(x)=f(x),\quad \forall x\in M,$$

则

$$(F-F_1)(x)=F(x)-F_1(x)=0,\quad \forall x\in M.$$

可见 $F-F_1\in M^0$,从而 $F_1\in[F]\in X'/M^0$. 这说明每个 $f\in M'$ 唯一确定一个元素 $[F]\in X'/M^0$,其中 $F$ 是 $f$ 之扩张.

定义映射 $\tau:M'\to X'/M^0$ 如下:

$$\tau(f)=[F],\quad \forall f\in M',$$

这里 $F$ 是 $f$ 的扩张. 显然 $\tau$ 是线性的. 如果 $\tau(f)=[F]=0$,即零泛函亦是 $f$ 的扩张,则 $f=0$. 所以 $\tau$ 是单射的. 往证 $\tau$ 是满射的. 设 $[F]\in X'/M^0$,任取 $F_1\in[F]$,令 $f=F_1|M$,即

$$f(x)=F_1(x),\quad \forall x\in M,$$

则 $f\in M'$. 而 $F_1$ 是 $f$ 的扩张,于是 $\tau(f)=[F_1]=[F]$,可见 $\tau$ 是满射的.

下面证 $\tau$ 是保范的. 设 $f\in M'$,则任意 $F_1\in[F]=\tau(f)$ 都是 $f$ 的扩张,故 $\|F_1\|\geqslant\|f\|$,从而

$$\|\tau(f)\|=\|[F]\|=\inf\{\|F_1\|:F_1\in[F]\}\geqslant\|f\|.$$

设 $F_0$ 是 $f$ 之保范扩张,则

$$\|\tau(f)\|=\|[F_0]\|\leqslant\|F_0\|=\|f\|.$$

总之, $\|\tau(f)\|=\|f\|$. 因而 $\tau:M'\to X'/M^0$ 是保范同构.

(2) 设 $f\in M^0$. 定义

$$\hat{f}([x])=f(x_1),\quad \forall x_1\in[x]\in X/M. \tag{6.3}$$

若又有 $x_2\in[x]$,则 $x_1-x_2\in M$. 于是 $f(x_1-x_2)=0$,即 $f(x_1)=f(x_2)$. 这说明 $\hat{f}$ 之定义是完善的. 易见 $\hat{f}$ 是 $X/M$ 上线性泛函,而且

$$|\hat{f}([x])|=|f(x_1)|\leqslant\|f\|\ \|x_1\|,\quad \forall x_1\in[x],$$

故

$$|\hat{f}([x])|\leqslant\|f\|\inf\{\|x_1\|:x_1\in[x]\}=\|f\|\ \|[x]\|.$$

这说明 $\hat{f}\in(X/M)'$,而且 $\|\hat{f}\|\leqslant\|f\|$.

定义映射 $\phi:M^0\to(X/M)'$ 为

$$\phi(f)=\hat{f},\quad \forall f\in M^0,$$

这里 $\hat{f}$ 由(6.3)式确定. 易见 $\phi$ 是线性的、单射. 往证 $\phi$ 是满射. 对 $F\in(X/M)'$,定义

$$f(x)=F([x]),\quad \forall x\in X.$$

易见 $f$ 是线性的,而且

$$|f(x)|=|F([x])|\leqslant\|F\|\ \|[x]\|\leqslant\|F\|\ \|x\|.$$

可见 $f$ 是连续的,且 $\|f\|\leqslant\|F\|$. 当 $x\in M$ 时, $[x]=0$,故

$$f(x)=F([x])=0.$$

于是 $f\in M^0$. 又由 $\hat{f}$ 定义可见 $\hat{f}=F$,即

$$\phi(f)=F.$$

于是 $\phi$ 是满射的. 又由前述可见

$$\|\hat{f}\|\leqslant\|f\|\leqslant\|F\|=\|\hat{f}\|.$$

故 $\|\phi(f)\|=\|f\|$,即 $\phi$ 是保范的. 这说明 $M^0$ 与 $(X/M)'$ 保范同构,当然, $(X/M)'$ 亦与 $M^0$ 保范同构. 证毕.

## * §7 序列弱收敛与序列弱 * 收敛

### 1. 序列弱收敛与弱列紧性

回顾古典的数学分析,许多基本定理都是关于 $\mathbf{R}^n$ 中有界闭集(即自列紧集)的. 例如连续函数的基本性质、聚点原则等. 在第一章 §7 中, Riesz 引理却告诉我们,任何无穷维的赋范线性空间的单位球都不可能是列紧的. 因此,若只限于赋范线性空间上的范数拓扑,则一系列古典的数学分析的技巧就都用不上、行不通了.

早在 20 世纪之初, Hilbert 在研究积分方程时已经看到下面所谓弱收敛的概念了,并且反复使用一个他叫做“选择原理”的工具(参见文献[26],第 115 页). 用现在的术语,这个“原理”即下文的定理 7.1. 因此历史上弱收敛概念一出现便与弱列紧性密切地联系着.

**定理 7.1** 对可分的 Hilbert 空间 $H$ 的闭单位球 $U$ 中任何点列 $\{x_n\}_{n=1}^{\infty}$，总可以抽出一个子列 $\{x_{n_k}\}_{k=1}^{\infty}$ 及一点 $x_0 \in U$，使

$$\lim_{k\to\infty}(x_{n_k},y)=(x_0,y), \quad \forall y\in H.$$

即所谓 $\{x_{n_k}\}_{k=1}^{\infty}$ 弱收敛到 $x_0$.

**证** 根据第二章定理 2.3 的推论，每个可分的 Hilbert 空间都与 $\ell^2$ 同构，因此不妨设 $H$ 即 $\ell^2$. 设

$$x_1=\{\xi_{11},\xi_{12},\cdots,\xi_{1j},\cdots\},$$
$$x_2=\{\xi_{21},\xi_{22},\cdots,\xi_{2j},\cdots\},$$
$$\cdots,$$
$$x_n=\{\xi_{n1},\xi_{n2},\cdots,\xi_{nj},\cdots\},$$
$$\cdots,$$

从 $\sum_{j=1}^{\infty}|\xi_{nj}|^2=\|x_n\|^2\leqslant 1$ 可见

$$|\xi_{nj}|^2\leqslant 1, \quad n,j=1,2,\cdots.$$

由对角线方法，有子序列

$$x_{n_k}=\{\xi_{n_k1},\xi_{n_k2},\cdots,\xi_{n_kj},\cdots\}, \quad k=1,2,\cdots.$$

使对所有的 $j=1,2,\cdots$,

$$\lim_{k\to\infty}\xi_{n_kj}=\xi_j$$

存在. 对任何正整数 $N$,

$$\sum_{j=1}^{N}|\xi_{n_kj}|^2\leqslant\|x_{n_k}\|^2\leqslant 1.$$

令 $k\to\infty$，便有

$$\sum_{j=1}^{N}|\xi_j|^2\leqslant 1.$$

从而

$$\sum_{j=1}^{\infty}|\xi_j|^2\leqslant 1,$$

即 $x_0=\{\xi_1,\xi_2,\cdots,\xi_j,\cdots\}\in U$.

现在，对任何 $y=\{\eta_1,\eta_2,\cdots,\eta_j,\cdots\}\in H$,

$$\begin{aligned}
|(x_{n_k},y)-(x_0,y)| &= |(x_{n_k}-x_0,y)| = \left|\sum_{j=1}^{\infty}(\xi_{n_kj}-\xi_j)\bar{\eta}_j\right| \\
&\leqslant \left|\sum_{j=1}^{N}(\xi_{n_kj}-\xi_j)\bar{\eta}_j\right|+\left|\sum_{j=N+1}^{\infty}\xi_{n_kj}\bar{\eta}_j\right|+\left|\sum_{j=N+1}^{\infty}\xi_j\bar{\eta}_j\right| \\
&\leqslant \sum_{j=1}^{N}|\xi_{n_kj}-\xi_j||\eta_j|+\Big(\sum_{j=N+1}^{\infty}|\xi_{n_kj}|^2\Big)^{1/2}\Big(\sum_{j=N+1}^{\infty}|\eta_j|^2\Big)^{1/2}+ \\
&\quad \Big(\sum_{j=N+1}^{\infty}|\xi_j|^2\Big)^{1/2}\Big(\sum_{j=N+1}^{\infty}|\eta_j|^2\Big)^{1/2} \\
&\leqslant \sum_{j=1}^{N}|\xi_{n_kj}-\xi_j||\eta_j|+2\Big(\sum_{j=N+1}^{\infty}|\eta_j|^2\Big)^{1/2}.
\end{aligned}$$

注意，当 $N$ 充分大时，$\sum_{j=N+1}^{\infty}|\eta_j|^2$ 可任意小，而对固定的 $N$，显然

$$\lim_{k\to\infty}\sum_{j=1}^{N}|\xi_{n_k j}-\xi_j||\eta_j|=0.$$

证毕.

正是由于这个定理我们有了下面概念.

**定义 7.1**　设 $H$ 是 Hilbert 空间，$\{x_n\}_{n=1}^{\infty}\subset H$. 如果存在 $x_0\in H$，对任何 $y\in H$，都有

$$\lim_{n\to\infty}(x_n,y)=(x_0,y),$$

则称 $\{x_n\}_{n=1}^{\infty}$ **弱收敛到** $x_0$，记作 $x_n\xrightarrow{\mathrm{w}}x_0$.

设 $J$ 是 $H$ 上的泛函，若对任意的 $\{x_n\}_{n=1}^{\infty}\subset H$，$x_n\xrightarrow{\mathrm{w}}x_0$，必有 $J(x_n)\to J(x_0)\ (n\to\infty)$，则称泛函 $J$ 是序列弱连续的.

**例 1**　设 $J(u)$ 是可分 Hilbert 空间 $H$ 中有界的、弱序列闭的点集 $\mathscr{R}$ 上的序列弱连续的实值泛函. 如果有 $\{u_n\}_{n=1}^{\infty}\subset\mathscr{R}$，使

$$J(u_n)\to\inf_{u\in\mathscr{R}}J(u),\quad n\to\infty,$$

因为 $\mathscr{R}$ 是有界的、弱序列闭的，则根据定理 7.1，应有 $\{u_n\}_{n=1}^{\infty}$ 的子序列 $\{u_{n_k}\}_{k=1}^{\infty}$ 弱收敛到某点 $w\in\mathscr{R}$. 从 $J(u)$ 的序列弱连续性，应有

$$J(u_{n_k})\to J(w),\quad k\to\infty.$$

故

$$J(w)=\inf_{u\in\mathscr{R}}J(u),$$

即 $J(u)$ 在 $\mathscr{R}$ 上达到最小值.

很有意思，Hilbert 早在 1909 年便已看到序列弱收敛性的这个重要推论. 他说："无穷多个变量的连续（按：即序列弱连续）函数必定有一个极小值，这个命题由于其普遍性及精确性可以代替 Dirichlet 原理."（参见文献[1]，第 134 页.）

对一般的 Banach 空间我们有如下概念.

**定义 7.2**　设 $X$ 是 Banach 空间，$\{x_n\}_{n=1}^{\infty}\subset X$，$x_0\in X$. 如果对任何 $f\in X'$，都有

$$\lim_{n\to\infty}f(x_n)=f(x_0),$$

则称序列 $\{x_n\}_{n=1}^{\infty}$ **弱收敛到** $x_0$，记作 $x_n\xrightarrow{\mathrm{w}}x_0$.

**定义 7.3**　如果 Banach 空间之子集 $A$ 中的任何序列都有弱收敛的子序列，则称 $A$ 为**弱列紧的**.

**命题 7.1**　设 $X$ 是 Banach 空间，$\{x_n\}_{n=1}^{\infty}\subset X$，$x_0\in X$，则

$x_n\xrightarrow{\mathrm{w}}x_0\ \Leftrightarrow$（1）$\{\|x_n\|\}_{n=1}^{\infty}$ 有界；

（2）存在 $X'$ 中一个稠密子集 $M'$，使 $\lim_{n\to\infty}f(x_n)=f(x_0)$，　$f\in M'$.

**证**　$\Leftarrow$ 由（1），存在常数 $K>0$，使 $\|x_n\|\leqslant K$，$n=0,1,2,\cdots$. 因为 $M'$ 在 $X'$ 中稠密，于是对任何 $f\in X'$ 及任意 $\varepsilon>0$，有 $f_\varepsilon\in M'$，使

$$\|f-f_\varepsilon\|<\varepsilon.$$

从而

$$|f(x_n)-f(x_0)|\leqslant|f(x_n)-f_\varepsilon(x_n)|+|f_\varepsilon(x_n)-f_\varepsilon(x_0)|+|f_\varepsilon(x_0)-f(x_0)|$$

$$\leqslant \|f-f_\varepsilon\| \ \|x_n\| + |f_\varepsilon(x_n)-f_\varepsilon(x_0)| + \|f-f_\varepsilon\| \ \|x_0\|$$
$$\leqslant 2K\varepsilon + |f_\varepsilon(x_n)-f_\varepsilon(x_0)|.$$

又根据假设(2)可见

$$\lim_{n\to\infty} f(x_n)=f(x_0).$$

$\Rightarrow$ 由假设,对任何 $f\in X'$,存在常数 $M>0$,使

$$\sup_n |f(x_n)| \leqslant M.$$

又根据命题 4.2,

$$\sup_n \|x_n\| < \infty,$$

即(1)成立,而(2)则是显然的. 证毕.

**命题 7.2** 若 $X$ 是 Banach 空间,$\{x_n\}_{n=1}^{\infty}\subset X$,$x_0\in X$. 如果 $x_n \xrightarrow{w} x_0$,则有凸组合

$$\sum_{j=1}^{N_n} \lambda_{nj}x_j \to x_0, \quad n\to\infty,$$

这里 $\lambda_{nj}\geqslant 0$,$j=1,2,\cdots,N_n$,且 $\sum_{j=1}^{N_n}\lambda_{nj}=1$.

**证** 取 $E$ 为 $\{x_n\}_{n=1}^{\infty}$ 张开的凸闭集,根据定理 2.7,$E$ 是弱序列闭的. 因 $x_n \xrightarrow{w} x_0$,故 $x_0\in E$. 证毕.

**定理 7.2**(Pettis,1938) 自反空间 $X$ 的单位球是弱列紧的.

**证** 设 $\{y_n\}_{n=1}^{\infty}$ 是 $X$ 的单位球 $U$ 中的序列,$Y$ 是 $\{y_n\}_{n=1}^{\infty}$ 张成的子空间,则 $Y$ 是可分的. 根据定理 4.9,$Y$ 也是自反的. 因典型映射 $\tau$ 是等距同构,故 $Y''=\tau(Y)$ 是可分的. 由定理 4.1,$Y'$ 也是可分的.

设 $\{y'_k\}_{k=1}^{\infty}$ 在 $Y'$ 中稠密. 对每个固定的 $k$,数列 $\{y'_k(y_n)\}_{n=1}^{\infty}$ 是有界的. 考虑数集 $\{y'_k(y_n)\}_{k,n=1}^{\infty}$,用对角线方法可抽出 $\{y_n\}_{n=1}^{\infty}$ 的子序列 $\{y_{n_j}\}_{j=1}^{\infty}$,使得对任意正整数 $k$,$\{y'_k(y_{n_j})\}_{j=1}^{\infty}$ 是收敛的. 取 $x_j=y_{n_j}$,$j=1,2,\cdots$,这样我们得到 $\{y_n\}_{n=1}^{\infty}$ 的一个子序列 $\{x_j\}_{j=1}^{\infty}$. 对每个 $k=1,2,\cdots$,$\lim\limits_{j\to\infty} y'_k(x_j)$ 存在(且有限).

考察典型映射 $\tau: Y\to Y''$,$\tau(x_j)=x''_j$,且

$$x''_j(y')=y'(x_j), \quad y'\in Y'.$$

由前段,$\lim\limits_{j\to\infty} x''_j(y'_k)$ 存在,而 $\{y'_k\}_{k=1}^{\infty}$ 在 $Y'$ 中稠密,而且 $\|x''_j\|=\|x_j\|\leqslant 1$,$j=1,2,\cdots$. 于是对每个 $y'\in Y'$,可知 $\lim\limits_{j\to\infty} x''_j(y')$ 存在. 定义

$$y''_0(y')=\lim_{j\to\infty} x''_j(y'), \quad y'\in Y'.$$

易证 $y''_0\in Y''$. 因 $Y$ 是自反的,存在 $y_0\in Y$,使

$$y''_0(y')=y'(y_0), \quad y'\in Y'.$$

于是

$$\lim_{j\to\infty} y'(x_j)=y'(y_0), \quad y'\in Y'.$$

现在,对任何 $x'\in X'$,令 $x'_Y$ 表示 $x'$ 在 $Y$ 上限制,则 $x'_Y\in Y'$,且

$$x'(y)=x'_Y(y), \quad y\in Y.$$

于是由 $\{x_j\}_{j=1}^{\infty}\subset Y$,$y_0\in Y$ 可知,对任何 $x'\in X'$,

$$\lim_{j\to\infty} x'(x_j)=\lim_{j\to\infty} x'_Y(x_j)=x'_Y(y_0)=x'(y_0),$$

即 $\{x_j\}_{j=1}^{\infty}$ 弱收敛到 $y_0$. 证毕.

**2. 序列弱 $^*$ 收敛与弱 $^*$ 列紧性**

**定义 7.4**　对 Banach 空间 $X$,设 $\{f_n\}_{n=1}^{\infty}\subset X'$, $f\in X'$. 如果对任何 $x\in X$,都有

$$\lim_{n\to\infty}f_n(x)=f(x),$$

则称序列 $\{f_n\}_{n=1}^{\infty}$ **弱 $^*$ 收敛到** $f$,记作 $f_n\xrightarrow{w^*}f$.

**命题 7.3**　对 Banach 空间 $X$,设 $\{f_n\}_{n=1}^{\infty}\subset X'$, $f\in X'$,则

$$f_n\xrightarrow{w^*}f \iff (1)\ \{\|f_n\|\}_{n=1}^{\infty}\text{ 有界};$$
$$(2)\ \text{存在 } X \text{ 中稠密子集 } M, \text{使 } \lim_{n\to\infty}f_n(x)=f(x),\quad x\in M.$$

证明大体如命题 7.1,故从略. 读者可作为习题自己完成.

**定义 7.5**　设 $X$ 为 Banach 空间,点集 $A\subset X'$. 如果 $A$ 中任何序列都有弱 $^*$ 收敛的子序列,则称 $A$ 是**弱 $^*$ 列紧的**.

**定理 7.3**　设 $X$ 是可分的 Banach 空间,则 $X'$ 中的单位球 $U$ 是弱 $^*$ 列紧的.

**证**　因为 $X$ 是可分的,所以 $X$ 有可数的稠密子集 $\{x_m\}_{m=1}^{\infty}$. 设 $\{f_n\}_{n=1}^{\infty}$ 是 $U$ 中序列,则对每个固定的 $m$, $\{f_n(x_m)\}_{n=1}^{\infty}$ 是有界数列. 考察数列 $\{f_n(x_m)\}_{n,m=1}^{\infty}$,用对角线方法可以抽出 $\{f_n\}_{n=1}^{\infty}$ 的子序列 $\{f_{n_k}\}_{k=1}^{\infty}$,使得对任何正整数 $m$, $\{f_{n_k}(x_m)\}_{k=1}^{\infty}$ 都是收敛数列. 再由 $\{x_m\}_{m=1}^{\infty}$ 在 $X$ 中稠密, $\{\|f_{n_k}\|\}_{k=1}^{\infty}$ 有界,可见对任何 $x\in X$,数列 $\{f_{n_k}(x)\}_{k=1}^{\infty}$ 都收敛. 定义

$$f(x)=\lim_{k\to\infty}f_{n_k}(x),\quad x\in X.$$

易证 $f\in X'$. 故 $f_{n_k}\xrightarrow{w^*}f$. 证毕.

这个定理已见于 Banach 的名著(参见第一章, §7 末)中第 123 页. 当时没有一般拓扑的工具,而且弱拓扑也刚被引进,还未被人们熟悉. 一旦有了这些准备知识,便不需要可分性的假设,而有

**定理 7.4**(Alaoglu,1940)　设 $X$ 是 Banach 空间,则 $X'$ 中的闭单位球是弱 $^*$ 紧的.

这个定理的证明可参见文献[39]定理 IV. 21.

**3. Banach 空间上的逼近问题**

**定理 7.5**　设 $F$ 是自反 Banach 空间 $X$ 中非空的弱序列闭的子集,则对任何 $x_0\in X\backslash F$,必有 $y_0\in F$,使

$$\|x_0-y_0\|=\inf_{y\in F}\|x_0-y\|.$$

一般称 $y_0$ 为 $x_0$ 在 $F$ 上的**最佳逼近元**.

**证**　记 $m=\inf\limits_{y\in F}\|x_0-y\|$. 由下确界定义,存在元列 $\{x_n\}_{n=1}^{\infty}\subset F$,使

$$\lim_{n\to\infty}\|x_0-x_n\|=m.$$

显然 $\{x_n\}_{n=1}^{\infty}$ 是有界集. 从定理 7.2,存在 $\{x_n\}_{n=1}^{\infty}$ 的子序列 $\{x_{n_j}\}_{j=1}^{\infty}$ 弱收敛于某个元 $y_0$. 因为 $F$ 是弱序列闭的,故 $y_0\in F$.

设 $f\in X'$, $\|f\|\leqslant 1$,则

$$f(x_0-y_0)=\lim_{j\to\infty}f(x_0-x_{n_j}).$$

从而

$$|f(x_0-y_0)|=\lim_{j\to\infty}|f(x_0-x_{n_j})|\leqslant\lim_{j\to\infty}\|f\|\ \|x_0-x_{n_j}\|\leqslant m.$$

由典型映射的性质,

$$\| x_0-y_0 \| = \sup_{\|f\|\leqslant 1} |f(x_0-y_0)| \leqslant m.$$

另外,由 $m$ 定义,显然 $\| x_0-y_0 \| \geqslant m$. 总之

$$\| x_0-y_0 \| = m = \inf_{y\in F} \| x_0-y \|.$$

证毕.

根据定理 2.7,每个凸闭集都是弱序列闭的. 所以定理 7.5 也可改写成

**定理 7.5′** 设 $F$ 是自反 Banach 空间 $X$ 中非空的凸闭集,则对任何 $x_0\in X\backslash F$,必有 $y_0\in F$,使

$$\| x_0-y_0 \| = \inf_{y\in F} \| x_0-y \|.$$

**定义 7.6** 设 $\langle X, \|\cdot\| \rangle$ 是 Banach 空间. 如果对任何 $x,y\in X, x\neq y, \|x\| = \|y\| = 1$,恒有

$$\| \alpha x+(1-\alpha)y \| <1, \quad 0<\alpha<1.$$

则称 Banach 空间 $\langle X, \|\cdot\| \rangle$ 为**严格凸的**.

**命题 7.4** 对 Banach 空间 $\langle X, \|\cdot\| \rangle$. 如果于任何非零的 $x,y\in X, x\neq y$,从 $\|x+y\| = \|x\| + \|y\|$ 恒有 $c>0$,使 $x=cy$,则 $\langle X, \|\cdot\| \rangle$ 是严格凸的.

**证** 设 $x,y\in X, x\neq y$,且 $\|x\| = \|y\| = 1$,则对任何 $c>0$ 及 $\alpha\in(0,1)$,都有

$$\alpha x\neq c(1-\alpha)y.$$

否则,

$$\alpha x = c(1-\alpha)y,$$

两边取范数得 $\alpha=c(1-\alpha)$,与 $x\neq y$ 矛盾. 由命题假设必有

$$\| \alpha x+(1-\alpha)y \| < \| \alpha x \| + \| (1-\alpha)y \| = 1, \quad 0<\alpha<1.$$

故 $\langle X, \|\cdot\| \rangle$ 是严格凸的.

**推论** $L^p[a,b]\,(p>1)$ 是严格凸的.

根据命题 7.4,以及关于 Minkowski 不等式的讨论可得(参见文献[7],第 6 章,§1).

**定理 7.6** 在严格凸的自反 Banach 空间 $X$ 中,$x_0\in X$ 在非空的凸闭集 $F\subset X$ 上恰有一个最佳逼近元.

**证** 首先,由定理 7.5′,$x_0$ 在 $F$ 上有一个最佳逼近元. 如果 $x_0$ 在 $F$ 上有两个最佳逼近元 $u_1$ 与 $u_2$,即

$$\| x_0-u_1 \| = \| x_0-u_2 \| = m = \inf_{y\in F} \| x_0-y \|.$$

则对 $u=\dfrac{u_1+u_2}{2}\in F$,从

$$m\leqslant \| x_0-u \| \leqslant \frac{\| x_0-u_1 \|}{2} + \frac{\| x_0-u_2 \|}{2} = m$$

可见 $\| x_0-u \| = m$,从而

$$\| (x_0-u_1)+(x_0-u_2) \| = \| 2(x_0-u) \| = 2\| x_0-u \| = 2m.$$

不妨设 $m>0$,则

$$\left\| \frac{(x_0-u_1)+(x_0-u_2)}{2} \right\| = m>0. \tag{7.1}$$

如果 $u_1 \neq u_2$，则 $\frac{x_0-u_1}{m} \neq \frac{x_0-u_2}{m}$，由 $X$ 的严格凸性，

$$\left\| \frac{1}{2}\left(\frac{x_0-u_1}{m}+\frac{x_0-u_2}{m}\right) \right\| <1,$$

即

$$\left\| \frac{(x_0-u_1)+(x_0-u_2)}{2} \right\| <m.$$

与(7.1)矛盾. 证毕.

**定义 7.7**　设 $J(x)$ 是赋范线性空间 $X$ 上的泛函(不必线性)，如果任给 $x_n \xrightarrow{w} x_0$ 及 $\varepsilon>0$，存在正整数 $N$，使当 $n>N$ 时，

$$J(x_n)>J(x_0)-\varepsilon,$$

则称 $J(x)$ 是**下半弱连续的**.

**例 2**　对 Banach 空间 $\langle X, \|\cdot\|\rangle$，$y_0 \in X$，函数

$$J(x)=\|x-y_0\|, x \in X,$$

是下半弱连续的.

事实上，如果 $x_n \xrightarrow{w} x_0$ 及 $\varepsilon>0$，由于

$$\|x_0-y_0\| = \sup_{\|f\|\leqslant 1} |f(x_0-y_0)|,$$

存在 $f_\varepsilon \in X'$，$\|f_\varepsilon\| \leqslant 1$，使

$$|f_\varepsilon(x_0-y_0)| > \|x_0-y_0\| - \frac{\varepsilon}{2}.$$

而 $x_n \xrightarrow{w} x_0$，从而 $x_n-y_0 \xrightarrow{w} x_0-y_0$，故

$$\lim_{n\to\infty} f_\varepsilon(x_n-y_0)=f_\varepsilon(x_0-y_0).$$

于是存在正整数 $N$，使当 $n>N$ 时，

$$|f_\varepsilon(x_n-y_0)| > |f_\varepsilon(x_0-y_0)| - \frac{\varepsilon}{2},$$

则

$$|f_\varepsilon(x_n-y_0)| > \|x_0-y_0\| - \varepsilon.$$

因为 $\|f_\varepsilon\| \leqslant 1$，所以

$$\|x_n-y_0\| \geqslant |f_\varepsilon(x_n-y_0)| > \|x_0-y_0\| - \varepsilon,$$

即

$$J(x_n)>J(x_0)-\varepsilon.$$

这就说明 $J(x)$ 是下半弱连续的.

**定理 7.7**　设 $J(x)$ 在自反 Banach 空间 $X$ 的凸闭集 $K$ 上是下半弱连续的. 若存在有界序列 $\{x_n\}_{n=1}^{\infty} \subset K$，使

$$J(x_n) \to \inf_{x\in K} J(x), \tag{7.2}$$

则 $J(x)$ 在 $K$ 上达到极小值.

**证**　由于 $X$ 是自反的，$\{x_n\}_{n=1}^{\infty}$ 有界，根据定理 7.2，$\{x_n\}_{n=1}^{\infty}$ 有弱收敛子列. 不妨设 $x_n \xrightarrow{w} x_0$，从定理 2.7 可知，$x_0 \in K$.

因为 $J(x)$ 是下半弱连续的，所以任给 $\varepsilon>0$，存在正整数 $N$，使当 $n>N$ 时，

$$J(x_n)>J(x_0)-\varepsilon.$$

从而由(7.2)式可知

$$\inf_{x\in K} J(x)=\lim_{n\to\infty} J(x_n)\geqslant J(x_0).$$

故

$$J(x_0)=\inf_{x\in K} J(x).$$

证毕.

值得注意的是在控制理论等实际问题中，性能指标往往是下半连续的非线性泛函.

## * §8 弱 拓 扑

### 1. Banach 空间上弱拓扑

历史上，从 Hilbert, F. Riesz 到 Banach 所研究的都是序列弱收敛. 弱收敛是 Banach 名著(参见第一章，§7 末)的中心，正如 W. Rudin 所说，这肯定是 Banach 对泛函分析最重要的贡献之一. 但若只限于序列弱收敛，即使把集合的所有弱收敛子序列的极限都添加上去也并不导致弱序列闭集，以致 Banach 被迫引入诸如超穷闭包等复杂的概念. 其实，当时(1930 年) von Neumann 所引入的弱邻域概念却是非常简单明了而且极便于应用的(参见文献[40]，第 373 页).

**定义 8.1** 设 $X$ 为 Banach 空间，$X'$ 为 $X$ 的对偶空间. $X$ 在点 0 的**弱邻域基**定义为所有形如

$$N(x'_1,x'_2,\cdots,x'_n;\boldsymbol{\varepsilon})\overset{\mathrm{d}}{=}\{x\in X:|x'_j(x)|<\varepsilon_j, j=1,2,\cdots,n\}$$

的点集，这里 $n\in\mathbf{N}_+$，$x'_j\in X'$，$\boldsymbol{\varepsilon}=(\varepsilon_1,\varepsilon_2,\cdots,\varepsilon_n)$，$\varepsilon_j>0$，$j=1,2,\cdots,n$，都是任意给定的.

对 $x_0\in X$，所有形如

$$x_0+N(x'_1,x'_2,\cdots,x'_n;\boldsymbol{\varepsilon})=\{x\in X:|x'_j(x-x_0)|<\varepsilon_j, j=1,2,\cdots,n\}$$

的点集定义为在点 $x_0$ 的弱邻域基.

设 $G\subset X$，如果对任何 $x\in G$，存在 $x$ 的弱邻域基中的 $V$，使得 $V\subset G$，则称 $G$ 为**弱开集**. 由弱开集生成之 $X$ 上的拓扑便称为 Banach 空间 $X$ 上的**弱拓扑**.

设 $\{x_n\}_{n=1}^{\infty}\subset X$，$x_0\in X$. 如果对 $x_0$ 的任何弱邻域 $V$，总存在正整数 $N$，使当 $n\geqslant N$ 时，$x_n\in V$，则称 $\{x_n\}_{n=1}^{\infty}$ 按弱拓扑收敛到 $x_0$.

容易证明：

序列 $\{x_n\}_{n=1}^{\infty}\subset X$ 按弱拓扑收敛到 $x_0\Leftrightarrow x_n\xrightarrow{\mathrm{w}}x_0$.

**例**(von Neumann, 1930) 存在 $\ell^2$ 中的点集 $A$，使点 0 是 $A$ 的**弱聚点**，即弱拓扑下的聚点，但是没有 $A$ 中的序列能弱收敛到 0.

von Neumann 曾考察 $\ell^2$ 中如下点集 $A$：

$$\left.\begin{aligned}
x_{12}&=\{1,1,0,0,\cdots\},\\
x_{13}&=\{1,0,1,0,\cdots\},\\
&\cdots,\\
x_{1n}&=\{1,0,\cdots,0,1,0,\cdots\},\\
&\cdots,
\end{aligned}\right\}\text{第一行}$$

$$\left.\begin{array}{l} x_{23}=\{0,1,2,0,\cdots\}, \\ x_{24}=\{0,1,0,2,0,\cdots\}, \\ \cdots, \\ x_{2n}=\{0,1,\cdots,0,2,0,\cdots\}, \\ \cdots, \end{array}\right\} \text{第二行}$$

$$\cdots\cdots\cdots\cdots$$

$$\left.\begin{array}{l} x_{n-1,n}=\{0,\cdots,0,1,n-1,0,0,\cdots\}, \\ x_{n-1,n+1}=\{0,\cdots,0,1,0,n-1,0,\cdots\}, \\ \cdots, \end{array}\right\} \text{第 } n-1 \text{ 行}$$

$$\cdots\cdots\cdots\cdots$$

这里点 $x_{kn}(k<n)$ 只有第 $k$ 个坐标为 1,第 $n$ 个坐标为 $k$,而其他坐标都为 0.

关于点集 $A$,首先点 $0=\{0,0,\cdots\}$ 是 $A$ 的弱聚点. 因为对任意给定的 $y=\{\eta_1,\eta_2,\cdots\}\in\ell^2$ 及 $\varepsilon>0$,适当选取 $k$ 与 $n$ 便有

$$|(x_{kn},y)|=|\eta_k+k\eta_n|<\varepsilon.$$

但是 $A$ 中任何序列 $\{z_j\}_{j=1}^{\infty}$ 都不能弱收敛到 0. 因为若 $\{z_j\}_{j=1}^{\infty}$ 弱收敛,由命题 7.1,$\{\|z_j\|\}_{j=1}^{\infty}$ 有界. 于是 $\{z_j\}_{j=1}^{\infty}$ 只能是集合 $A$ 中前有限行挑出来的,从而必有无限多个 $z_j$ 出现在同一行中. 这显然不弱收敛到 0.(例如,有无限多个 $z_j$ 出现在第 5 行,则这无限多个 $z_j$ 的第 5 坐标都为 1,不可能趋于 0.)

熟知距离空间中的点 $x$ 是点集 $M$ 的聚点必须存在 $M$ 中的点列 $\{x_n\}_{n=1}^{\infty}$,$x_n\neq x$,$n=1,2,\cdots$,使 $x_n\to x$. 所以上述的例子表明弱拓扑空间不可能是距离空间.

设 $\ell(x)$ 是 Banach 空间 $X$ 上的连续线性泛函. 显然

$$p_{\ell}(x)=|\ell(x)|$$

就是 $X$ 上的一个半范数(参见第一章,§8),且由 Hahn-Banach 定理可知,$\{p_{\ell}:\ell\in X'\}$ 分离 $X$ 的点.

推广弱拓扑的思想. 设 $\{\rho_\alpha\}_{\alpha\in\mathscr{A}}$ 是线性空间 $X$ 上一族分离点的半范数,以所有形如

$$N(\alpha_1,\alpha_2,\cdots,\alpha_n;\varepsilon)=\{x\in X:\rho_{\alpha_j}(x)<\varepsilon,j=1,2,\cdots,n\}$$

的集合作为点 0 的邻域基,而以所有形如

$$x_0+N(\alpha_1,\alpha_2,\cdots,\alpha_n;\varepsilon)=\{x\in X:\rho_{\alpha_j}(x-x_0)<\varepsilon,j=1,2,\cdots,n\}$$

的集合作为点 $x_0$ 的邻域基,这里 $n\in\mathbf{N}_+$,$\varepsilon>0$,$\alpha_j\in\mathscr{A}$,$j=1,2,\cdots,n$ 是任意给定的,这样就由 $\{\rho_\alpha\}_{\alpha\in\mathscr{A}}$ 诱导了 $X$ 上一个拓扑.

不难验证,线性运算

$$(x,y)\mapsto x+y,(\lambda,x)\mapsto\lambda x,\quad x,y\in X,\lambda\in\mathbf{C}$$

按这个拓扑是连续的. 因此,一般称如此的拓扑空间为**拓扑线性空间**.

我们在第三章 §2 中已经讲过凸的、平衡的、吸收的点集的概念. 易见任何 $N(\alpha_1,\alpha_2,\cdots,\alpha_n;\varepsilon)$ 及 $x_0+N(\alpha_1,\alpha_2,\cdots,\alpha_n;\varepsilon)$ 都是凸的、平衡的、吸收的点集. 这就导致我们引进下列重要空间.

**定义 8.2**　由一个分离点的半范数族 $\{\rho_\alpha\}_{\alpha\in\mathscr{A}}$ 所诱导的拓扑线性空间称为**局部凸的拓扑线性空间**.

在 20 世纪 40 年代中期以前，泛函分析学家的兴趣几乎集中在赋范线性空间. 最早关于局部凸的拓扑线性空间的理论大约是 J. Dieudonné 和 L. Schwartz 在 1949 年的工作. 它的一个主要推动力是分布理论（参见文献[40]，第 373 页）.

**定理 8.1**　设 $M$ 是局部凸的拓扑线性空间 $X$ 中的凸闭集. 若 $0 \in M$ 且 $x_0 \notin M$，则有 $X$ 上的连续实线性泛函 $f$，使

$$f(x_0)>1,\text{且} f(x)\leqslant 1, \quad x\in M.$$

证明与定理 2.5 相似，读者可以作为习题自己完成.

**推论**　凡局部凸的非零的拓扑线性空间上都存在非零的连续线性泛函.

**2. Fréchet 空间**

在第一章 § 8 中，我们讲到 $F$-空间，许多教材都称 $F$-空间为 Fréchet 空间，但本书将采用下列定义.

**定义 8.3**　凡局部凸的 $F$-空间都称为 **Fréchet 空间.**

这大约是 N. Bourbaki 首先采用的术语. 为什么要用这个术语？因为有了局部凸性，从定理 8.1 的推论便可保证一切非零的 Fréchet 空间上都存在非零的连续线性泛函. 事实上，§ 2 中曾指出，$F$-空间 $S[0,1]$ 上竟没有非零的连续线性泛函，对于这样的空间根本就谈不上对偶理论了.

在第一章 § 8 中，我们曾经通过可数多个半范数定义出空间 $\mathscr{C}(\Omega)$，$\mathscr{C}^m(\Omega)$ 及 $\mathscr{S}(\mathbf{R}^n)$，它们都来源于分布理论，在偏微分方程理论、Fourier 变换理论和量子力学上分别起到重要作用. 我们已经证明它们都是 $F$-空间. 既然它们都是由一族半范数生成的，所以还都是局部凸的，从而它们都是 Fréchet 空间.

应该指出，Fréchet 空间是性质最整齐且最常用的一类局部凸的拓扑线性空间，几乎所有关于 Banach 空间的基本原理，例如开映射定理、逆算子定理、闭图形定理，Hahn-Banach 定理、一致有界原理等在 Fréchet 空间上也都是成立的（参见文献[39]，§ V. 2 和文献[9]，§ Ⅱ. 5）.

## 习　题

1. 设无穷矩阵 $(a_{ij})_{i,j=1}^{\infty}$ 满足

$$\sup_i\left(\sum_{j=1}^{\infty}|a_{ij}|\right)<\infty.$$

由它定义的线性算子 $T:y=Tx$ 为

$$\eta_i=\sum_{j=1}^{\infty}a_{ij}\xi_j,\quad i=1,2,\cdots,$$

其中 $x=\{\xi_1,\xi_2,\cdots,\xi_n,\cdots\}=\{\xi_n\}$，$y=\{\eta_1,\eta_2,\cdots,\eta_n,\cdots\}=\{\eta_n\}$.

试证明 $T$ 是从 $(m)$ 到自身的有界线性算子，且

$$\|T\|=\sup_i\left(\sum_{j=1}^{\infty}|a_{ij}|\right).$$

2. 设数列 $\{\alpha_n\}_{n=1}^{\infty}$ 有界. 在 $\ell^1$ 中定义线性算子 $T:y=Tx$ 为

$$\eta_n=\alpha_n\xi_n,\quad n=1,2,\cdots,$$

其中 $x=\{\xi_n\}$，$y=\{\eta_n\}$.

试证明 $T$ 是从 $\ell^1$ 到自身的有界线性算子,且

$$\|T\|=\sup_n|\alpha_n|.$$

3. 证明上题中算子 $T$ 是有界可逆的当且仅当

$$\inf_n|\alpha_n|>0.$$

4. 设无穷矩阵 $(a_{ij})_{i,j=1}^{\infty}$ 满足

$$\sum_{i=1}^{\infty}\left(\sum_{j=1}^{\infty}|a_{ij}|^q\right)<\infty.$$

由它定义的算子 $T:y=Tx$ 为

$$\eta_i=\sum_{j=1}^{\infty}a_{ij}\xi_j,\quad i=1,2,\cdots,$$

其中 $x=\{\xi_n\},y=\{\eta_n\}$.

证明 $T$ 是从 $\ell^p$ 到 $\ell^q$ 的有界线性算子,这里 $1<p,q<\infty$,且 $\frac{1}{p}+\frac{1}{q}=1$.

5. 设 $X$ 是 Banach 空间,$A,B\in L(X)$. 证明:如果 $A,B$ 都是有界可逆的,则 $AB$ 也是有界可逆的,且

$$(AB)^{-1}=B^{-1}A^{-1}.$$

6. 设 $X,Y$ 都是赋范线性空间,$T$ 是从 $X$ 到 $Y$ 之线性算子. 试证明:如果 $T$ 是有界的,则 $T$ 之零空间 $N(T)$ 是闭的.

反之,当 $N(T)$ 是闭的时,$T$ 一定有界吗?

7. 设 $X$ 是赋范线性空间,$x,y\in X$. 证明:如果对 $X$ 上任何连续线性泛函 $f$,都有 $f(x)=f(y)$,则 $x=y$.

8. 设 $X$ 是 Banach 空间,试证明:对任给的 $x\in X$,

$$\|x\|=\sup\{|f(x)|:f\in X',\|f\|\leqslant 1\}.$$

9. 设 $p(x)$ 是赋范线性空间 $X$ 上次可加、正齐次实值泛函,即对任意的 $x,y\in X,\alpha\in\mathbf{C}$,

$$p(x+y)\leqslant p(x)+p(y),$$
$$p(\alpha x)=|\alpha|p(x).$$

如果 $p(x)$ 在 $x=0$ 处连续,则 $p(x)$ 在 $X$ 中每点都连续. 试证明之.

10. 设 $p(x)$ 是线性空间 $X$ 上的半范数,证明 $\{x:p(x)<r\}$ $(r>0)$ 是个凸集,而且是平衡的、吸收的.

11. 试证明凸集的闭包是凸的,平衡集的闭包是平衡的,吸收集的闭包是吸收的.

12. 试求出 $L^1[a,b]$ 上有界线性泛函的一般形式.

13. 试利用一致有界原理证明 Hellinger-Toeplitz 定理(即命题 3.5).

14. 设 $A,B$ 都是 Hilbert 空间 $H$ 上处处有定义的线性算子,且

$$(Ax,y)=(x,By),\ \forall x,y\in H.$$

证明:$A,B$ 都是有界的,且 $B=A^*$.

15. 设 $X,Y$ 都是 Banach 空间,$T\in L(X,Y)$. 证明:如果 $T$ 是单射的,则 $T^{-1}$ 是闭算子.

16. 试证明:如果 $T$ 是闭算子,则 $T$ 的图形 $G(T)$ 是闭的.

17. 设 $\{x_n\}_{n=1}^{\infty}$ 是 Banach 空间 $X$ 中的点列. 证明:如果对任何的 $f\in X'$,

$$\sum_{n=1}^{\infty} |f(x_n)| < \infty ,$$

则存在正数 $\mu$,对一切 $f\in X'$ 都有

$$\sum_{n=1}^{\infty} |f(x_n)| \leqslant \mu \|f\| .$$

18. 试证明:无穷维赋范线性空间的对偶空间是无穷维的,有限维赋范线性空间 $X$ 的对偶空间 $X'$ 也是有限维的,且 $\dim X=\dim X'$.

19. 试证明:Banach 空间 $X$ 是自反的当且仅当 $X'$ 是自反的.

20. 设 $X,Y$ 都是 Banach 空间,$T:X\to Y$ 是保范同构映射. 证明 $T$ 的 Banach 共轭算子 $T'$ 是从 $Y'$ 到 $X'$ 的保范同构映射. 因此,如果 $X\cong Y$,则 $X'\cong Y'$. 这里"$\cong$"表示两个 Banach 空间是保范同构的.

21. 设 $X,Y$ 都是 Banach 空间,$T\in L(X,Y)$. 试证明:如果 $T$ 是有限秩的,即 $R(T)$ 是有限维的,则 $T'$ 也是有限秩的,且

$$\dim R(T)=\dim R(T').$$

22. 证明引理 6.3 和引理 6.4.

23. 证明:$\ell^1$ 中点列的弱收敛与强收敛(即按范数收敛)等价.

24. 在 $L^p[a,b]$ $(1<p<\infty)$ 中作一个弱收敛但非强收敛的点列.

25. 设 $\{x_n\}_{n=1}^{\infty}\subset C[a,b]$,$x\in C[a,b]$. 证明:如果 $x_n \xrightarrow{w} x$,则 $\{x_n\}_{n=1}^{\infty}$ 逐点收敛于 $x$,即任给 $t\in[a,b]$,都有 $\lim\limits_{n\to\infty} x_n(t)=x(t)$.

26. 设 $X,Y$ 都是 Banach 空间,$T\in L(X,Y)$. 证明:如果 $x_n \xrightarrow{w} x$,则 $Tx_n \xrightarrow{w} Tx$.

27. 设 $M$ 是赋范线性空间 $X$ 的子空间,$\{x_n\}_{n=1}^{\infty}\subset M$,$x_n \xrightarrow{w} x_0$,证明 $x_0\in M$.

28. 设 $X,Y$ 都是赋范线性空间,$X\neq\{0\}$. 试证明:如果 $L(X,Y)$ 是 Banach 空间,则 $Y$ 必是 Banach 空间.

29. 设 $X$ 是线性空间,$\|\cdot\|_1$ 与 $\|\cdot\|_2$ 分别是 $X$ 上范数. 如果凡按 $\|\cdot\|_1$ 连续的线性泛函也按 $\|\cdot\|_2$ 连续,则必存在常数 $\alpha>0$,使

$$\|x\|_1\leqslant\alpha\|x\|_2, \quad \forall x\in X.$$

30. 设 $X,Y$ 都是 Banach 空间,$T\in L(X,Y)$. 如果 $R(T)=Y$,则存在常数 $M>0$,对任何 $y\in Y$,都有 $x\in X$,使

$$y=Tx, \quad 且 \|x\|\leqslant M\|y\| .$$

# 第四章　有界线性算子谱论

## §1　有界线性算子的谱

还是回到线性代数,我们知道有限维空间 $X$ 上的线性算子 $T$ 的特征值概念是十分重要的. 设 $T$ 的特征值为 $\lambda_1,\lambda_2,\cdots,\lambda_N$,则 $X$ 便可按这些特征值分解为 $T$ 的 $N$ 个不变子空间 $M_1$, $M_2,\cdots,M_N$ 的直接和

$$X=M_1\oplus M_2\oplus\cdots\oplus M_N.$$

这是关于算子 $T$ 的结构的重要结果. 全体 $\lambda_k(k=1,2,\cdots,N)$ 按下面的定义来说,便是算子 $T$ 的谱 $\sigma(T)$,它是重要的相似不变量. 这是对一般的线性变换 $T$ 来说的. 如果对自伴的线性变换或 Hermite 矩阵来说,特征值的意义就更处于显要的地位了,无论是从纯数学或物理学来看都是如此.

**1. 算子的预解式与谱**

以下总假定 $X$ 是非零的 Banach 空间,$T\in L(X)$,$I$ 是 $X$ 上恒等算子.

**定义 1.1**　设 $\lambda\in\mathbf{C}$,如果 $\lambda I-T$ 的值域 $R(\lambda I-T)=X$,且 $(\lambda I-T)^{-1}\in L(X)$,则称 $\lambda$ 在 $T$ 的**预解集**中,记作 $\lambda\in\rho(T)$. 以下有时也把 $(\lambda I-T)^{-1}$ 简记作 $R(\lambda,T)$,并称它为 $T$ 的**预解式**.

若有 $x\neq 0$,使 $(\lambda I-T)x=0$,则称 $\lambda$ 为 $T$ 的**特征值**,或者说 $\lambda$ 在 $T$ 的**点谱**中,记作 $\lambda\in\sigma_p(T)$. $x$ 称为 $T$ 相应于 $\lambda$ 的**特征向量或特征元**.

如果 $\lambda$ 不是 $T$ 的特征值,则 $\lambda I-T$ 是单射的,此时 $\lambda I-T$ 的值域可分成三种情况:

(1) $R(\lambda I-T)=X$,此时 $\lambda I-T$ 是有界可逆的,即 $\lambda\in\rho(T)$;

(2) $\overline{R(\lambda I-T)}=X$,但 $R(\lambda I-T)\neq X$,则称 $\lambda$ 在 $T$ 的**连续谱**中,记作 $\lambda\in\sigma_c(T)$;

(3) $\overline{R(\lambda I-T)}\neq X$,则称 $\lambda$ 在 $T$ 的**剩余谱**中,记作 $\lambda\in\sigma_r(T)$.

显然,$\sigma_p(T)$,$\sigma_c(T)$,$\sigma_r(T)$ 彼此互不相交,且

$$\sigma_p(T)\cup\sigma_c(T)\cup\sigma_r(T)=\mathbf{C}\backslash\rho(T).$$

我们定义 $T$ 的谱为

$$\sigma(T)\overset{\mathrm{d}}{=}\mathbf{C}\backslash\rho(T),$$

即

$$\sigma(T)=\sigma_p(T)\cup\sigma_c(T)\cup\sigma_r(T).$$

如同第三章§1中对$(I-A)^{-1}$,$A\in L(X)$的讨论,现在对$T\in L(X)$,当$|\lambda|>\|T\|$时,形式上

$$\frac{1}{\lambda I-T}=\frac{1}{\lambda}\frac{1}{I-\dfrac{T}{\lambda}}=\frac{1}{\lambda}\left[I+\sum_{n=1}^{\infty}\left(\frac{T}{\lambda}\right)^n\right].$$

于是当$|\lambda|>\|T\|$时,

$$R(\lambda,T)=\frac{1}{\lambda}\left[I+\sum_{n=1}^{\infty}\left(\frac{T}{\lambda}\right)^n\right].$$

因为用$\lambda I-T$分别左、右乘上式右端,易见其结果皆为$I$.一般称上式右端为$R(\lambda,T)$的 **Neumann** 级数.由此可得

**定理 1.1** 若$|\lambda|>\|T\|$,则$\lambda\in\rho(T)$,或者说

$$\sigma(T)\subset\{\lambda:|\lambda|\leqslant\|T\|\}.$$

设$\lambda_0\in\rho(T)$,形式上从

$$\frac{1}{\lambda I-T}=\frac{1}{(\lambda-\lambda_0)I+(\lambda_0 I-T)}=\frac{1}{\lambda_0 I-T}\frac{1}{I+\dfrac{\lambda-\lambda_0}{\lambda_0 I-T}}$$

$$=\frac{1}{\lambda_0 I-T}\left[I+\sum_{n=1}^{\infty}(-1)^n\left(\frac{\lambda-\lambda_0}{\lambda_0 I-T}\right)^n\right],\quad |\lambda-\lambda_0|<\|(\lambda_0 I-T)^{-1}\|^{-1}.$$

可见当$|\lambda-\lambda_0|<\|(\lambda_0 I-T)^{-1}\|^{-1}$时,$\lambda\in\rho(T)$,并且$R(\lambda,T)$在$\lambda_0$附近能展成$\lambda-\lambda_0$的幂级数,即

$$R(\lambda,T)=R(\lambda_0,T)\left[I+\sum_{n=1}^{\infty}(-1)^n R(\lambda_0,T)^n(\lambda-\lambda_0)^n\right],\quad |\lambda-\lambda_0|<\|(\lambda_0 I-T)^{-1}\|^{-1}.$$

据此可得

**定理 1.2** $\rho(T)$是复平面上开集,从而$\sigma(T)$是闭集.

**定理 1.3** 设$X$为 Banach 空间,$T\in L(X)$,则$\sigma(T')=\sigma(T)$,且

$$R(\lambda,T')=R(\lambda,T)',\quad \forall\lambda\in\rho(T).$$

如果$H$是 Hilbert 空间,$T\in L(H)$,则

$$\sigma(T^*)=\{\bar{\lambda}:\lambda\in\sigma(T)\},$$

且

$$R(\bar{\lambda},T^*)=R(\lambda,T)^*,\quad \forall\lambda\in\rho(T).$$

**证** 设$T\in L(X)$.如果$\lambda\in\rho(T)$,则$\lambda I-T$是有界可逆的,由第三章§5中定理5.2及定理5.1可知$\lambda I-T'=(\lambda I-T)'$也是有界可逆的,且

$$R(\lambda,T')=(\lambda I-T')^{-1}=[(\lambda I-T)']^{-1}=[(\lambda I-T)^{-1}]'=R(\lambda,T)',$$

即$\lambda\in\rho(T')$.

反之,若$\lambda\in\rho(T')$,则

$$R(\lambda I-T')=X'\text{且}N(\lambda I-T')=\{0\}.$$

根据闭值域定理(第三章§6定理6.4)可知$R(\lambda I-T)$也是闭的,于是

$$R(\lambda I-T)={}^0N(\lambda I-T')={}^0\{0\}=X,$$

$$N(\lambda I-T)={}^{0}R(\lambda I-T')={}^{0}(X')=\{0\},$$

故 $\lambda\in\rho(T)$. 总之,$\rho(T)=\rho(T')$,即 $\sigma(T)=\sigma(T')$.

对于 Hilbert 空间 $H$ 及 $T\in L(H)$. 设 $\lambda\in\rho(T)$,则 $\lambda I-T$ 是有界可逆的. 于是由第二章 §4 定理 4.1,$\bar{\lambda}I-T^{*}=(\lambda I-T)^{*}$ 也是有界可逆的,故 $\bar{\lambda}\in\rho(T^{*})$,且

$$R(\bar{\lambda},T^{*})=(\bar{\lambda}I-T^{*})^{-1}=[(\lambda I-T)^{*}]^{-1}=[(\lambda I-T)^{-1}]^{*}=R(\lambda,T)^{*}.$$

反之,若 $\bar{\lambda}\in\rho(T^{*})$,则由前证,$\lambda=\bar{\bar{\lambda}}\in\rho(T^{**})$. 但由前引定理 4.1,还有 $T^{**}=T$,故 $\lambda\in\rho(T)$. 总之 $\rho(T^{*})=\{\bar{\lambda}:\lambda\in\rho(T)\}$,亦即 $\sigma(T^{*})=\{\bar{\lambda}:\lambda\in\sigma(T)\}$. 证毕.

**例 1**　考察 $C[0,1]$上的算子

$$(Tx)(t)=\int_0^t x(s)\mathrm{d}s,\quad x=x(t)\in C[0,1],$$

其值域为

$$R(T)=\{y(t):y(t)\text{在}[0,1]\text{上有连续导数,且 }y(0)=0\}.$$

显然 $1\notin\overline{R(T)}$,从而 $\overline{R(T)}\neq C[0,1]$. 此外,从 $Tx=0$ 易见 $x=0$,故 $T$ 是单射的. 总之,$0\in\sigma_r(T)$.

事实上,0 是 $T$ 的唯一谱点. 如第三章 §1 中例 3,可以证明

$$\lim_{n\to\infty}\|T^n\|^{\frac{1}{n}}=0.$$

根据下文的定理 1.7 有 $\sigma(T)=\{0\}$.

这种使 $\sigma(T)=\{0\}$ 的有界线性算子,通常称为**拟幂零算子**. 它的谱虽然最简单,却是有界线性算子谱论中最难办的一类算子.

**例 2**　考虑 $L^2[0,1]$上的乘法算子

$$(Tx)(t)=tx(t),\quad x=x(t)\in L^2[0,1].$$

不难证明

$$\sigma(T)=\sigma_c(T)=[0,1].$$

事实上,对任意 $\lambda\notin[0,1]$,$(\lambda-t)^{-1}$ 是$[0,1]$上有界连续函数,而且乘$(\lambda-t)^{-1}$ 的乘法算子恰好是$(\lambda I-T)^{-1}$,故 $\lambda\in\rho(T)$. 当 $\lambda\in[0,1]$时,

$$[(\lambda I-T)x](t)=(\lambda-t)x(t)=0\text{ a. e. 于}[0,1],$$

显然只有零解 $x(t)=0$ a. e. 于$[0,1]$,即 $\lambda I-T$ 是单射的. 又因为$(\lambda-t)^{-1}\notin L^2[0,1]$,故 $x(t)\equiv 1\notin R(\lambda I-T)$,即 $R(\lambda I-T)\neq L^2[0,1]$. 另一方面,假设 $y\in L^2[0,1]$,任给 $\varepsilon>0$,由积分绝对连续性,存在 $\delta>0$,使当 $E\subset[0,1]$且 $m(E)<\delta$ 时,

$$\int_E|y(t)|^2\mathrm{d}t<\varepsilon^2.$$

记 $E_\lambda=[\lambda-\delta/3,\lambda+\delta/3]\cap[0,1]$,则 $m(E_\lambda)<\delta$,令

$$x_\varepsilon(t)=\begin{cases}(\lambda-t)^{-1}y(t), & t\in[0,1]\backslash E_\lambda,\\ 0, & t\in E_\lambda\end{cases}$$

易见 $x_\varepsilon\in L^2[0,1]$,且

$$\|(\lambda I-T)x_\varepsilon-y\|^2=\int_0^1|(\lambda-t)x_\varepsilon(t)-y(t)|^2\mathrm{d}t=\int_{E_\lambda}|y(t)|^2\mathrm{d}t<\varepsilon^2,$$

故 $\overline{R(\lambda I-T)}=L^2[0,1]$. 总之,$\lambda\in\sigma_c(T)$. 故

$$\sigma(T)=\sigma_c(T)=[0,1].$$

**2. 抽象解析函数**

**定义 1.2** 设 $x(\lambda)$是定义在复平面的区域 $D$ 内,取值于 Banach 空间 $X$ 中的抽象函数.

(1) 如果对任何 $\lambda_0\in D$,

$$x'(\lambda_0)\overset{\mathrm{d}}{=}\lim_{h\to 0}\frac{x(\lambda_0+h)-x(\lambda_0)}{h}$$

都存在,则称 $x(\lambda)$在 $D$ 内**强解析**;

(2) 若于任何 $f\in X'$,复值函数 $f(x(\lambda))$都在 $D$ 内解析,则称 $x(\lambda)$在 $D$ 内**弱解析**.

显然在 $D$ 内强解析的函数都在 $D$ 内弱解析,其实我们还有

**定理 1.4** 在区域 $D$ 内弱解析的函数 $x(\lambda)$一定也在 $D$ 内强解析.

**证** 对任何 $\lambda_0\in D$,当然有 $D$ 中的正向 Jordan 曲线 $C$ 及区域 $R_0$(如图 4.1 所示),使

$$\lambda_0\in R_0\subset C\text{ 的内部}\subset(C\cup C\text{ 的内部})\subset D.$$

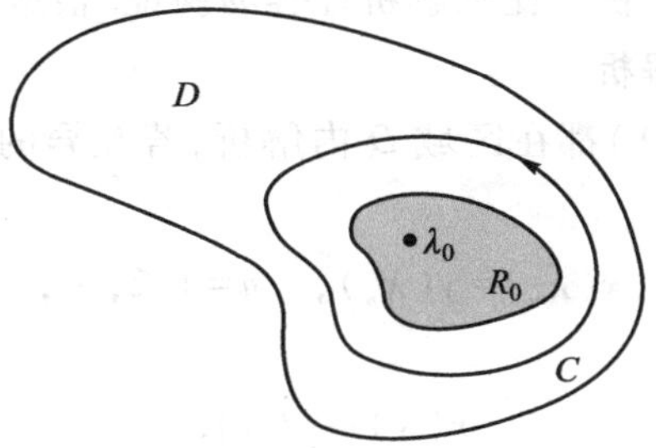


图 4.1

由 Cauchy 积分公式,对任何 $f\in X'$及 $\lambda_1\in R_0$ 有

$$f(x(\lambda_1))=\frac{1}{2\pi\mathrm{i}}\int_C\frac{f(x(\lambda))}{\lambda-\lambda_1}\mathrm{d}\lambda. \tag{1.1}$$

设 $\lambda_0+h,\lambda_0+g$ 都在 $R_0$ 内,则由

$$\begin{aligned}&\frac{1}{h-g}\left[\frac{1}{h}\left(\frac{1}{\lambda-\lambda_0-h}-\frac{1}{\lambda-\lambda_0}\right)-\frac{1}{g}\left(\frac{1}{\lambda-\lambda_0-g}-\frac{1}{\lambda-\lambda_0}\right)\right]\\&=\frac{1}{h-g}\left[\frac{1}{(\lambda-\lambda_0-h)(\lambda-\lambda_0)}-\frac{1}{(\lambda-\lambda_0-g)(\lambda-\lambda_0)}\right]\\&=\frac{1}{(\lambda-\lambda_0-h)(\lambda-\lambda_0-g)(\lambda-\lambda_0)},\end{aligned}$$

便有

$$\begin{aligned}&\frac{1}{h-g}\left[\frac{f(x(\lambda_0+h))-f(x(\lambda_0))}{h}-\frac{f(x(\lambda_0+g))-f(x(\lambda_0))}{g}\right]\\&=\frac{1}{h-g}\left\{\frac{1}{2\pi\mathrm{i}h}\int_C\left[\frac{f(x(\lambda))}{\lambda-\lambda_0-h}-\frac{f(x(\lambda))}{\lambda-\lambda_0}\right]\mathrm{d}\lambda-\frac{1}{2\pi\mathrm{i}g}\int_C\left[\frac{f(x(\lambda))}{\lambda-\lambda_0-g}-\frac{f(x(\lambda))}{\lambda-\lambda_0}\right]\mathrm{d}\lambda\right\} \quad (1.2)\\&=\frac{1}{2\pi\mathrm{i}}\int_C\frac{f(x(\lambda))}{(\lambda-\lambda_0-h)(\lambda-\lambda_0-g)(\lambda-\lambda_0)}\mathrm{d}\lambda.\end{aligned}$$

注意 $\lambda_0,\lambda_0+h,\lambda_0+g$ 都在 $R_0$ 内,于是与 $C$ 上任何点的距离都大于某个正数,从而(1.2)式右端视为 $f\in X'$ 的泛函,关于 $\lambda_0+h,\lambda_0+g\in R_0$ 是有界的. 考虑 $X$ 到 $X''$ 之典型映射的保范性质,根据一致有界原理,存在常数 $M>0$,使

$$\sup_{\substack{\lambda_0+h,\lambda_0+g\in R_0\\ h\neq g}}\frac{1}{|h-g|}\left\|\frac{x(\lambda_0+h)-x(\lambda_0)}{h}-\frac{x(\lambda_0+g)-x(\lambda_0)}{g}\right\|\leqslant M.$$

于是对任何 $h_n\to 0$, $\left\{\dfrac{x(\lambda_0+h_n)-x(\lambda_0)}{h_n}\right\}_{n=1}^{\infty}$ 是 Cauchy 序列. 因 $X$ 是完备的, $\left\{\dfrac{x(\lambda_0+h_n)-x(\lambda_0)}{h_n}\right\}_{n=1}^{\infty}$ 收敛,可见

$$\lim_{h\to 0}\frac{x(\lambda_0+h)-x(\lambda_0)}{h}$$

存在. 证毕.

这个定理的好处在于弱解析性比强解析性容易验证. 根据这个定理,对抽象函数不必再区分强、弱解析,而统称之为**解析**.

**命题 1.1**　设 $x(\lambda)$ 与 $y(\lambda)$ 都在区域 $D$ 内解析,若互异的 $\{\lambda_n\}_{n=1}^{\infty}\subset D$ 有一极限点在 $D$ 内,且

$$x(\lambda_n)=y(\lambda_n),\quad n=1,2,\cdots,$$

则在 $D$ 内,

$$x(\lambda)\equiv y(\lambda).$$

这容易利用弱解析性及经典复变函数论中解析函数唯一性定理来证明.

**定理 1.5**(A. E. Taylor,1938)　对 $T\in L(X)$,恒有 $\sigma(T)\neq\varnothing$.

**证**　在定理 1.1 之前我们已经证明当 $|\lambda|>\|T\|$ 时,

$$R(\lambda,T)=\frac{1}{\lambda}\left[I+\sum_{n=1}^{\infty}\left(\frac{T}{\lambda}\right)^n\right]$$

按算子范数收敛. 容易证明

$$\|R(\lambda,T)\|\to 0,\quad |\lambda|\to\infty.$$

如果 $\sigma(T)=\varnothing$,则如定理 1.2 的证明,$R(\lambda,T)$ 在复平面上任何点 $\lambda_0$ 附近都可展成 $\lambda-\lambda_0$ 的幂级数,因此 $R(\lambda,T)$ 在全平面上解析. 从而对任给的 $f\in X'$ 及 $x\in X$,$f(R(\lambda,T)x)$ 是 $\lambda$ 的有界整函数. 由经典复变函数论中的 Liouville 定理,

$$f(R(\lambda,T)x)\equiv 0.$$

由 $f$ 及 $x$ 的任意性可见,$R(\lambda,T)\equiv 0$. 这不可能. 证毕.

形式上

$$\frac{1}{\lambda I-T}-\frac{1}{\mu I-T}=\frac{\mu-\lambda}{(\lambda I-T)(\mu I-T)},$$

故

$$R(\lambda,T)-R(\mu,T)=(\mu-\lambda)R(\lambda,T)R(\mu,T),\quad \lambda,\mu\in\rho(T).\tag{1.3}$$

这只需用 $(\lambda I-T)(\mu I-T)$ 乘上式两端即可证出. 公式(1.3)证起来简单,但是很有用,我们特称之为**第一预解公式**.

**3. 谱半径公式**

设 $T\in L(X)$,由第三章§1中定理1.2,$\lim\limits_{n\to\infty}\|T^n\|^{\frac{1}{n}}$总存在.下面我们进一步证明

**定理 1.6** 设 $T\in L(X)$,则当 $|\lambda|>\lim\limits_{n\to\infty}\|T^n\|^{\frac{1}{n}}$时,级数 $\sum\limits_{n=1}^{\infty}\lambda^{-n}T^{n-1}$ 按算子范数收敛.且

$$R(\lambda,T)=\sum_{n=1}^{\infty}\lambda^{-n}T^{n-1}, \tag{1.4}$$

这里 $T^0=I$.

**证** 令 $r=\lim\limits_{n\to\infty}\|T^n\|^{\frac{1}{n}}$. 对任给 $\varepsilon>0$,若 $|\lambda|\geqslant r+\varepsilon$,注意当 $n$ 充分大时,$\|T^n\|^{\frac{1}{n}}\leqslant r+\dfrac{\varepsilon}{2}$,从而

$$\|\lambda^{-n}T^{n-1}\|\leqslant|\lambda|^{-n}\|T^{n-1}\|\leqslant(r+\varepsilon)^{-n}\left(r+\frac{\varepsilon}{2}\right)^{n-1},$$

故级数 $\sum\limits_{n=1}^{\infty}\lambda^{-n}T^{n-1}$ 在 $|\lambda|>r$ 时是绝对收敛的,又 $L(X)$ 是完备的,故根据第一章习题23,级数按算子范数收敛.

通过直接验证可知,以 $\lambda I-T$ 左、右乘 $\sum\limits_{n=1}^{\infty}\lambda^{-n}T^{n-1}$ 都得 $I$,故(1.4)式成立. 证毕.

**定义 1.3** 设 $T\in L(X)$,称

$$r(T)\overset{\mathrm{d}}{=}\sup\{|\lambda|:\lambda\in\sigma(T)\}$$

为 $T$ 的**谱半径**.

**定理 1.7(谱半径公式)** 若 $T\in L(X)$,则

$$r(T)=\lim_{n\to\infty}\|T^n\|^{\frac{1}{n}}.$$

**证** 令 $r=\lim\limits_{n\to\infty}\|T^n\|^{\frac{1}{n}}$. 由定理1.6,当 $|\lambda|>r$ 时,$\lambda\in\rho(T)$. 故 $\sigma(T)\subset\{\lambda:|\lambda|\leqslant r\}$,即 $r(T)\leqslant r$. 只需求证 $r(T)\geqslant r$.

由定理1.2证明可知,$R(\lambda,T)$ 在 $|\lambda|>r(T)$ 上解析. 于是对任意的 $f\in(L(X))'$,$f(R(\lambda,T))$ 是 $|\lambda|>r(T)$ 上的复值解析函数. 又由定理1.6

$$R(\lambda,T)=\sum_{n=1}^{\infty}\lambda^{-n}T^{n-1},\quad |\lambda|>r.$$

于是得到 $f(R(\lambda,T))$ 的 Laurent 展式

$$f(R(\lambda,T))=\sum_{n=1}^{\infty}\lambda^{-n}f(T^{n-1}),\quad |\lambda|>r.$$

根据复值解析函数 Laurent 展式的唯一性,上式在 $|\lambda|>r(T)$ 上亦成立. 于是对任何 $\varepsilon>0$,级数

$$\sum_{n=1}^{\infty}|(r(T)+\varepsilon)^{-n}f(T^{n-1})|$$

收敛. 故于任何 $f\in(L(X))'$,都有常数 $M_f>0$,使

$$|f((r(T)+\varepsilon)^{-n}T^{n-1})|\leqslant M_f,\quad n=1,2,\cdots.$$

由第三章§4中命题4.2,存在常数$M>0$,使

$$\|(r(T)+\varepsilon)^{-n}T^{n-1}\|\leqslant M,\quad n=1,2,\cdots.$$

于是

$$\|T^n\|\leqslant M(r(T)+\varepsilon)^{n+1},\quad n=1,2,\cdots,$$

故

$$r=\lim_{n\to\infty}\|T^n\|^{\frac{1}{n}}\leqslant r(T)+\varepsilon.$$

而$\varepsilon$是任意的,所以$r\leqslant r(T)$.证毕.

**4. 移位算子**

"最重要的,也是在Hilbert空间理论的一切部分中都起着重要作用的单个算子是单侧移位."(参见文献[17],第31页.)

设$\{e_n\}_{n=0}^{\infty}$是Hilbert空间$H$的一个正规正交基,由第二章定理2.3,$\forall x\in H$唯一确定一个$\{\xi_n\}=\{\xi_0,\xi_1,\xi_2,\cdots\}\in\ell^2$,使

$$x=\sum_{n=0}^{\infty}\xi_n e_n.$$

因此下面将$x$与$\{\xi_0,\xi_1,\xi_2,\cdots\}$等同,记为$x=\{\xi_0,\xi_1,\xi_2,\cdots\}$.

$H$上**单边移位算子**$S$定义如下:

$$Se_n=e_{n+1},\quad n=0,1,2,\cdots.$$

即

$$x=\{\xi_0,\xi_1,\xi_2,\cdots\}\mapsto Sx=\{0,\xi_0,\xi_1,\xi_2,\cdots\}.$$

易见$S$是线性算子,而且是保范的,即

$$\|Sx\|=\|x\|,\quad\forall x\in H.$$

设$y=\{\eta_0,\eta_1,\eta_2,\cdots\}$,$S^*y=\{\zeta_0,\zeta_1,\zeta_2,\cdots\}$,则

$$(Sx,y)=\sum_{j=0}^{\infty}\xi_j\bar{\eta}_{j+1},\quad (x,S^*y)=\sum_{j=0}^{\infty}\xi_j\bar{\zeta}_j.$$

因为

$$(Sx,y)=(x,S^*y),\quad\forall x,y\in H.$$

故可得

$$\zeta_j=\eta_{j+1},\quad j=0,1,2,\cdots.$$

即

$$S^*y=\{\eta_1,\eta_2,\eta_3,\cdots\}.$$

一般称$S^*$是**向左(或向后)移位算子**.

设$T=S^*$,下面讨论$T$的一些性质.对$y=\{\eta_0,\eta_1,\eta_2,\cdots\}\in H$,

$$\begin{aligned}(T-\lambda I)y&=S^*\{\eta_0,\eta_1,\eta_2,\cdots\}-\lambda\{\eta_0,\eta_1,\eta_2,\cdots\}\\&=\{\eta_1,\eta_2,\eta_3,\cdots\}-\{\lambda\eta_0,\lambda\eta_1,\lambda\eta_2,\cdots\}\\&=\{\eta_1-\lambda\eta_0,\eta_2-\lambda\eta_1,\eta_3-\lambda\eta_2,\cdots\}.\end{aligned}$$

要想$(T-\lambda I)y=0$,必须且只需

$$\eta_1=\lambda\eta_0,\eta_2=\lambda\eta_1,\eta_3=\lambda\eta_2,\cdots,$$

即

$$\gamma=\{\eta_0,\lambda\eta_0,\lambda^2\eta_0,\cdots\}=\eta_0\{1,\lambda,\lambda^2,\cdots\}. \tag{1.5}$$

显然,$\gamma=\eta_0\{1,\lambda,\lambda^2,\cdots\}\in H(\eta_0\neq 0)$当且仅当$|\lambda|<1$. 总之

$$\sigma_p(T)=D\overset{\text{d}}{=}\{\lambda:|\lambda|<1\}, \tag{1.6}$$

且

$$\dim N(T-\lambda I)=1,\quad \lambda\in D. \tag{1.7}$$

因为$S$是保范的,故$\|S\|=1$. 又从第二章§4中定理4.1有$\|S^*\|=\|S\|=1$. 于是

$$D=\sigma_p(S^*)\subset\sigma(S^*)\subset\overline{D}.$$

又因$\sigma(S^*)$是闭的,故$\sigma(S^*)=\overline{D}$. 根据定理1.3,$\sigma(S)=\overline{D}$. 对$x=\{\xi_0,\xi_1,\xi_2,\cdots\}\in H$,从$(S-\lambda I)x=0$,可得

$$-\lambda\xi_0=0,\xi_n-\lambda\xi_{n+1}=0,\quad n=0,1,2,\cdots.$$

故满足$|\lambda|\leqslant 1$的任何$\lambda$都不是$S$的特征值. 又$S$的值域$R(S)$显然不在$H$中稠密,所以关于$S$还有

$$\sigma_p(S)=\varnothing,\quad 0\in\sigma_r(S).$$

以下再看$T$的另外两个重要性质.

**命题 1.2** $R(T-\lambda I)=H,\lambda\in D$.

**证** 先证$R(T-\lambda I)$是闭的. 注意,$(S-\overline{\lambda}I)^*=S^*-\lambda I=T-\lambda I$. 根据闭值域定理(参见第三章,§6,定理6.5),只需证明$R(S-\overline{\lambda}I)$是闭的. 因为$S$是保范算子,于是对$\lambda\in D$,

$$\|(S-\overline{\lambda}I)x\|\geqslant\|Sx\|-\|\overline{\lambda}x\|=(1-|\lambda|)\|x\|,\quad\forall x\in H.$$

由此可见$R(S-\overline{\lambda}I)$是闭的.

又根据闭值域定理可知

$$R(T-\lambda I)=N(S-\overline{\lambda}I)^{\perp}=\{0\}^{\perp}=H.$$

证毕.

**命题 1.3** $\bigvee_{\lambda\in D}N(T-\lambda I)=H$,这里$\bigvee_{\alpha\in\mathscr{A}}\mathscr{M}_\alpha$表示线性流形$\mathscr{M}_\alpha(\alpha\in\mathscr{A})$线性张成的闭包.

**证** 记上式左端为$\mathscr{M}$,若$\{a_0,a_1,a_2,\cdots\}\in H$与$\mathscr{M}$正交,即$\{a_0,a_1,a_2,\cdots\}$与$\mathscr{M}$中每个元素正交. 由(1.5)式,

$$\eta_0(\overline{a}_0+\overline{a}_1\lambda+\overline{a}_2\lambda^2+\cdots)=0,\quad\forall\lambda\in D.$$

根据幂级数性质,便有

$$a_0=a_1=a_2=\cdots=0.$$

证毕.

M. Cowen 和 R. G. Douglas 在 1978 年提出一类与复几何密切相关的算子类$B_n(\Omega)$(参见文献[25]).

设$\Omega$是复平面区域,$B_n(\Omega)$表示 Hilbert 空间$H$上满足如下条件的所有算子$T$的集合:

(1) $\sigma_p(T)=\Omega$;

(2) $\dim N(T-\lambda I)=n,\lambda\in\Omega$;

(3) $H=\bigvee_{\lambda\in\Omega}N(T-\lambda I)$;

(4) $H=R(T-\lambda I), \lambda \in \Omega$.

综合以上向后移位算子 $T$ 的性质:(1.6)式与(1.7)式、命题 1.2 及命题 1.3,正说明 $T \in B_1(D)$.

## §2 射影算子与约化

### 1. 射影

在线性代数中,我们已经看到空间分解与算子的结构密切相关,所以下面要讲的射影的概念是自然的.

设 $X$ 是 Banach 空间,若有 $X$ 的线性流形 $X_1$ 与 $X_2$,使

$$X=X_1 \oplus X_2,$$

这里$\oplus$表示直接和(参见第一章,§2).

考察变换

$$Px=x_1, \quad 这里\ x=x_1+x_2, x_j \in X_j, j=1,2.$$

容易从直接和的定义证明,对每个 $x \in X$,恰有一个 $x_1 \in X_1$ 与之对应,因此变换 $P$ 的定义是完善的. 容易证明,$P$ 是 $X$ 上处处定义的线性算子. 我们称 $P$ 为与 $\{X_1, X_2\}$ 相关的从 $X$ 到 $X_1$ 的**射影**.

从几何的观点看,$P$ 就是从 $X$ 沿着 $X_2$ 的方向到 $X_1$ 上的射影.

**定理 2.1** 设 $X_1$ 与 $X_2$ 都是 Banach 空间 $X$ 的子空间,使 $X=X_1 \oplus X_2$,则从 $X$ 到 $X_1$ 的射影 $P$ 是有界的.

**证** 根据闭图形定理,只需证明 $P$ 是闭算子即可. 设 $\{x_n\}_{n=1}^{\infty} \subset X$,使

$$x_n \to x_0, Px_n \to x_0^{(1)},$$

则

$$\lim_{n \to \infty}(x_n-Px_n)=x_0-x_0^{(1)}.$$

设 $x_0^{(2)}=x_0-x_0^{(1)}$. 注意 $Px_n \in X_1, x_n-Px_n \in X_2$,而 $X_1, X_2$ 都是闭的,故 $x_0^{(1)} \in X_1, x_0^{(2)} \in X_2$,且 $x_0=x_0^{(1)}+x_0^{(2)}$. 由射影的定义,便有 $Px_0=x_0^{(1)}$,即 $P$ 是闭算子. 证毕.

**定义 2.1** 设 $X_1$ 与 $X_2$ 都是 Banach 空间 $X$ 的子空间,使 $X=X_1 \oplus X_2$,则称 $X_1$ 与 $X_2$ 是**拓扑互补子空间**,称 $X_2$ 是 $X_1$ 的**拓扑补**.

在第三章 §2 中我们已经指出,一般无穷维的 Banach 空间 $X$ 与 Euclid 空间不一样,并不是任意子空间都一定有拓扑补,即使 $X$ 是 $L^p$ 或 $\ell^p (p \neq 2)$ 这样好的空间也不行.

对于射影算子,从定义显然

$$P^2x=P(Px)=Px_1=x_1=Px, \quad x \in X,$$

即算子 $P$ 是**幂等**的:

$$P^2=P.$$

从代数的观点看,

**定理 2.2** 设 $P$ 是 Banach 空间 $X$ 上有界幂等的线性算子,则

$$\mathscr{M} \overset{\mathrm{d}}{=} \{x: Px=x\}, \quad \mathscr{N} \overset{\mathrm{d}}{=} \{x: Px=0\}$$

是拓扑互补子空间. 从而 $P$ 就是与 $\{\mathscr{M}, \mathscr{N}\}$ 相关的从 $X$ 到 $\mathscr{M}$ 的射影.

**证** 从 $P$ 的线性和连续性,易知$\mathscr{M}$,$\mathscr{N}$都是 $X$ 的子空间. 若有 $x_0\in\mathscr{M}\cap\mathscr{N}$,则 $Px_0=x_0$,且 $Px_0=0$,故 $x_0=0$. 可见$\mathscr{M}\cap\mathscr{N}=\{0\}$. 对任何 $x\in X$,当然有

$$x=Px+(x-Px).$$

因 $P$ 是幂等的,所以 $Px\in\mathscr{M}$,$x-Px\in\mathscr{N}$. 总之

$$X=\mathscr{M}\oplus\mathscr{N}.$$

证毕.

**2. 有界线性算子的不变子空间与约化子空间**

泛函分析的一个迄今远未解决的重大问题是要对一般线性算子的结构得到完全的了解,而算子结构理论中最基本的概念,也是迄今研究的主要对象即下面要讲的不变子空间与约化子空间.

以下恒设 $X$ 为 Banach 空间,$T\in L(X)$.

**定义 2.2** 对 $X$ 的子空间$\mathscr{M}$,若

$$T(\mathscr{M})\subset\mathscr{M},$$

则称$\mathscr{M}$为 $T$ 的**不变子空间**,通常简记为$\mathscr{M}\in\mathrm{Lat}\,T$.

**定理 2.3** 如果 $T\in L(X)$,$P$ 是 $X$ 到子空间$\mathscr{M}$上的射影,则

$$\mathscr{M}\in\mathrm{Lat}\,T\Leftrightarrow TP=PTP.$$

**证** 如果$\mathscr{M}\in\mathrm{Lat}\,T$,任给 $x\in X$,$TPx\in T(\mathscr{M})\subset\mathscr{M}$. 故

$$P(TPx)=TPx.$$

反之,任给 $x\in\mathscr{M}$,$Px=x$,由假设 $TP=PTP$,则 $Tx=TPx=PTPx=PTx\in\mathscr{M}$. 故$\mathscr{M}\in\mathrm{Lat}T$. 证毕.

不变子空间问题:

是否每个 $T\in L(X)$都有非平凡的(即异于$\{0\}$与 $X$ 者)不变子空间?

自从 1954 年 Aronszajn 和 Smith[24] 证明 Banach 空间上的紧算子都有非平凡的不变子空间以来,这一直被认为是算子理论中的大问题,累攻不下. 直到 1984 年,C. J. Read[38] 在$\ell^1$ 上构造出一个有界线性算子,它没有非平凡的不变子空间. 但是对 $X$ 为自反空间,特别是 Hilbert 空间的情况,不变子空间问题迄今仍没有答案.

显然对$\mathscr{M}\in\mathrm{Lat}\,T$,可以产生一个从$\mathscr{M}$到$\mathscr{M}$的有界线性算子

$$T|\mathscr{M}:(T|\mathscr{M})x=Tx,\quad x\in\mathscr{M},$$

称为 $T$ 在$\mathscr{M}$上的**限制**.

**定义 2.3** 若$\mathscr{M}$与$\mathscr{N}$是 $X$ 中拓扑互补的子空间,又都是 $T$ 的不变子空间,则称$\{\mathscr{M},\mathscr{N}\}$**约化** $T$,也称$\mathscr{M}$与$\mathscr{N}$为 $T$ 的**约化子空间**.

如果$\{\mathscr{M},\mathscr{N}\}$约化 $T$,那么对 $T$ 的研究可转化为对较小空间上的算子 $T|\mathscr{M}$ 与 $T|\mathscr{N}$ 的研究,所以 $X$ 的这种按照 $T$ 之约化子空间的分解 $X=\mathscr{M}\oplus\mathscr{N}$ 是十分重要的.

**定理 2.4** $\{\mathscr{M},\mathscr{N}\}$约化 $T$ 必须且只需

$$PT=TP,$$

这里 $P$ 是与$\{\mathscr{M},\mathscr{N}\}$相关的从 $X$ 到$\mathscr{M}$的射影.

**证** 由假设 $P$ 是从 $X$ 到$\mathscr{M}$的射影,$I-P$ 是从 $X$ 到$\mathscr{N}$的射影. 根据定理 2.3,

$$\{\mathscr{M},\mathscr{N}\}\text{约化 }T\Leftrightarrow TP=PTP,\ T(I-P)=(I-P)T(I-P)$$

$$\Leftrightarrow TP=PT.$$

证毕.

这个定理证明不难,但相当重要. 它告诉我们,要考察 $T$ 的约化子空间,只需研究 $T$ 的**换位**

$$\{T\}'\overset{\mathrm{d}}{=}\{A:A\in L(X),且\ AT=TA\}$$

中的幂等算子.

**3. Riesz 空间分解定理**

为了证明 Riesz 空间分解定理,我们需要考虑抽象函数的曲线积分.

设 $C:z=z(t)(0\leqslant t\leqslant 1)$ 是复平面 $\mathbf{C}$ 上可求长的简单的光滑曲线. $f(z)$ 是定义在 $C$ 上,取值于 Banach 空间 $X$ 中的连续的抽象函数.

对 $[0,1]$ 的任意分划

$$\mathscr{D}:0=t_0<t_1<t_2<\cdots<t_n=1,$$

取 $z_j=z(t_j),z_j'=z(t_j'),t_{j-1}\leqslant t_j'\leqslant t_j$,又 $\Delta z_j=z_j-z_{j-1},j=1,2,\cdots,n$. 令 $\|\mathscr{D}\|\overset{\mathrm{d}}{=}\max\limits_{1\leqslant j\leqslant n}|t_j-t_{j-1}|$. 如果极限

$$\lim_{\|\mathscr{D}\|\to 0}\sum_{j=1}^{n}f(z_j')\Delta z_j$$

存在,则它也是 $X$ 中一个元,称为 $f(z)$ 在 $C$ 上的积分,记为

$$\int_C f(z)\,\mathrm{d}z=\lim_{\|\mathscr{D}\|\to 0}\sum_{j=1}^{n}f(z_j')\Delta z_j.$$

如一般复变函数论教科书上的处理(参见江泽坚《复变函数》,人民教育出版社,1951,§Ⅲ.1)一样可以证明,对 $C$ 上连续的抽象函数 $f(z)$,积分 $\int_C f(z)\,\mathrm{d}z$ 必定存在. 又如定理 1.4 的思想,我们总可以把强解析函数的问题转化成弱解析函数,从而可用经典的复变函数论来处理. 由此不难证明. 对于抽象解析函数也有 Cauchy 积分定理.

设 $T\in L(X)$,其谱 $\sigma(T)$ 被可求长的、简单的、光滑的、正向的闭曲线 $C$ 分成 $\sigma_1$ 与 $\sigma_2$ 两部分,其中 $\sigma_1$ 在 $C$ 之内,而 $\sigma_2$ 在 $C$ 之外(如图 4.2 所示),则下面的 Riesz 空间分解定理告诉我们 $T$ 必有非平凡的约化子空间.

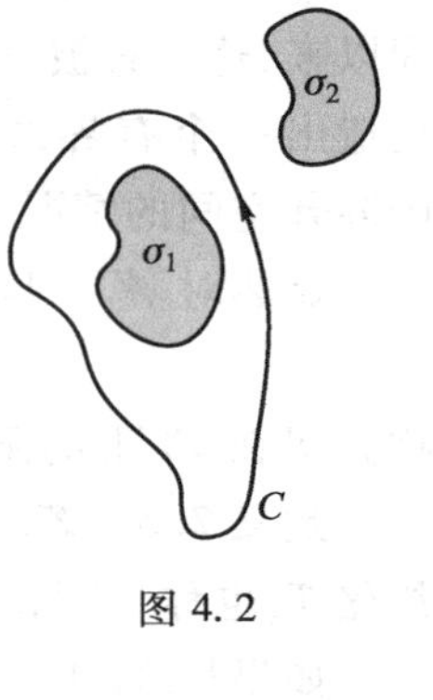

图 4.2

**定理 2.5**(F. Riesz,1913)　设 $T\in L(X)$,其谱如上所述,则有 $T$ 的约化子空间 $\mathscr{M}_1$ 与 $\mathscr{M}_2$,使

$$X=\mathscr{M}_1\oplus\mathscr{M}_2,$$
$$\sigma(T|\mathscr{M}_j)=\sigma_j,\quad j=1,2.$$

**证**　以下将 $R(\xi,T)$ 简记为 $R(\xi)$,定义

$$P=\frac{1}{2\pi\mathrm{i}}\int_C R(\xi)\,\mathrm{d}\xi,$$

则 $P\in L(X)$,往证 $P^2=P$.

注意 $R(\xi)$ 是 $\rho(T)$ 上的解析函数,设 $C'$ 是 $\rho(T)$ 内另一条可求长的、简单的、光滑的、正向的闭曲线,使 $C$ 及 $\sigma_1$ 在 $C'$ 之内,$\sigma_2$ 在 $C'$ 之外(如图 4.3 所示).

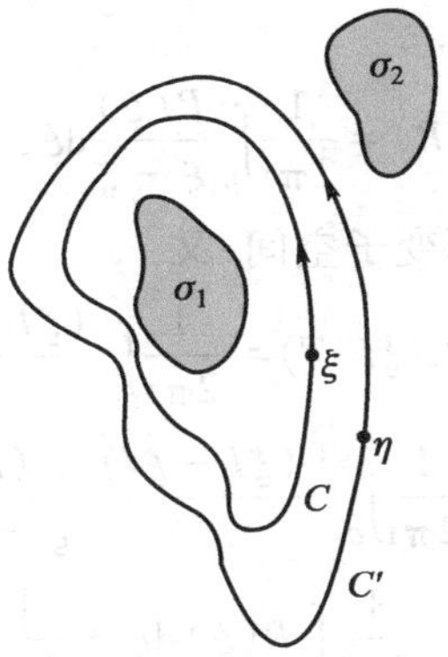


图 4.3

由抽象解析函数的 Cauchy 积分定理，

$$P=\frac{1}{2\pi i}\int_C R(\xi)\,d\xi=\frac{1}{2\pi i}\int_{C'} R(\eta)\,d\eta.$$

于是

$$(2\pi i)^2P^2=\int_C R(\xi)\,d\xi\int_{C'}R(\eta)\,d\eta=\int_C d\xi\int_{C'}R(\xi)R(\eta)\,d\eta.$$

由第一预解公式，则

$$\begin{aligned}(2\pi i)^2P^2&=\int_C d\xi\int_{C'}\frac{1}{\eta-\xi}[R(\xi)-R(\eta)]\,d\eta\\&=\int_C R(\xi)\,d\xi\int_{C'}\frac{1}{\eta-\xi}d\eta-\int_{C'}R(\eta)\,d\eta\int_C\frac{1}{\eta-\xi}d\xi\\&=2\pi i\int_C R(\xi)\,d\xi-0\\&=(2\pi i)^2P,\end{aligned}$$

故 $P^2=P$. 令

$$\mathscr{M}_1=PX,\mathscr{M}_2=(I-P)X,$$

易见

$$\mathscr{M}_1=\{x:Px=x\},\mathscr{M}_2=\{x:Px=0\}.$$

由定理 2.2，$X=\mathscr{M}_1\oplus\mathscr{M}_2$，$P$ 是与 $\{\mathscr{M}_1,\mathscr{M}_2\}$ 相关的从 $X$ 到 $\mathscr{M}_1$ 的射影.

注意 $R(\xi)$ 与 $R(\eta)$ 总是可交换的，即

$$R(\xi)R(\eta)=R(\eta)R(\xi),\quad \xi,\eta\in\rho(T),$$

故由 $P$ 的定义有

$$PR(\eta)=R(\eta)P. \tag{2.1}$$

两边同时左乘并右乘 $\eta I-T$，可得

$$(\eta I-T)P=P(\eta I-T),$$

故 $TP=PT$. 由定理 2.4，$\{\mathscr{M}_1,\mathscr{M}_2\}$ 约化 $T$.

从(2.1)式可见 $\{\mathscr{M}_1,\mathscr{M}_2\}$ 也约化 $R(\eta)$，从而$\mathscr{M}_1,\mathscr{M}_2$ 是 $R(\eta)$ 的不变子空间，对任意的 $\eta\in\rho(T)$. 这说明 $\rho(T)\subset\rho(T|\mathscr{M}_j)$（习题 7），即

$$\sigma(T|\mathscr{M}_j)\subset\sigma(T),\quad j=1,2. \tag{2.2}$$

往证 $\sigma(T|\mathscr{M}_1)\subset\sigma_1$. 对 $\zeta\notin C$,令

$$R_\zeta=\frac{1}{2\pi\mathrm{i}}\int_C\frac{R(\xi)}{\xi-\zeta}\mathrm{d}\xi,$$

则 $R_\zeta\in L(X)$,而且$\mathscr{M}_j$ 也是 $R_\zeta$ 的不变子空间. 又

$$\begin{aligned}(\zeta I-T)R_\zeta=R_\zeta(\zeta I-T)&=\frac{1}{2\pi\mathrm{i}}\int_C\frac{(\zeta I-T)R(\xi)}{\xi-\zeta}\mathrm{d}\xi\\&=\frac{1}{2\pi\mathrm{i}}\int_C\frac{[(\zeta I-\xi I)+(\xi I-T)]R(\xi)}{\xi-\zeta}\mathrm{d}\xi\\&=-\frac{1}{2\pi\mathrm{i}}\int_C R(\xi)\mathrm{d}\xi+\frac{1}{2\pi\mathrm{i}}\int_C\frac{1}{\xi-\zeta}\mathrm{d}\xi\cdot I,\end{aligned}$$

于是,当 $\zeta$ 在 $C$ 之外时,

$$(\zeta I-T)R_\zeta=-P.$$

当 $\zeta$ 在 $C$ 之内时,

$$(\zeta I-T)R_\zeta=I-P.$$

设 $x\in\mathscr{M}_1$,则当 $\zeta$ 在 $C$ 之外时,

$$(\zeta I-T)(-R_\zeta)x=(-R_\zeta)(\zeta I-T)x=Px=x.$$

故$(\zeta I-T|\mathscr{M}_1)^{-1}=-R_\zeta|\mathscr{M}_1$ 在 $C$ 之外存在,据此

$$\rho(T|\mathscr{M}_1)\supset C\text{ 的外部},$$

即

$$\sigma(T|\mathscr{M}_1)\subset(C\cup C\text{ 的内部}).$$

再由(2.2)式,

$$\sigma(T|\mathscr{M}_1)\subset\sigma(T)\cap(C\cup C\text{ 的内部})=\sigma_1.\tag{2.3}$$

同法可以证明

$$\sigma(T|\mathscr{M}_2)\subset\sigma_2.\tag{2.4}$$

以下来证,$\sigma(T|\mathscr{M}_1)=\sigma_1$. 否则有 $\xi_0\in\sigma_1\backslash\sigma(T|\mathscr{M}_1)$. 从(2.4)式,

$$\rho(T|\mathscr{M}_2)\supset\mathbf{C}\backslash\sigma_2\supset\sigma_1,$$

故 $\xi_0\in\rho(T|\mathscr{M}_1)\cap\rho(T|\mathscr{M}_2)$. 从而

$$R_{\mathscr{M}_j}(\xi_0)\overset{\mathrm{d}}{=}(\xi_0I-T|\mathscr{M}_j)^{-1},\quad j=1,2$$

是$\mathscr{M}_j$ 上的连续线性算子. 令

$$\widetilde{R}_0=R_{\mathscr{M}_1}(\xi_0)P+R_{\mathscr{M}_2}(\xi_0)(I-P),$$

则 $\widetilde{R}_0\in L(X)$. 注意任给 $x\in X$,总可表示成

$$x=x_1+x_2,\quad x_j\in\mathscr{M}_j,j=1,2.$$

于是

$$\widetilde{R}_0x=R_{\mathscr{M}_1}(\xi_0)P(x_1+x_2)+R_{\mathscr{M}_2}(\xi_0)(I-P)(x_1+x_2)=R_{\mathscr{M}_1}(\xi_0)x_1+R_{\mathscr{M}_2}(\xi_0)x_2.$$

注意 $R_{\mathscr{M}_j}(\xi_0)x_j\in\mathscr{M}_j,j=1,2$,于是

$$(\xi_0I-T)\widetilde{R}_0x=(\xi_0I-T|\mathscr{M}_1)R_{\mathscr{M}_1}(\xi_0)x_1+(\xi_0I-T|\mathscr{M}_2)R_{\mathscr{M}_2}(\xi_0)x_2=x_1+x_2=x,$$

故

$$(\xi_0 I-T)\widetilde{R}_0=I.$$

同样可证出

$$\widetilde{R}_0(\xi_0 I-T)=I.$$

所以 $\xi_0 I-T$ 是有界可逆的，即 $\xi_0\in\rho(T)$. 但这与 $\xi_0\in\sigma_1\subset\sigma(T)$ 矛盾. 总之，

$$\sigma(T\mid\mathscr{M}_1)=\sigma_1.$$

同理可证，$\sigma(T\mid\mathscr{M}_2)=\sigma_2$. 证毕.

## §3 紧 算 子

### 1. 紧算子的定义及其性质

数学物理方法中许多问题可以转化为积分方程来处理，所以积分算子是很重要的有界线性算子. 1918 年左右，F. Riesz 把积分算子推广成下文所谓的紧算子.

以下恒设 $X$ 为 Banach 空间.

**定义 3.1** 设 $A\in L(X)$. 若 $A$ 把 $X$ 中每个有界集都变成列紧集（即于有界的 $\{x_n\}_{n=1}^{\infty}\subset X$，$\{Ax_n\}_{n=1}^{\infty}$ 恒有收敛的子序列），则称 $A$ 为**紧算子**，或者**全连续算子**.

**定义 3.2** 对 $A\in L(X)$，若 $\dim R(A)<\infty$，则称 $A$ 为**有限秩算子**.

**例 1** 凡有限秩算子都是紧算子.

设 $A\in L(X)$ 是有限秩算子，从有界性可见 $A$ 变 $X$ 中有界集 $S$ 为 $R(A)$ 中的有界集 $A(S)$. 现在，$\dim R(A)<\infty$，故 $A(S)$ 列紧，于是 $A$ 为紧算子.

**例 2** 设 $K(s,t)$ 是 $0\leqslant s,t\leqslant 1$ 上的连续函数，则积分算子

$$(Ax)(s)=\int_0^1 K(s,t)x(t)\,\mathrm{d}t,\quad x=x(t)\in C[0,1]$$

是 $X=C[0,1]$ 上的紧算子.

根据 Arzela-Ascoli 定理（即第一章 §6 中定理 6.4），这只需证明 $X$ 中任何有界集 $\{x:\|x\|\leqslant B\}$ 在 $A$ 之下的像是一致有界且同等连续的.

设 $M=\sup\limits_{0\leqslant s,t\leqslant 1}|K(s,t)|$，则当 $\|x\|\leqslant B$ 时，

$$|(Ax)(s)|\leqslant\int_0^1|K(s,t)x(t)|\,\mathrm{d}t\leqslant\int_0^1 MB\,\mathrm{d}t=MB,$$

这说明像集的一致有界性.

其次，从 $K(s,t)$ 的一致连续性，对任给的 $\varepsilon>0$，应有 $\delta>0$，使当 $|s_1-s_2|<\delta$ 时，

$$|K(s_1,t)-K(s_2,t)|<\varepsilon,\quad 0\leqslant t\leqslant 1.$$

从而当 $\|x\|\leqslant B$，$|s_1-s_2|<\delta$ 时，

$$\begin{aligned}|(Ax)(s_1)-(Ax)(s_2)|&\leqslant\int_0^1|K(s_1,t)-K(s_2,t)|\,|x(t)|\,\mathrm{d}t\\&\leqslant\varepsilon\int_0^1|x(t)|\,\mathrm{d}t\leqslant B\varepsilon,\end{aligned}$$

这表明像集的同等连续性.

**例 3** $\ell^2$ 上的恒等算子 $I$ 非紧算子.

考察

$$e_n=\{0,\cdots,0,1,0,\cdots\},\quad n=1,2,\cdots,$$

即 $e_n$ 之第 $n$ 个坐标是 1,其余的坐标是 0,则 $\|e_n\|=1$,而

$$\|e_j-e_k\|=\sqrt{2},\quad j\neq k.$$

故 $Ie_n=e_n(n=1,2,\cdots)$ 没有收敛的子序列,从而 $I$ 不是紧算子.

以后,用 $\mathscr{K}(X)$ 表示 $X$ 上全体紧算子构成的集合.

**定理 3.1**　设 $A_j\in\mathscr{K}(X)$,$\alpha_j\in\mathbf{C}$,$j=1,2$,$B\in L(X)$,则

(1) $\alpha_1A_1+\alpha_2A_2\in\mathscr{K}(X)$;

(2) $A_1B$ 与 $BA_1$ 都在 $\mathscr{K}(X)$ 中.

**证**　(1)是明显的.

(2) 只需注意 $B$ 将有界集变为有界集,将收敛序列变为收敛序列. 证毕.

**定义 3.3**　设 $\mathscr{T}$ 是代数 $Q$ 的子集. 如果对 $x,y\in\mathscr{T}$,总有

$$\alpha x+\beta y\in\mathscr{T},\quad zx\in\mathscr{T}\ (xz\in\mathscr{T}),$$

这里 $\alpha,\beta\in\mathbf{C}$,$z$ 是 $Q$ 中的任意元,那么 $\mathscr{T}$ 称为 $Q$ 的**左(右)理想**.

如果 $\mathscr{T}$ 既是 $Q$ 的左理想,又是 $Q$ 的右理想,则称 $\mathscr{T}$ 为 $Q$ 的**双边理想**,或简称为**理想**.

从定理 3.1 可见,

全体紧算子 $\mathscr{K}(X)$ 是 $L(X)$ 的非零的理想.

**定理 3.2**　设 $\{A_n\}_{n=1}^{\infty}\subset\mathscr{K}(X)$,$\|A_n-A\|\to0$,$n\to\infty$,则 $A\in\mathscr{K}(X)$.

**证**　设 $\{x_n\}_{n=1}^{\infty}$ 是 $X$ 中任一有界序列,从 $A_1$ 的紧性,有 $\{x_n\}_{n=1}^{\infty}$ 的子序列 $\{x_{1n}\}_{n=1}^{\infty}$,使 $\{A_1x_{1n}\}_{n=1}^{\infty}$ 收敛. 从 $A_2$ 的紧性,又有 $\{x_{1n}\}_{n=1}^{\infty}$ 的子序列 $\{x_{2n}\}_{n=1}^{\infty}$ 使 $\{A_2x_{2n}\}_{n=1}^{\infty}$ 收敛,如此继续下去,得到一串子序列

$$x_{11},x_{12},\cdots,x_{1n},\cdots,$$
$$x_{21},x_{22},\cdots,x_{2n},\cdots,$$
$$\cdots\cdots\cdots\cdots$$
$$x_{k1},x_{k2},\cdots,x_{kn},\cdots,$$
$$\cdots\cdots\cdots\cdots$$

这里 $\{x_{kn}\}_{n=1}^{\infty}$ 是 $\{x_{k-1,n}\}_{n=1}^{\infty}$ 的子序列,且 $\{A_kx_{kn}\}_{n=1}^{\infty}$ 收敛. 将对角线上的元选出来,得到 $\{x_n\}_{n=1}^{\infty}$ 的子序列 $\{x_{nn}\}_{n=1}^{\infty}$,使对一切 $j=1,2,\cdots$,$\{A_jx_{nn}\}_{n=1}^{\infty}$ 收敛. 显然

$$\begin{aligned}\|Ax_{nn}-Ax_{mm}\|&\leqslant\|Ax_{nn}-A_jx_{nn}\|+\|A_jx_{nn}-A_jx_{mm}\|+\|A_jx_{mm}-Ax_{mm}\|\\&\leqslant\|A-A_j\|(\|x_{nn}\|+\|x_{mm}\|)+\|A_jx_{nn}-A_jx_{mm}\|,\end{aligned}$$

由假设,当 $j\to\infty$ 时,上式右端第一项趋于 0. 而对充分大的固定的 $j$,当 $n,m$ 充分大时,右端第二项可任意小. 这说明 $\{Ax_{nn}\}_{n=1}^{\infty}$ 是 Cauchy 序列. 而 $X$ 是完备的,故 $\{Ax_{nn}\}_{n=1}^{\infty}$ 收敛. 证毕.

**例 4**　设 $K(x,y)\in L^2(R)$,这里 $R=\{(x,y):a\leqslant x,y\leqslant b\}$,则算子

$$(Af)(x)=\int_a^bK(x,y)f(y)\,\mathrm{d}y,\quad f=f(x)\in L^2[a,b]$$

是从 $L^2[a,b]$ 到自身的紧算子.

为证明 $A$ 是紧算子,我们先证明如下一个结果:

设 $\{e_j\}_{j=1}^{\infty}$ 是 $L^2[a,b]$ 的一个正规正交基(参见文献[6],第六章),令

$$\varphi_{jk}(x,y)=e_j(x)\overline{e_k(y)},\quad(x,y)\in R,$$

则 $\{\varphi_{jk}: j, k = 1, 2, \cdots\}$ 是 $L^2(R)$ 的一个正规正交基.

因为

$$\int_a^b \int_a^b |\varphi_{jk}(x,y)|^2 \mathrm{d}x\mathrm{d}y = \int_a^b |e_j(x)|^2 \mathrm{d}x \int_a^b |e_k(y)|^2 \mathrm{d}y = 1,$$

可见 $\varphi_{jk} \in L^2(R)$, 且 $\|\varphi_{jk}\|_2 = 1$. 这里及以下, $\|\cdot\|_2$ 表示 $L^2(R)$ 中的范数, $\langle \cdot, \cdot \rangle$ 表示 $L^2(R)$ 中内积. 如果 $(j,k) \neq (m,n)$, 则 $j \neq m, k \neq n$ 至少有一个成立, 于是

$$\langle \varphi_{jk}, \varphi_{mn} \rangle = \int_a^b \int_a^b \varphi_{jk}(x,y) \overline{\varphi_{mn}(x,y)} \mathrm{d}x\mathrm{d}y$$

$$= \int_a^b \int_a^b e_j(x) \overline{e_k(y)} \, \overline{e_m(x)} e_n(y) \mathrm{d}x\mathrm{d}y$$

$$= \int_a^b e_j(x) \overline{e_m(x)} \mathrm{d}x \int_a^b e_n(y) \overline{e_k(y)} \mathrm{d}y$$

$$= (e_j, e_m)(e_n, e_k) = 0,$$

因此 $\{\varphi_{jk}: j, k = 1, 2, \cdots\}$ 是 $L^2(R)$ 中正规正交集. 如果 $\varphi \in L^2(R)$, 则

$$\int_a^b \int_a^b |\varphi(x,y)|^2 \mathrm{d}x\mathrm{d}y < \infty.$$

因此对几乎所有的 $y \in [a,b]$, 都有

$$\int_a^b |\varphi(x,y)|^2 \mathrm{d}x < \infty.$$

记 $\varphi_y(x) \overset{\mathrm{d}}{=} \varphi(x,y), x \in [a,b]$, 则对几乎所有的 $y \in [a,b], \varphi_y \in L^2[a,b]$. 于是

$$f_j(y) \overset{\mathrm{d}}{=} (e_j, \varphi_y) = \int_a^b e_j(x) \overline{\varphi(x,y)} \mathrm{d}x$$

在 $[a,b]$ 上几乎处处有定义, 而且

$$\int_a^b |f_j(y)|^2 \mathrm{d}y = \int_a^b \left| \int_a^b e_j(x) \overline{\varphi(x,y)} \mathrm{d}x \right|^2 \mathrm{d}y$$

$$\leqslant \int_a^b \left( \int_a^b |e_j(x)|^2 \mathrm{d}x \cdot \int_a^b |\varphi(x,y)|^2 \mathrm{d}x \right) \mathrm{d}y$$

$$\leqslant \int_a^b |e_j(x)|^2 \mathrm{d}x \int_a^b \int_a^b |\varphi(x,y)|^2 \mathrm{d}x\mathrm{d}y < \infty,$$

即 $f_j \in L^2[a,b]$. 又由 Parseval 公式

$$\|f_j\|^2 = \sum_{k=1}^\infty |(f_j, e_k)|^2 = \sum_{k=1}^\infty \left| \int_a^b f_j(y) \overline{e_k(y)} \mathrm{d}y \right|^2$$

$$= \sum_{k=1}^\infty \left| \int_a^b \int_a^b \overline{\varphi(x,y)} e_j(x) \overline{e_k(y)} \mathrm{d}x\mathrm{d}y \right|^2$$

$$= \sum_{k=1}^\infty \left| \int_a^b \int_a^b \varphi_{jk}(x,y) \overline{\varphi(x,y)} \mathrm{d}x\mathrm{d}y \right|^2$$

$$= \sum_{k=1}^\infty |\langle \varphi_{jk}, \varphi \rangle|^2,$$

于是, 如果 $\langle \varphi, \varphi_{jk} \rangle = 0, j, k = 1, 2, \cdots$, 则 $f_j = 0, j = 1, 2, \cdots$. 从而, 由 $\{e_j\}_{j=1}^\infty$ 是 $L^2[a,b]$ 的正规正交基可知, 对几乎所有的 $y, \varphi_y = 0$, 故 $\varphi(x,y) = 0$ a.e. 于 $R$. 事实上, 已知存在零测度集 $E_1 \subset [a,b]$, 使当 $y \in E_2 \overset{\mathrm{d}}{=} [a,b] \setminus E_1$ 时, 便有

$$\varphi_y(x) = 0 \ \text{a.e.} \ 于 [a,b].$$

根据 Fubini 定理

$$\iint_R |\varphi(x,y)|^2\mathrm{d}x\mathrm{d}y = \int_a^b \mathrm{d}y\int_a^b |\varphi(x,y)|^2\mathrm{d}x$$
$$= \int_{E_1}\mathrm{d}y\int_a^b |\varphi_y(x)|^2\mathrm{d}x+\int_{E_2}\mathrm{d}y\int_a^b |\varphi_y(x)|^2\mathrm{d}x=0,$$

所以 $\varphi(x,y)=0$ a. e. 于 $R$. 因此 $\{\varphi_{jk}:j,k=1,2,\cdots\}$ 是 $L^2(R)$ 的正规正交基.

已知 $K(x,y)\in L^2(R)$，于是存在 $\alpha_{jk}\in\mathbf{C},j,k=1,2,\cdots$，使

$$K(x,y)=\sum_{j,k=1}^{\infty}\alpha_{jk}\varphi_{jk}(x,y),$$

且

$$\sum_{j,k=1}^{\infty}|\alpha_{jk}|^2<\infty.$$

令

$$K_N(x,y)=\sum_{j,k=1}^{N}\alpha_{jk}\varphi_{jk}(x,y),\quad N=1,2,\cdots.$$

则

$$\|K_N-K\|_2^2=\sum_{j\text{或}k>N}|\alpha_{jk}|^2\to 0,\quad N\to\infty.$$

设

$$(A_Nf)(x)=\int_a^b K_N(x,y)f(y)\mathrm{d}y,\quad f=f(x)\in L^2[a,b],$$

则由 $\varphi_{jk}(x,y)=e_j(x)\overline{e_k(y)}$ 可得

$$(A_Nf)(x)=\int_a^b\sum_{j,k=1}^{N}\alpha_{jk}e_j(x)\overline{e_k(y)}f(y)\mathrm{d}y$$
$$=\sum_{j,k=1}^{N}\alpha_{jk}\left[\int_a^b\overline{e_k(y)}f(y)\mathrm{d}y\right]e_j(x)$$
$$=\sum_{j,k=1}^{N}\alpha_{jk}(f,e_k)e_j(x).$$

可见 $A_N$ 的值域包含在 $\{e_1,e_2,\cdots,e_N\}$ 张成的子空间中，因而 $A_N$ 是有限秩算子. 而由 Schwarz 不等式

$$\|(A_N-A)f\|=\left[\int_a^b|[(A_N-A)f](x)|^2\mathrm{d}x\right]^{1/2}$$
$$\leqslant\left[\int_a^b\left|\int_a^b(K_N(x,y)-K(x,y))f(y)\mathrm{d}y\right|^2\mathrm{d}x\right]^{1/2}$$
$$\leqslant\left[\int_a^b\left(\int_a^b|K_N(x,y)-K(x,y)|^2\mathrm{d}y\int_a^b|f(y)|^2\mathrm{d}y\right)\mathrm{d}x\right]^{1/2}$$
$$\leqslant\left(\int_a^b\int_a^b|K_N(x,y)-K(x,y)|^2\mathrm{d}x\mathrm{d}y\right)^{1/2}\left(\int_a^b|f(y)|^2\mathrm{d}y\right)^{1/2}$$
$$=\|K_N-K\|_2\|f\|,\quad f\in L^2[a,b],$$

故

$$\|A_N-A\|\leqslant\|K_N-K\|_2\to 0,\quad N\to\infty.$$

由定理 3.2，$A$ 是紧算子.

这是个关于 $L^2[a,b]$ 上积分算子为紧算子的很有用的简单条件.

**定理 3.3** 设 $A$ 是紧算子. 若 $x_n \xrightarrow{w} x_0$, 则 $Ax_n \to Ax_0$.

**证** 若定理不真,则有 $\varepsilon>0$,及 $\{x_n\}_{n=1}^{\infty}$ 的子序列 $\{x_{n_j}\}_{j=1}^{\infty}$,使

$$\| Ax_{n_j}-Ax_0 \| >\varepsilon, \quad j=1,2,\cdots. \tag{3.1}$$

根据第三章 §7 中命题 7.1, $\{x_n\}_{n=1}^{\infty}$ 是有界序列,因 $A$ 是紧算子,故 $\{Ax_{n_j}\}_{j=1}^{\infty}$ 有收敛子序列. 我们不妨设

$$Ax_{n_j}\to y_0, \quad j\to\infty, \tag{3.2}$$

于是,对任何 $x'\in X'$,我们有

$$\lim_{j\to\infty} x'(Ax_{n_j}) = x'(y_0).$$

设 $A'$ 是 $A$ 的 Banach 共轭算子,则 $A'x'\in X'$. 由 $x_{n_j}\xrightarrow{w} x_0$,又有

$$\lim_{j\to\infty} x'(Ax_{n_j}) = \lim_{j\to\infty} A'x'(x_{n_j}) = A'x'(x_0) = x'(Ax_0),$$

于是

$$x'(y_0) = x'(Ax_0).$$

根据 Hahn-Banach 定理,必有 $y_0=Ax_0$. 由(3.1)式与(3.2)式这是不可能的. 证毕.

**命题 3.1** 设 $X$ 是无穷维 Banach 空间, $A\in\mathscr{K}(X)$,且 $A$ 是单射的,则

$$R(A)\neq X.$$

**证** 否则, $R(A)=X$. 又 $A$ 是单射的,由 Banach 逆算子定理, $A^{-1}\in L(X)$. 从定理 3.1(2),

$$I=A^{-1}A\in\mathscr{K}(X),$$

据此 $X$ 的单位球是列紧集. 由第一章 §7 中的 Riesz 引理,必有 $\dim X<\infty$. 这与假设矛盾. 证毕.

**定理 3.4** 设 $A\in\mathscr{K}(X)$,则 $R(A)$ 是可分的.

**证** 令 $S_n=\{x\in X: \|x\|\leqslant n\}$, $n=1,2,\cdots$,则

$$R(A)=\bigcup_{n=1}^{\infty} AS_n.$$

由 $A$ 是紧算子,点集 $AS_n$ 是列紧的. 根据第一章 §6 中定理 6.1 与 6.2, $AS_n$ 含有一个可数的稠密子集,设其为 $D_n$,显然 $\bigcup\limits_{n=1}^{\infty} D_n$ 在 $R(A)$ 中稠密,并且是可数的. 证毕.

**定理 3.5**(J. Schauder, 1930) 设 $A\in\mathscr{K}(X)$,则其共轭算子 $A'\in\mathscr{K}(X')$.

**证** 设 $x_n'\in X'$, $\|x_n'\|\leqslant M$, $n=1,2,\cdots$. 由定理 3.4, $R(A)$ 中有一个可数的稠密子集 $D$. 利用对角线方法,可从 $\{x_n'\}_{n=1}^{\infty}$ 中抽出子序列 $\{x_{n_j}'\}_{j=1}^{\infty}$,在 $D$ 上处处收敛. 当然 $\|x_{n_j}'\|\leqslant M$,故 $\{x_{n_j}'\}_{j=1}^{\infty}$ 亦在 $\overline{R(A)}$ 上处处收敛.

任给 $x\in\overline{R(A)}$,令

$$f_0(x)\overset{\mathrm{d}}{=}\lim_{j\to\infty} x_{n_j}'(x).$$

易见 $f_0$ 是线性的,又

$$|x_{n_j}'(x)| \leqslant \|x_{n_j}'\| \, \|x\| \leqslant M\|x\|,$$

故

$$|f_0(x)| \leqslant M\|x\|.$$

可见 $f_0$ 是 $\overline{R(A)}$ 上有界线性泛函. 根据 Hahn-Banach 定理, $f_0$ 可以扩张成 $X$ 上有界线性泛函 $f$, 往证

$$\| A'x'_{n_j} - A'f \| \to 0, \quad j\to\infty.$$

否则, 有 $\eta>0$ 及 $\{A'x'_{n_j}\}_{j=1}^{\infty}$ 的子序列 $\{A'x'_{n_k}\}_{k=1}^{\infty}$, 使

$$\| A'x'_{n_k} - A'f \| > \eta, \quad k=1,2,\cdots.$$

即有 $x_k\in X$, $\|x_k\|=1$, $k=1,2,\cdots$, 使

$$|A'x'_{n_k}(x_k) - A'f(x_k)| > \eta/2, \quad k=1,2,\cdots. \tag{3.3}$$

因 $A$ 是紧算子, 不妨设 $Ax_k\to y_0(k\to\infty)$, 则 $y_0\in\overline{R(A)}$. 从而

$$\begin{aligned}|A'x'_{n_k}(x_k)-A'f(x_k)| &= |x'_{n_k}(Ax_k)-f(Ax_k)| \\ &\leqslant |x'_{n_k}(Ax_k)-x'_{n_k}(y_0)| + |x'_{n_k}(y_0)-f_0(y_0)| + |f_0(y_0)-f_0(Ax_k)| \\ &\leqslant (M+\|f_0\|)\|Ax_k-y_0\| + |x'_{n_k}(y_0)-f_0(y_0)| \to 0, \quad k\to\infty.\end{aligned}$$

这与(3.3)式矛盾. 证毕,

E. Schmidt 首先看到下列结果, 它告诉我们紧算子是仅比有限维空间上的线性变换稍复杂的算子.

**定理 3.6**　设 $A$ 是可分 Hilbert 空间 $H$ 上的紧算子, 则有 $H$ 上一串有限秩算子 $A_n$, 使

$$\lim_{n\to\infty}\|A_n - A\| = 0.$$

**证**　设 $\{e_n\}_{n=1}^{\infty}$ 是 $H$ 的一个正规正交基, 则对任给的 $x\in H$, 有

$$x=\sum_{j=1}^{\infty}(x,e_j)e_j,$$

从而

$$Ax=\sum_{j=1}^{\infty}(Ax,e_j)e_j.$$

对每个正整数 $n$, 令

$$A_n x=\sum_{j=1}^{n}(Ax,e_j)e_j, \quad x\in H,$$

则每个 $A_n$ 都是 $H$ 上有限秩线性算子. 我们断言

$$\lim_{n\to\infty}\|A_n-A\|=0.$$

若不然, 存在 $\varepsilon>0$ 及一串正整数 $\{n_k\}$, 使

$$\|A_{n_k}-A\|>\varepsilon, \quad k=1,2,\cdots.$$

从而存在元素 $x_k\in H$, $\|x_k\|=1$, $k=1,2,\cdots$, 使

$$\|A_{n_k}x_k - Ax_k\| > \frac{\varepsilon}{2}, \quad k=1,2,\cdots. \tag{3.4}$$

但 $A$ 是紧算子, $\{Ax_k\}_{k=1}^{\infty}$ 有收敛子列, 不妨设 $Ax_k\to y(k\to\infty)$. 注意

$$A_{n_k}x_k - Ax_k = \sum_{j=n_k+1}^{\infty}(Ax_k,e_j)e_j,$$

和

$$(Ax_k,e_j)=(Ax_k-y,e_j)+(y,e_j), \quad j=n_k+1,n_k+2,\cdots,$$

可知

$$\| A_{n_k}x_k - Ax_k \| = \Big[ \sum_{j=n_k+1}^{\infty} |(Ax_k, e_j)|^2 \Big]^{1/2}$$
$$\leqslant \Big[ \sum_{j=n_k+1}^{\infty} |(Ax_k - y, e_j)|^2 \Big]^{1/2} + \Big( \sum_{j=n_k+1}^{\infty} |(y, e_j)|^2 \Big)^{1/2}$$
$$\leqslant \| Ax_k - y \| + \Big[ \sum_{j=n_k+1}^{\infty} |(y, e_j)|^2 \Big]^{1/2} \to 0, \quad k \to \infty.$$

这与(3.4)式矛盾. 故 $\lim\limits_{n\to\infty} \| A_n - A \| = 0$. 证毕.

这个定理还可推广到所谓有基的 Banach 空间上去.

在可分 Banach 空间 $X$ 中,如果有一串向量 $\{e_j\}_{j=1}^{\infty}$,使得每个 $x \in X$ 都可以唯一地表示成

$$x = \sum_{j=1}^{\infty} \xi_j e_j,$$

右端级数在 $X$ 中按范数收敛,则称 $\{e_j\}_{j=1}^{\infty}$ 为 $X$ 的**基**,而称 $X$ 为有基的 Banach 空间.

关于定理 3.6 在有基的 Banach 空间上的推广的证明参见文献[11]第 274—275 页. 许多讲积分方程的书,就在这基础上把积分方程的问题转化为有限维空间上的线性变换的问题. 例如 И. Г. 彼得罗夫斯基的《积分方程论讲义》等.

从 S. Banach 以来几十年间,人们研究定理 3.6 对一般可分的 Banach 空间是否也是对的? 近来,P. Enflo 举出反例[29],说明一般是不对的. 事实上,Enflo 所得到的刚好也是可分的,但是没有基的 Banach 空间的例子. 现在,最简单的反例被认为是 A. M. Davie 构造的(参见文献[43],第 297 页).

**2. Riesz-Schauder 理论**

**命题 3.2** 设 $A \in \mathscr{K}(X)$, $\lambda \neq 0$,则 $\dim N(A-\lambda I) < \infty$.

**证** 记 $T = A - \lambda I$,则 $N(T)$ 是 $X$ 的子空间. 设 $\{x_n\}_{n=1}^{\infty} \subset N(T)$,且 $\| x_n \| \leqslant 1, n = 1, 2, \cdots$. 从 $A$ 是紧算子,应有 $\{x_n\}_{n=1}^{\infty}$ 的子序列 $\{x_{n_j}\}_{j=1}^{\infty}$,使 $\{Ax_{n_j}\}_{j=1}^{\infty}$ 收敛. 由 $Tx_{n_j} = 0$,有 $x_{n_j} = \dfrac{1}{\lambda} Ax_{n_j}$,故 $\{x_{n_j}\}_{j=1}^{\infty}$ 收敛,即空间 $N(T)$ 的单位球是列紧的. 根据第一章 §7 中的定理 7.2,即 Riesz 引理后的说明,$\dim N(T) < \infty$. 证毕.

**定理 3.7**(F. Riesz, 1918) 设 $A \in \mathscr{K}(X)$, $\lambda \neq 0$,则 $R(A - \lambda I)$ 是闭的.

**证** 由命题 3.2 及第三章 §2 中命题 2.4,存在 $X$ 的子空间 $\mathscr{M}$,使

$$X = N(A - \lambda I) \oplus \mathscr{M}.$$

设 $T: \mathscr{M} \to X$ 定义如下:

$$Tx = (A - \lambda I)x, \quad x \in \mathscr{M}.$$

显然 $T \in L(\mathscr{M}, X)$,且 $R(A - \lambda I) = R(T)$. 只需往证 $R(T)$ 是闭的.

易见 $T$ 在 $\mathscr{M}$ 上是单射的,还存在 $\delta > 0$,使

$$\| Tx \| \geqslant \delta \| x \|, \quad x \in \mathscr{M}. \tag{3.5}$$

否则,存在 $\{x_n\}_{n=1}^{\infty} \subset \mathscr{M}$, $\| x_n \| = 1, n = 1, 2, \cdots$,使 $Tx_n \to 0$. 因 $A$ 是紧算子,不妨设 $Ax_n \to y_0$,现在 $Ax_n - \lambda x_n = Tx_n \to 0$,故 $\mathscr{M}$ 中的 $\lambda x_n \to y_0$. 注意 $\mathscr{M}$ 是闭的,所以 $y_0 \in \mathscr{M}$. 于是

$$Ty_0 = \lim_{n\to\infty} T(\lambda x_n) = \lim_{n\to\infty} \lambda (Tx_n) = 0.$$

因 $T$ 是单射的,故 $y_0 = 0$. 另一方面,$\| x_n \| = 1, n = 1, 2, \cdots, \lambda \neq 0$,故

$$\| y_0 \| = \lim_{n\to\infty} \| \lambda x_n \| = |\lambda| > 0,$$

矛盾. 所以(3.5)式成立,从而 $R(T)$ 是闭的. 证毕.

**命题 3.3**　设 $A \in \mathscr{K}(X)$,若 $N(I-A)=\{0\}$,则

$$R(I-A)=X.$$

**证**　否则,$R(I-A) \neq X$. 令

$$X_0 = X, X_n = (I-A)X_{n-1}, n=1,2,\cdots,$$

则 $X_0 \supsetneqq X_1$. 假设 $X_{n-1} \supsetneqq X_n$,则必有 $X_n \supsetneqq X_{n+1}$. 否则,

$$X_n = X_{n+1} = (I-A)X_n.$$

对于任意的 $x \in X_{n-1}$,$(I-A)x \in X_n$. 从而由上面的等式,有 $y \in X_n$,使

$$(I-A)x = (I-A)y.$$

因 $I-A$ 是单射的,故 $x=y\in X_n$,这与 $X_{n-1} \neq X_n$ 矛盾. 根据数学归纳法有

$$X_0 \supsetneqq X_1 \supsetneqq X_2 \supsetneqq \cdots.$$

根据定理 3.7,$X_1$ 是闭的,从而是 $A$ 的不变子空间. $A|X_1$ 仍旧是紧算子,又由定理 3.7,$X_2 = R(I-A|X_1)$ 是闭的. 如此类推,每个 $X_n$ 都是闭的. 根据 Riesz 引理,存在 $x_n \in X_n$,$\| x_n \| = 1$,使

$$\rho(x_n, X_{n+1}) \geqslant \frac{1}{2}, \quad n=1,2,\cdots.$$

对于任意正整数 $n,m,m>n$,

$$\| Ax_n - Ax_m \| = \| x_n - [(x_n - Ax_n) - (x_m - Ax_m) + x_m] \| \geqslant \frac{1}{2},$$

因为

$$(x_n - Ax_n) - (x_m - Ax_m) + x_m \in X_{n+1},$$

从而 $\{Ax_n\}_{n=1}^{\infty}$ 不存在收敛子序列,与 $A$ 是紧算子矛盾. 证毕.

事实上,我们可以证明,设 $A \in \mathscr{K}(X)$,则对任意的 $\lambda \neq 0$,从 $N(\lambda I - A)=\{0\}$ 也可得

$$R(\lambda I - A) = X$$

(见习题 11).

**引理 3.1**　设 $A \in \mathscr{K}(X)$,$T=I-A$,$T'$表示 $T$ 的共轭算子,则

$$\dim N(T')=0 \Leftrightarrow \dim N(T)=0.$$

**证**　注意,$T'=I-A'$,由定理 3.5,$A'$也是紧算子.

$\Rightarrow$ 根据命题 3.3,$R(T')=X'$. 于是由第三章 §6 中定理 6.2 可知

$$N(T) = {}^0R(T') = {}^0(X') = \{0\}.$$

$\Leftarrow$ 根据命题 3.3,$R(T)=X$. 又根据 Banach 逆算子定理,$T$ 是有界可逆的,再由第三章 §5 中定理 5.2,$T'$也是有界可逆的. 故 $N(T')=\{0\}$. 证毕.

**引理 3.2**　设$\mathscr{N}$是 $X$ 的子空间,$\mathscr{M}'$是 $X'$的子空间. 又

$$\dim \mathscr{N} = n > 0, \quad \dim \mathscr{M}' = m > 0,$$

更设

$$\mathscr{N} = \mathrm{S_p}\{x_1, x_2, \cdots, x_n\}, \quad \mathscr{M}' = \mathrm{S_p}\{x_1', x_2', \cdots, x_m'\}.$$

则存在 $x_0 \in X$,$x_0' \in X'$,使得

$$x_0'(x_j) = 0, \quad 1 \leqslant j < n, 而\ x_0'(x_n) \neq 0,$$

且

$$x_j'(x_0)=0,\quad 1\leqslant j<m,\text{而 } x_m'(x_0)\neq 0.$$

**证** 考虑 $x_1,x_2,\cdots,x_{n-1}$ 生成的子空间 $X_0$，则 $x_n\notin X_0$. 由第三章§2 中命题 2. 2 可知 $x_0'$ 是存在的，故问题只在于 $x_0$ 的存在性. 我们用数学归纳法来证明. 假设对 $m=l-1\geqslant 1$，这样的元素存在，则存在 $z_1,z_2,\cdots,z_{l-1}\in X$，使

$$x_j'(z_k)=\delta_{jk},\quad 1\leqslant j,k<l,$$

这里 $\delta_{jk}$ 是 Kronecker 常数. 现在，对任何的 $x\in X$，

$$x_j'\Big(x-\sum_{k=1}^{l-1}x_k'(x)z_k\Big)=x_j'(x)-\sum_{k=1}^{l-1}x_k'(x)x_j'(z_k)=x_j'(x)-x_j'(x)=0,\quad j=1,2,\cdots,l-1.$$

如果 $x_l'$ 在 ${}^0\mathrm{S_p}\{x_1',x_2',\cdots,x_{l-1}'\}$ 上为 0，则由上式

$$x-\sum_{k=1}^{l-1}x_k'(x)z_k\in{}^0\mathrm{S_p}\{x_1',x_2',\cdots,x_{l-1}'\},$$

故

$$x_l'\Big(x-\sum_{k=1}^{l-1}x_k'(x)z_k\Big)=0,$$

即

$$x_l'(x)=\sum_{k=1}^{l-1}x_k'(x)x_l'(z_k),$$

从而

$$x_l'=\sum_{k=1}^{l-1}x_l'(z_k)x_k'.$$

这不可能，因为 $\{x_1',x_2',\cdots,x_l'\}$ 线性无关. 所以至少有一个 $x_0\in{}^0\mathrm{S_p}\{x_1',x_2',\cdots,x_{l-1}'\}$，使 $x_l'(x_0)\neq 0$. 可见对 $m=l$，引理中元素 $x_0$ 亦存在. 而对 $m=1$ 是平凡的，数学归纳法完成. 证毕.

**定理 3.8** 设 $A\in\mathscr{K}(X)$，令 $T=I-A$，则

$$\dim N(T)=\dim N(T')<\infty.$$

**证** 注意 $T'=I-A'$，根据定理 3. 5，$A'\in\mathscr{K}(X')$. 又根据命题 3. 2，$\dim N(T)<\infty$，$\dim N(T')<\infty$. 现在设 $\dim N(T)=n>0$，$\dim N(T')=m>0$，更设

$$N(T)=\mathrm{S_p}\{x_1,x_2,\cdots,x_n\},\quad N(T')=\mathrm{S_p}\{x_1',x_2',\cdots,x_m'\}.$$

由引理 3. 2，存在 $x_0\in X$ 和 $x_0'\in X'$ 使

$$x_0'(x_j)=0,\quad 1\leqslant j<n,\text{而 } x_0'(x_n)\neq 0,$$
$$x_j'(x_0)=0,\quad 1\leqslant j<m,\text{而 } x_m'(x_0)\neq 0.$$

令

$$A_0x=x_0'(x)x_0,\quad x\in X,$$

则 $A_0$ 是一秩算子，故 $A_0\in\mathscr{K}(X)$. 又

$$A_0'x'(x)=x'(A_0x)=x_0'(x)x'(x_0)=[x'(x_0)x_0'](x),\quad x'\in X',x\in X.$$

于是

$$A_0'x'=x'(x_0)x_0',\quad x'\in X',$$

可见 $A_0'$ 也是一秩算子.

设 $T_1=T-A_0$，假定能证明

$$\dim N(T_1)=n-1,\quad \dim N(T_1')=m-1. \tag{3.6}$$

因为 $T_1=I-(A+A_0)$ 与 $T$ 是同类算子，而 $T_1$ 与 $T_1'$ 的零空间维数各减少一维，重复这个步骤有限次，最后将达到如下形式算子：

$$\widetilde{T}=I-\widetilde{A},\quad \widetilde{A}\in\mathscr{K}(X),$$

而且 $\dim N(\widetilde{T})=0$ 或 $\dim N(\widetilde{T}')=0$. 根据引理 3.1，它们必均为 0. 于是 $m=n$，定理得证. 因此问题在于求证(3.6)式.

设 $x\in N(T_1)$，从 $T_1=T-A_0$ 有

$$Tx=A_0x=x_0'(x)x_0.$$

根据假设，$x_m'\in N(T')$，故

$$0=T'x_m'(x)=x_m'(Tx)=x_0'(x)x_m'(x_0).$$

从 $x_0$ 的选择 $x_m'(x_0)\neq 0$，故 $x_0'(x)=0$. 从而

$$Tx=0,$$

即 $x\in N(T)$. 所以

$$x=\sum_{j=1}^{n}\alpha_jx_j.$$

因而

$$0=x_0'(x)=\sum_{j=1}^{n}\alpha_jx_0'(x_j)=\alpha_nx_0'(x_n).$$

已知 $x_0'(x_n)\neq 0$，所以 $\alpha_n=0$. 于是

$$x=\sum_{j=1}^{n-1}\alpha_jx_j.$$

反之，任何如此形式的 $x$ 必在 $N(T_1)$ 中. 事实上，首先，$x\in N(T)$，又

$$x_0'(x)=\sum_{j=1}^{n-1}\alpha_jx_0'(x_j)=0,$$

于是 $A_0x=0$. 从而

$$T_1x=Tx-A_0x=0.$$

总之，$N(T_1)=\mathrm{S_p}\{x_1,x_2,\cdots,x_{n-1}\}$，即

$$\dim N(T_1)=n-1.$$

下面对 $T_1'$ 求证(3.6)式. 设 $x'\in N(T_1')$，从 $0=T_1'x'=T'x'-A_0'x'$ 可得

$$T'x'=A_0'x'=x'(x_0)x_0'.$$

由第三章 §6 中定理 6.2，$R(T')\subset N(T)^0$. 而 $x_n\in N(T)$，故

$$0=T'x'(x_n)=x'(x_0)x_0'(x_n).$$

已知 $x_0'(x_n)\neq 0$，故 $x'(x_0)=0$. 从而 $T'x'=0$，即 $x'\in N(T')$. 于是

$$x'=\sum_{j=1}^{m}\beta_jx_j'.$$

又

$$0=x'(x_0)=\sum_{j=1}^{m}\beta_jx_j'(x_0)=\beta_mx_m'(x_0),$$

但 $x_m'(x_0)\neq 0$，故 $\beta_m=0$. 于是

$$x'=\sum_{j=1}^{m-1}\beta_j x'_j.$$

反之,每个形如上式的 $x'$ 必在 $N(T'_1)$ 中,因为 $x'_j\in N(T')$,$j=1,2,\cdots,m-1$,故 $T'x'=0$. 又

$$x'(x_0)=\sum_{j=1}^{m-1}\beta_j x'_j(x_0)=0,$$

故

$$A'_0x'=x'(x_0)x'_0=0.$$

从而

$$T'_1x'=T'x'-A'_0x'=0.$$

总之,$N(T'_1)=\mathrm{S_p}\{x'_1,x'_2,\cdots,x'_{m-1}\}$,即

$$\dim N(T'_1)=m-1.$$

至此可见(3.6)式成立. 证毕.

事实上,我们可以证明,设 $A\in\mathscr{K}(X)$,则对任意的 $\lambda\neq 0$,

$$\dim N(\lambda I-A)=\dim N(\lambda I-A')<\infty$$

(见习题 11).

**定理 3.9(两择一定理)** 设 $A\in\mathscr{K}(X)$,则于任何的 $\lambda\neq 0$,必有

$$\lambda\in\rho(A)\text{ 或 }\lambda\in\sigma_p(A).$$

**证** 若 $\lambda\notin\sigma_p(A)$,则 $N(\lambda I-A)=\{0\}$. 根据命题 3.3 后面的说明,

$$R(\lambda I-A)=X.$$

于是 $\lambda I-A$ 既是单射也是满射,从 Banach 逆算子定理,$(\lambda I-A)^{-1}\in L(X)$. 故 $\lambda\in\rho(A)$. 证毕.

应该指出,两择一定理是很重要的. 当非齐次方程

$$Ax-\lambda x=y,\quad \lambda\neq 0 \tag{3.7}$$

之解唯一时,方程

$$Ax-\lambda x=0$$

只有零解,即 $\lambda\notin\sigma_p(A)$. 对紧算子 $A$,根据两择一定理,必有 $\lambda\in\rho(A)$. 于是对任何的 $y\in X$,方程(3.7)都有解. 这就看出两择一定理的威力,从方程(3.7)解的唯一性可以导出这个方程解的存在性,而唯一性往往较之存在性要容易证明些.

**命题 3.4** 设 $A\in\mathscr{K}(X)$,则

$$\sigma(A)\setminus\{0\}=\sigma_p(A)\setminus\{0\}.$$

**证** 显然,$\sigma_p(A)\setminus\{0\}\subset\sigma(A)\setminus\{0\}$. 至于相反的包含关系,设 $\lambda\in\sigma(A)\setminus\{0\}$,则 $\lambda\neq 0$,且 $\lambda\notin\rho(A)$. 由两择一定理便有 $\lambda\in\sigma_p(A)$. 证毕.

**命题 3.5** 设 $A\in\mathscr{K}(X)$,则 $\sigma_p(A)$ 没有非零的聚点.

**证** 否则,有一串互异的非零点 $\lambda_n\in\sigma_p(A)$,使 $\lambda_n\to\lambda\neq 0$. 设 $A$ 相应于 $\lambda_n$ 的特征向量为 $u_n$,$n=1,2,\cdots$.

用数学归纳法往证 $\{u_n\}_{n=1}^{\infty}$ 线性无关. 设 $u_1,u_2,\cdots,u_{n-1}$ 线性无关,如果 $u_1,u_2,\cdots,u_{n-1}$,$u_n$ 线性相关,则存在不全为零的数 $c_j(j=1,2,\cdots,n-1)$ 使

$$u_n=\sum_{j=1}^{n-1}c_ju_j,$$

从而

$$Au_n = \sum_{j=1}^{n-1} c_j A u_j = \sum_{j=1}^{n-1} c_j \lambda_j u_j.$$

又

$$Au_n = \lambda_n u_n = \sum_{j=1}^{n-1} c_j \lambda_n u_j,$$

故

$$\sum_{j=1}^{n-1} c_j(\lambda_j - \lambda_n) u_j = 0.$$

由假设 $u_1, u_2, \cdots, u_{n-1}$ 线性无关，故 $c_j(\lambda_j-\lambda_n)=0, j=1,2,\cdots,n-1$. 又 $\lambda_j-\lambda_n\neq 0$，所以 $c_j=0, j=1,2,\cdots,n-1$，矛盾. 所以 $u_1,u_2,\cdots,u_n$ 也线性无关.

设 $\mathscr{M}_n = \mathrm{S_p}\{u_1,u_2,\cdots,u_n\}, n=1,2,\cdots$，则 $\mathscr{M}_n\in \mathrm{Lat}\, A$，且 $\mathscr{M}_{n-1}\subsetneqq \mathscr{M}_n$. 由第一章 §7 中的 Riesz 引理，存在 $v_n\in\mathscr{M}_n$，$\|v_n\|=1$，且

$$\rho(v_n,\mathscr{M}_{n-1}) > \frac{1}{2}, \quad n=1,2,\cdots.$$

注意，对 $m<n$，考察

$$\frac{1}{\lambda_n}Av_n - \frac{1}{\lambda_m}Av_m = v_n - \left[\frac{1}{\lambda_m}Av_m - \frac{1}{\lambda_n}(A-\lambda_n)v_n\right], \tag{3.8}$$

从 $v_m\in\mathscr{M}_m\subset\mathscr{M}_{n-1}$，$\mathscr{M}_m\in\mathrm{Lat}\,A$，可知 $\frac{1}{\lambda_m}Av_m\in\mathscr{M}_{n-1}$，又 $v_n=\sum\limits_{j=1}^{n}a_ju_j\in\mathscr{M}_n$，于是

$$(A-\lambda_n)v_n = \sum_{j=1}^{n} a_j(A-\lambda_n)u_j = \sum_{j=1}^{n-1} a_j(A-\lambda_n)u_j \in \mathscr{M}_{n-1},$$

可见(3.8)式右端第二项属于 $\mathscr{M}_{n-1}$，故(3.8)式右端范数不小于 $\frac{1}{2}$. 即当 $m<n$ 时，

$$\left\|\frac{1}{\lambda_n}Av_n - \frac{1}{\lambda_m}Av_m\right\| \geqslant \frac{1}{2}.$$

因为 $\lambda_n\to\lambda\neq 0$，$\|v_n\|=1, n=1,2,\cdots$，所以 $\left\{\frac{1}{\lambda_n}v_n\right\}_{n=1}^{\infty}$ 是有界的. 但从上式可见 $\left\{\frac{1}{\lambda_n}Av_n\right\}_{n=1}^{\infty}$ 没有收敛子序列，这与 $A$ 是紧算子矛盾. 证毕.

**定理 3.10**　设 $A\in\mathscr{K}(X)$，则 $\sigma(A)$ 没有非零聚点.

**证**　这是命题 3.4 与 3.5 的直接推论.

从定理 3.10 可见，$\mathbf{C}$ 中每个环域 $\left\{\lambda : \frac{1}{n}\leqslant|\lambda|\leqslant n\right\}, n=1,2,\cdots$ 最多只含有 $\sigma(A)$ 中有限多个点，于是 $\sigma(A)$ 最多是可数的点集.

**定理 3.11**　设 $A\in\mathscr{K}(X)$，$\lambda\neq 0$，则

(1) 存在 $x\in X$，使 $(A-\lambda I)x=y \Leftrightarrow y\in {}^{0}N(A'-\lambda I)$；

(2) 存在 $f\in X'$，使 $(A'-\lambda I)f=g\Leftrightarrow g\in N(A-\lambda I)^{0}$.

**证**　由定理 3.7，$R(A-\lambda I)$ 是闭的，又 $(A-\lambda I)'=A'-\lambda I$. 于是根据闭值域定理(第三章 §6 中定理 6.4)可知

$$R(A-\lambda I) = {}^{0}N(A'-\lambda I),$$
$$R(A'-\lambda I) = N(A-\lambda I)^{0}.$$

据此可见定理成立. 证毕.

综合前面的定理 3.8,以及定理 3.11,便有

**定理 3.12(Fredholm 交替定理**,1900) 设 $A\in\mathscr{K}(X)$,$\lambda\neq 0$,则非齐次方程

$$(A-\lambda I)x=y \tag{$N$}$$

$$((A'-\lambda I)f=g \qquad\qquad (N'))$$

对任给的 $y\in X(g\in X')$ 恰有一解必须且只需相对应的齐次方程

$$(A-\lambda I)x=0 \tag{$H$}$$

$$((A'-\lambda I)f=0 \qquad\qquad (H'))$$

只有零解. 此外,若齐次方程($H$)和($H'$)中的一个有非零解,则($H$)和($H'$)有同样多的线性无关解,即

$$\dim N(A-\lambda I)=\dim N(A'-\lambda I);$$

非齐次方程($N$)(($N'$))有解必须且只需 $y(g)$ 与($H'$)(($H$))的所有解"正交",即

$$y\in {}^{0}N(A'-\lambda I)\ (g\in N(A-\lambda I)^{0}).$$

这个定理事实上相当于无穷维空间的线性代数学,它和定理 3.9(两择一定理)及定理 3.10 合称为 **Riesz-Schauder 理论**. 它的背景是 Fredholm 的积分方程理论,那里严重地依赖于行列式理论,现在则完全摆脱了这个束缚. 原来,F. Riesz(1918)的工作在共轭算子方面,并没有对一般的 Banach 空间都予以证明. 以上的理论后来由 Hildebrandt(1928)和 Schauder(1930)完成. 诚如许多人的评述,Riesz 的工作是完全几何的,无论在语言或精神上都是如此,它也是非常精致和初等的.

**例 5** Fredholm 第一型积分方程

$$\int_a^b K(s,t)\varphi(t)\,\mathrm{d}t=g(s)$$

在外观上比第二型积分方程似乎更接近于有限维的线性代数方程组,但是实际上却相距更远. 例如于

$$K(s,t)=\sum_{n=1}^{\infty}\frac{1}{n^2}\sin ns\sin nt.$$

考察算子

$$(Tx)(s)=\int_0^{\pi}K(s,t)x(t)\,\mathrm{d}t,\quad x(t)\in L^2[0,\pi].$$

显然,$K(s,t)\in L^2(R)$,这里 $R=\{(s,t):0\leqslant s,t\leqslant\pi\}$. 故由例 4,$T$ 是从 $L^2[0,\pi]$ 到自身的紧算子. 令

$$e_n=e_n(t)=\left(\sqrt{\frac{2}{\pi}}\right)\sin nt,\quad n=1,2,\cdots,$$

容易验证,$\{e_n\}_{n=1}^{\infty}$ 是 $L^2[0,\pi]$ 的正规正交集. 设 $x=x(t)\in L^2[0,\pi]$ 与所有 $e_n$ 正交,即

$$\int_0^{\pi}x(t)\sin nt\,\mathrm{d}t=0,\quad n=1,2,\cdots.$$

令

$$y(t)=\begin{cases}x(t), & t\in(0,\pi],\\ 0, & t=0,\\ -x(-t), & t\in[-\pi,0),\end{cases}$$

易见 $y(t) \in L^2[-\pi,\pi]$,且为奇函数. 故

$$\int_{-\pi}^{\pi} y(t)\,\mathrm{d}t=0,\ \int_{-\pi}^{\pi} y(t)\cos nt\mathrm{d}t=0,\quad n=1,2,\cdots.$$

又

$$\int_{-\pi}^{\pi} y(t)\sin nt\mathrm{d}t = 2\int_{0}^{\pi} y(t)\sin nt\mathrm{d}t=2\int_{0}^{\pi} x(t)\sin nt\mathrm{d}t=0,\quad n=1,2,\cdots,$$

我们知道

$$\frac{1}{\sqrt{2\pi}},\frac{1}{\sqrt{\pi}}\sin t,\frac{1}{\sqrt{\pi}}\cos t,\cdots,\frac{1}{\sqrt{\pi}}\sin nt,\frac{1}{\sqrt{\pi}}\cos nt,\cdots$$

是 $L^2[-\pi,\pi]$ 的一个正规正交基(参见文献[6],第六章,§8),故 $y(t)=0$ a. e. 于 $[-\pi,\pi]$. 于是 $x(t)=0$ a. e. 于 $[0,\pi]$. 这说明 $\{e_n\}_{n=1}^{\infty}$ 是 $L^2[0,\pi]$ 的正规正交基. 注意

$$\int_0^{\pi} K(s,t)\sin kt\mathrm{d}t=\frac{\pi}{2k^2}\sin ks,\ k=1,2,\cdots,$$

所以

$$Te_k=\frac{\pi}{2k^2}e_k,\quad k=1,2,\cdots. \tag{3.9}$$

而对任给的 $x\in L^2[0,\pi]$,必有

$$x=\sum_{k=1}^{\infty}\xi_k e_k,$$

从而

$$Tx=\sum_{k=1}^{\infty}\frac{\pi}{2k^2}\xi_k e_k.$$

如果 $Tx=0$,则 $\left(\frac{\pi}{2k^2}\right)\xi_k=0,k=1,2,\cdots$. 从而 $x=\sum\limits_{k=1}^{\infty}\xi_k e_k=0$,所以方程 $Tx=0$ 只有零解,即 $T$ 是单射的. 但是从命题 3. 1,并不是对任何 $y\in L^2[0,\pi]$ 方程 $Tx=y$ 都有解 $x\in L^2[0,\pi]$. 这与线性代数方程组迥然不同.

尽管第一型积分方程性质奇特,但它在应用中却日益重要,因此 20 世纪 70 年代中期以来,也出现一些研究这类方程的工作(参见文献[32],§7. 4).

**3. 关于 Fredholm 算子的注记**

设 $A$ 是 Banach 空间 $X$ 上的紧算子,$\lambda\neq 0$,定义

$$T=\lambda I-A.$$

从前段定理 3. 7 与命题 3. 2 知道 $T$ 有下列重要性质:

(1) $R(T)$ 是闭的; (3. 10)

(2) $\dim N(T)<\infty$,且 $\dim N(T')<\infty$.

把这抽象出来,便有下列重要概念.

**定义 3. 4** 设 $X$ 是 Banach 空间,$T\in L(X)$. 如果 $T$ 具有(3. 10)中的两条性质,则称 $T$ 为 **Fredholm 算子**,简记作 $T\in\mathscr{F}(X)$. 又称

$$\mathrm{ind}(T)\overset{\mathrm{d}}{=}\dim N(T)-\dim N(T')$$

为 $T$ 的**指标**.

**例 6** 对 $\ell^2$ 上的单边移位算子

$$S: x=\{\xi_0,\xi_1,\xi_2,\cdots\} \mapsto Sx=\{0,\xi_0,\xi_1,\xi_2,\cdots\}.$$

如 §1 中 4 所证,$S^*$ 为

$$y=\{\eta_0,\eta_1,\eta_2,\cdots\} \mapsto S^* y=\{\eta_1,\eta_2,\eta_3,\cdots\}.$$

而且

$$N(S)=\{0\}, \quad N(S^*)=\mathrm{S_p}\{e_0\},$$

这里 $e_0=\{1,0,0,\cdots\}$. 从 $S$ 是保范的,我们还知道 $R(S)$ 是闭的,故 $S\in\mathscr{F}(l^2)$,且指标 $\mathrm{ind}(S)=-1$.

根据定理 3.7 与定理 3.8,对紧算子 $A$,$T=I-A$ 是指标为 0 的 Fredholm 算子. 历史上,从 F. Noether, T. Carlemann 到 M. G. Kreĭn,大约都因为研究奇异积分方程而发展 Fredholm 算子理论. 例如,Kreĭn 就曾对 Wiener-Hopf 型积分算子

$$(Kx)(s)=\int_0^{\infty} k(s-t)x(t)\,\mathrm{d}t, \quad s\geqslant 0,$$

其中 $k(s)\in L^1(-\infty,\infty)$,证明 $T=I+K\in\mathscr{F}(L^2[0,\infty])$,并且给出计算 $\mathrm{ind}(T)$ 的公式. 从积分方程理论和闭值域定理来看,若 $T\in\mathscr{F}(X)$,则方程 $Tf=g$ 有解必须且只需 $g\in{}^0N(T')$. 因此 Fredholm 算子的引进和发展是很自然的. 也确有许多重要的算子是非紧的 Fredholm 算子. 特别地对 Hilbert 空间 $H$,$\mathscr{F}(H)$ 的理论更加丰富深刻. 例如,这时著名的 Atkinson 定理成立(参见文献[5], § Ⅲ.5),因此许多教材就 Hilbert 空间情况讲述.

Fredholm 算子理论在 1957 年左右发展到一个高峰,出现所谓**指标定理**:

设 $T\in\mathscr{F}(X)$,则当 $A\in\mathscr{K}(X)$,或者 $\|A\|$ 充分小时,$T+A\in\mathscr{F}(X)$,且

$$\mathrm{ind}(T+A)=\mathrm{ind}(T).$$

这个稳定性定理在许多方面是重要的,特别地,它是求证泛函方程解之存在性的有力工具. 指标定理的证明可参见文献[10]第三章 §4.

最后,还应提到由于整体微分几何和物理学(例如广义相对论)的需要,逐渐发展起流形上的偏微分方程理论. 例如,Hodge 定理说的就是紧流形上的 Laplace 方程,利用它可以证明紧 Riemann 曲面上最基本的 Riemann-Roch 定理(参见文献[4],第三章),而紧流形上偏微分方程所确定的一大类算子都是 Fredholm 算子. 多年来人们直接或间接致力于它们指标的研究,终于把算子的能解性与微分流形的拓扑不变量深刻地联系起来. 具体些说,即算子的解析指标可用拓扑不变量来表述,这便是著名的 Atiyah-Singer 指标定理.

## §4 有界自伴算子

在本节中,$H$ 都表示 Hilbert 空间.

### 1. 有界自伴算子的基本性质

**定义 4.1** 对 $T\in L(H)$,若 $T^*=T$,则称 $T$ 为**自伴算子**(或**自共轭算子**).

**例 1** 有限维 Euclid 空间上的 Hermite 矩阵,显然确定一个自伴算子. 因为从第二章 §4 可知,有限维空间上算子的 Hilbert 共轭所对应的矩阵恰好是原来算子所对应的矩阵的共轭转置.

**例 2** 设 $K(x,y)\in L^2(S)$,这里 $S$ 表示正方形 $\{(x,y): 0\leqslant x,y\leqslant 1\}$. 如果 $K(x,y)$ 是实的,而且还是对称的,即

$$K(x,y)=K(y,x),\quad (x,y)\in S.$$

则如下定义的积分算子

$$(Tf)(x)=\int_0^1 K(x,y)f(y)\mathrm{d}y,\quad f=f(x)\in L^2[0,1]$$

是 $L^2[0,1]$ 上的自伴算子(参见第三章 §5 中例 2).

**定理 4.1** 如果 $T\in L(H)$,则

$$T\text{ 是自伴的}\Leftrightarrow (Tx,x),x\in H\text{ 恒为实数}.$$

**证** 如果 $T$ 是自伴的,则对任何的 $x\in H$,

$$(Tx,x)=(x,Tx)=\overline{(Tx,x)},$$

可见 $(Tx,x)$ 为实数.

反之,若 $(Tx,x)$, $x\in H$ 恒为实数,则易见

$$(Tx,x)=(x,Tx),\quad \forall x\in H. \tag{4.1}$$

对任何 $x,y\in H$,通过直接验算可知

$$(Tx,y)=\frac{1}{4}[(T(x+y),x+y)-(T(x-y),x-y)]+$$

$$\frac{\mathrm{i}}{4}[(T(x+\mathrm{i}y),x+\mathrm{i}y)-(T(x-\mathrm{i}y),x-\mathrm{i}y)],$$

$$(x,Ty)=\frac{1}{4}[(x+y,T(x+y))-(x-y,T(x-y))]+$$

$$\frac{\mathrm{i}}{4}[(x+\mathrm{i}y,T(x+\mathrm{i}y))-(x-\mathrm{i}y,T(x-\mathrm{i}y))],$$

利用(4.1)式,便有

$$(Tx,y)=(x,Ty),\quad \forall x,y\in H.$$

由伴随算子的定义,

$$(Tx,y)=(x,T^*y),\quad \forall x,y\in H.$$

于是

$$(x,T^*y)=(x,Ty),\quad \forall x,y\in H,$$

故 $T^*=T$. 证毕.

**引理 4.1** 对 $T\in L(H)$,设

$$\mu=\sup\{|(Tx,y)|:\|x\|=1,\|y\|=1\},$$

则 $\|T\|=\mu$.

**证** 显然,对任意 $x,y\in H$,

$$|(Tx,y)|\leqslant\mu\|x\|\ \|y\|,$$

故对任意的 $x\in H$,

$$\|Tx\|^2=(Tx,Tx)\leqslant\mu\|x\|\ \|Tx\|,$$

从而

$$\|Tx\|\leqslant\mu\|x\|,\ \forall x\in H.$$

可见 $\|T\|\leqslant\mu$.

另一方面,对任意的 $x,y\in H$,

$$|(Tx,y)|\leqslant\|Tx\|\,\|y\|\leqslant\|T\|\,\|x\|\,\|y\|,$$

可见 $\mu\leqslant\|T\|$. 证毕.

**定理 4.2** 若 $T\in L(H)$ 是自伴的,则

$$\|T\|=\sup\{|(Tx,x)|:\|x\|=1\}.$$

**证** 令 $M=\sup\{|(Tx,x)|:\|x\|=1\}$,从引理 4.1 现在只需求证 $\mu\leqslant M$. 为此我们需要在下面把 $|(Tx,y)|$ 的估计式转化为二次形式. 设 $x,y\in H$, $\|x\|=1$, $\|y\|=1$,则

$$\begin{aligned}(T(x+y),x+y)&=(Tx,x)+(Ty,x)+(Tx,y)+(Ty,y)\\&=(Tx,x)+(y,Tx)+(Tx,y)+(Ty,y)\\&=(Tx,x)+2\mathrm{Re}(Tx,y)+(Ty,y),\end{aligned}$$

$$(T(x-y),x-y)=(Tx,x)-2\mathrm{Re}(Tx,y)+(Ty,y).$$

从第一个式子减去第二个式子,便有

$$4\mathrm{Re}(Tx,y)=(T(x+y),x+y)-(T(x-y),x-y).$$

对任意的 $f\in H$,从 $M$ 的定义,关于二次形式 $(Tf,f)$ 有

$$|(Tf,f)|\leqslant M\|f\|^2.$$

故由平行四边形法则,

$$\begin{aligned}4\mathrm{Re}(Tx,y)&\leqslant|(T(x+y),x+y)|+|(T(x-y),x-y)|\\&\leqslant M(\|x+y\|^2+\|x-y\|^2)\\&=2M(\|x\|^2+\|y\|^2)=4M.\end{aligned}$$

设 $(Tx,y)=\mathrm{e}^{\mathrm{i}\theta}|(Tx,y)|$,在上述不等式中以 $\mathrm{e}^{-\mathrm{i}\theta}x$ 代替 $x$,得到

$$|(Tx,y)|=\mathrm{Re}\,|(Tx,y)|=\mathrm{Re}\,\mathrm{e}^{-\mathrm{i}\theta}(Tx,y)=\mathrm{Re}(T(\mathrm{e}^{-\mathrm{i}\theta}x),y)\leqslant M.$$

从而

$$\mu=\sup_{\|x\|=1,\|y\|=1}|(Tx,y)|\leqslant M.$$

证毕.

**命题 4.1** 设 $T\in L(H)$,则

$$\|T^*T\|=\|T\|^2.$$

**证** 由第二章 §4 中定理 4.1 易知,$T^*T$ 是自伴的,故由定理 4.2,

$$\|T^*T\|=\sup_{\|x\|=1}|(T^*Tx,x)|=\sup_{\|x\|=1}\|Tx\|^2=(\sup_{\|x\|=1}\|Tx\|)^2=\|T\|^2.$$

证毕.

**命题 4.2** 设 $T\in L(H)$ 是自伴的,则

$$r(T)=\|T\|.$$

**证** 由命题 4.1, $\|T^2\|=\|T\|^2$. 利用数学归纳法可知对一切正整数 $n$,有

$$\|T^{2^n}\|=\|T\|^{2^n}.$$

根据定理 1.7,

$$r(T)=\lim_{n\to\infty}\|T^{2^n}\|^{\frac{1}{2^n}}=\|T\|.$$

证毕.

**定义 4.2** 设 $P$ 是 Hilbert 空间 $H$ 上的射影. 如果 $PH$ 与 $(I-P)H$ 是相互正交的子空间,即 $PH$ 中任意元素与 $(I-P)H$ 中每个元素正交,则称 $P$ 为**正交射影**.

由定义可见,若 $P$ 是正交射影,则

$$\|x\|^2=\|Px\|^2+\|(I-P)x\|^2,\quad \forall x\in H.$$

故 $\|P\|\leqslant 1$.

**命题 4.3**　Hilbert 空间 $H$ 上的有界射影 $P$ 是正交射影当且仅当 $P$ 是自伴的.

**证**　如果射影 $P$ 是自伴的,则对任意的 $x,y\in H$,

$$(Px,(I-P)y)=(x,P(I-P)y)=(x,0)=0.$$

可见 $P$ 是正交射影.

反之,若 $P$ 是正交射影,由于任何 $x,y\in H$,可表示为

$$x=x_1+x_2,\quad y=y_1+y_2,$$

其中 $x_1,y_1\in PH,x_2,y_2\in(I-P)H$. 于是

$$(Px,y)=(x_1,y_1+y_2)=(x_1,y_1),$$
$$(x,Py)=(x_1+x_2,y_1)=(x_1,y_1),$$

故

$$(Px,y)=(x,Py).$$

因为 $x,y\in H$ 是任意的,可见 $P$ 是自伴的. 证毕.

**定义 4.3**　设 $A$ 与 $B$ 都是 $H$ 上有界自伴算子,如果

$$(Ax,x)\geqslant(Bx,x),\quad \forall x\in H,$$

则称 $A\geqslant B$ 或 $B\leqslant A$.

特别地,如果 $A$ 是 $H$ 上有界自伴算子,$A\geqslant 0$,则称 $A$ 是**正算子**.

**定理 4.3**　设 $P_1$ 与 $P_2$ 都是 $H$ 上正交射影,则下述命题是等价的:

(1) $P_1\leqslant P_2$;

(2) $\|P_1x\|\leqslant\|P_2x\|,x\in H$;

(3) $R(P_1)\subset R(P_2)$;

(4) $P_2P_1=P_1$;

(5) $P_1P_2=P_1$.

**证**　从命题 4.3,$H$ 上正交射影 $P$ 是自伴的,于是

$$(Px,x)=(P^2x,x)=(Px,Px)=\|Px\|^2,\quad \forall x\in H.$$

如果 $P_1\leqslant P_2$,则

$$\|P_1x\|^2=(P_1x,x)\leqslant(P_2x,x)=\|P_2x\|^2,\quad \forall x\in H.$$

可见(1)⇒(2).

若(2)成立,取 $x\in R(P_1)$,则

$$\|x\|=\|P_1x\|\leqslant\|P_2x\|.$$

因 $P_2$ 是正交射影,$P_2x\perp(I-P_2)x$,故

$$\|x\|^2=\|P_2x\|^2+\|(I-P_2)x\|^2.$$

由这两个式子可见必有 $(I-P_2)x=0$,即 $x=P_2x\in R(P_2)$. 所以(2)⇒(3).

如果(3)成立,任给 $x\in H,P_1x\in R(P_1)\subset R(P_2)$,则

$$(P_2P_1)x=P_2(P_1x)=P_1x,$$

故 $P_2P_1=P_1$. 即(3)⇒(4).

若 $P_2P_1=P_1$,取 Hilbert 共轭,则 $P_1^*P_2^*=P_1^*$. 但 $P_1,P_2$ 都是自伴的,故 $P_1P_2=P_1$. 所以

(4)⇒(5).

若 $P_1P_2=P_1$，则对任给的 $x\in H$，有

$$\|P_1x\|=\|P_1P_2x\|\leqslant\|P_1\|\|P_2x\|\leqslant\|P_2x\|.$$

从(1)⇒(2)的证明，

$$\|P_jx\|^2=(P_jx,x),\quad j=1,2.$$

故

$$(P_1x,x)\leqslant(P_2x,x),$$

即 $P_1\leqslant P_2$. 所以(5)⇒(1). 证毕.

**定义 4.4** 设 $T$ 是 Banach 空间 $X$ 上有界线性算子，$\lambda\in\mathbf{C}$. 如果 $T-\lambda I$ 不下方有界，即不存在 $\mu>0$，使

$$\|(T-\lambda I)x\|\geqslant\mu\|x\|,\quad\forall x\in X.$$

则称 $\lambda$ 属于 $T$ 的**近似点谱**，记作 $\lambda\in\sigma_a(T)$.

由第三章 §1 中命题 1.5，

$$\{\lambda\in\mathbf{C}:T-\lambda I\text{ 下方有界}\}\supset\rho(T).$$

两边取余集，可见

$$\sigma_a(T)\subset\sigma(T).$$

**命题 4.4** 设 $X$ 是 Banach 空间，$T\in L(X)$. 若有 $\{x_n\}_{n=1}^{\infty}\subset X$，使

$$Tx_n-\lambda x_n\to0,\quad\|x_n\|=1,n=1,2,\cdots,\tag{4.2}$$

则 $\lambda\in\sigma_a(T)$.

**证** 从(4.2)式，显然 $T-\lambda I$ 不下方有界，故 $\lambda\in\sigma_a(T)$. 证毕.

从这个命题也可以看出 $\sigma_a(T)$ 所以取名近似点谱的理由.

**定理 4.4** 设 $A\in L(H)$ 是自伴算子，则

(1) $\sigma(A)$ 位于实轴上；

(2) $\sigma_r(A)=\varnothing$；

(3) 设 $Ax_j=\lambda_jx_j,x_j\neq0,j=1,2$，且 $\lambda_1\neq\lambda_2$，则 $x_1\perp x_2$.

**证** (1) 对实的 $\lambda,\mu$，注意

$$((A-\lambda I)^2x,x)=((A-\lambda I)x,(A-\lambda I)x)=\|(A-\lambda I)x\|^2,$$

便有

$$\begin{aligned}\|[A-(\lambda+\mathrm{i}\mu)I]x\|^2&=([A-(\lambda+\mathrm{i}\mu)I]x,[A-(\lambda+\mathrm{i}\mu)I]x)\\&=([A-(\lambda+\mathrm{i}\mu)I]^*[A-(\lambda+\mathrm{i}\mu)I]x,x)\\&=([A-(\lambda-\mathrm{i}\mu)I][A-(\lambda+\mathrm{i}\mu)I]x,x)\\&=([(A-\lambda I)^2+\mu^2I]x,x)\\&=\|(A-\lambda I)x\|^2+\mu^2\|x\|^2.\end{aligned}$$

若 $\mu\neq0$，则

$$\|[A-(\lambda+\mathrm{i}\mu)I]x\|\geqslant|\mu|\|x\|.$$

由此可见 $A-(\lambda+\mathrm{i}\mu)I$ 是单射的，且 $R(A-(\lambda+\mathrm{i}\mu)I)$ 是闭的.

假如 $R(A-(\lambda+\mathrm{i}\mu)I)\neq H$. 根据第二章 §4 中定理 4.2 并注意 $(A-(\lambda+\mathrm{i}\mu)I)^*=A-(\lambda-\mathrm{i}\mu)I$，有

$$N(A-(\lambda-\mathrm{i}\mu)I)=R(A-(\lambda+\mathrm{i}\mu)I)^{\perp}\neq\{0\}.$$

这与 $A-(\lambda-\mathrm{i}\mu)I$ 是单射矛盾. 故 $R(A-(\lambda+\mathrm{i}\mu)I)=H$. 所以 $A-(\lambda+\mathrm{i}\mu)I$ 是有界可逆的,即 $\lambda+\mathrm{i}\mu\in\rho(A)$. 总之 $\sigma(A)\subset\mathbf{R}$.

(2) 设 $z_0\in\sigma_r(A)$,根据(1),$z_0$ 是实数,则 $(A-z_0I)^*=A-z_0I$. 由于 $\overline{R(A-z_0I)}\neq H$. 根据第二章 §4 中定理 4.2,

$$N(A-z_0I)=\overline{R(A-z_0I)}^{\perp}\neq\{0\},$$

于是 $z_0\in\sigma_p(A)$. 从而

$$z_0\in\sigma_p(A)\cap\sigma_r(A)=\varnothing,$$

这不可能.

(3) 由(1),$\lambda_1,\lambda_2$ 都是实数. 于是

$$\lambda_1(x_1,x_2)=(\lambda_1x_1,x_2)=(Ax_1,x_2)=(x_1,Ax_2)=(x_1,\lambda_2x_2)=\lambda_2(x_1,x_2).$$

已知 $\lambda_1\neq\lambda_2$,必须 $(x_1,x_2)=0$. 证毕.

对 Hilbert 空间 $H$ 上有界自伴算子 $A$,由定理 4.1 和定理 4.2,可考察

$$m=\inf_{\|x\|=1}(Ax,x),\ M=\sup_{\|x\|=1}(Ax,x).$$

**定理 4.5**　设 $A\in L(H)$ 是自伴算子,则

$$\sigma(A)\subset[m,M],$$

且 $m,M$ 都在 $\sigma(A)$ 内.

**证**　设 $\lambda=M+d,d>0$,则任给 $x\in H$,

$$((A-\lambda I)x,x)=(Ax,x)-\lambda(x,x)\leqslant M(x,x)-\lambda(x,x)=-d(x,x)\leqslant 0.$$

因此

$$|((A-\lambda I)x,x)|\geqslant d\|x\|^2.$$

另一方面

$$|((A-\lambda I)x,x)|\leqslant\|(A-\lambda I)x\|\ \|x\|.$$

两个不等式联立可得

$$\|(A-\lambda I)x\|\geqslant d\|x\|,\quad\forall x\in H.$$

这说明 $A-\lambda I$ 是单射的,且 $R(A-\lambda I)$ 是闭的. 再根据定理 4.4 的(2),$R(A-\lambda I)=H$,故 $\lambda\in\rho(A)$. 于是 $(M,+\infty)\subset\rho(A)$. 同法可证,$(-\infty,m)\subset\rho(A)$. 再根据定理 4.4 的(1),可见

$$\sigma(A)\subset[m,M].$$

对 $\alpha>0$,考察算子 $A$ 的平移 $A+\alpha I$,则相应的 $m,M$ 以及谱 $\sigma(A)$ 都将向右平移 $\alpha$. 因此不妨设 $0\leqslant m\leqslant M$. 从定理 4.2,此时,$M=\|A\|$. 由 $M$ 的定义,有点列 $\{x_n\}_{n=1}^{\infty}\subset H$,使

$$\|x_n\|=1,\quad n=1,2,\cdots,且(Ax_n,x_n)\to M,\quad n\to\infty.$$

于是

$$\begin{aligned}\|Ax_n-Mx_n\|^2&=(Ax_n-Mx_n,Ax_n-Mx_n)\\&=\|Ax_n\|^2-2M(Ax_n,x_n)+M^2\|x_n\|^2\\&\leqslant 2M^2-2M(Ax_n,x_n)\to 0,\quad n\to\infty.\end{aligned}$$

由命题 4.4,$M\in\sigma_a(A)\subset\sigma(A)$.

对 $\alpha<0$,考察算子 $A$ 向左的平移 $A+\alpha I$,类似地可以证明 $m\in\sigma(A)$. 证毕.

**2. 紧自伴算子**

以下恒设 $A$ 为 Hilbert 空间 $H$ 上非零的紧自伴算子.

**命题 4.5** $A$ 必有非零的特征值.

**证** 否则,由两择一定理,一切 $\lambda\neq 0$ 都在 $\rho(A)$ 中,于是 $r(A)=0$. 因为 $A$ 是自伴的,由命题 4.2, $\|A\|=r(A)=0$. 故 $A=0$,与假设矛盾. 证毕.

**定理 4.6**(Hilbert-Schmidt,1907) $H$ 必有一个正规正交基 $\{\varphi_n\}_{n\in J}\cup\{\psi_\alpha\}_{\alpha\in\mathscr{A}}$,使

(1) $A\varphi_n=\lambda_n\varphi_n,\lambda_n\neq 0,n\in J,A\psi_\alpha=0,\alpha\in\mathscr{A}$,
这里 $J$ 是有限或可数无穷集,若 $J$ 是可数无穷集,则 $\lim\limits_{n\to\infty}\lambda_n=0$;

(2) 对任给的 $\psi\in H$,有展开式

$$A\psi=\sum_{n\in J}\lambda_n(\psi,\varphi_n)\varphi_n,$$

这里的级数在 $H$ 中按范数收敛.

**证** (1) 对 $A$ 的每个非零的特征值 $\lambda_n$,把与之相应的所有线性无关的特征向量正规正交化,得到一个正规正交元小组. 然后把相应于一切非零特征值的正规正交元小组放在一起,根据定理 4.4 的(3),得到一个正规正交集 $\{\varphi_n\}_{n\in J}$. 取 $A$ 的零空间 $N(A)$ 的一个正规正交基 $\{\psi_\alpha\}_{\alpha\in\mathscr{A}}$. 由定理 4.4 的(3),$\{\varphi_n\}_{n\in J}\cup\{\psi_\alpha\}_{\alpha\in\mathscr{A}}$ 是 $H$ 中一个正规正交集.

设

$$\mathscr{M}=\overline{\mathrm{S}}_{\mathrm{p}}\{\{\varphi_n:n\in J\},\{\psi_\alpha:\alpha\in\mathscr{A}\}\},$$

这里 $\overline{\mathrm{S}}_{\mathrm{p}}$ 表示线性张成的闭包. 显然 $\mathscr{M}\in\mathrm{Lat}\,A$. 若 $f\in\mathscr{M}^{\perp}$,则于任何 $g\in\mathscr{M}$,

$$(Af,g)=(f,Ag)=0,$$

即 $Af\in\mathscr{M}^{\perp}$. 故 $\mathscr{M}^{\perp}\in\mathrm{Lat}A$.

设从 $H$ 到 $\mathscr{M}^{\perp}$ 的正交射影为 $P$,则 $A\mid\mathscr{M}^{\perp}$ 可表示为 $PAP$,于是 $A\mid\mathscr{M}^{\perp}$ 也是紧自伴算子. 如果 $A\mid\mathscr{M}^{\perp}$ 非零,由命题 4.5,有 $\lambda\neq 0$ 及 $\varphi_0\in\mathscr{M}^{\perp}$,$\varphi_0\neq 0$,使 $(A\mid\mathscr{M}^{\perp})\varphi_0=\lambda\varphi_0$,即 $A\varphi_0=\lambda\varphi_0$. 根据 $\mathscr{M}$ 定义,却有 $\varphi_0\in\mathscr{M}$,矛盾. 故 $A\mid\mathscr{M}^{\perp}=0$. 若 $\mathscr{M}^{\perp}\neq\{0\}$,则 $\mathscr{M}^{\perp}\subset N(A)$. 而由 $\mathscr{M}$ 的定义,$N(A)\subset\mathscr{M}$. 这又发生矛盾. 故 $\mathscr{M}^{\perp}=\{0\}$. 于是 $\{\varphi_n\}_{n\in J}\cup\{\psi_\alpha\}_{\alpha\in\mathscr{A}}$ 是 $H$ 中一个正规正交基.

由定理 3.10,$A$ 的非零特征值至多有可数多个. 而对每个非零特征值 $\lambda$,由命题 3.2, $\dim N(A-\lambda I)$ 是有限的,故 $J$ 最多是可数集. 设 $\{\lambda_n\}_{n\in J}$ 是 $A$ 之所有非零特征值 $\lambda$ 按其重数(即 $\dim N(A-\lambda I)$)重复排列得到的集合. 由定理 3.10,$\{\lambda_n\}_{n\in J}$ 唯一可能聚点是 0. 故当 $J$ 是可数无穷集时,$\lim\limits_{n\to\infty}\lambda_n=0$. 这证出(1).

(2) 由第二章 §2 中定理 2.3,对任何 $\psi\in H$,有展式

$$\psi=\sum_{n\in J}(\psi,\varphi_n)\varphi_n+\sum_{\alpha\in\mathscr{A}}(\psi,\psi_\alpha)\psi_\alpha,$$

其中第二个级数至多有可数项非零. 这两个级数都在 $H$ 中按范数收敛. 于是利用(1)可有

$$A\psi=\sum_{n\in J}(\psi,\varphi_n)A\varphi_n+\sum_{\alpha\in\mathscr{A}}(\psi,\psi_\alpha)A\psi_\alpha=\sum_{n\in J}\lambda_n(\psi,\varphi_n)\varphi_n.$$

证毕.

这个定理是 Hilbert 与 Schmidt 在 1907 年左右就 $L^2$ 上积分算子的情形证明的,至于一般情况,则是 von Neumann 在 1929 年对可分 Hilbert 空间建立的.

## §5 有界自伴算子的谱测度与函数演算

### 1. 有限维 Euclid 空间上的自伴算子

设 $H$ 是 $n$ 维 Euclid 空间，$A\in L(H)$ 是自伴的. 如 §4 中 Hilbert-Schmidt 定理(定理 4.6)的证明，可见 $A$ 有 $n$ 个特征向量 $\{\varphi_1,\varphi_2,\cdots,\varphi_n\}$ 构成的 $H$ 的一个正规正交基. 设

$$A\varphi_j=\alpha_j\varphi_j,\quad j=1,2,\cdots,n,$$

于任何的 $x\in H$，有展开式

$$x=\sum_{j=1}^{n}(x,\varphi_j)\varphi_j,$$

从而

$$Ax=\sum_{j=1}^{n}\alpha_j(x,\varphi_j)\varphi_j.$$

在 $\{\alpha_1,\alpha_2,\cdots,\alpha_n\}$ 中可以有零，也可以有许多彼此相同的，假定其中所有互异的是 $\lambda_1<\lambda_2<\cdots<\lambda_t$，不妨设

$$\alpha_1=\cdots=\alpha_{k_1}=\lambda_1,$$

$$\alpha_{k_1+1}=\cdots=\alpha_{k_2}=\lambda_2,$$

$$\cdots,$$

$$\alpha_{k_{t-1}+1}=\cdots=\alpha_{k_t}=\alpha_n=\lambda_t.$$

对 $x\in H$，定义

$$P_1x=\sum_{j=1}^{k_1}(x,\varphi_j)\varphi_j,$$

$$P_2x=\sum_{j=k_1+1}^{k_2}(x,\varphi_j)\varphi_j,$$

$$\cdots,$$

$$P_tx=\sum_{j=k_{t-1}+1}^{k_t}(x,\varphi_j)\varphi_j,$$

则 $P_j(j=1,2,\cdots,t)$ 是将全空间 $H$ 投影到 $A$ 相应于特征值 $\lambda_j$ 的特征子空间 $\mathscr{M}_j=\mathrm{S_p}\{\varphi_{k_{j-1}+1},\varphi_{k_{j-1}+2},\cdots,\varphi_{k_j}\}$ 上的正交射影. 因为 $\mathscr{M}_i\perp\mathscr{M}_j$(即 $x\perp y$，$\forall\, x\in\mathscr{M}_i, y\in\mathscr{M}_j$)，所以 $P_iP_j=0, i\neq j$. 从 $x=\sum_{j=1}^{n}(x,\varphi_j)\varphi_j$，可见

$$P_1+P_2+\cdots+P_t=I.$$

现在 $A$ 可以表示成

$$A=\sum_{j=1}^{t}\lambda_jP_j.$$

不妨假定

$$m=\lambda_1<\lambda_2<\cdots<\lambda_{t-1}<\lambda_t=M.$$

定义

$$E_\lambda=\begin{cases}0, & \lambda<\lambda_1=m,\\ P_1, & \lambda\in[\lambda_1,\lambda_2),\\ P_1+P_2, & \lambda\in[\lambda_2,\lambda_3),\\ \cdots, & \cdots,\\ P_1+P_2+\cdots+P_t, & \lambda\geqslant\lambda_t=M.\end{cases}$$

易见每个 $E_\lambda$ 都是 $H$ 上有界射影算子.

对 $[m,M]$ 的任意分划

$$\mathscr{D}:\mu_0<m<\mu_1<\cdots<\mu_{h-1}<\mu_h=M,$$

显然

$$E_{\mu_k}-E_{\mu_{k-1}}=\sum_{\lambda_j\in(\mu_{k-1},\mu_k]}P_j.$$

对任意的 $\xi_k\in[\mu_{k-1},\mu_k]$,作和

$$\sum_{k=1}^{h}\xi_k(E_{\mu_k}-E_{\mu_{k-1}}).$$

设 $\|\mathscr{D}\|\overset{\mathrm{d}}{=}\max\limits_{1\leqslant k\leqslant h}(\mu_k-\mu_{k-1})$. 若 $\|\mathscr{D}\|\to0$,则上式趋于 $\sum\limits_{j=1}^{t}\lambda_jP_j$. 总之

$$A=\lim_{\|\mathscr{D}\|\to0}\sum_{k=1}^{h}\xi_k(E_{\mu_k}-E_{\mu_{k-1}}).\tag{5.1}$$

**命题 5.1**　上述射影算子族 $\{E_\lambda:-\infty<\lambda<\infty\}$ 具有下列性质:

(1) $E_\lambda$ 都是正交射影;

(2) $E_\lambda$ 单调上升,即 $E_\lambda\leqslant E_\mu,\lambda\leqslant\mu$;

(3) $E_\lambda$ 是右连续的,即 $\lim\limits_{\varepsilon\to0^+}E_{\lambda+\varepsilon}=E_\lambda$;

(4) 当 $\lambda<m$ 时,$E_\lambda=0$,当 $\lambda\geqslant M$ 时,$E_\lambda=I$.

**证**　(1) 由定义可见各个 $P_j$ 是自伴的,从而 $E_\lambda$ 是自伴的. 根据命题 4.3,$E_\lambda$ 是正交射影.

(2) 由 $\lambda\leqslant\mu$ 以及 $E_\lambda$ 定义,可设

$$E_\lambda=P_0+P_1+\cdots+P_k,$$
$$E_\mu=P_0+P_1+\cdots+P_k+P_{k+1}+\cdots+P_{k+h},$$

这里 $k,h$ 为整数且 $0\leqslant k,h\leqslant t$,而 $P_0=0$. 于是

$$\begin{aligned}E_\lambda E_\mu&=(P_0+P_1+\cdots+P_k)[(P_0+P_1+\cdots+P_k)+(P_{k+1}+\cdots+P_{k+h})]\\&=P_0+P_1+\cdots+P_k=E_\lambda.\end{aligned}$$

由定理 4.3 可知,$E_\lambda\leqslant E_\mu$.

至于(3)与(4),从 $E_\lambda$ 的定义是显然的. 证毕.

一般称具有命题 5.1 中性质的正交射影族 $\{E_\lambda:-\infty<\lambda<\infty\}$ 为**谱族**.

**2. 有界自伴算子的谱分解定理**

**定义 5.1**　设 $\{E_\lambda:-\infty<\lambda<\infty\}$ 是一个谱族,$f(\lambda)$ 为 $[m,M]$ 上的连续复值函数. 若存在 $B\in L(H)$,对任给的 $\varepsilon>0$,都有 $\delta>0$,使对实轴的任意分划

$$\mathscr{D}:\mu_0<m<\mu_1<\cdots<\mu_{h-1}<\mu_h=M,$$

只要 $\|\mathscr{D}\| = \max\limits_{1\leqslant k\leqslant h}(\mu_k-\mu_{k-1})<\delta$，便总有

$$\left\| \sum_{k=1}^{h} f(\xi_k)(E_{\mu_k} - E_{\mu_{k-1}}) - B \right\| < \varepsilon,$$

这里 $\xi_k \in [\mu_{k-1},\mu_k]$，且 $\xi_1 \geqslant m$，则定义积分

$$\int_{m-0}^{M} f(\lambda)\,\mathrm{d}E_\lambda = B.$$

据此，(5.1)式也可表示成

$$A = \int_{m-0}^{M} \lambda\,\mathrm{d}E_\lambda.$$

早在 1906 年时，Hilbert 已经发现无穷维空间自伴算子的谱可以是连续的，这样前节的离散的 Hilbert-Schmidt 定理就有必要连续化. 事实上，Hilbert 果然于 1912 年证出

**定理 5.1（有界自伴算子的谱分解定理）**　设 $T\in L(H)$ 是自伴算子，

$$m = \inf_{\|x\|=1}(Tx,x),\quad M = \sup_{\|x\|=1}(Tx,x).$$

则存在唯一的谱族 $\{E_\lambda : -\infty<\lambda<\infty\}$，使得

$$T = \int_{m-0}^{M} \lambda\,\mathrm{d}E_\lambda.$$

证明参见文献[16]第 202—203 页.

以后称这个定理中的谱族 $\{E_\lambda : -\infty<\lambda<\infty\}$ 为 $T$ 的谱族，也称为 $T$ 的**(算子值)谱测度**.

**3. 有界自伴算子的函数演算**

以下总假设 $\{E_\lambda : -\infty<\lambda<\infty\}$ 是 Hilbert 空间 $H$ 上有界自伴算子 $T$ 的谱族.

**引理 5.1**　任给 $x,y\in H$，$(E_\lambda x,y)$ 是 $\lambda$ 的有界变差函数，且其全变差 $\bigvee\limits_{m-0}^{M}\{(E_\lambda x,y)\} \leqslant \|x\|\,\|y\|$.

**证**　任取分划

$$\mathscr{D}: \lambda_0<m<\lambda_1<\cdots<\lambda_{n-1}<\lambda_n=M,$$

记 $E(\Delta_k)=E_{\lambda_k}-E_{\lambda_{k-1}}$，则当 $k\neq j$（以 $k<j$ 为例）时，由 $E_\lambda$ 的单调上升性质与定理 4.3，有

$$E(\Delta_k)E(\Delta_j)=(E_{\lambda_k}-E_{\lambda_{k-1}})(E_{\lambda_j}-E_{\lambda_{j-1}})=E_{\lambda_k}-E_{\lambda_{k-1}}-E_{\lambda_k}+E_{\lambda_{k-1}}=0.$$

因此，对任意的 $x,y\in H$，$E(\Delta_k)x\perp E(\Delta_j)y$. 于是，任给 $x\in H$，

$$\sum_{k=1}^{n}\|E(\Delta_k)x\|^2 = \left\|\sum_{k=1}^{n}E(\Delta_k)x\right\|^2 = \|x\|^2.$$

由 Schwarz 不等式，任给 $x,y\in H$，

$$\begin{aligned}\sum_{k=1}^{n}|(E(\Delta_k)x,y)| &= \sum_{k=1}^{n}|(E(\Delta_k)x,E(\Delta_k)y)| \\ &\leqslant \sum_{k=1}^{n}\|E(\Delta_k)x\|\,\|E(\Delta_k)y\| \\ &\leqslant \left[\sum_{k=1}^{n}\|E(\Delta_k)x\|^2\right]^{1/2}\left[\sum_{k=1}^{n}\|E(\Delta_k)y\|^2\right]^{1/2} \\ &= \|x\|\,\|y\|.\end{aligned}$$

这说明 $(E_\lambda x,y)$ 是有界变差函数，且其全变差

$$\bigvee_{m-0}^{M}\{(E_\lambda x,y)\} = \sup_{\mathscr{D}}\left\{\sum_{k=1}^{n}|(E(\Delta_k)x,y)|\right\} \leqslant \|x\|\,\|y\|.$$

证毕.

根据这个引理,$(E_\lambda x,y)$确定了一个标量值的 Lebesgue-Stieltjes 测度,这个测度称为 $T$ 的**标量值谱测度**. 前面定义的 $\int_{m-0}^{M} f(\lambda)\mathrm{d}E_\lambda$ 可以说是算子值的 Riemann-Stieltjes 积分. 为了运算方便,我们便把它推广为如下的算子值的 Lebesgue-Stieltjes 积分.

设 $u(\lambda)$是定义在$[m,M]$上的有界复值 Borel 函数,于是 $u(\lambda)$关于$(E_\lambda x,y)$所确定的 Lebesgue-Stieltjes 测度是可积的,即

$$\int_{m-0}^{M} u(\lambda)\mathrm{d}(E_\lambda x,y)$$

是存在的(关于 Lebesgue-Stieltjes 测度与积分参见文献[6],第五章,§9). 令

$$\varphi(x,y)=\int_{m-0}^{M} u(\lambda)\mathrm{d}(E_\lambda x,y),\quad x,y\in H,$$

易见 $\varphi(x,y)$是 $H$ 上共轭双线性泛函,且

$$|\varphi(x,y)|=\left|\int_{m-0}^{M} u(\lambda)\mathrm{d}(E_\lambda x,y)\right|\leqslant K\bigvee_{m-0}^{M}\{(E_\lambda x,y)\}\leqslant K\|x\|\|y\|,$$

这里 $K$ 是$|u(\lambda)|$在$[m,M]$上的上确界. 这说明 $\varphi(x,y)$是 $H$ 上有界共轭双线性泛函,且

$$\|\varphi\|\leqslant K.$$

根据第二章§3 中定理 3.3,恰存在 $H$ 上一个有界线性算子 $A$,使

$$(Ax,y)=\varphi(x,y)=\int_{m-0}^{M} u(\lambda)\mathrm{d}(E_\lambda x,y),x,y\in H,\tag{5.2}$$

而且

$$\|A\|\leqslant\|\varphi\|\leqslant K.\tag{5.3}$$

显然 $A$ 由 $u(\lambda)$唯一确定,记为 $u(T)$,称为 $T$ 对应 $u(\lambda)$的**算子函数**. 于是

$$(u(T)x,y)=\int_{m-0}^{M} u(\lambda)\mathrm{d}(E_\lambda x,y),\quad x,y\in H.\tag{5.4}$$

这个自伴算子函数的定义是 von Neumann 和 M. H. Stone 在 1932 年给出的(参见文献[22],126°).

关于 $H$ 上自伴算子 $T$ 的函数 $u(T)$有如下基本性质.

**定理 5.2**　设 $u,u_1,u_2$ 都是$[m,M]$上的有界 Borel 函数,$\alpha\in\mathbf{C}$,则

(1) $(u_1+u_2)(T)=u_1(T)+u_2(T)$;

(2) $(\alpha u)(T)=\alpha[u(T)]$;

(3) $(u_1u_2)(T)=u_1(T)u_2(T)$;

(4) $[u(T)]^*=\overline{u}(T)$,

这里 $\overline{u}(\lambda)$是 $u(\lambda)$的复共轭,特别地,当 $u(\lambda)$是实值函数时,$u(T)$是自伴算子;

(5) 设$\{u_n(\lambda)\}_{n=1}^{\infty}$是$[m,M]$上一致有界的 Borel 函数列,且处处收敛于 $u(\lambda)$,则对任何 $x\in H$,$\{u_n(T)x\}_{n=1}^{\infty}$收敛于 $u(T)x$;

(6) 当 $u(\lambda)$是$[m,M]$上的连续函数时,

$$u(T)=\int_{m-0}^{M} u(\lambda)\mathrm{d}E_\lambda.$$

**证**　(1),(2)可由(5.4)式立即导出.

(3) 由算子函数的定义,对任意 $x,y\in H$,

$$\begin{aligned}(u_1(T)u_2(T)x,y) &= \int_{m-0}^{M} u_1(\lambda)\,\mathrm{d}(E_\lambda u_2(T)x,y)\\ &= \int_{m-0}^{M} u_1(\lambda)\,\mathrm{d}(u_2(T)x,E_\lambda y)\\ &= \int_{m-0}^{M} u_1(\lambda)\,\mathrm{d}\int_{m-0}^{M} u_2(\mu)\,\mathrm{d}(E_\mu x,E_\lambda y)\\ &= \int_{m-0}^{M} u_1(\lambda)\,\mathrm{d}\left[\int_{m-0}^{\lambda} u_2(\mu)\,\mathrm{d}(E_\lambda E_\mu x,y)+\int_{\lambda}^{M} u_2(\mu)\,\mathrm{d}(E_\lambda E_\mu x,y)\right]\\ &= \int_{m-0}^{M} u_1(\lambda)\,\mathrm{d}\int_{m-0}^{\lambda} u_2(\mu)\,\mathrm{d}(E_\mu x,y)\\ &= \int_{m-0}^{M} u_1(\lambda)u_2(\lambda)\,\mathrm{d}(E_\lambda x,y)\\ &=((u_1u_2)(T)x,y).\end{aligned}$$

故

$$u_1(T)u_2(T)=(u_1u_2)(T).$$

(4) 由算子函数定义,对任意的 $x,y\in H$,

$$\begin{aligned}(\bar{u}(T)x,y) &= \int_{m-0}^{M} \bar{u}(\lambda)\,\mathrm{d}(E_\lambda x,y) = \int_{m-0}^{M} \bar{u}(\lambda)\,\mathrm{d}(x,E_\lambda y)\\ &= \overline{\int_{m-0}^{M} u(\lambda)\,\mathrm{d}(E_\lambda y,x)} = \overline{(u(T)y,x)}\\ &=(x,u(T)y)=([u(T)]^*x,y),\end{aligned}$$

故

$$\bar{u}(T)=[u(T)]^*.$$

当 $u(\lambda)$ 是实值函数时,$\bar{u}(\lambda)=u(\lambda)$. 于是

$$u(T)=\bar{u}(T)=[u(T)]^*,$$

即 $u(T)$ 是自伴的.

(5) 假设 $v_n(\lambda)=u_n(\lambda)-u(\lambda)$,则 $\{v_n(\lambda)\}_{n=1}^{\infty}$ 是 $[m,M]$ 上一致有界的 Borel 函数列,且 $v_n(\lambda)\to 0,n\to\infty$. 由关于 Lebesgue-Stieltjes 积分的收敛定理(参见文献[6],第五章,§9),对任意的 $x\in H$,

$$\int_{m-0}^{M} |v_n(\lambda)|^2\mathrm{d}(E_\lambda x,x)\to 0,\quad n\to\infty.$$

于是由性质(1),(3),(4),

$$\begin{aligned}\|u_n(T)x-u(T)x\|^2 &= \|v_n(T)x\|^2=(v_n(T)x,v_n(T)x)\\ &=([v_n(T)]^*v_n(T)x,x)=(\bar{v}_n(T)v_n(T)x,x)\\ &=(|v_n|^2(T)x,x)=\int_{m-0}^{M}|v_n(\lambda)|^2\mathrm{d}(E_\lambda x,x)\to 0,\quad n\to\infty,\end{aligned}$$

即

$$u_n(T)x\to u(T)x,\quad n\to\infty.$$

(6) 对实数轴的任意分划

$$\mathscr{D}:\mu_0<m<\mu_1<\cdots<\mu_{n-1}<\mu_n=M$$

及 $\xi_k\in[\mu_{k-1},\mu_k]$,$k=1,2,\cdots,n$,且 $\xi_1\geqslant m$,作函数

$$u_n(\lambda)=u(\xi_k),\quad \lambda\in(\mu_{k-1},\mu_k],k=1,2,\cdots,n.$$

则 $u_n(\lambda)$ 是 $[m,M]$ 上有界 Borel 函数. 而

$$\begin{aligned}(u_n(T)x,y) &= \int_{m-0}^{M} u_n(\lambda)\mathrm{d}(E_\lambda x,y) = \sum_{k=1}^{n}\int_{\mu_{k-1}}^{\mu_k} u_n(\lambda)\mathrm{d}(E_\lambda x,y)\\ &= \sum_{k=1}^{n}\int_{\mu_{k-1}}^{\mu_k} u(\xi_k)\mathrm{d}(E_\lambda x,y) = \sum_{k=1}^{n} u(\xi_k)(E(\Delta_k)x,y)\\ &= \left(\left[\sum_{k=1}^{n} u(\xi_k)E(\Delta_k)\right]x,y\right),\end{aligned}$$

对任意的 $x,y\in H$. 所以

$$u_n(T)=\sum_{k=1}^{n} u(\xi_k)E(\Delta_k),$$

这里 $E(\Delta_k)=E_{\mu_k}-E_{\mu_{k-1}},k=1,2,\cdots,n$.

任给 $\varepsilon>0$,由 $u(\lambda)$ 的一致连续性,存在 $\delta>0$,当 $|\lambda-\lambda'|<\delta$ 时,

$$|u(\lambda)-u(\lambda')|<\varepsilon.$$

于是当分划 $\mathscr{D}$ 满足 $\|\mathscr{D}\|=\max\limits_{1\leqslant k\leqslant n}(\mu_k-\mu_{k-1})<\delta$ 时,

$$|u(\lambda)-u_n(\lambda)|<\varepsilon,\quad \forall\lambda\in[m,M].$$

由(5.2)式和(5.3)式可得

$$\|u(T)-u_n(T)\|\leqslant\varepsilon.$$

于是

$$\left\|u(T)-\sum_{k=1}^{n}u(\xi_k)E(\Delta_k)\right\|=\|u(T)-u_n(T)\|\leqslant\varepsilon,$$

即

$$u(T)=\int_{m-0}^{M}u(\lambda)\mathrm{d}E_\lambda.$$

证毕.

由这个定理容易看出,当 $u(\lambda)$ 是 $\lambda$ 的多项式 $p(\lambda)$ 时,$u(T)$ 恰好是 $T$ 的多项式 $p(T)$.

现在,对任给的实数 $\lambda$,令

$$e_\lambda(\mu)=\begin{cases}1, & \mu\leqslant\lambda;\\ 0 & \mu>\lambda,\end{cases}$$

则 $e_\lambda$ 是 $[m,M]$ 上有界 Borel 函数,易证

$$E_\lambda=e_\lambda(T).$$

F. Riesz 最早发现下面的结果.

**定理 5.3** 存在一串一致有界的多项式 $p_n(\mu)$,使

$$E_\lambda x=\lim_{n\to\infty}p_n(T)x,\quad x\in H.$$

**证** 利用 Weierstrass 逼近定理可以构造出一致有界的多项式序列 $\{p_n\}_{n=1}^{\infty}$,使得在 $[m,M]$ 上有

$$\lim_{n\to\infty}p_n(\mu)=e_\lambda(\mu).$$

根据定理 5.2 的(5),对任何 $x\in H$,

$$E_\lambda x=e_\lambda(T)x=\lim_{n\to\infty}p_n(T)x.$$

证毕.

这个定理使得我们对谱族有一个颇为生动直观的认识,而且在不少场合,它也是方便的工具.

**命题 5.2**　若 $C\in L(H)$ 与有界自伴算子 $T$ 可交换,即 $CT=TC$,则 $C$ 与每个 $E_\lambda$ 亦可交换.

**证**　根据定理 5.3,存在一致有界的多项式序列 $\{p_n\}_{n=1}^{\infty}$,使

$$E_\lambda x=\lim_{n\to\infty}p_n(T)x,\quad x\in H. \tag{5.5}$$

由假设 $CT=TC$,从而对每个多项式 $p_n$,有

$$Cp_n(T)=p_n(T)C.$$

故对任意的 $x\in H$,

$$Cp_n(T)x=p_n(T)Cx.$$

令 $n\to\infty$,由(5.5)式可得

$$CE_\lambda x=E_\lambda Cx.$$

因 $x\in H$ 是任意的,故 $CE_\lambda=E_\lambda C$. 证毕.

**定理 5.4**　设 $T\in L(H)$ 是自伴的,$\{E_\lambda:-\infty<\lambda<\infty\}$ 是 $T$ 的谱族,

$$m=\inf_{\|x\|=1}(Tx,x),\quad M=\sup_{\|x\|=1}(Tx,x),$$

则 $\lambda_0\in\rho(T)$ 当且仅当下列情形之一成立:

(1) $\lambda_0\notin[m,M]$;

(2) $\lambda_0\in[m,M]$,存在 $[m,M]$ 的子区间 $[\alpha,\beta]$,使 $\alpha<\lambda_0<\beta$,且 $E_\lambda=E_\alpha,\lambda\in[\alpha,\beta]$.

**证**　充分性. 根据定理 4.5,只需证明当 $\lambda_0$ 属于(2)的情形时,$\lambda_0I-T$ 是有界可逆的. 这时我们可以定义实轴上连续函数

$$u(\lambda)=\begin{cases}\dfrac{1}{\lambda_0-\lambda}, & \lambda\leqslant\alpha \text{ 或 } \lambda\geqslant\beta,\\ \text{线性函数}, & \lambda\in(\alpha,\beta).\end{cases}$$

由定理 5.2 的(6),$u(T)$ 可以表示为

$$u(T)=\int_{m-0}^{M}u(\lambda)\,\mathrm{d}E_\lambda.$$

注意当 $\lambda\in[\alpha,\beta]$ 时,$E_\lambda=E_\alpha$. 于是

$$\begin{aligned}(\lambda_0I-T)u(T)=u(T)(\lambda_0I-T)&=\int_{m-0}^{M}u(\lambda)(\lambda_0-\lambda)\,\mathrm{d}E_\lambda\\&=\left(\int_{m-0}^{\alpha}+\int_{\alpha}^{\beta}+\int_{\beta}^{M}\right)u(\lambda)(\lambda_0-\lambda)\,\mathrm{d}E_\lambda\\&=\int_{m-0}^{\alpha}1\mathrm{d}E_\lambda+\int_{\alpha}^{\beta}u(\lambda)(\lambda_0-\lambda)\,\mathrm{d}E_\lambda+\int_{\beta}^{M}1\mathrm{d}E_\lambda\\&=E_\alpha-E_{m-0}+0+E_M-E_\beta=I,\end{aligned}$$

故 $\lambda_0I-T$ 是有界可逆的.

必要性. 设 $\lambda_0\in\rho(T)$,且 $\lambda_0\in[m,M]$. 由定理 4.5,$\lambda_0\neq m,M$. 于是可作 $[m,M]$ 的子区间 $\Delta=[\alpha,\beta]$,使 $\alpha<\lambda_0<\beta$. 记 $R_0=R(\lambda_0,T)$. 在

$$\lambda_0I-T=\int_{m-0}^{M}(\lambda_0-\lambda)\,\mathrm{d}E_\lambda$$

两边同时左乘 $R_0E(\Delta)(E(\Delta)=E_\beta-E_\alpha)$，由命题 5.2 可得，

$$\begin{aligned}E(\Delta)&=R_0E(\Delta)\int_{m-0}^{M}(\lambda_0-\lambda)\mathrm{d}E_\lambda\\&=R_0E(\Delta)\left[\left(\int_{m-0}^{\alpha}+\int_{\alpha}^{\beta}+\int_{\beta}^{M}\right)(\lambda_0-\lambda)\mathrm{d}E_\lambda\right]\\&=R_0\int_{\alpha}^{\beta}(\lambda_0-\lambda)\mathrm{d}E_\lambda.\end{aligned}$$

根据算子值积分定义，可以证明

$$\left\|\int_{\alpha}^{\beta}(\lambda_0-\lambda)\mathrm{d}E_\lambda\right\|\leqslant k\|E(\Delta)\|,$$

其中 $k=\max\{\beta-\lambda_0,\lambda_0-\alpha\}$. 于是

$$\|E(\Delta)\|\leqslant k\|R_0\|\ \|E(\Delta)\|.$$

选择 $\alpha,\beta$ 充分接近 $\lambda_0$，可使 $k\|R_0\|\leqslant 1/2$，则

$$\|E(\Delta)\|\leqslant\frac{1}{2}\|E(\Delta)\|.$$

故 $E(\Delta)=0$，即 $E_\beta=E_\alpha$. 而 $E_\lambda$ 是单调上升的，所以当 $\lambda\in[\alpha,\beta]$ 时，$E_\lambda=E_\alpha$. 证毕.

**定理 5.5** 设 $T\in L(H)$ 是自伴算子，$\{E_\lambda:-\infty<\lambda<\infty\}$ 是 $T$ 的谱族，则

(1) $\lambda_0$ 是 $T$ 的特征值当且仅当 $\lambda_0$ 是 $E_\lambda$ 的间断点，即 $E_{\lambda_0}\neq E_{\lambda_0-0}$，当 $\lambda_0$ 是 $T$ 的特征值时，$N(\lambda_0I-T)=R(E_{\lambda_0}-E_{\lambda_0-0})$；

(2) $\sigma_r(T)=\varnothing$；

(3) $\lambda_0\in\sigma_c(T)$ 当且仅当 $E_\lambda$ 在 $\lambda_0$ 处连续，且对于满足 $\lambda_1<\lambda_0<\lambda_2$ 的任何实数 $\lambda_1,\lambda_2$ 都有 $E_{\lambda_1}\neq E_{\lambda_2}$.

**证** 先证(1)的必要性. 设 $\lambda_0$ 是 $T$ 的特征值，$x_0\neq 0$ 是相应的特征向量，即

$$(\lambda_0I-T)x_0=0,$$

则

$$\int_{m-0}^{M}|\lambda_0-\lambda|^2\mathrm{d}(E_\lambda x_0,x_0)=((\lambda_0I-T)^2x_0,x_0)=0.$$

假如 $m<\lambda_0<M$，由于 $(E_\lambda x_0,x_0)$ 是单调上升的，被积函数是非负的，则对任意小的 $\varepsilon>0$，由

$$\left(\int_{m-0}^{\lambda_0-\varepsilon}+\int_{\lambda_0-\varepsilon}^{\lambda_0+\varepsilon}+\int_{\lambda_0+\varepsilon}^{M}\right)|\lambda_0-\lambda|^2\mathrm{d}(E_\lambda x_0,x_0)=0$$

可知每一个积分都为 0，于是

$$\begin{aligned}0&=\int_{\lambda_0+\varepsilon}^{M}|\lambda_0-\lambda|^2\mathrm{d}(E_\lambda x_0,x_0)\geqslant\varepsilon^2\int_{\lambda_0+\varepsilon}^{M}\mathrm{d}(E_\lambda x_0,x_0)\\&=\varepsilon^2((I-E_{\lambda_0+\varepsilon})x_0,x_0)=\varepsilon^2\|(I-E_{\lambda_0+\varepsilon})x_0\|^2.\end{aligned}$$

可见 $(I-E_{\lambda_0+\varepsilon})x_0=0$，即

$$E_{\lambda_0+\varepsilon}x_0=x_0. \tag{5.6}$$

又

$$\begin{aligned}0&=\int_{m-0}^{\lambda_0-\varepsilon}|\lambda_0-\lambda|^2\mathrm{d}(E_\lambda x_0,x_0)\geqslant\varepsilon^2\int_{m-0}^{\lambda_0-\varepsilon}\mathrm{d}(E_\lambda x_0,x_0)\\&=\varepsilon^2(E_{\lambda_0-\varepsilon}x_0,x_0)=\varepsilon^2\|E_{\lambda_0-\varepsilon}x_0\|^2.\end{aligned}$$

可见

$$E_{\lambda_0-\varepsilon}x_0=0. \tag{5.7}$$

于是

$$(E_{\lambda_0+\varepsilon}-E_{\lambda_0-\varepsilon})x_0=x_0.$$

令 $\varepsilon\to 0$，根据 $E_\lambda$ 的右连续性可得

$$(E_{\lambda_0}-E_{\lambda_0-0})x_0=x_0. \tag{5.8}$$

若 $\lambda_0=M$，则 $E_{\lambda_0}=I$. 于是 $E_{\lambda_0}x_0=x_0$. 像(5.7)式一样从

$$\left(\int_{m-0}^{\lambda_0-\varepsilon}+\int_{\lambda_0-\varepsilon}^{M}\right)|\lambda_0-\lambda|^2\mathrm{d}(E_\lambda x_0,x_0)=0$$

可以证明

$$E_{\lambda_0-\varepsilon}x_0=0.$$

故

$$(E_{\lambda_0}-E_{\lambda_0-\varepsilon})x_0=x_0.$$

令 $\varepsilon\to 0$，可得

$$(E_{\lambda_0}-E_{\lambda_0-0})x_0=x_0.$$

若 $\lambda_0=m$，则像(5.6)式一样从

$$\left(\int_{m-0}^{\lambda_0+\varepsilon}+\int_{\lambda_0+\varepsilon}^{M}\right)|\lambda_0-\lambda|^2\mathrm{d}(E_\lambda x_0,x_0)=0$$

可以证明

$$E_{\lambda_0+\varepsilon}x_0=x_0.$$

而 $E_{\lambda_0-\varepsilon}x_0=0$，故

$$(E_{\lambda_0+\varepsilon}-E_{\lambda_0-\varepsilon})x_0=x_0.$$

令 $\varepsilon\to 0$，再次得到(5.8)式. 因 $x_0\neq 0$，由(5.8)式可知 $E_{\lambda_0}\neq E_{\lambda_0-0}$.

再证(1)的充分性. 设 $\lambda_0$ 是 $E_\lambda$ 的间断点，即 $E_{\lambda_0}\neq E_{\lambda_0-0}$，任取 $R(E_{\lambda_0}-E_{\lambda_0-0})$ 中的非零元 $x_0$，注意当 $\lambda\geqslant\lambda_0$ 时，

$$E_\lambda(E_{\lambda_0}-E_{\lambda_0-0})=E_{\lambda_0}-E_{\lambda_0-0}.$$

由 $x_0=(E_{\lambda_0}-E_{\lambda_0-0})x_0$，可得

$$E_\lambda x_0=E_\lambda(E_{\lambda_0}-E_{\lambda_0-0})x_0=(E_{\lambda_0}-E_{\lambda_0-0})x_0=x_0.$$

于是当 $\lambda\geqslant\lambda_0$ 时，

$$E_\lambda x_0=x_0.$$

又当 $\lambda<\lambda_0$ 时，

$$E_\lambda(E_{\lambda_0}-E_{\lambda_0-0})=E_\lambda-E_\lambda=0.$$

故

$$E_\lambda x_0=E_\lambda(E_{\lambda_0}-E_{\lambda_0-0})x_0=0.$$

因此

$$Tx_0=\int_{m-0}^{M}\lambda\,\mathrm{d}E_\lambda x_0=\int_{m-0}^{\lambda_0-0}\lambda\,\mathrm{d}E_\lambda x_0+\lambda_0x_0+\int_{\lambda_0}^{M}\lambda\,\mathrm{d}E_\lambda x_0=\lambda_0x_0.$$

这说明 $\lambda_0$ 是 $T$ 的特征值，而且所取的 $x_0$ 正是相应的特征向量，即

$$R(E_{\lambda_0}-E_{\lambda_0-0})\subset N(\lambda_0 I-T).$$

而在 $x_0\in N(\lambda_0 I-T)$ 时，前已证出(5.8)式，可见 $x_0\in R(E_{\lambda_0}-E_{\lambda_0-0})$. 总之，

$$N(\lambda_0 I-T)=R(E_{\lambda_0}-E_{\lambda_0-0}).$$

(2) 由定理4.4可得.

往证(3)的充分性. 根据定理5.4，$\lambda_0\in\sigma(T)$. 而由上面的(1)与(2)可知 $\lambda_0\notin\sigma_p(T)\cup\sigma_r(T)$，故 $\lambda_0\in\sigma_c(T)$.

最后，再证(3)的必要性. 若 $\lambda_0\in\sigma_c(T)$，则由定理5.4，$\lambda_0\in[m,M]$. 从 $\lambda_0\notin\sigma_p(T)$，由(1)可知 $E_\lambda$ 在 $\lambda_0$ 处连续，当然 $\lambda_0\notin\rho(T)$. 再根据定理5.4，可知对任意满足 $\lambda_1<\lambda_0<\lambda_2$ 的实数 $\lambda_1,\lambda_2$，必有 $E_{\lambda_1}\neq E_{\lambda_2}$. 证毕.

## §6 酉 算 子

在本节中总假定 $H$ 是具有内积 $(\cdot,\cdot)$ 的复的 Hilbert 空间.

**定义 6.1** 设 $U$ 是从 $H$ 到 $H$ 上的有界线性算子，而且对任给的 $x,y\in H$，都有

$$(Ux,Uy)=(x,y),$$

则称 $U$ 为**酉算子**.

在第二章§1中，我们已指出过 Euclid 空间中长度与角度同内积的关系，所以酉变换 $U$ 既保持长度也保持角度不变. 它正是刚体运动在 Hilbert 空间上的推广. 而在一切酉变换之下不变的性质的研究则可看作是 Euclid 几何学之无穷维空间的推广. 例如，酉算子 $U$ 把 $H$ 中的线性流形变成 $H$ 中的线性流形，把 $H$ 的子空间(闭线性流形)仍变成 $H$ 的子空间.

与酉算子密切相关的是下列概念.

**定义 6.2** 设 $T: H\to H$ 是线性算子，如果对任给的 $x\in H$，都有

$$\|Tx\|=\|x\|,$$

则称 $T$ 是**保范算子**.

**命题 6.1** 设 $T: H\to H$ 是线性算子，则 $T$ 是保范算子当且仅当

$$(Tx,Ty)=(x,y),\quad \forall x,y\in H.$$

**证** 充分性是显然的. 至于必要性，由极化恒等式(第二章§1中定理1.3)，对任意的 $x,y\in H$，

$$(x,y)=\frac{1}{4}\left[\|x+y\|^2-\|x-y\|^2+\mathrm{i}\|x+\mathrm{i}y\|^2-\mathrm{i}\|x-\mathrm{i}y\|^2\right].$$

分别以 $Tx,Ty$ 替换 $x,y$，由上式又可得

$$(Tx,Ty)=\frac{1}{4}\left[\|T(x+y)\|^2-\|T(x-y)\|^2+\mathrm{i}\|T(x+\mathrm{i}y)\|^2-\mathrm{i}\|T(x-\mathrm{i}y)\|^2\right].$$

现在 $T$ 是保范算子，对任何 $f\in H$，$\|Tf\|=\|f\|$. 故由上述两个等式可知

$$(Tx,Ty)=(x,y),\ \forall x,y\in H.$$

证毕.

**推论** 保范算子 $T$ 是酉算子必须且只需 $R(T)=H$.

**命题 6.2** 设 $T\in L(H)$，则 $T$ 是酉算子当且仅当

$$T^*=T^{-1}.$$

**证**　设 $T$ 是酉算子，则 $T$ 既是单射的也是满射的，从而 $T$ 是有界可逆的. 又对任给的 $x, y \in H$，

$$(x,y)=(Tx,Ty)=(T^*Tx,y).$$

因而

$$T^*T=I.$$

以 $T^{-1}$ 右乘上式两端，即得 $T^*=T^{-1}$.

反之，若 $T^*=T^{-1}$，则 $T^*T=I$，从而

$$(Tx,Ty)=(T^*Tx,y)=(x,y),\ \forall\, x,y\in H.$$

又 $TT^*=I$，表明 $T$ 是满射的. 因此 $T$ 是酉算子. 证毕.

**例 1**　设 $H=L^2(-\infty,\infty)$，对任意给定的实数 $\alpha$，定义

$$(Tx)(t)=x(t+\alpha),\quad x=x(t)\in L^2(-\infty,\infty).$$

显然，若 $x(t)\in L^2(-\infty,\infty)$，则 $x(t+\alpha)\in L^2(-\infty,\infty)$，且

$$\|Tx\|^2=\int_{-\infty}^{\infty}|x(t+\alpha)|^2\mathrm{d}t=\int_{-\infty}^{\infty}|x(t)|^2\mathrm{d}t=\|x\|^2.$$

故 $T:L^2(-\infty,\infty)\to L^2(-\infty,\infty)$ 是保范算子. 易见 $T$ 是满射的，所以 $T$ 是酉算子.

通常称如此定义的 $T$ 为**平移算子**.

**例 2**　设 $H$ 是复可分 Hilbert 空间，$\{e_n\}_{n=-\infty}^{\infty}$ 是 $H$ 的正规正交基. 若 $U\in L(H)$ 使对一切整数 $n$，

$$Ue_n=e_{n+1},$$

则称 $U$ 为**双边移位算子**. 如 §1 第 4 小节中一样可以证明，对一切整数 $n$，

$$U^*e_n=e_{n-1},$$

于是

$$U^*U=UU^*=I.$$

根据命题 6.2，$U$ 是酉算子.

令 $H_0=\overline{\mathrm{S}}_{\mathrm{p}}\{e_n:n=0,1,2,\cdots\}$，易见 $H_0$ 是 $U$ 的不变子空间. 而且 $U|H_0$ 恰是 §1 第 4 小节中的单边移位算子 $S$.

**例 3**　设 $[a,b]$ 是实轴上一个区间，$\alpha$ 是给定的实数，考察 $L^2[a,b]$ 上的乘法算子

$$(Tx)(t)=\mathrm{e}^{\mathrm{i}\alpha t}x(t),\quad x=x(t)\in L^2[a,b],$$

显然

$$\|Tx\|^2=\int_a^b|\mathrm{e}^{\mathrm{i}\alpha t}x(t)|^2\mathrm{d}t=\int_a^b|x(t)|^2\mathrm{d}t=\|x\|^2.$$

故 $T:L^2[a,b]\to L^2[a,b]$ 是保范算子. 易见它还是满射的，所以 $T$ 是酉算子.

**例 4**　设 $f\in L^2(-\infty,\infty)$，定义 $f$ 的 Fourier 变换 $\hat{f}$ 为

$$\hat{f}(x)\overset{\mathrm{d}}{=}\lim_{n\to\infty}\frac{1}{\sqrt{2\pi}}\int_{-n}^{n}f(\xi)\mathrm{e}^{-\mathrm{i}\xi x}\mathrm{d}\xi,\quad x\in(-\infty,\infty).$$

由文献[7]第七章 §4，如上定义的 Fourier 变换 $f\mapsto\hat{f}$ 把 $L^2(-\infty,\infty)$ 映到整个 $L^2(-\infty,\infty)$ 上，而且对任意的 $f\in L^2(-\infty,\infty)$ 都有

$$\|\hat{f}\|=\|f\|.$$

因此,若定义算子 $U$ 为

$$Uf=\hat{f},\quad f\in L^2(-\infty,\infty),$$

则 $U$ 是酉算子.

这个例子表明,重要的 Fourier 变换正是从 $L^2(-\infty,\infty)$ 到自身的酉算子.

**命题 6.3** $H$ 上全体酉算子 $\mathscr{U}$ 构成一个群.

**证** 显然 $I\in\mathscr{U}$,若 $U\in\mathscr{U}$,则由命题 6.2,$U^*=U^{-1}$. 从而

$$(U^{-1})^*=(U^*)^{-1}=(U^{-1})^{-1}.$$

故由命题 6.2,$U^{-1}\in\mathscr{U}$. 此外,对 $U_1,U_2\in\mathscr{U}$,由命题 6.2,

$$(U_2U_1)^*=U_1^*U_2^*=U_1^{-1}U_2^{-1}=(U_2U_1)^{-1}.$$

所以 $U_2U_1\in\mathscr{U}$. 总之,$\mathscr{U}$ 是个群. 证毕.

如同群论一样,非常重要的是,如用群 $\mathscr{U}$ 中的一个元素 $U$ 去变换一个算子 $T$,成为 $\tilde{T}=U^{-1}TU$,可以证明,$T$ 的许多性质都为 $\tilde{T}$ 所保留. 因此,可以通过 $\tilde{T}$ 来研究 $T$. 这将在自伴算子的理论中充分地展示出来. 一般称上述的 $\tilde{T}$ 与 $T$ 相互**酉等价**.

**例 5** 设 $T,U\in L(H)$,$U$ 是酉算子,$\tilde{T}=U^{-1}TU$. 如果 $\lambda_0$ 是 $T$ 的特征值,则 $\lambda_0$ 也是 $\tilde{T}$ 的特征值.

设 $x\neq 0$ 使 $Tx=\lambda_0x$. 令 $y=U^{-1}x$,则

$$\tilde{T}y=(U^{-1}TU)U^{-1}x=U^{-1}Tx=\lambda_0U^{-1}x=\lambda_0y.$$

**例 6** 设 $T,U\in L(H)$,$U$ 是酉算子,$\tilde{T}=U^{-1}TU$. 如果 $T$ 是自伴算子,则 $\tilde{T}$ 也是自伴算子.

因为 $T^*=T$,于是由 $U^*=U^{-1}$ 可知

$$(\tilde{T})^*=(U^{-1}TU)^*=U^*T^*(U^{-1})^*=U^{-1}TU=\tilde{T}.$$

以下设 $\{\varphi_i\}_{i=1}^\infty$,$\{\psi_j\}_{j=1}^\infty$ 是 $H$ 的两组正规正交基. 则于任给的向量 $x\in H$,设它在 $\{\varphi_i\}_{i=1}^\infty$ 之下的坐标为

$$a_i=(x,\varphi_i),\quad i=1,2,\cdots.$$

而在 $\{\psi_j\}_{j=1}^\infty$ 之下的坐标为

$$b_j=(x,\psi_j),\quad j=1,2,\cdots.$$

**命题 6.4** $x$ 之两组坐标的联系是

$$b_j=\sum_{k=1}^\infty \bar{u}_{jk}a_k,\quad j=1,2,\cdots.$$

其中 $U=(u_{ij})$ 是**酉矩阵**,即按矩阵乘法有

$$UU^*=U^*U=I,$$

这里 $U^*$ 是 $U$ 的转置共轭矩阵.

**证** 设

$$\psi_j=\sum_{k=1}^\infty u_{jk}\varphi_k,\quad j=1,2,\cdots.$$

这里

$$u_{jk}=(\psi_j,\varphi_k),\quad j,k=1,2,\cdots.$$

则

$$b_j=(x,\psi_j)=\left(x,\sum_{k=1}^{\infty}u_{jk}\varphi_k\right)=\sum_{k=1}^{\infty}\bar{u}_{jk}(x,\varphi_k)=\sum_{k=1}^{\infty}\bar{u}_{jk}a_k.$$

往证 $U=(u_{ij})$ 是酉矩阵. 对任意的正整数 $m,n$,

$$\delta_{mn}=(\psi_m,\psi_n)=\left(\sum_{k=1}^{\infty}u_{mk}\varphi_k,\sum_{k=1}^{\infty}u_{nk}\varphi_k\right)=\sum_{k=1}^{\infty}u_{mk}\bar{u}_{nk},$$

这里 $\delta_{mn}$ 是 Kronecker 常数. 设 $U^*=(u_{ij}^*)$, 由 $U^*$ 是 $U$ 的转置共轭矩阵, 有 $u_{ij}^*=\bar{u}_{ji}$. 故按无穷矩阵乘法(参见第二章, §4, 第 3 小节) $UU^*$ 的第 $m$ 行第 $n$ 列的元为

$$(UU^*)_{mn}=\sum_{k=1}^{\infty}u_{mk}u_{kn}^*=\sum_{k=1}^{\infty}u_{mk}\bar{u}_{nk}=\delta_{mn}.$$

所以 $UU^*=I$.

设

$$\varphi_i=\sum_{k=1}^{\infty}v_{ik}\psi_k,\quad i=1,2,\cdots.$$

其中

$$v_{ij}=(\varphi_i,\psi_j)=\overline{(\psi_j,\varphi_i)}=\bar{u}_{ji},$$

则

$$\delta_{mn}=(\varphi_m,\varphi_n)=\left(\sum_{k=1}^{\infty}v_{mk}\psi_k,\sum_{k=1}^{\infty}v_{nk}\psi_k\right)=\sum_{k=1}^{\infty}v_{mk}\bar{v}_{nk}=\sum_{k=1}^{\infty}\bar{u}_{km}u_{kn}.$$

如前

$$(U^*U)_{mn}=\sum_{k=1}^{\infty}u_{mk}^*u_{kn}=\sum_{k=1}^{\infty}\bar{u}_{km}u_{kn}=\delta_{mn}.$$

故 $U^*U=I$. 证毕.

设 $T\in L(H)$, 一般定义 $T$ 在 $\{\varphi_i\}_{i=1}^{\infty}$ 与 $\{\psi_j\}_{j=1}^{\infty}$ 下的表示矩阵为

$$A=((T\varphi_j,\varphi_k))_{j,k=1}^{\infty},\quad B=((T\psi_j,\psi_k))_{j,k=1}^{\infty},$$

可以证明

**命题 6.5**　存在酉矩阵 $U$, 使

$$B=U^{-1}AU.$$

证明可参见文献[41] § Ⅲ. 1 中定理 3. 1 的证明.

以上这两个命题表示向量在不同基下坐标之间与算子在不同基下矩阵表示之间的关系都可以通过酉矩阵(或酉算子)表达出来, 它们正是量子力学中表象理论的数学概括和解释.

**命题 6.6**　$T\in L(H)$ 是酉算子当且仅当 $T^*$ 是酉算子.

**证**　根据命题 6.2,

$$T\text{ 是酉算子}\Leftrightarrow T^*=T^{-1}\Leftrightarrow (T^*)^*=(T^{-1})^*=(T^*)^{-1}\Leftrightarrow T^*\text{ 是酉算子}.$$

证毕.

**定理 6.1**　设 $U\in L(H)$ 是酉算子, 则

$$\sigma(U)\subset\{\lambda\in\mathbf{C}:|\lambda|=1\}.$$

**证**　设 $|\lambda|<1$, 则对任给的 $x\in H$,

$$\|(U-\lambda I)x\|\geqslant\|Ux\|-\|\lambda x\|=\|x\|-|\lambda|\,\|x\|=(1-|\lambda|)\|x\|,$$

可见 $U-\lambda I$ 是单射的,且 $R(U-\lambda I)$ 是闭的.

由命题 6.6,$U^*$ 也是酉算子. 因此,$U^*-\bar{\lambda}I=(U-\lambda I)^*$ 也是单射的,根据第二章 §4 中定理 4.2,

$$R(U-\lambda I)=N((U-\lambda I)^*)^{\perp}=\{0\}^{\perp}=H.$$

故 $U-\lambda I$ 是有界可逆的,即 $\lambda\in\rho(U)$.

由定理 1.7,$U$ 的谱半径 $r(U)\leqslant\|U\|=1$,故当 $|\lambda|>1$ 时,必有 $\lambda\in\rho(U)$. 总之,

$$\sigma(U)\subset\{\lambda\in\mathbf{C}:|\lambda|=1\}.$$

证毕.

**定义 6.3**　设 $A\in L(H)$ 是自伴算子,则

$$U=(A+\mathrm{i}I)(A-\mathrm{i}I)^{-1}$$

称为 $A$ 的 **Cayley 变换**.

**定理 6.2**　设 $A\in L(H)$ 是自伴算子,则 $A$ 的 Cayley 变换 $U$ 是酉算子.

**证**　设

$$f(t)=(t+\mathrm{i})(t-\mathrm{i})^{-1},\quad -\infty<t<\infty.$$

则 $f$ 是实轴上的连续函数. 而且

$$\bar{f}(t)=\overline{(t+\mathrm{i})(t-\mathrm{i})^{-1}}=(t-\mathrm{i})(t+\mathrm{i})^{-1}=\frac{1}{f(t)}.$$

根据自伴算子函数演算(定理 5.2),

$$U=f(A),$$

而且

$$U^*=\bar{f}(A)=[f(A)]^{-1}=U^{-1}.$$

故 $U$ 是酉算子. 证毕.

## 习　题

1. 设 $S$ 是 Hilbert 空间 $H$ 上单边移位算子(参见第四章, §1,第 4 小节),$R_\lambda=R(\lambda,S)$ 表示 $S$ 的预解式. 试证明当 $|\lambda|>1$ 时,

$$\|R_\lambda\|=(|\lambda|-1)^{-1}.$$

2. 设 $X$ 是 Banach 空间,$T_1,T_2\in L(X)$,且 $T_1T_2=T_2T_1$. 如果 $\lambda\in\rho(T_1)\cap\rho(T_2)$,则

$$R(\lambda,T_1)-R(\lambda,T_2)=(T_1-T_2)R(\lambda,T_1)R(\lambda,T_2),$$

这个等式称为**第二预解公式**. 试证明之.

3. 设 $X$ 是 Banach 空间,$T\in L(X)$,$\alpha\in\rho(T)$,$A=R(\alpha,T)$,证明:

(1) 如果 $\lambda,\mu\in\mathbf{C}$,使 $\mu(\alpha-\lambda)=1$,则 $\mu\in\sigma(A)$ 当且仅当 $\lambda\in\sigma(T)$;

(2) 如果 $\mu\in\rho(A)$,且 $\mu(\alpha-\lambda)=1$,则

$$R(\mu,A)=1/\mu+(1/\mu^2)R(\lambda,T).$$

4. 设 $X$ 是 Banach 空间,$\{T_n\}_{n=1}^{\infty}\subset L(X)$,$T\in L(X)$,$\|T_n-T\|\to 0(n\to\infty)$. 试证明,如果 $\lambda_0\in\rho(T)$,则当 $n$ 充分大时,$\lambda_0\in\rho(T_n)$,且

$$\lim_{n\to\infty}(\lambda_0I-T_n)^{-1}=(\lambda_0I-T)^{-1}.$$

5. 设 $X$ 是 Banach 空间，$T\in L(X)$，$n$ 是正整数，$\lambda_0$ 是 $T^n$ 的特征值，证明必存在 $\lambda_0$ 的某个 $n$ 次根是 $T$ 的特征值.

6. 设 $F$ 是复平面上有界的无穷闭集. $\{\alpha_n\}_{n=1}^{\infty}$ 是 $F$ 的一个可数稠密子集，在 $\ell^1$ 中定义算子 $T$ 为

$$y=Tx:y=\{\alpha_n\xi_n\},x=\{\xi_n\}.$$

试证明：

(1) $T$ 是从 $\ell^1$ 到 $\ell^1$ 的有界线性算子；

(2) 每个 $\alpha_n$ 都是 $T$ 的特征值；

(3) $\sigma(T)=F$；

(4) $F\setminus(\{\alpha_n\}_{n=1}^{\infty})=\sigma_c(T)$.

7. 设 $X$ 是 Banach 空间，$T\in L(X)$，$\mathscr{M}\in \mathrm{Lat}T$. 试证明：如果 $\eta\in\rho(T)$，且 $\mathscr{M}\in \mathrm{Lat}\,R(\eta,T)$，则 $\eta\in\rho(T\mid\mathscr{M})$.

8. 设数列 $\{\alpha_n\}_{n=1}^{\infty}$ 满足 $\alpha_n\to 0,n\to\infty$. 在 $\ell^1$ 中定义算子 $T$ 为

$$y=Tx:y=\{\alpha_n\xi_n\},x=\{\xi_n\}.$$

试证明 $T$ 是 $\ell^1$ 上的紧算子.

9. 试证明：当 $X$ 是自反空间时，定理 3.3 的逆亦真，即如果每当 $x_n\xrightarrow{w}x_0$，必有 $Ax_n\to Ax_0$，则 $A$ 必是紧算子.

10. 设 $X$ 是 Banach 空间，$T\in L(X)$ 是紧算子，$\mathscr{M}\in \mathrm{Lat}T$，证明 $T\mid\mathscr{M}$ 也是 $\mathscr{M}$ 上的紧算子.

11. 设 $X$ 是 Banach 空间，$K\in\mathscr{K}(X)$，$\lambda\neq 0$，$T=\lambda I-K$，则

(1) $N(T)=\{0\}\Leftrightarrow R(T)=X$；

(2) $\dim N(T)=0\Leftrightarrow \dim N(T')=0$；

(3) $\dim N(T)=\dim N(T')<\infty$.

12. 设 $X$ 是 Banach 空间，$T\in L(X)$. 如果存在正整数 $n$，使 $T^n$ 是紧算子，证明：

(1) $\sigma_p(T)$ 至多是可数集；

(2) $\sigma_p(T)$ 唯一可能聚点是 0.

13. 设 $T$ 是 Banach 空间 $X$ 上有界线性算子，且 $T^2=T$. 试证明：如果 $T\neq 0,I$，则 $\sigma(T)=\{0,1\}$.

14. 设 $P_1,P_2$ 是 Hilbert 空间 $H$ 上可交换的正交射影，证明

$$P\overset{\mathrm{d}}{=}P_1+P_2-P_1P_2$$

也是正交射影，且 $P\geqslant P_1,P\geqslant P_2$. 另外，若正交射影 $Q$，使 $Q\geqslant P_1,Q\geqslant P_2$，则必有 $Q\geqslant P$.

15. 设 $T$ 是 Hilbert 空间 $H$ 上有界线性算子，且 $\|T\|\leqslant 1$，证明

$$\{x\in H:Tx=x\}=\{x\in H:T^*x=x\}.$$

16. 设 $P$ 是 Hilbert 空间 $H$ 上非零正交射影，证明：$\|P\|=1$.

17. 证明：定理 4.5 中，$(-\infty,m)\subset\rho(A)$，$m\in\sigma(A)$.

18. 设 $\{e_n\}_{n=1}^{\infty}$ 是可分 Hilbert 空间 $H$ 的正规正交基，$T\in L(H)$. 试证明：若对任何正整数 $m,n$ 都有

$$(Te_n,e_m)=(e_n,Te_m),$$

则 $T$ 是自伴的.

19. 设 $H$ 是 Hilbert 空间，$T,W\in L(H)$. 试证明：如果 $T$ 是自伴的，则 $W^*TW$ 也是自伴的.

20. 设 $H$ 是 Hilbert 空间，$T\in L(H)$是自伴算子. 试证明：$T\geqslant 0$ 当且仅当 $\sigma(T)\subset[0,\infty)$.

21. 设 $H$ 是 Hilbert 空间，$T\in L(H)$是自伴算子，且 $T\geqslant 0$. 试证明：对任给的 $x\in H$，$Tx=0$ 当且仅当$(Tx,x)=0$.

22. 设$\{P_n\}_{n=1}^{\infty}$ 是 Hilbert 空间 $H$ 上的射影算子的序列，$P_n\to P$. 证明：$P$ 亦是 $H$ 上射影. 进一步，如果 $P_n$ 都是正交射影，则 $P$ 亦是正交射影.

23. 设 $H$ 是无穷维的 Hilbert 空间，$T\in L(H)$. 如果 $T$ 是下方有界的，则 $T$ 必不是紧算子. 试证明之.

24. 设 $H$ 是 Hilbert 空间，$T\in L(H)$称为**正规算子**，是指满足 $T^*T=TT^*$. 试证明：对正规算子 $T$，总有

(1) $\|T^2\|=\|T\|^2$.

(2) $r(T)=\|T\|$.

(3) 若 $\lambda$ 与 $\mu$ 是 $T$ 之互异的特征值，$x,y$ 分别是 $T$ 相应于 $\lambda,\mu$ 的特征向量，则 $x$ 与 $y$ 正交.

(4) 假如 $T$ 还是紧的，则必有 $H$ 的一个正规正交基$\{\varphi_n\}_{n\in J}\cup\{\psi_\alpha\}_{\alpha\in\mathscr{A}}$，使

(i) $T\varphi_n=\lambda_n\varphi_n$，$\lambda_n\neq 0$，$n\in J$，$T\psi_\alpha=0$，$\alpha\in\mathscr{A}$，这里 $J$ 是有限或可数无穷集. 若 $J$ 是可数无穷集，则$\lim\limits_{n\to\infty}\lambda_n=0$.

(ii) 对任给的 $\psi\in H$，有展开式

$$T\psi=\sum_{n\in J}\lambda_n(\psi,\varphi_n)\varphi_n,$$

这里右端级数是按范数收敛的.

25. 设 $T$ 是 Hilbert 空间 $H$ 上自伴算子，$\{E_\lambda:-\infty<\lambda<\infty\}$是 $T$ 的谱族. 证明：$T$ 的值域的闭包是$[I-E_0+E_{0-0}]H$.

26. 设 $H$ 是 Hilbert 空间，$T,U\in L(H)$，$U$ 是酉算子，令 $\tilde{T}=U^{-1}TU$. 试证明：

(1) $\|\tilde{T}\|=\|T\|$；

(2) $\sigma(\tilde{T})=\sigma(T)$.

27. 设 $H$ 是 Hilbert 空间，$T,U\in L(H)$，$T$ 是自伴算子，$U$ 是酉算子，$\tilde{T}=U^{-1}TU$. 试证明：对任何的有界 Borel 函数 $f$，都有

$$f(\tilde{T})=U^{-1}f(T)U,$$

这里 $f(\tilde{T})$，$f(T)$分别表示 $\tilde{T}$ 与 $T$ 的函数演算.

28. 设 $H$ 是 Hilbert 空间，$U\in L(H)$是酉算子. 试证明：

(1) 如果 $P\in L(H)$是正交射影，则 $U^{-1}PU$ 也是正交射影；

(2) 如果 $T\in L(H)$是正规算子，则 $U^{-1}TU$ 也是正规算子；

(3) 如果 $A\in L(H)$是正算子，则 $U^{-1}AU$ 也是正算子.

29. 设 $S$ 是 Hilbert 空间 $H$ 上的单边移位算子，

$$S:\{x_0,x_1,x_2,\cdots\}\mapsto\{0,x_0,x_1,x_2,\cdots\}.$$

求证 $S$ 不能表示成

$$S=UP,$$

这里 $U$ 是酉算子,$P$ 是正算子.

30. 设无穷矩阵 $(u_{ij})$ 是个酉矩阵. 求证:它是可分 Hilbert 空间 $H$ 上一个有界线性算子 $A$ 的矩阵表达式,而且 $A$ 还是酉算子.

# * 第五章　广义函数论大意

## 引　言

从纯数学的观点，在 $L^p(p>1)$ 的对偶空间的研究中，我们已经看到数值函数与线性泛函的密切联系了：

$$数值函数 f\in L^q \longleftrightarrow 线性泛函 \ell(\varphi)=\int f(x)\varphi(x)\mathrm{d}x, \quad \varphi\in L^p,$$

其中 $\frac{1}{p}+\frac{1}{q}=1$. 下面我们将看到把数值函数扩充为线性泛函可说是广义函数论的一个基本思想.

在近代微分方程理论中，为了要把微分学扩充到比可微函数广得多的对象上去，而想到对实数轴 **R** 上连续可微的函数 $f(x)$ 与 $\varphi(x)$（$\varphi(x)$ 的支集 $\operatorname{supp}\varphi=\overline{\{x:\varphi(x)\neq 0\}}$ 是有界的），由分部积分法有

$$\int_{-\infty}^{\infty} f'(x)\varphi(x)\mathrm{d}x=-\int_{-\infty}^{\infty} f(x)\varphi'(x)\mathrm{d}x.$$

从而把对 $f(x)$ 的求导转化到 $\varphi(x)$ 上去. 这启发我们选取适当的函数空间 $K$（比如具有紧的支集的无穷次可微函数的空间），可以定义函数空间 $K$ 上的泛函 $F$ 的广义导数为

$$\varphi\in K\mapsto -\langle F,\varphi'\rangle \stackrel{\mathrm{d}}{=} -F(\varphi'),$$

其中 $\varphi'=\varphi'(x)$ 是 $\varphi(x)$ 的导数，$F$ 的广义导数也记作 $\mathrm{D}F$. 这比之经典的导数要广泛得多. 例如，对任何在 **R** 上局部可积的函数 $f$（即在 **R** 的任何有限区间上都 Lebesgue 可积的函数），它当然可以是不连续的，但是由

$$F(\varphi)=\int_{-\infty}^{\infty} f(x)\varphi(x)\mathrm{d}x, \quad \varphi\in K$$

定义的泛函 $F$ 的广义导数却是存在的，并且

$$\mathrm{D}F=L(\varphi)\stackrel{\mathrm{d}}{=}-\int_{-\infty}^{\infty} f(x)\varphi'(x)\mathrm{d}x, \quad \varphi\in K.$$

早在 Poincaré 的工作中，他已经从这个想法定义微分方程的弱解（参见文献[26]，第 221 页）. 设

$$L=\sum_{|s|,|t|\leqslant m}\mathrm{D}^s C_{st}(x)\mathrm{D}^t,$$

这里 $s,t$ 都是重指标,如 $s=(s_1,s_2,\cdots,s_n)$,

$$\mathrm{D}^s f(x)=\frac{\partial^{|s|}}{(\partial x_1^{s_1}\partial x_2^{s_2}\cdots\partial x_n^{s_n})}f(x_1,x_2,\cdots,x_n),$$

$$|s|=|(s_1,s_2,\cdots,s_n)|=s_1+s_2+\cdots+s_n,$$

实系数 $C_{st}(x)$ 在 $\mathbf{R}^n$ 的某个有界区域 $G$ 上属于 $C^\infty$.

考虑方程

$$Lu=f, \tag{0.1}$$

其中 $f(x)$ 是已知的 $G$ 上的局部平方可积的函数. 一个在 $G$ 上局部平方可积的函数 $u(x)$ 称为方程(0.1)的**弱解**,是指对任何 $\varphi\in C_0^\infty(G)$,都有

$$(u,L^*\varphi)=(f,\varphi),$$

这里

$$L^*=\sum_{|s|,|t|\leqslant m}(-1)^{|s|+|t|}\mathrm{D}^t C_{st}(x)\mathrm{D}^s,$$

$(f,g)$ 表示 $f,g\in L^2(G)$ 的内积.

上面从数值函数扩充到线性泛函的想法也适用于 Fourier 变换的理论. 在经典理论中,有所谓 Parseval 关系,即于 $f,\varphi\in L^2(-\infty,\infty)$ 有

$$\int_{-\infty}^{\infty}\hat{f}(x)\varphi(x)\,\mathrm{d}x=\int_{-\infty}^{\infty}f(x)\hat{\varphi}(x)\,\mathrm{d}x. \tag{0.2}$$

这里 $\hat{f},\hat{\varphi}$ 分别代表 $f,\varphi$ 的 Fourier 变换(参见文献[7],第七章,§4). 下面我们将引进基本空间 $\mathscr{S}(\mathbf{R}^n)$,对其上的连续线性泛函 $T\in\mathscr{S}'(\mathbf{R}^n)$,比照着(0.2)式,自然定义 $T$ 的 Fourier 变换 $F(T)$ 为

$$\langle F(T),\varphi\rangle\overset{\mathrm{d}}{=}\langle T,\hat{\varphi}\rangle,\quad \varphi\in\mathscr{S}(\mathbf{R}^n),$$

这里及以后 $\langle T,\varphi\rangle$ 表示泛函 $T$ 作用在 $\varphi$ 上的值.

据文献[26]第 228—230 页,这一工作始于 A. Weil(1940),而完成于 L. Schwartz(1950—1951).

## §1　基本函数空间 $\mathscr{D}$ 上的广义函数及其导数

设想在无限长的棒上有一质量分布,只集中在 $x=0$ 处,总质量为一个单位. 设密度函数为 $\delta(x)$,意即当 $x\neq 0$ 时,

$$\delta(x)=0,$$

且

$$\int_{-\infty}^{\infty}\delta(x)\,\mathrm{d}x=1.$$

从 Riemann 或 Lebesgue 积分论来看,这样的 $\delta(x)$ 是不可理解的. 如果还要求能对 $\delta(x)$ 进行多次求导,那么就更不好办了. 但是如此的 $\delta(x)$ 在工程中却是常见的,例如在无线电工程中常考察的所谓脉冲,它在极短时间内爆发出一个单位能量的信号,这一物理现象的描述实与上述的质量分布类似,一些工程书上就用 $\delta(x)$ 来表达.

为了解像 $\delta(x)$ 这样的函数,如引言所说,先要选取适当的函数空间.

**定义 1.1(基本函数空间 $\mathscr{D}$)**　设 $\mathscr{D}$ 是 $-\infty<x<\infty$ 上无穷次可微且在某有限区间外为零的函数全体,按着通常的函数加法和数乘成为线性空间. 在其中定义极限概念如下:

设 $\{\varphi_n\}_{n=1}^{\infty}\subset\mathscr{D},\varphi\subset\mathscr{D}$,若

(1) 存在有限区间 $[a,b]$,使支集 $\operatorname{supp}(\varphi_n)\subset[a,b],n=1,2,\cdots$;

(2) 对每个非负整数 $q$,在 $-\infty<x<\infty$ 上,$\{\varphi_n^{(q)}(x)\}_{n=1}^{\infty}$ 都一致收敛于 $\varphi^{(q)}(x)$,

则称 $\{\varphi_n\}_{n=1}^{\infty}$ 在 $\mathscr{D}$ 中收敛于 $\varphi$,简记作 $\varphi_n\to\varphi(\mathscr{D})$.

**定义 1.2($\mathscr{D}$ 广义函数)**　$\mathscr{D}$ 上的按 $\varphi_n\to\varphi(\mathscr{D})$ 为连续的线性泛函 $T$ 称为 **$\mathscr{D}$ 广义函数**,简记为 $T\in\mathscr{D}'(\mathbf{R})$(或 $T\in\mathscr{D}'$).

**例 1**　凡 $\mathbf{R}$ 上局部可积函数都是 $\mathscr{D}$ 广义函数.

设 $f$ 是 $\mathbf{R}$ 上局部可积函数,则 $f$ 对应着如下定义的 $\mathscr{D}$ 广义函数 $T_f$:

$$\langle T_f,\varphi\rangle\overset{\mathrm{d}}{=}\int_{-\infty}^{\infty}f(x)\varphi(x)\,\mathrm{d}x,\quad\varphi\in\mathscr{D}.\tag{1.1}$$

首先,$T_f$ 的线性是显然的,其次设 $\{\varphi_n\}_{n=1}^{\infty}\subset\mathscr{D},\varphi\in\mathscr{D}$,使 $\varphi_n\to\varphi(\mathscr{D})$,则存在有限区间 $[a,b]$,使

$$\operatorname{supp}(\varphi_n)\subset[a,b],\quad n=1,2,\cdots,\quad\operatorname{supp}(\varphi)\subset[a,b],$$

且

$$\max_{a\leqslant x\leqslant b}|\varphi_n(x)-\varphi(x)|\to0,\quad n\to\infty.$$

注意 $f(x)$ 在 $[a,b]$ 上可积,于是由 Lebesgue 控制收敛定理

$$\begin{aligned}|\langle T_f,\varphi_n\rangle-\langle T_f,\varphi\rangle|&=\left|\int_a^b f(x)\varphi_n(x)\,\mathrm{d}x-\int_a^b f(x)\varphi(x)\,\mathrm{d}x\right|\\&\leqslant\int_a^b|f(x)||\varphi_n(x)-\varphi(x)|\,\mathrm{d}x\to0,\quad n\to\infty.\end{aligned}$$

说明 $T_f$ 是 $\mathscr{D}$ 广义函数.

如果我们对几乎处处相等的局部可积函数不加区别,看作同一个元素,则上述对应

$$f\mapsto T_f\in\mathscr{D}'(\mathbf{R})$$

是一对一的. 事实上,只需证明,若 $f(x)$ 是局部可积函数,使

$$\int_{-\infty}^{\infty}f(x)\varphi(x)\,\mathrm{d}x=0,\ \forall\varphi\in\mathscr{D},$$

则 $f(x)$ 几乎处处等于 0. 为此又只需证明,对任意区间 $[x_0-\delta,x_0+\delta]\subset(-\infty,\infty)$ 都有 $f(x)=0$ a. e. 于 $[x_0-\delta,x_0+\delta]$. 定义 $\mathbf{R}$ 上函数 $\tilde{f}$ 如下:

$$\tilde{f}(x)=\begin{cases}\operatorname{sgn}f(x),& x\in[x_0-\delta,x_0+\delta],\\0,& x\notin[x_0-\delta,x_0+\delta].\end{cases}$$

显然有 $\tilde{f}\in L^1(\mathbf{R})$. 利用 Weierstrass 定理可以证明,存在 $\mathscr{D}$ 中函数列 $\{\tilde{f}_n\}_{n=1}^{\infty}$,使 $|\tilde{f}_n(x)|\leqslant1,n=1,2,\cdots$,且

$$\|\tilde{f}_n-\tilde{f}\|_1\to0,\quad n\to\infty.$$

从而由实变函数论中的 Lebesgue 收敛定理(参见文献[6],第五章,§9),有

$$\int_{x_0-\delta}^{x_0+\delta}|f(x)|\,\mathrm{d}x=\int_{x_0-\delta}^{x_0+\delta}f(x)\tilde{f}(x)\,\mathrm{d}x=\int_{-\infty}^{\infty}f(x)\tilde{f}(x)\,\mathrm{d}x=\lim_{n\to\infty}\int_{-\infty}^{\infty}f(x)\tilde{f}_n(x)\,\mathrm{d}x=0,$$

故 $f(x)=0$ a. e. 于 $[x_0-\delta,x_0+\delta]$.

总之,每个局部可积函数按(1.1)式对应一个 $\mathscr{D}$ 广义函数,而且这个对应是一对一的.从这个意义上说,每个局部可积函数都是 $\mathscr{D}$ 广义函数,而 $T_f$ 直接记为 $f$.

**例 2**　Dirac 函数 $\delta(x)$ 是 $\mathscr{D}$ 广义函数.

定义

$$\langle \delta,\varphi\rangle \overset{\mathrm{d}}{=} \varphi(0),\quad \varphi\in\mathscr{D}.$$

易见 $\delta$ 是线性的,而且当 $\varphi_n\to\varphi_0(\mathscr{D})$ 时,我们有

$$|\varphi_n(0)-\varphi_0(0)|\to 0,\quad n\to\infty.$$

于是

$$|\langle\delta,\varphi_n\rangle-\langle\delta,\varphi_0\rangle| = |\varphi_n(0)-\varphi_0(0)|\to 0,\quad n\to\infty.$$

可见 $\delta$ 是 $\mathscr{D}$ 上连续线性泛函. 于是 $\delta(x)$ 是 $\mathscr{D}$ 广义函数,称为 **Dirac 函数**.

如引言所说到的,可如下定义广义函数的导数.

**定义 1.3**　设 $F\in\mathscr{D}'(\mathbf{R})$,定义

$$\langle F',\varphi\rangle \overset{\mathrm{d}}{=} -\langle F,\varphi'\rangle,\quad \varphi\in\mathscr{D},\tag{1.2}$$

这里 $\varphi'=\varphi'(x)$ 是 $\varphi=\varphi(x)$ 的导数. $F'$ 有时也记为 $\mathrm{D}F$,称为 $F$ 的**导数**.

$\varphi\in\mathscr{D}$ 是无穷次可微的,且在某个有限区间外恒为 0,故 $\varphi'$ 也是无穷次可微的,且在某个有限区间外恒为 0,即 $\varphi'\in\mathscr{D}$. 从而 $\langle F,\varphi'\rangle$ 有意义. 显然如此定义的 $F'$ 是 $\mathscr{D}$ 上线性泛函. 如果 $\varphi_n\to\varphi(\mathscr{D})$,则 $\varphi_n$ 的各阶导数分别一致收敛到 $\varphi$ 的各阶导数,于是 $\varphi'_n\to\varphi'(\mathscr{D})$. 故由 $F$ 的连续性可知 $F'$ 也是连续的,即 $F'\in\mathscr{D}'(\mathbf{R})$.

**例 3**　$\langle\delta',\varphi\rangle=-\varphi'(0)$, $\forall\varphi\in\mathscr{D}$.

由广义函数的导数定义及例 2 可知,对任意的 $\varphi\in\mathscr{D}$,

$$\langle\delta',\varphi\rangle=-\langle\delta,\varphi'\rangle=-\varphi'(0).$$

**例 4**　考察 Heaviside 函数

$$\mathrm{H}(x)=\begin{cases}0, & x<0,\\ 1, & x\geqslant 0,\end{cases}$$

则 $\mathrm{H}'=\delta$.

显然 $\mathrm{H}(x)$ 是 $\mathbf{R}$ 上局部可积函数,由例 1,H 是 $\mathscr{D}$ 广义函数. 按广义函数导数定义,对任给的 $\varphi\in\mathscr{D}$,

$$\langle\mathrm{H}',\varphi\rangle=-\langle\mathrm{H},\varphi'\rangle=-\int_{-\infty}^{\infty}\mathrm{H}(x)\varphi'(x)\,\mathrm{d}x=-\int_0^{\infty}\varphi'(x)\,\mathrm{d}x=\varphi(0)=\langle\delta,\varphi\rangle.$$

故 $\mathrm{H}'=\delta$.

**定理 1.1**　设 $F\in\mathscr{D}'(\mathbf{R})$,则 $F$ 的各阶导数 $\mathrm{D}^pF$ 都存在,而且 $\mathrm{D}^pF\in\mathscr{D}'(\mathbf{R})$.

**证**　从广义函数导数定义下的注解可知,若 $F\in\mathscr{D}'(\mathbf{R})$,则 $\mathrm{D}F=F'$ 存在,且 $\mathrm{D}F\in\mathscr{D}'(\mathbf{R})$. 从而,由数学归纳法,对任意正整数 $p$,$F$ 的 $p$ 阶导数 $\mathrm{D}^pF$ 存在,且 $\mathrm{D}^pF\in\mathscr{D}'(\mathbf{R})$. 证毕.

**定理 1.2**　设 $\{F_n\}_{n=1}^{\infty}\subset\mathscr{D}'(\mathbf{R})$,$F\in\mathscr{D}'(\mathbf{R})$,而且

$$\lim_{n\to\infty}F_n(\varphi)=F(\varphi),\ \forall\varphi\in\mathscr{D}.$$

则对任何正整数 $p$,

$$\lim_{n\to\infty}(\mathrm{D}^pF_n)(\varphi)=(\mathrm{D}^pF)(\varphi),\ \forall\varphi\in\mathscr{D}.$$

**证** 当 $\varphi\in\mathscr{D}$,对任何正整数 $p,\varphi^{(p)}\in\mathscr{D}$. 反复利用(1.2)式可得

$$\langle \mathrm{D}^pF,\varphi\rangle=(-1)^p\langle F,\varphi^{(p)}\rangle,\quad \varphi\in\mathscr{D}.$$

即

$$(\mathrm{D}^pF)(\varphi)=(-1)^pF(\varphi^{(p)}),\quad \varphi\in\mathscr{D}.$$

于是

$$\lim_{n\to\infty}(\mathrm{D}^pF_n)(\varphi)=\lim_{n\to\infty}(-1)^pF_n(\varphi^{(p)})=(-1)^pF(\varphi^{(p)})=(\mathrm{D}^pF)(\varphi).$$

证毕.

最后,我们应该指出,在前述基本空间 $\mathscr{D}$ 的定义中,只是给出 $\varphi_n\to\varphi(\mathscr{D})$ 的意义,没有完整地给出 $\mathscr{D}$ 上的拓扑. 这在理论的进一步发展上是不方便的. 为此许多教材都要稍加费事地定义 $\mathscr{D}$ 上的拓扑为 $\mathscr{D}_K$ 空间的归纳极限,这里 $K$ 是 $\mathbf{R}$ 的紧子集,$\mathscr{D}_K=\{\varphi\in C^\infty(\mathbf{R}):\operatorname{supp}\varphi\subset K\}$. 可以证明,按前述 $\varphi_n\to\varphi(\mathscr{D})$ 为连续的线性泛函也是按 $\mathscr{D}$ 上拓扑为连续的线性泛函(参见文献[40],§6.3—§6.5).

利用 $\mathscr{D}$ 上的拓扑可有

**定理 1.3** 设 $\{F_n\}_{n=1}^\infty\subset\mathscr{D}'(\mathbf{R})$,而且当 $\varphi\in\mathscr{D}$ 时,$\lim\limits_{n\to\infty}\langle F_n,\varphi\rangle$ 总存在,则有 $F\in\mathscr{D}'(\mathbf{R})$,使

$$\lim_{n\to\infty}\langle F_n,\varphi\rangle=\langle F,\varphi\rangle,\ \forall\,\varphi\in\mathscr{D}.$$

证明可参见文献[40]§6.17. 这里正是因为有了上述由归纳极限定义的拓扑,才得以将问题转化为 Fréchet 空间 $\mathscr{D}_K$ 上的一致有界原理.

从前面三个定理足见广义函数的求导是十分灵活的. 这比之数学分析上函数的可微性和函数级数的逐项微分定理,真是惊人的大解放.

## §2 基本函数空间 $\mathscr{S}$ 上的广义函数及其 Fourier 变换

Fourier 变换在许多领域(数学、物理与工程技术)中都是很重要的工具,但是它的经典理论却有不少缺陷. 第一,它所能施用上去的函数要受到很多限制(一般只是 $L^1$ 与 $L^2$ 的理论比较完整. 后来人们耗费大量的精力研究 $L^p(1<p<2)$ 上的 Fourier 变换理论. 至于 $p>2$ 的情况,虽然 S. Bochner 与 N. Wiener 作出重要的贡献,但仍远不能令人满意). 第二,它在运算上极不灵活,在视 Fourier 变换为算子时,甚至其值域也是很不清楚的. 那么如何解决这些问题呢? 出路仍在于扩充函数的概念. 正像历史上极限概念的发展和确立,必须把有理数域扩充到实数域一样(参见文献[5],第四章).

**1. 基本空间 $\mathscr{S}$**

回忆第一章§8的例3中急减函数空间 $\mathscr{S}(\mathbf{R}^n)$.

**定义 2.1** 设 $\psi(x)$ 是 $\mathbf{R}^n$ 上无穷次可微的函数,而且对任何重指标 $\alpha=(\alpha_1,\alpha_2,\cdots,\alpha_n)$ 及 $p=(p_1,p_2,\cdots,p_n)$,

$$\|\psi\|_{\alpha,p}\overset{\mathrm{d}}{=}\rho_{\alpha p}(\psi)=\sup_{x\in\mathbf{R}^n}|x^\alpha\partial^p\psi(x)|<\infty,\tag{2.1}$$

这里 $x^\alpha=x_1^{\alpha_1}x_2^{\alpha_2}\cdots x_n^{\alpha_n}$,则称 $\psi(x)$ 为**急减函数**,记作 $\psi\in\mathscr{S}(\mathbf{R}^n)$,$\mathscr{S}(\mathbf{R}^n)$ 有时简记为 $\mathscr{S}$.

在 $\mathscr{S}(\mathbf{R}^n)$ 中规定如下的极限概念:若 $\{\varphi_v\}_{v=1}^\infty\subset\mathscr{S}$,且

(1) 对任给的重指标 $\alpha$ 和 $p$,

$$\sup_{v} \| \varphi_v \|_{\alpha,p} < \infty ;$$

(2) 对任给的重指标 $\alpha$ 和 $p$,当 $v\to\infty$ 时,都有 $\{x^{\alpha}\partial^{p}\varphi_v(x)\}_{v=1}^{\infty}$ 在 $\mathbf{R}^n$ 上一致趋于零,则称 $\{\varphi_v\}_{v=1}^{\infty}$ 在 $\mathscr{S}$ 中收敛到 0,记作 $\varphi_v\to 0(\mathscr{S})$.

注意对 $\varphi\in\mathscr{S}$,由(2.1)式可直接得出:当 $\|x\|=(x_1^2+x_2^2+\cdots+x_n^2)^{1/2}\to\infty$ 时,$\varphi(x)\to 0$ 衰减的速度比之任何 $\dfrac{1}{p(x)}$ 都快,这里 $p(x)$ 是任何多项式,所以我们称之为急减函数. 此外,$\mathscr{S}$ 中的函数是无穷次可微的,所以是很光滑的,显然这样的函数类比较狭窄. 为什么要考虑如此狭窄的函数空间呢? 一个原因在于所考虑的空间越小,定义于其上的连续泛函的范围就越大. 如果把广义函数定义成基本空间 $\mathscr{S}(\mathbf{R}^n)$ 上按 $\varphi_v\to 0(\mathscr{S})$ 为连续的线性泛函,那么 $f(x)=1,x,\sin x$ 等都属于此类广义函数了,下面我们将详细地说明这一点.

**2. $\mathscr{S}$ 广义函数**

$\mathscr{S}(\mathbf{R}^n)$ 上的按 $\varphi_v\to 0(\mathscr{S})$ 为连续的线性泛函 $T$,叫做 $\mathscr{S}$ **广义函数**,记作 $T\in\mathscr{S}'(\mathbf{R}^n)$.

一般称 $\mathscr{S}(\mathbf{R}^n)$ 上由半范数族 $\{\|\psi\|_{\alpha,p}\}$ 所定义的拓扑为 $\mathscr{S}(\mathbf{R}^n)$ 上的拓扑,在第一章 §8 例 3 中我们已经证明. 按这个拓扑 $\mathscr{S}(\mathbf{R}^n)$ 是 $F$-空间,在第三章 §8 第 2 小节中我们进一步指出它是 Fréchet 空间. 现在容易看出,$\mathscr{S}$ 广义函数正是按 $\mathscr{S}(\mathbf{R}^n)$ 上的拓扑为连续的线性泛函.

**定义 2.2**　若 $f(x)$ 在 $\mathbf{R}^n$ 上连续,且有正整数 $k$ 及常数 $C>0$,使

$$|f(x)|\leqslant C(1+\|x\|^2)^k,\quad \forall x\in\mathbf{R}^n, \tag{2.2}$$

这里 $\|x\|^2=\sum_{j=1}^{n}|x_j|^2$,则称 $f(x)$ 为**缓增函数**.

显然,这类函数的范围较为广泛,诸如常数,$x$,$\sin x$,以及许多在应用中起着重要作用的函数多包含在此类中,而这些函数在经典理论中却不可能有Fourier 变换.

**定理 2.1**　每个缓增函数 $f(x)$ 都确定一个 $\mathscr{S}$ 广义函数.

**证**　对每个 $\varphi\in\mathscr{S}$,定义

$$\langle f,\varphi\rangle \overset{\mathrm{d}}{=} \int_{\mathbf{R}^n} f(x)\varphi(x)\,\mathrm{d}x.$$

因 $\varphi(x)$ 满足(2.1)式,$f(x)$ 满足(2.2)式,故右端积分存在. 易见 $\langle f,\varphi\rangle$ 是 $\mathscr{S}$ 上线性泛函.

若 $\varphi_v\to 0(\mathscr{S})$,则由极限定义,对任给的正整数 $k_1$,$(1+\|x\|^2)^{k_1}$ 可展开成 $\sum_{j=1}^{n} c_j x^{\alpha_j}$,这里 $c_j$ 是常数,$\alpha_j=(\alpha_{j_1},\alpha_{j_2},\cdots,\alpha_{j_n})$ 是重指标,$x^{\alpha_j}=x_1^{\alpha_{j_1}}x_2^{\alpha_{j_2}}\cdots x_n^{\alpha_{j_n}}$. 故有常数 $M_1>0$,使对一切 $v$,

$$(1+\|x\|^2)^{k_1}|\varphi_v(x)|<M_1, \tag{2.3}$$

且 $\{\varphi_v(x)\}_{v=1}^{\infty}$ 在 $\mathbf{R}^n$ 上一致趋于 0. 因 $f(x)$ 是缓增函数,由(2.2)式,

$$\begin{aligned}|\langle f,\varphi_v\rangle| &= \left|\int_{\mathbf{R}^n} f(x)\varphi_v(x)\,\mathrm{d}x\right| \\ &\leqslant \int_{\|x\|\leqslant r}|f(x)\varphi_v(x)|\,\mathrm{d}x + \int_{\|x\|>r} CM_1(1+\|x\|^2)^{k-k_1}\mathrm{d}x,\end{aligned}$$

对任给 $\varepsilon>0$,选取充分大的 $k_1$ 与 $r$,使上式右端第二项小于 $\varepsilon/2$,然后,对这固定的 $r$,自然有

$$\lim_{v\to\infty}\int_{\|x\|\leqslant r}|f(x)\varphi_v(x)|\,\mathrm{d}x=0.$$

总之,$\langle f,\varphi_v\rangle\to 0(v\to\infty)$. 故$\langle f,\varphi\rangle$是$\mathscr{S}$广义函数. 证毕.

**例 1** 若$f\in L^p(\mathbf{R}^n)(p\geqslant 1)$,则

$$\langle f,\varphi\rangle \overset{\mathrm{d}}{=} \int_{\mathbf{R}^n} f(x)\varphi(x)\mathrm{d}x,\quad \varphi\in\mathscr{S}(\mathbf{R}^n)$$

恒有意义,且

$$|\langle f,\varphi\rangle| \leqslant \|f\|_p\|\varphi\|_q,$$

这里当 $p>1$ 时,$\dfrac{1}{p}+\dfrac{1}{q}=1$;当 $p=1$ 时,$q=\infty$.

若 $\varphi_v\to 0(\mathscr{S})$,对 $1<q<\infty$ ($q=\infty$ 证明是类似的),注意

$$\|\varphi_v\|_q^q=\left(\int_{\|x\|\leqslant r}+\int_{\|x\|>r}\right)|\varphi_v(x)|^q\mathrm{d}x.$$

对任给的 $\varepsilon>0$,由(2.3)式,选取充分大的 $r$,则上式右端第二项小于 $\varepsilon/2$,然后对固定的 $r$,上式右端第一项自然小于 $\varepsilon/2$,当 $v$ 充分大时. 于是 $\|\varphi_v\|_q\to 0$,从而$\langle f,\varphi_v\rangle\to 0$. 这说明$\langle f,\varphi\rangle$是$\mathscr{S}$广义函数.

总之,每个$f\in L^p(\mathbf{R}^n)(p\geqslant 1)$都确定一个$\mathscr{S}$广义函数.

**3. 基本函数的 Fourier 变换**

设$f(x)=f(x_1,x_2,\cdots,x_n)\in L^1(\mathbf{R}^n)$,定义$f(x)$的 Fourier 变换为

$$F(f)(\zeta)=\int_{\mathbf{R}^n} f(x)\mathrm{e}^{-\mathrm{i}x\zeta}\mathrm{d}x,\quad \zeta\in\mathbf{R}^n. \tag{2.4}$$

这里及以下总采用记号

$$\begin{aligned}
&x=(x_1,x_2,\cdots,x_n),\\
&\zeta=(\zeta_1,\zeta_2,\cdots,\zeta_n),\\
&x\zeta=x_1\zeta_1+x_2\zeta_2+\cdots+x_n\zeta_n,\\
&\mathrm{d}x=\mathrm{d}x_1\mathrm{d}x_2\cdots\mathrm{d}x_n.
\end{aligned}$$

可以证明,对于$f\in\mathscr{S}(\mathbf{R}^n)$,设 $g(\zeta)=F(f)(\zeta)$,则有反演公式

$$F^{-1}(g)(x)=\frac{1}{(2\pi)^n}\int_{\mathbf{R}^n} g(\zeta)\mathrm{e}^{\mathrm{i}\zeta x}\mathrm{d}\zeta. \tag{2.5}$$

我们只对 $n=3$ 的情况给出证明,对于一般情况证明也是类似的. 设$f(x)\in\mathscr{S}(\mathbf{R}^3)$,记

$$f_1(\zeta_1,x_2,x_3)=\int_{-\infty}^{\infty} f(x_1,x_2,x_3)\mathrm{e}^{-\mathrm{i}x_1\zeta_1}\mathrm{d}x_1.$$

我们知道,对一元函数 $\varphi(x)$,当 $\varphi(x),\varphi'(x),\cdots,\varphi^{(m)}(x)\in L^1(-\infty,\infty)$时,对 $k<m$,关于 $\varphi$ 的 Fourier 变换与求导之间有关系式

$$F(\varphi^{(k)})(u)=(\mathrm{i}u)^kF(\varphi)(u).$$

故

$$\mathrm{i}^{k_1}\zeta_1^{k_1}f_1(\zeta_1,x_2,x_3)=\int_{-\infty}^{\infty}\left(\frac{\partial}{\partial x_1}\right)^{k_1} f(x_1,x_2,x_3)\mathrm{e}^{-\mathrm{i}x_1\zeta_1}\mathrm{d}x_1,$$

可见$f_1(\zeta_1,x_2,x_3)\in\mathscr{S}(\mathbf{R}^3)$. 故由 Dini 定理(参见 Г. Е. 希洛夫《数学分析专门教程》,第 365—368 页)

$$f(x_1,x_2,x_3)=\frac{1}{2\pi}\int_{-\infty}^{\infty} f_1(\zeta_1,x_2,x_3)\mathrm{e}^{\mathrm{i}x_1\zeta_1}\mathrm{d}\zeta_1,$$

同样设

$$f_2(\zeta_1,\zeta_2,x_3)=\int_{-\infty}^{\infty}f_1(\zeta_1,x_2,x_3)\mathrm{e}^{-\mathrm{i}x_2\zeta_2}\mathrm{d}x_2,$$

则如前也有 $f_2(\zeta_1,\zeta_2,x_3)\in\mathscr{S}(\mathbf{R}^3)$，再由 Dini 定理

$$f_1(\zeta_1,x_2,x_3)=\frac{1}{2\pi}\int_{-\infty}^{\infty}f_2(\zeta_1,\zeta_2,x_3)\mathrm{e}^{\mathrm{i}x_2\zeta_2}\mathrm{d}\zeta_2.$$

于是

$$f(x_1,x_2,x_3)=\frac{1}{2\pi}\int_{-\infty}^{\infty}\mathrm{e}^{\mathrm{i}x_1\zeta_1}\mathrm{d}\zeta_1\cdot\frac{1}{2\pi}\int_{-\infty}^{\infty}f_2(\zeta_1,\zeta_2,x_3)\mathrm{e}^{\mathrm{i}x_2\zeta_2}\mathrm{d}\zeta_2.$$

再设

$$f_3(\zeta_1,\zeta_2,\zeta_3)=\int_{-\infty}^{\infty}f_2(\zeta_1,\zeta_2,x_3)\mathrm{e}^{-\mathrm{i}x_3\zeta_3}\mathrm{d}x_3,$$

则如前又有 $f_3(\zeta_1,\zeta_2,\zeta_3)\in\mathscr{S}(\mathbf{R}^3)$，

$$f_2(\zeta_1,\zeta_2,x_3)=\frac{1}{2\pi}\int_{-\infty}^{\infty}f_3(\zeta_1,\zeta_2,\zeta_3)\mathrm{e}^{\mathrm{i}x_3\zeta_3}\mathrm{d}\zeta_3.$$

从而

$$f(x_1,x_2,x_3)=\frac{1}{2\pi}\int_{-\infty}^{\infty}\mathrm{e}^{\mathrm{i}x_1\zeta_1}\mathrm{d}\zeta_1\cdot\frac{1}{2\pi}\int_{-\infty}^{\infty}\mathrm{e}^{\mathrm{i}x_2\zeta_2}\mathrm{d}\zeta_2\cdot\frac{1}{2\pi}\int_{-\infty}^{\infty}f_3(\zeta_1,\zeta_2,\zeta_3)\mathrm{e}^{\mathrm{i}x_3\zeta_3}\mathrm{d}\zeta_3 \tag{2.6}$$

$$=\frac{1}{(2\pi)^3}\int_{-\infty}^{\infty}\mathrm{e}^{\mathrm{i}x_1\zeta_1}\mathrm{d}\zeta_1\int_{-\infty}^{\infty}\mathrm{e}^{\mathrm{i}x_2\zeta_2}\mathrm{d}\zeta_2\int_{-\infty}^{\infty}f_3(\zeta_1,\zeta_2,\zeta_3)\mathrm{e}^{\mathrm{i}x_3\zeta_3}\mathrm{d}\zeta_3.$$

根据 Fubini 定理，多重积分可以化为累次积分，于是由(2.4)式定义的 $f$ 的 Fourier 变换可以表示为

$$F(f)(\zeta)=\int_{-\infty}^{\infty}\mathrm{e}^{-\mathrm{i}x_1\zeta_1}\mathrm{d}x_1\int_{-\infty}^{\infty}\mathrm{e}^{-\mathrm{i}x_2\zeta_2}\mathrm{d}x_2\int_{-\infty}^{\infty}f(x_1,x_2,x_3)\mathrm{e}^{-\mathrm{i}x_3\zeta_3}\mathrm{d}x_3.$$

从 $f_1(\zeta_1,x_2,x_3)$，$f_2(\zeta_1,\zeta_2,x_3)$ 及 $f_3(\zeta_1,\zeta_2,\zeta_3)$ 的表达式，我们得到

$$f_3(\zeta_1,\zeta_2,\zeta_3)=\int_{-\infty}^{\infty}\mathrm{e}^{-\mathrm{i}x_1\zeta_1}\mathrm{d}x_1\int_{-\infty}^{\infty}\mathrm{e}^{-\mathrm{i}x_2\zeta_2}\mathrm{d}x_2\int_{-\infty}^{\infty}f(x_1,x_2,x_3)\mathrm{e}^{-\mathrm{i}x_3\zeta_3}\mathrm{d}x_3=F(f)(\zeta).$$

设 $g=F(f)$，则 $g(\zeta)=f_3(\zeta_1,\zeta_2,\zeta_3)$，从(2.6)式有

$$F^{-1}(g)(x)=f(x)=\frac{1}{(2\pi)^3}\int_{-\infty}^{\infty}\mathrm{e}^{\mathrm{i}x_1\zeta_1}\mathrm{d}\zeta_1\int_{-\infty}^{\infty}\mathrm{e}^{\mathrm{i}x_2\zeta_2}\mathrm{d}\zeta_2\int_{-\infty}^{\infty}f_3(\zeta_1,\zeta_2,\zeta_3)\mathrm{e}^{\mathrm{i}x_3\zeta_3}\mathrm{d}\zeta_3$$

$$=\frac{1}{(2\pi)^3}\int_{\mathbf{R}^3}g(\zeta)\mathrm{e}^{\mathrm{i}x\zeta}\mathrm{d}\zeta.$$

总之，反演公式(2.5)成立.

对于多元函数的 Fourier 变换，假若函数相当光滑，而且适当衰减，特别地对 $f\in\mathscr{S}(\mathbf{R}^n)$ 有

$$F\left(\frac{\partial}{\partial x_j}f\right)=\mathrm{i}\zeta_jF(f),$$

$$F(\partial^\alpha f)=\mathrm{i}^{|\alpha|}\zeta^\alpha F(f), \tag{2.7}$$

$$F(-\mathrm{i}x_jf)=\frac{\partial}{\partial\zeta_j}F(f),$$

$$F((-\mathrm{i})^{|\alpha|}x^{\alpha}f)=\partial^{\alpha}F(f),$$

这里 $\alpha=(\alpha_1,\alpha_2,\cdots,\alpha_n)$ 是重指标, $|\alpha|=\alpha_1+\alpha_2+\cdots+\alpha_n$, 而

$$x^{\alpha}=x_1^{\alpha_1}x_2^{\alpha_2}\cdots x_n^{\alpha_n},$$

$$\zeta^{\alpha}=\zeta_1^{\alpha_1}\zeta_2^{\alpha_2}\cdots\zeta_n^{\alpha_n},$$

$$\partial^{\alpha}f=\frac{\partial^{\alpha_1+\alpha_2+\cdots+\alpha_n}f}{\partial x_1^{\alpha_1}\partial x_2^{\alpha_2}\cdots\partial x_n^{\alpha_n}}=\frac{\partial^{|\alpha|}f}{\partial x_1^{\alpha_1}\partial x_2^{\alpha_2}\cdots\partial x_n^{\alpha_n}}.$$

我们不妨假定 $j=n$, 来证明(2.7)第一式. 首先, 根据 Fubini 定理,

$$\begin{aligned}F\left(\frac{\partial}{\partial x_n}f\right)(\zeta)&=\int_{\mathbf{R}^n}\frac{\partial}{\partial x_n}f(x)\mathrm{e}^{-\mathrm{i}x\zeta}\mathrm{d}x\\&=\int_{-\infty}^{\infty}\mathrm{e}^{-\mathrm{i}x_1\zeta_1}\mathrm{d}x_1\cdots\int_{-\infty}^{\infty}\frac{\partial}{\partial x_n}f(x_1,x_2,\cdots,x_n)\mathrm{e}^{-\mathrm{i}x_n\zeta_n}\mathrm{d}x_n.\end{aligned}$$

利用分部积分, 注意 $f\in\mathscr{S}(\mathbf{R}^n)$ 是急减函数而有

$$\begin{aligned}F\left(\frac{\partial}{\partial x_n}f\right)(\zeta)&=\int_{-\infty}^{\infty}\mathrm{e}^{-\mathrm{i}x_1\zeta_1}\mathrm{d}x_1\cdots\left[-\int_{-\infty}^{\infty}f(x_1,x_2,\cdots,x_n)\frac{\mathrm{d}}{\mathrm{d}x_n}(\mathrm{e}^{-\mathrm{i}x_n\zeta_n})\mathrm{d}x_n\right]\\&=\mathrm{i}\zeta_n\int_{-\infty}^{\infty}\mathrm{e}^{-\mathrm{i}x_1\zeta_1}\mathrm{d}x_1\cdots\int_{-\infty}^{\infty}f(x_1,x_2,\cdots,x_n)\mathrm{e}^{-\mathrm{i}x_n\zeta_n}\mathrm{d}x_n\\&=\mathrm{i}\zeta_nF(f)(\zeta).\end{aligned}$$

故(2.7)第一式成立, 至于第二式可以通过反复使用第一式而得到.

对(2.7)第三式, 对

$$F(f)(\zeta)=\int_{-\infty}^{\infty}\mathrm{e}^{-\mathrm{i}x_1\zeta_1}\mathrm{d}x_1\cdots\int_{-\infty}^{\infty}\mathrm{e}^{-\mathrm{i}x_j\zeta_j}\mathrm{d}x_j\cdots\int_{-\infty}^{\infty}f(x_1,x_2,\cdots,x_n)\mathrm{e}^{-\mathrm{i}x_n\zeta_n}\mathrm{d}x_n$$

在积分号下求导, 则

$$\left[\frac{\partial}{\partial\zeta_j}F(f)\right](\zeta)=\int_{-\infty}^{\infty}\mathrm{e}^{-\mathrm{i}x_1\zeta_1}\mathrm{d}x_1\cdots\int_{-\infty}^{\infty}(-\mathrm{i}x_j)\mathrm{e}^{-\mathrm{i}x_j\zeta_j}\mathrm{d}x_j\cdots\int_{-\infty}^{\infty}f(x_1,x_2,\cdots,x_n)\mathrm{e}^{-\mathrm{i}x_n\zeta_n}\mathrm{d}x_n.$$

因为 $f\in\mathscr{S}(\mathbf{R}^n)$, 故上式右端关于 $\zeta$ 是一致收敛的, 因而在积分号下求导是可行的. 又根据 Fubini 定理, 上式右端即为

$$F(-\mathrm{i}x_jf)(\zeta).$$

所以

$$\frac{\partial}{\partial\zeta_j}F(f)=F(-\mathrm{i}x_jf).$$

至于(2.7)第四式, 通过反复利用第三式即可得到.

**引理 2.1** 若 $f\in\mathscr{S}(\mathbf{R}^n)$, 则 $F(f)\in\mathscr{S}(\mathbf{R}^n)$.

**证** 由(2.7)式, 对任意重指标 $\alpha$ 及 $p$ 有

$$\begin{aligned}\int_{\mathbf{R}^n}\partial^{\alpha}[x^pf(x)]\mathrm{e}^{-\mathrm{i}x\zeta}\mathrm{d}x&=F(\partial^{\alpha}(x^pf))(\zeta)=\mathrm{i}^{|\alpha|}\zeta^{\alpha}F(x^pf)(\zeta)\\&=\mathrm{i}^{|\alpha|}\zeta^{\alpha}(-\mathrm{i})^{-|p|}\partial^pF(f)(\zeta)=\mathrm{i}^{|\alpha|+<|p|}\zeta^{\alpha}\partial^pF(f)(\zeta).\end{aligned}$$

由于 $\partial^{\alpha}(x^pf(x))\in\mathscr{S}(\mathbf{R}^n)$, 故对任意正整数 $k>n$,

$$(1+\|x\|^2)^k|\partial^{\alpha}(x^pf(x))|$$

在 $\mathbf{R}^n$ 上有界. 选取常数 $C$, 使

$$\int_{\mathbf{R}^n}\frac{1}{(1+\|x\|^2)^k}\mathrm{d}x=C.$$

则有

$$\begin{aligned}|\zeta^\alpha\partial^p F(f)(\zeta)|&\leqslant\int_{\mathbf{R}^n}|\partial^\alpha(x^p f(x))|\mathrm{d}x\\&=\int_{\mathbf{R}^n}\frac{1}{(1+\|x\|^2)^k}(1+\|x\|^2)^k|\partial^\alpha(x^p f(x))|\mathrm{d}x\qquad(2.8)\\&\leqslant C\sup_{x\in\mathbf{R}^n}\{(1+\|x\|^2)^k|\partial^\alpha(x^p f(x))|\}.\end{aligned}$$

可见 $F(f)$ 满足条件(2.1),又由(2.7)第四式知道 $F(f)$ 在 $\mathbf{R}^n$ 上无穷次可微,故 $F(f)\in\mathscr{S}(\mathbf{R}^n)$. 证毕.

这个引理显示出 $\mathscr{S}$ 空间的基本特点,表明 $\mathscr{S}$ 是对 Fourier 变换最合适的基本空间. 此外,由反演公式的对称性,引理的推证对逆变换也一样成立,即有

**引理 2.2**　若 $g\in\mathscr{S}(\mathbf{R}^n)$,则 $F^{-1}(g)\in\mathscr{S}(\mathbf{R}^n)$.

**定理 2.2**　变换 $g=F(f)$ 是变 $\mathscr{S}(\mathbf{R}^n)$ 为 $\mathscr{S}(\mathbf{R}^n)$ 的拓扑线性同构.

**证**　若 $f_v\to0(\mathscr{S})$,则由(2.8)以及引理 2.1 证明中关于 $\zeta^\alpha\partial^p F(f)$ 的积分表达式容易证出 $F(f_v)\to0(\mathscr{S})$. 这表明 $F(f)$ 是从 $\mathscr{S}$ 到 $\mathscr{S}$ 的连续变换,关于 $F$ 的线性是显然的.

由反演公式,逆变换 $F^{-1}(g)$ 与变换 $F(f)$ 的形式相似,如前可证,$F^{-1}(g)$ 也是从 $\mathscr{S}$ 到 $\mathscr{S}$ 的连续线性变换. 又

$$F(F^{-1}(g))=g.$$

总之,$F(\mathscr{S}(\mathbf{R}^n))=\mathscr{S}(\mathbf{R}^n)$,且 $F$ 是一对一的线性变换. 证毕.

**4. $\mathscr{S}$ 广义函数的 Fourier 变换**

对于 $f,g\in L^2(-\infty,\infty)$,由 Parseval 关系(参见文献[7],第七章,§4),有

$$\int_{-\infty}^{\infty}\hat{f}(u)g(u)\mathrm{d}u=\int_{-\infty}^{\infty}f(u)\hat{g}(u)\mathrm{d}u,$$

即

$$\langle\hat{f},g\rangle=\langle f,\hat{g}\rangle.$$

这里 $\hat{f},\hat{g}$ 分别表示 $f,g$ 的 Fourier 变换. 这便提示我们引进下面概念.

**定义 2.3**　对 $T\in\mathscr{S}'(\mathbf{R}^n)$,其 Fourier 变换 $F(T)$ 定义为

$$\langle F(T),\varphi\rangle\overset{\mathrm{d}}{=}\langle T,F(\varphi)\rangle,\quad\varphi\in\mathscr{S}(\mathbf{R}^n).$$

注意,由定理 2.2,上式右端是 $\mathscr{S}(\mathbf{R}^n)$ 上的按 $\varphi_v\to0(\mathscr{S})$ 为连续的线性泛函,因此它确定一个 $\mathscr{S}$ 广义函数,即 $F(T)$ 是从 $\mathscr{S}'(\mathbf{R}^n)$ 到 $\mathscr{S}'(\mathbf{R}^n)$ 的变换.

设 $f(x)\in L^1(\mathbf{R}^n)$,则 $f(x)$ 的经典 Fourier 变换为

$$\hat{f}(\zeta)=\int_{\mathbf{R}^n}f(x)\mathrm{e}^{-\mathrm{i}x\zeta}\mathrm{d}x.$$

根据例 1,$f(x)$ 所确定的 $\mathscr{S}$ 广义函数为

$$\langle T,\varphi\rangle=\int_{\mathbf{R}^n}f(x)\varphi(x)\mathrm{d}x,\quad\varphi\in\mathscr{S}(\mathbf{R}^n).$$

显然,

$$\langle F(T),\varphi\rangle=\langle T,F(\varphi)\rangle=\int_{\mathbf{R}^n}f(x)F(\varphi)(x)\mathrm{d}x$$

$$= \int_{\mathbf{R}^n} f(x) \int_{\mathbf{R}^n} \varphi(\zeta) e^{-i\zeta x} d\zeta dx$$
$$= \int_{\mathbf{R}^n} \varphi(\zeta) d\zeta \int_{\mathbf{R}^n} f(x) e^{-i\zeta x} dx$$
$$= \int_{\mathbf{R}^n} \varphi(\zeta) \hat{f}(\zeta) d\zeta, \quad \varphi \in \mathscr{S}(\mathbf{R}^n).$$

故 $F(T)$ 恰是由 $f$ 的 Fourier 变换 $\hat{f}$ 确定的 $\mathscr{S}$广义函数. 这表明 $\mathscr{S}$ 广义函数的 Fourier 变换是经典 Fourier 变换的推广.

前面已经指出,任何缓增函数 $f$ 都确定一个 $\mathscr{S}$ 广义函数

$$T(\varphi) = \int_{\mathbf{R}^n} f(x)\varphi(x) dx, \quad \varphi \in \mathscr{S}(\mathbf{R}^n),$$

从而有相应于 $f(x)$ 的广义的 Fourier 变换. 所以现在的理论比之经典理论的适用范围宽广多了.

**例 2** $F(e^{iax})(\zeta) = 2\pi\delta(\zeta - a)$. 这里,对 $a \in \mathbf{R}$, $\delta(\zeta - a)$ 是如下定义的 $\mathscr{S}$ 广义函数:

$$\langle \delta(\zeta - a), \varphi \rangle \stackrel{d}{=} \varphi(a), \quad \varphi \in \mathscr{S}(\mathbf{R}).$$

因为对任意的 $\varphi \in \mathscr{S}(\mathbf{R})$,

$$\langle F(e^{iax}), \varphi \rangle = \langle e^{iax}, F(\varphi) \rangle = \int_{\mathbf{R}} e^{iax} \hat{\varphi}(x) dx$$
$$= 2\pi\varphi(a) = 2\pi \langle \delta(\zeta - a), \varphi \rangle.$$

故

$$F(e^{iax})(\zeta) = 2\pi\delta(\zeta - a).$$

**例 3** $F(1) = 2\pi\delta$.

因为对任意的 $\varphi \in \mathscr{S}(\mathbf{R})$,

$$\langle F(1), \varphi \rangle = \langle 1, F(\varphi) \rangle = \int_{\mathbf{R}} \hat{\varphi}(x) dx = \int_{\mathbf{R}} e^{i0x} \hat{\varphi}(x) dx = 2\pi\varphi(0) = 2\pi \langle \delta, \varphi \rangle.$$

故

$$F(1) = 2\pi\delta.$$

**定义 2.4** 对 $T \in \mathscr{S}'(\mathbf{R}^n)$,定义 $F^{-1}(T)$ 为

$$\langle F^{-1}(T), \varphi \rangle \stackrel{d}{=} \langle T, F^{-1}(\varphi) \rangle, \quad \varphi \in \mathscr{S}(\mathbf{R}^n).$$

由定理 2.2,上式右端是 $\mathscr{S}(\mathbf{R}^n)$ 上按 $\varphi_v \to 0(\mathscr{S})$ 为连续的线性泛函,因此 $F^{-1}(T)$ 是 $\mathscr{S}$广义函数.

显然

$$\langle F^{-1}(F(T)), \varphi \rangle = \langle F(T), F^{-1}(\varphi) \rangle$$
$$= \langle T, F(F^{-1}(\varphi)) \rangle = \langle T, \varphi \rangle, \quad \varphi \in \mathscr{S}(\mathbf{R}^n).$$

同理有

$$\langle F(F^{-1}(T)), \varphi \rangle = \langle T, \varphi \rangle, \quad \varphi \in \mathscr{S}(\mathbf{R}^n).$$

这就得到极整齐的反演公式.

**定理 2.3** $F^{-1}(F(T)) = T, F(F^{-1}(T)) = T$.

**定理 2.4** $F(T)$ 是变 $\mathscr{S}'(\mathbf{R}^n)$ 为 $\mathscr{S}'(\mathbf{R}^n)$ 的拓扑线性同构.

这里 $\mathscr{S}'(\mathbf{R}^n)$ 上的拓扑理解为 $\mathscr{S}'(\mathbf{R}^n)$ 作为 Fréchet 空间 $\mathscr{S}(\mathbf{R}^n)$ 的对偶空间的弱$^*$拓扑. 即 $T_v \to 0(\mathscr{S}')$ 指的是对任给的 $\varphi \in \mathscr{S}(\mathbf{R}^n)$,

$$\langle T_v,\varphi\rangle\to 0,\quad v\to\infty.$$

**证** 由 $F(T)$ 和 $F^{-1}(T)$ 的定义和定理 2.3,可见 $F(T)$ 是线性同构. 若 $T_v\to 0(\mathscr{S}')$,即对任给的 $\varphi\in\mathscr{S}(\mathbf{R}^n)$,

$$\langle T_v,\varphi\rangle\to 0,\quad v\to\infty.$$

因为 $F(\varphi)\in\mathscr{S}(\mathbf{R}^n)$,故

$$\langle F(T_v),\varphi\rangle=\langle T_v,F(\varphi)\rangle\to 0,\quad v\to\infty.$$

可见 $F(T_v)\to 0(\mathscr{S}')$. 所以 $F(T)$ 是连续的. 同样可以证明 $F^{-1}(T)$ 也是连续的. 证毕.

**例 4** $F(\sin x)(\zeta)=\pi\mathrm{i}[\delta(\zeta+1)-\delta(\zeta-1)]$.

因为

$$\sin x=\frac{\mathrm{e}^{\mathrm{i}x}-\mathrm{e}^{-\mathrm{i}x}}{2\mathrm{i}}.$$

于是根据定理 2.4 与例 2 可得

$$\begin{aligned}F(\sin x)(\zeta)&=\frac{1}{2\mathrm{i}}[F(\mathrm{e}^{\mathrm{i}x})(\zeta)-F(\mathrm{e}^{-\mathrm{i}x})(\zeta)]\\&=\frac{1}{2\mathrm{i}}[2\pi\delta(\zeta-1)-2\pi\delta(\zeta+1)]\\&=\pi\mathrm{i}[\delta(\zeta+1)-\delta(\zeta-1)].\end{aligned}$$

定理 2.3 表明 $\mathscr{S}$ 广义函数的 Fourier 变换的运算是对称的、灵活的. 对于定理 2.4,我们也可以认为它是 $L^2$ 理论中 Plancherel 定理的推广. 关于 Plancherel 定理及其证明可参见文献[7]第七章 §4.

广义函数有很多优点,在处理具体问题时,时常考察由通常函数 $f(x)$ 生成的特殊的广义函数

$$\langle f,\varphi\rangle=\int_{\mathbf{R}^n}f(x)\varphi(x)\,\mathrm{d}x.$$

必须声明,不能认为广义函数的 Fourier 变换可以完全替代经典的理论,它只是从一个方面发展了原来的理论.

## 习　题

1. 试证明 Dirac 函数 $\delta(x)$ 不是 $\mathbf{R}$ 上局部可积函数.

2. 设 $a\in\mathbf{R}$,令

$$\mathrm{H}_a(x)\overset{\mathrm{d}}{=}\begin{cases}0, & x<a,\\ 1, & x\geqslant a.\end{cases}$$

$$\delta_a(x)\overset{\mathrm{d}}{=}\delta(x-a),\ \forall x\in\mathbf{R}.$$

证明 $\mathrm{H}'_a=\delta_a$.

3. 设 $f$ 是 $\mathscr{S}(\mathbf{R})$ 广义函数,则它也是 $\mathscr{D}(\mathbf{R})$ 广义函数,且对任意多项式 $p$,

$$F(p(\mathrm{D})f)(x)=p(x)F(f)(x),$$

$$F(pf)(x)=p(-\mathrm{D})F(f)(x),$$

这里 D 表示求导,$F$ 表示 Fourier 变换. 试证明之.

4. 求下列 $\mathscr{S}(\mathbf{R})$ 广义函数的 Fourier 变换：

(1) $x^2$；

(2) $\cos x$；

(3) $\delta(x)$.

# 附录　拓扑空间

**定义 1**　设 $X$ 是一个非空集合. 如果 $\mathscr{T}$ 是 $X$ 的子集组成的集合,具有如下性质:

(1) $\varnothing, X \in \mathscr{T}$;

(2) $\mathscr{T}$ 中任意多个子集的并集还在 $\mathscr{T}$ 中,即如果 $\{A_\alpha\}_{\alpha \in \mathscr{A}} \subset \mathscr{T}$,则 $\bigcup\limits_{\alpha \in \mathscr{A}} A_\alpha \in \mathscr{T}$;

(3) $\mathscr{T}$ 中有限个子集的交集在 $\mathscr{T}$ 中,即如果 $\{A_j\}_{j=1}^n \subset \mathscr{T}$,则 $\bigcap\limits_{j=1}^n A_j \in \mathscr{T}$,

则称 $\mathscr{T}$ 为 $X$ 上的一个拓扑,称 $\langle X, \mathscr{T} \rangle$ 为**拓扑空间**,有时也简称 $X$ 为拓扑空间. $\mathscr{T}$ 中的子集称为 $X$ 的**开集**,$X$ 中的元素称为**点**.

**例 1**　设 $\langle X, d \rangle$ 是一个距离空间,令 $\mathscr{T}$ 是 $X$ 中全体由距离定义的开集(参见第一章, §4)组成的集合,则 $\mathscr{T}$ 满足定义 1 的所有条件,故 $\mathscr{T}$ 是 $X$ 上一个拓扑,称为由距离 $d$ 所诱导的拓扑. 通常我们说距离空间是拓扑空间,指的就是这个拓扑空间 $\langle X, \mathscr{T} \rangle$.

**定义 2**　设 $\langle X, \mathscr{T} \rangle$ 是一个拓扑空间.

(1) 点 $x \in X$,$V \subset X$ 称为 $x$ 的**邻域**,是指存在 $O \in \mathscr{T}$,使 $x \in O \subset V$;

(2) 子集 $F \subset X$ 称为**闭集**,是指 $F$ 的余集 $X \backslash F$ 是开集.

由拓扑和闭集的定义,根据取余集与交和并运算之间的关系式(参见文献[6],第一章, §1),容易验证

**定理 1**　设 $\langle X, \mathscr{T} \rangle$ 是拓扑空间,则

(1) $\varnothing, X$ 都是闭集;

(2) 任意多个闭集的交集是闭集;

(3) 有限个闭集的并集是闭集.

**定义 3**　设 $\langle X, \mathscr{T} \rangle$ 是拓扑空间,$\mathscr{U}(x)$ 表示点 $x \in X$ 的全体邻域的集合. $\mathscr{U}(x)$ 的一个子集合 $\mathscr{V}(x)$ 称为点 $x$ 的**邻域基**,是指对任何 $U \in \mathscr{U}(x)$,总有 $V \in \mathscr{V}(x)$,使 $V \subset U$.

**定理 2**　设 $\langle X, \mathscr{T} \rangle$ 是拓扑空间,$\mathscr{V}(x)$ 表示点 $x$ 的邻域基,则

(1) 任给 $V \in \mathscr{V}(x)$, 必有 $x \in V$;

(2) 任给 $V_1, V_2 \in \mathscr{V}(x)$,必有 $V_3 \in \mathscr{V}(x)$,使 $V_3 \subset V_1 \cap V_2$;

(3) 如果 $V \in \mathscr{V}(x)$,则必有 $W \in \mathscr{V}(x)$,使 $W \subset V$,且任给 $y \in W$,存在 $U \in \mathscr{V}(y)$,使 $U \subset V$.

**证** (1) 是显然的.

(2) 设 $V_1,V_2\in\mathscr{V}(x)$,存在 $V'_1,V'_2\in\mathscr{T}$,使 $x\in V'_1\subset V_1$,$x\in V'_2\subset V_2$,从而 $x\in V'_1\cap V'_2\subset V_1\cap V_2$. 因为 $V'_1\cap V'_2\in\mathscr{T}$,则 $V_1\cap V_2\in\mathscr{U}(x)$,从而有 $V_3\in\mathscr{V}(x)$,使 $V_3\subset V_1\cap V_2$.

(3) 设 $V\in\mathscr{V}(x)$,则存在 $V'\in\mathscr{T}$,使 $x\in V'\subset V$. 显然 $V'\in\mathscr{U}(x)$,于是有 $W\in\mathscr{V}(x)$,使 $W\subset V'\subset V$. 任给 $y\in W$,$y\in V'$,而 $V'$是开集,所以 $V'\in\mathscr{U}(y)$. 于是存在 $U\in\mathscr{V}(y)$,使 $U\subset V'\subset V$. 证毕.

反之,我们有

**定理 3** 设 $X$ 是一个非空集合,如果对任何的 $x\in X$,都给定 $X$ 子集的非空族 $\mathscr{V}(x)$,满足定理 2 的条件(1)—(3),则必存在 $X$ 上唯一的拓扑 $\mathscr{T}$,在拓扑空间 $\langle X,\mathscr{T}\rangle$ 中每点 $x$,$\mathscr{V}(x)$ 是 $x$ 的一个邻域基.

这个拓扑 $\mathscr{T}$ 称为由邻域基诱导的拓扑.

**证** 对每点 $x\in X$,记 $\mathscr{U}(x)=\{U\subset X$:存在 $V\in\mathscr{V}(x)$,使 $V\subset U\}$.

定义

$$\mathscr{R}=\{E\subset X:\forall y\in E,E\in\mathscr{U}(y)\},$$

则任给 $E_1,E_2\in\mathscr{R}$,必有 $E_1\cap E_2\in\mathscr{R}$. 事实上,$\forall y\in E_1\cap E_2$,由 $y\in E_1\in\mathscr{R}$,知 $E_1\in\mathscr{U}(y)$,从而有 $U_1\in\mathscr{V}(y)$,使 $U_1\subset E_1$. 同理有 $U_2\in\mathscr{V}(y)$,使 $U_2\subset E_2$. 于是由条件(2),存在 $U_3\in\mathscr{V}(y)$,使 $U_3\subset U_1\cap U_2\subset E_1\cap E_2$. 可见 $E_1\cap E_2\in\mathscr{U}(y)$,故 $E_1\cap E_2\in\mathscr{R}$.

令 $\mathscr{T}$ 表示由 $\mathscr{R}$ 中任意元素的并集形成的族,则 $\varnothing,X\in\mathscr{T}$. 又 $\mathscr{T}$ 中任意元素的并集还是 $\mathscr{R}$ 中元素的并,因而在 $\mathscr{T}$ 中. 为证 $\mathscr{T}$ 中有限元的交集在 $\mathscr{T}$ 中,只需证 $\mathscr{T}$ 中任意两个元素的交集在 $\mathscr{T}$ 中. 设 $U,V\in\mathscr{T}$,如果 $x\in U\cap V$,因 $U,V$ 都是 $\mathscr{R}$ 中元素的并,则应有 $U',V'\in\mathscr{R}$,使 $x\in U'\subset U$,$x\in V'\subset V$. 由前证 $x\in U'\cap V'\in\mathscr{R}$,因此 $U\cap V=\cup\{W:W\in\mathscr{R},W\subset U\cap V\}$. 这表明 $U\cap V\in\mathscr{T}$. 总之 $\mathscr{T}$ 是 $X$ 上一个拓扑.

往证在拓扑空间 $\langle X,\mathscr{T}\rangle$ 中,每点 $x$ 的全体邻域恰是 $\mathscr{U}(x)$,从而 $\mathscr{U}(x)$ 恰是点 $x$ 的一个邻域基.

设 $U\in\mathscr{U}(x)$,则有 $V\in\mathscr{U}(x)$,使 $x\in V\subset U$. 令

$$E'=\cup\{y\in X:\text{存在 }W\in\mathscr{V}(y),\text{使 }W\subset V\}.$$

任给 $y\in E'$,有 $W\in\mathscr{V}(y)$,使 $W\subset V$. 由条件(3),存在 $W_1\in\mathscr{V}(y)$,使 $W_1\subset W$,且对任意 $z\in W_1$,存在 $U_1\in\mathscr{V}(z)$,使 $U_1\subset W\subset V$. 可见 $W_1\subset E'$,故 $E'\in\mathscr{U}(y)$,因此 $E'\in\mathscr{R}$. 由 $E'$的定义可见 $x\in E'\subset V\subset U$,所以 $U$ 是 $x$ 的邻域.

反之,设 $U$ 是 $x$ 的邻域,则存在 $E\in\mathscr{R}$,使 $x\in E\subset U$. 根据 $\mathscr{R}$ 的定义,$E\in\mathscr{U}(x)$,即有 $V\in\mathscr{V}(x)$,使 $V\subset E\subset U$,故 $U\in\mathscr{U}(x)$. 总之 $\mathscr{U}(x)$ 是点 $x$ 的全体邻域的集合.

最后证明唯一性. 设 $\mathscr{T}_1,\mathscr{T}_2$ 是 $X$ 上拓扑,在每点 $x\in X$,都以 $\mathscr{V}(x)$ 为其一个邻域基. 如果 $U\in\mathscr{T}_1$,则任给 $x\in U$,$U$ 是 $x$ 的邻域,因 $\mathscr{V}(x)$ 是 $x$ 的邻域基,故有 $V\in\mathscr{V}(x)$,使 $V\subset U$. 因此 $U=\bigcup\limits_{x\in U}\{V:V\in\mathscr{V}(x)\text{且 }V\subset U\}$. 在 $\mathscr{T}_2$ 中 $\mathscr{V}(x)$ 也是 $x$ 的一个邻域基,故对每个 $V\in\mathscr{V}(x)$ 且 $V\subset U$,应有 $W\in\mathscr{T}_2$,使 $x\in W\subset V\subset U$. 从而 $U=\bigcup\limits_{x\in U}\{W:W\in\mathscr{T}_2\text{ 且 }x\in W\subset U\}$. 故 $U$ 亦在 $\mathscr{T}_2$ 中,即 $\mathscr{T}_1\subset\mathscr{T}_2$. 同样可以证明 $\mathscr{T}_2\subset\mathscr{T}_1$. 总之 $\mathscr{T}_1=\mathscr{T}_2$. 证毕.

这个定理告诉我们,对一个非空集合,可以通过在每点给定满足定理 2 的条件(1)—(3)的一族子集,即在每点给定邻域基的方法引进拓扑. 本书在引进局部凸拓扑线性空间或

Banach 空间上弱拓扑时都是这样做的.

**定义 4** 设 $\mathscr{V}_1(x)$,$\mathscr{V}_2(x)$分别是拓扑 $\mathscr{T}_1$,$\mathscr{T}_2$ 在点 $x\in X$ 的邻域基. 如果任给 $V_1\in\mathscr{V}_1(x)$,有 $V_2\in\mathscr{V}_2(x)$,使 $V_2\subset V_1$,而且任给 $V'_2\in\mathscr{V}_2(x)$,也有 $V'_1\in\mathscr{V}_1(x)$,使 $V'_1\subset V'_2$,则称 $\mathscr{V}_1(x)$与 $\mathscr{V}_2(x)$等价.

根据定理 2、定理 3 及其证明容易证出,如果一个非空集合 $X$ 上两个拓扑在每点 $x\in X$ 的邻域基都等价,则这两个拓扑相同.

**定义 5** 设$\langle X,\mathscr{T}\rangle$是拓扑空间,如果 $X$ 中任意两个不同的点都有不相交的邻域,称 $X$ 为 **Hausdorff 空间**.

**例 2** 距离空间$\langle X,d\rangle$是 Hausdorff 空间.

设 $x_0,y_0\in X,x_0\neq y_0$,则 $\delta=d(x_0,y_0)>0$. 令

$$U_0=\left\{x:d(x,x_0)<\frac{\delta}{3}\right\},$$

$$V_0=\left\{x:d(x,y_0)<\frac{\delta}{3}\right\}.$$

则 $U_0,V_0$ 分别是 $x_0,y_0$ 的邻域,且 $U_0\cap V_0=\varnothing$.

设$\langle X,\mathscr{T}\rangle$是拓扑空间,$E\subset X$,$\{A_\alpha\}_{\alpha\in\mathscr{A}}\subset\mathscr{T}$. 如果

$$E\subset\bigcup_{\alpha\in\mathscr{A}}A_\alpha,$$

则称$\{A_\alpha\}_{\alpha\in\mathscr{A}}$ 是 $E$ 的一个**开覆盖**. 如果 $\mathscr{A}_1\subset\mathscr{A}$,而且

$$E\subset\bigcup_{\alpha\in\mathscr{A}_1}A_\alpha$$

则称$\{A_\alpha\}_{\alpha\in\mathscr{A}_1}$ 为$\{A_\alpha\}_{\alpha\in\mathscr{A}}$的一个**子覆盖**.

**定义 6** 设$\langle X,\mathscr{T}\rangle$是拓扑空间,$E\subset X$. 如果 $E$ 的每个开覆盖都有有限的子覆盖,则称 $E$ 为**紧集**. 如果 $X$ 是紧集,则称 $X$ 为**紧空间**. 如果 $X$ 的每一点都有紧的邻域,则称 $X$ 为**局部紧的**.

设$\langle X,\mathscr{T}\rangle$,$\langle Y,\mathscr{S}\rangle$都是拓扑空间,$f:X\to Y$ 是映射,$x_0\in X$. 如果对 $f(x_0)$的每个邻域 $V$,存在 $x_0$ 的邻域 $U$,使 $f(U)\subset V$,则称 $f$ 在 $x_0$ 处**连续**. 如果 $f$ 在 $X$ 上每点都连续,则称 $f$ 为**连续映射**.

**定理 4** 设 $X,Y$ 都是拓扑空间,$f:X\to Y$ 是映射,则下述等价:

(1) $f$ 是连续映射;

(2) 对 $Y$ 中任意开集 $O$,$f^{-1}(O)$是 $X$ 中开集;

(3) 对 $Y$ 中任意闭集 $F$,$f^{-1}(F)$是 $X$ 中闭集,

这里 $f^{-1}(O)$,$f^{-1}(F)$分别表示 $O,F$ 在 $X$ 中的原像.

(1)与(2)等价的证明完全类似于第一章 §4 中定理 4.1 的证明,(2)与(3)等价的证明由开集与闭集互为余集得到.

**定义 7** 设$\langle X,\mathscr{T}\rangle$与$\langle Y,\mathscr{S}\rangle$都是拓扑空间,如果映射 $f:X\to Y$ 是双射的(单射且满射),而且 $f,f^{-1}$都是连续的,则称 $f$ 是**同胚**,并称拓扑空间$\langle X,\mathscr{T}\rangle$与$\langle Y,\mathscr{S}\rangle$是**同胚的**.

设$\langle X,\mathscr{T}\rangle$是一个拓扑空间,$f(x)$是 $X$ 上复值函数,则集合

$$\operatorname{supp}(f)\overset{\mathrm{d}}{=}\overline{\{x\in X:f(x)\neq 0\}}$$

称为 $f$ 的**支集**.

# 参考文献

[1] 戈丁.数学概观.胡作玄,译.北京:科学出版社,1984.
[2] 北京大学数学力学系几何与代数教研室代数小组.高等代数.北京:人民教育出版社,1978.
[3] 吉田耕作.泛函分析.吴元恺,孙顺华,唐志远,等译.北京:人民教育出版社,1980.
[4] 伍鸿熙,吕以辇,陈志华.紧黎曼曲面引论.北京:科学出版社,1981.
[5] 江泽坚.线性泛函分析选讲.成都:中国科学院成都分院数理科学研究室印,1982.
[6] 江泽坚,吴智泉.实变函数论.北京:人民教育出版社,1961.
[7] 江泽坚,吴智泉.实变函数论.2版.北京:高等教育出版社,1994.
[8] 江泽坚,吴智泉,周光亚.数学分析:上册.2版.北京:人民教育出版社,1964.
[9] 关肇直.泛函分析讲义.北京:高等教育出版社,1958.
[10] 关肇直,张恭庆,冯德兴.线性泛函分析入门.上海:上海科学技术出版社,1979.
[11] 刘斯铁尔尼克,索伯列夫.泛函分析概要.2版.杨从仁,译.北京:科学出版社,1985.
[12] 米赫林.数学物理中的直接方法.周先意,译.北京:高等教育出版社,1957.
[13] 那汤松.实变函数论.徐瑞云,译.2版.北京:高等教育出版社.1958.
[14] 克利列茵,刘斯铁尔尼克.三十年来的苏联数学:泛函数分析.关肇直,译.北京:中国科学院,1953.
[15] 陈文嵘.非线性泛函分析.兰州:甘肃人民出版社,1982.
[16] 郑维行,王声望.实变函数与泛函分析概要:第2册.北京:人民教育出版社,1980.
[17] 哈尔莫斯.希耳伯特空间问题集.林辰,译.上海:上海科学技术出版社,1984.
[18] 夏道行,吴卓人,严绍宗,等.实变函数论与泛函分析:下册.2版.北京:高等教育出版社,1985.
[19] 夏道行,舒五昌,严绍宗,等.泛函分析第二教程.北京:高等教育出版社,1987.
[20] 索波列夫 С Л.数学物理方程.钱敏,等译.北京:高等教育出版社,1958.
[21] 戚征.选择公理与连续统假设.数学进展,1984,13(1):4-22.
[22] 黎茨,塞克佛尔维-纳吉.泛函分析讲义:第2卷.庄万,等译.北京:科学出版社,1980.
[23] 葛锁网.应用泛函分析基础.北京:高等教育出版社,1990.
[24] ARONSZAJN N, SMITH K T. **Invariant subspaces of completely continuous operators**. Ann. Math., 1954, 60(2): 345-350.
[25] COWEN M J, DOUGLAS R G. **Complex geometry and operator theory**. Acta Math., 1978, 141: 187-261.
[26] DIEUDONNÉ J. **History of functional analysis**. Amsterdam: North-Holland Publishing Company, 1981.

[27] DUNFORD N, SCHWARTZ J T. **Linear operators: Part I: general theory**. New York: Interscience Publishing, Inc., 1958.

[28] DVORETZKY A, ROGERS C A. **Absolute and unconditional convergence in normed linear spaces**. Proc. Nat. Acad. Sci. U. S. A., 1950, 36(3): 192-197.

[29] ENFLO P. **A counterexample to the approximation problem in Banach spaces**. Acta Math., 1973, 130: 309-317.

[30] FRÉCHET M. **Les espaces a abstraits topologiquement affines**. Acta Math., 1926, 47: 25-52.

[31] HORVATH J. **Topological vector spaces and distributions**: Vol Ⅰ. Reading Mass.: Addison-Wesley Publishing Company, 1966.

[32] HUTSON V, PYM J S. **Applications of functional analysis and operator theory**. London: Academic Press, 1980.

[33] JAMES R C. **A non-reflexive banach space isometric with its second conjugate space**. Proc. Nat. Acad. Sci. U. S. A., 1951, 37(3): 174-177.

[34] KREYSZIG E. **Introductory functional analysis with applications**. New York: John Wiley & Sons, 1978.

[35] LINDENSTRAUSS J, TZAFRIRI L. **On the complemented subspaces problem**. Israel J. Math., 1971, 9(2): 263-269.

[36] LORCH E R. **Spectral theory**. New York: Oxford University Press, 1962.

[37] MURRAY F J. **On complementary manifolds and projections in spaces $L_p$ and $\ell_p$**. Trans. Amer. Math. Soc., 1937, 41: 138-152.

[38] READ C J. **A solution to the invariant subspace problem**. Bull. London Math. Soc., 1984, 16(4): 337-401.

[39] REED M, SIMON B. **Methods of modern mathematical physics: Vol Ⅰ functional analysis**. New York: Academic Press, 1972.

[40] RUDIN W. **Functional analysis.** New York: McGraw-Hill Book Company, 1973.

[41] STONE M H. **Linear transformations in Hilbert space and their applications to analysis**. New York: Amer. Math. Soc., 1932.

[42] TAYLOR A E, HALBERG C J A Jr., ANGELES L **General theorems about a bounded linear operator and its conjugate**. J. Reine Angew. Math., 1957, 198: 93-111.

[43] TAYLOR A E, LAY D C. **Introduction to functional analysis**. 2nd ed. New York: John Wiley & Sons, 1980.

[44] ZAANEN A C. **An introduction to the theory of integration**. Amsterdam: North-Holland Publishing Company, 1958.

# 索引

说明:以下数字Ⅲ§3表示第三章第三节,其余类推.

## 一~三画



## 四画



## 五画

## 六画



## 七画



## 八画

## 九画



## 十画



## 十一画

## 十二画



## 十三画



## 十四画

# 记号表

说明:数字 Ⅳ §4 表示第四章第四节,其余类推.

| | | | |
|---|---|---|---|
| $A \leqslant B$ | Ⅳ §4 | $f^{-1}(O)$ | Ⅰ §4 |
| $A^{*}$ | Ⅱ §4 | $f_n \xrightarrow{\text{w}^*} f$ | Ⅲ §7 |
| $A^{\text{T}}$ | Ⅲ §5 | $^{0}G$ | Ⅲ §6 |
| $A(\overline{D})$ | Ⅰ §7 | $G(T)$ | Ⅲ §3 |
| $A^{2}(D)$ | Ⅱ §1 | $H^{*}$ | Ⅱ §3 |
| $A'(x)$ | Ⅰ §9 | $H^{p}$ | Ⅰ §7 |
| $\arg z$ | 复数 $z$ 的辐角的主值 | $H^{\infty}$ | Ⅰ §7 |
| $B(x_0, r)$ | Ⅰ §4 | $H_0^k(\Omega)$ | Ⅱ §1 |
| $B_n(\Omega)$ | Ⅳ §1 | $H \backslash H_1$ | 集合 $H_1$ 在集合 $H$ 中的余集 |
| $C[0,1]$ | Ⅰ §5 | $\text{ind}(T)$ | Ⅳ §3 |
| $C(\Omega)$ | Ⅰ §7 | $\text{int } K$ | Ⅰ §8 |
| $C_0^k(\Omega)$ | Ⅱ §1 | $\text{ker} f$ | Ⅲ §2 |
| $\mathbf{C}$ | 复数域 | $\mathscr{K}(X)$ | Ⅳ §3 |
| $\mathscr{C}(\Omega)$ | Ⅰ §8 | $\text{Lat} T$ | Ⅳ §2 |
| $\mathscr{C}^{m}(\Omega)$ | Ⅰ §8 | $L^{2}[a,b]$ | Ⅱ §1 |
| $(c)$ | Ⅰ §3 | $L^{p}$ | Ⅰ §7 |
| $D^{p}(F)$ | Ⅴ §1 | $L^{p}[a,b]$ | Ⅰ §3 |
| $\mathscr{D}(T)$ | Ⅲ §3 | $L^{p}(\Omega,\mu)$ | Ⅰ §7 |
| $\mathscr{D}$ | Ⅴ §1 | $L^{\infty}[a,b]$ | Ⅰ §3 |
| $\mathscr{D}'(\mathbf{R})$ | Ⅴ §1 | $L(H)$ | Ⅱ §4 |
| $\det A$ | Ⅰ §9 | $L(X)$ | Ⅲ §1 |
| $\dim X$ | Ⅰ §2 | $L(X,Y)$ | Ⅲ §1 |
| $d(x,y)$ | Ⅰ §3 | $|\ell|$ | Ⅰ §8 |
| $\text{dist}(x_0, E)$ | Ⅰ 习题 | $\ell^{2}$ | Ⅱ §1 |
| $\underset{t \in [0,1]}{\text{esssup}} |f(t)|$ | Ⅰ §3 | $\ell^{p}$ | Ⅰ §3 |
| $\mathscr{F}(X)$ | Ⅳ §3 | $\ell^{\infty}$ | Ⅰ §3 |
| $\hat{f}$ | Ⅴ 引言 | $M^{0}$ | Ⅲ §6 |

| | |
|---|---|
| $M[a,b]$ | Ⅰ 习题 |
| $(m)$ | Ⅰ §3 |
| $m(E)$ | 集合 $E$ 的 Lebesgue 测度 |
| $\max\{\alpha_1,\alpha_2,\cdots,\alpha_n\}$ | 实数 $\alpha_1,\alpha_2,\cdots,\alpha_n$ 中最大数 |
| $\min\{\alpha_1,\alpha_2,\cdots,\alpha_n\}$ | 实数 $\alpha_1,\alpha_2,\cdots,\alpha_n$ 中最小数 |
| $N(T)$ | 算子 $T$ 的零空间 |
| $N(x_1',x_2',\cdots,x_n';\varepsilon)$ | Ⅲ §8 |
| $\mathbf{N}^n$ | Ⅰ §8 |
| $R(T)$ | 算子 $T$ 的值域 |
| $R(\lambda,T)$ | Ⅳ §1 |
| $\mathbf{R}$ | 实数域 |
| $\mathbf{R}^n$ | $n$ 维 Euclid 空间 |
| $S[0,1]$ | Ⅰ §8 |
| $\mathrm{sgn}z$ | Ⅲ §1 |
| $\mathscr{S}(\mathbf{R}^n)$ | Ⅰ §8, Ⅴ §2 |
| $\mathrm{S_p}\{A\}$ | Ⅰ §2 |
| $\mathrm{supp}(f)$ | Ⅱ §1, 附录 |
| $(s)$ | Ⅰ §3 |
| $T'$ | Ⅲ §5 |
| $\{T\}'$ | Ⅳ §2 |
| $T\mid\mathscr{M}$ | Ⅳ §2 |
| $\langle T,\varphi\rangle$ | Ⅴ 引言 |
| $u_x,u_y$ | Ⅱ §3 |
| $V[a,b]$ | Ⅰ 习题 |
| $V_a^b(x)$ | Ⅰ 习题 |
| $\mathrm{var}(g)$ | Ⅲ §4 |
| $X'$ | Ⅲ §4 |
| $X''$ | Ⅲ §4 |
| $X/M$ | Ⅲ §6 |
| $x^l$ | Ⅰ §8 |
| $[x]$ | Ⅲ §6 |
| $\Vert x\Vert$ | 元素 $x$ 的范数 |
| $x_0+M$ | Ⅲ §2 |
| $x_n\to x$ | Ⅰ §4 |
| $x_n\xrightarrow{\mathrm{w}}x$ | Ⅲ §7 |
| $xRy$ | Ⅲ §6 |
| $x\perp y$ | Ⅱ §1 |
| $(x,y)$ | Ⅱ §1 |
| $\langle x,y\rangle$ | Ⅲ §3 |
| $\varepsilon_k\searrow 0$ | 正数序列 $\{\varepsilon_k\}$ 单调下降趋于 0 |
| $\varphi_n\to\varphi(\mathscr{D})$ | Ⅴ §1 |
| $\varphi_\nu\to 0(\mathscr{S})$ | Ⅴ §2 |
| $\sigma(T)$ | Ⅳ §1 |
| $\sigma_a(T)$ | Ⅳ §4 |
| $\sigma_c(T)$ | Ⅳ §1 |
| $\sigma_p(T)$ | Ⅳ §1 |
| $\sigma_r(T)$ | Ⅳ §1 |
| $\rho(T)$ | Ⅳ §1 |
| $\rho_{Kl}(f)$ | Ⅰ §8 |
| $\rho_{lm}(f)$ | Ⅰ §8 |
| $\Delta u$ | Ⅱ §4 |
| $\nabla u$ | Ⅱ §4 |
| $\delta_{jk}$ | Kronecker 常数, Ⅱ §1 |
| $\partial^l f$ | Ⅰ §8 |
| $\dfrac{\partial f}{\partial y}(x,y)$ | Ⅰ §9 |
| $\partial\Omega$ | Ⅰ §6 |
| $\lambda A+\mu B$ | Ⅲ §3 |
| $\varnothing$ | 空集 |
| $\oplus$ | 直接和 |
| $<$ | Ⅰ §1 |
| $\cong$ | 保范同构 |
| $\overset{\mathrm{d}}{=}$ | 表示左端由右端定义 |
| $\Rightarrow$ | 表示左端蕴涵右端 |
| $\Leftarrow$ | 表示右端蕴涵左端 |
| $\Leftrightarrow$ | 表示左、右两端等价 |
| $\bigvee_{\alpha\in\mathscr{A}}\mathscr{M}_\alpha$ | Ⅳ §1 |

读者意见反馈

为收集对教材的意见建议，进一步完善教材编写并做好服务工作，读者可将对本教材的意见建议通过如下渠道反馈至我社。

咨询电话　400-810-0598

反馈邮箱　hepsci@ pub. hep. cn

通信地址　北京市朝阳区惠新东街 4 号富盛大厦 1 座

　　　　　高等教育出版社理科事业部

邮政编码　100029